HIST[illegible]

DE

[illegible]ADAME DU [illegible]

D'APRÈS SES PAPIERS [illegible]

[illegible]ES DOCUMENTS DES ARCH[illegible]

PRÉCÉDÉE

D'UNE INTRODUCTION

SUR MADAME DE POMPADOUR, LE [illegible]

ET MADEMOISELLE DE [illegible]

PAR

CHAR[illegible]ES V[illegible]

TOME DEUXI[illegible]

VERSA[illegible]

L. BERNARD, [illegible]

9, [illegible]

1[illegible]

HISTOIRE

DE

MADAME DU BARRY

IL A ÉTÉ TIRÉ

Cinquante exemplaires sur papier de Hollande.

OUVRAGES DU MÊME AUTEUR :

Notice historique sur la salle du Jeu-de-Paume de Versailles depuis sa fondation jusqu'à nos jours, suivie de la liste complète et inédite des signataires du serment. — Br. in-8°. 1 fr. 50.
Dossiers du procès criminel de Charlotte de Corday.
Dossier historique de Charlotte de Corday.
Charlotte de Corday et les Girondins. — Plon, 3 vol. in-8° et album, 24 fr.
Recherches historiques sur les Girondins : Vergniaud ; manuscrits, lettres, papiers, avec portraits originaux et fac-simile. — Dumoulin, 2 vol. in-8°, 14 fr.

POUR PARAITRE PROCHAINEMENT :

Hoche à Quiberon, d'après des documents inédits.
Hoche à Rennes. — Tentative d'assassinat sur sa personne. — Procès des assassins.
Expédition d'Irlande. — Les compagnies noires.
Mort du général Hoche. — Etude sur ses causes.
Biographie et bibliographie. — Mélanges sur le général Hoche.

Versailles. — Imp. E. Aubert.

Héliogʳᵉ Dujardin L. Bernard Edit.

MOREAU LE PAVILLON DE LOUVECIENNES

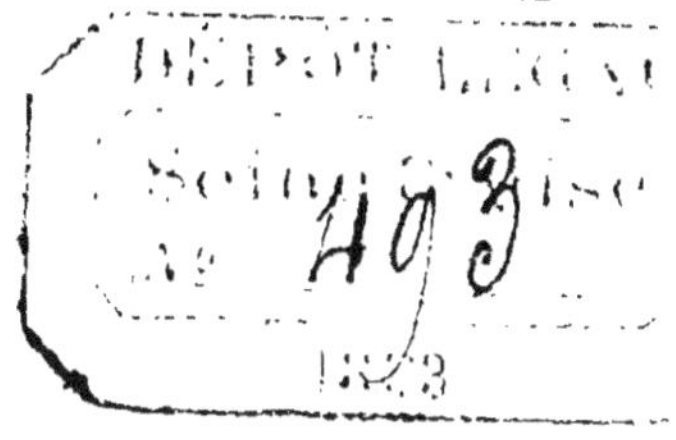

HISTOIRE

DE

MADAME DU BARRY

D'APRÈS SES PAPIERS PERSONNELS

ET LES DOCUMENTS DES ARCHIVES PUBLIQUES

PRÉCÉDÉE

D'UNE INTRODUCTION

SUR MADAME DE POMPADOUR, LE PARC-AUX-CERFS

ET MADEMOISELLE DE ROMANS

PAR

CHARLES VATEL

TOME DEUXIÈME

VERSAILLES

L. BERNARD, LIBRAIRE-ÉDITEUR

9, RUE SATORY, 9.

1883

En mettant en vente aujourd'hui le tome second de l'*Histoire de madame du Barry,* nous croyons devoir prévenir les lecteurs qu'il sera suivi d'un troisième et dernier volume, qui paraîtra en octobre.

L'accueil fait à la première partie de cette histoire nous a décidé à ne pas la tronquer, pour la réduire à deux volumes, et à ne supprimer aucun des documents que l'auteur a réunis, et dont le nombre a rendu nécessaire un troisième volume. Nous croyons en effet que personne ne se plaindra de trouver l'histoire du partage de la Pologne racontée en détail et d'après des documents inédits, qui donnent à ces affaires un aspect entièrement nouveau.

Nous signalerons encore tout ce qui est relatif à l'incarcération et au séjour de madame du Barry à l'abbaye de Pont-aux-Dames; on verra que l'ordre n'a pas été donné par Louis XVI, mais bien par Louis XV mourant. On trouvera aussi l'histoire toute nouvelle du séjour forcé de la Comtesse dans son château de Saint-Vrain, où le nouveau roi la tint exilée avant son retour définitif à Louveciennes.

Nous indiquerons encore, parmi les pièces inédites que nous publions deux saynètes de Voisenon, les dépenses de madame du Barry pendant sa faveur, et bien d'autres pièces dont nous ne pouvons donner ici la liste complète.

Parmi les documents les plus intéressants qui se trouveront dans le troisième volume, nous pouvons mentionner les détails tout nouveaux sur les relations de madame du Barry avec sir Seymour, le duc de Brissac et don Olavidez, le procès complet de madame du Barry devant le Tribunal révolutionnaire, d'après le dossier du parquet, et les procès faits aux anciens habitués de Louveciennes qui ont suivi madame du Barry sur l'échafaud.

Madame du Barry s'étant constamment trouvée mêlée à la politique du gouvernement, pour écrire l'histoire de cette favorite, il a fallu étudier l'histoire générale de la France dans les Archives de l'État, dans les Manuscrits de la Bibliothèque nationale, surtout dans le Journal inédit de Hardy, etc.

En résumé, nous nous croyons autorisé à dire que l'histoire des dernières années du règne de Louis XV, jusqu'à présent peu connue, se trouve complétée par l'ouvrage de M. Vatel, qui viendra s'ajouter de plein droit aux *Mémoires* de Barbier, d'Argenson et de Luynes.

En terminant cette note, nous annonçons à nos lecteurs que M. Vatel vient de donner à la Bibliothèque de Versailles tous les manuscrits qu'il possédait, relatifs à madame du Barry, ainsi que sa précieuse collection d'objets d'art, bustes, portraits, etc., dont il parle souvent dans son livre.

L'Éditeur.

MADAME DU BARRY

CHAPITRE PREMIER

(1771)

LETTRE DE CACHET DU ROI AU DUC DE CHOISEUL.
24 DÉCEMBRE 1770.
DÉPENSES DE MADAME DU BARRY PENDANT CE MOIS.
ACHAT DE LIVRES PAR ELLE.

On a prétendu reconnaître l'influence de madame du Barry jusque dans les termes de la lettre de cachet qui exila M. de Choiseul à Chanteloup. Cette lettre, dit Lebrun, était plutôt dictée par une *femme irritée* que par un roi renvoyant un ministre [1]. La supposition de Lebrun repose évidemment sur la version que les *Anecdotes* ont donnée de l'ordre prétendu, notifié par M. de La Vrillière à M. de Choiseul (p. 192).

Suivant Pidansat de Mayrobert, Louis XV aurait écrit à son ministre :

Mon cousin, le *mécontentement* que me causent vos services me force à vous exiler à Chanteloup, où vous vous

1. *Mémoires*, p, 36.

rendrez dans vingt-quatre heures. Je vous aurois envoyé beaucoup plus loin si ce n'étoit l'estime particulière que j'ai pour madame de Choiseul, dont la santé m'est fort intéressante. *Prenez garde que votre conduite ne me fasse prendre un autre parti.* Sur ce, etc., etc.

Voici le texte historique de la lettre de cachet, de la main du roi et non contresignée, que le duc de La Vrillière fit parvenir à M. de Choiseul :

J'ordonne à mon cousin le duc de Choiseul de remettre la démission de sa charge de secrétaire d'Etat et de surintendant des Postes entre les mains du duc de La Vrillière et de se retirer à Chanteloup jusqu'à nouvel ordre de ma part.

A Versailles, ce 24 décembre 1770.

LOUIS [1].

On voit que tous les mots durs étaient de l'invention de Pidansat de Mayrobert. C'est sa manière habituelle de citer ou, pour mieux dire, d'empoisonner perfidement ce qu'il cite. L'auteur de la *Vie privée de Louis XV*, quoique bien informé quand il le veut, n'a pas manqué de reproduire la rédaction du sieur de Mayrobert.

Il faut dire que la lettre de cachet destinée à M. de Choiseul et celle de M. de Praslin étaient accompagnées de l'envoi ci-joint, de la main du roi :

Versailles, le 24 décembre 1770. — Le duc de La Vrillière remettra les ordres ci-joints à MM. de Choiseul et me rapportera leurs démissions. Sans madame de Choiseul, j'au-

1. Communication du duc Gabriel de Choiseul à la *Revue de Paris*, en 1829. MM. de Goncourt, t. II, p. 189. Cette version est aussi celle qui est admise par M. de Flassan.

rois envoyé son mari autre part, à cause que sa terre est dans son gouvernement, mais il en usera comme s'il n'y étoit pas. Il ne verra que sa famille et ceux que je permettrai d'y aller.

On prend ici sur le fait les procédés de l'auteur des *Anecdotes*. Louis XV dit : « *Sans madame de Choiseul.* » Mayrobert traduit ces seuls mots par ceux-ci : « Si ce n'étoit l'estime particulière que j'ai pour madame la duchesse de Choiseul, dont la santé m'est fort intéressante. » Tout ce détail, *l'estime particulière*, *la santé intéressante*, est de sa façon. C'était, au reste, assez la manière de citer alors. On craignait d'offenser le lecteur en lui présentant des pièces authentiques sans les retoucher et les revoir.

Louis XV dit encore dans son style gauche : « *J'aurois envoyé M. de Choiseul autre part à cause que sa terre est dans son gouvernement.* » En effet, M. de Choiseul était gouverneur de la Touraine, et Chanteloup était situé près d'Amboise, à 50 lieues de Paris.

Il était sans doute contraire aux usages que le gouverneur d'une province fût interné dans cette province elle-même, dans un pays qui lui obéissait. « *Prenez garde que votre conduite ne me fasse prendre un autre parti.* » Cette menace est une création pure de Pidansat de Mayrobert. Il semble avoir reproduit là, après coup, les rumeurs qui coururent à cette époque. « On croyoit généralement, dit Lauzun, que la tête du duc de Choiseul étoit menacée et qu'il seroit obligé de sortir du royaume. » M. de Belleval, qui n'était pas du parti des Choiseul, est ici d'accord avec Lauzun. « Il y avoit à la porte deux exempts de police qui n'ont quitté la place qu'après avoir vu partir (le ministre exilé), on n'en feroit pas davantage pour un grand criminel. » (*Souvenirs d'un chevau léger* 1.) »

Louis XV a certainement agi, suivant nous, dans un accès de colère, nous en avons déjà observé les symptômes. Il n'y avait guère que les Parlements qui eussent le privilège de lui inspirer de ces fureurs violentes[2]; et on se demande comment un homme aussi haut que le duc de Choiseul aurait supporté un pareil traitement en silence s'il n'avait pas reconnu quelque chose de fondé dans les griefs du roi. N'eût-il pas répondu ou fait répondre, et il n'a pas trouvé un mot d'apologie dans les Mémoires imprimés sous ses yeux.

Louis XV avait défendu à M. de Choiseul de recevoir dans son exil des personnes autres que celles auxquelles il en aurait donné la permission. Il se souvenait sans doute des triomphes que des ministres tombés avaient trouvés dans ces réceptions, les Maurepas, les Chauvelin.

On sait quelle fut l'ovation de M. de Choiseul. On se fit inscrire à sa porte pendant les vingt-quatre heures qu'il passa à Paris. Au moment du départ, on suivit sa voiture. « On courut à Chanteloup, dit le prince de Ligne ; on insultoit madame du Barry, on abandonna une saison entière Compiègne et Fontainebleau, les seuls voyages à la mode, car Versailles étoit déjà tombé » (Vol. IV, p. 150). C'est ce qui a fait dire à madame du Deffand: « Jamais disgrâce n'a été accompa-

1. C'est ce que dit aussi Hardy : « Deux préposés de la police ne quittèrent la porte de son hôtel que lorsqu'ils eurent été témoins que son départ s'exécutoit dans les 24 heures. » (*Mes Loisirs, 24 décembre* 1770.)

2. Voyez madame du Hausset et l'anecdote contée par madame Campan, *infrà*, p. 90.

gnée de tant de gloire[1]; il n'y en a point d'exemple dans les histoires anciennes et modernes. Le regret est général, et l'embarras de trouver des successeurs est une circonstance assez flatteuse » (II, p. 143).

Elle dit encore ailleurs :

« Quelques chansons, des épigrammes, des bons mots égaient la scène » (p. 139).

Voici des vers que je trouve fort jolis (p. 113) :

Comme tout autre dans sa place,
Il dut avoir des ennemis.
Comme nul autre en sa disgrâce,
Il acquit de nouveaux amis.

« Ils sont d'autant meilleurs qu'ils sont très vrais ; il n'y a jamais eu d'exemple de regrets aussi généraux ; il n'y a peut-être pas vingt personnes qui osent marquer de la joie. Des vers à son honneur pleuvent de toutes parts, ainsi que les épigrammes contre ses ennemis » (p. 123).

Voici quelques-unes de ces épigrammes :

Le Bien-Aimé de l'Almanach
N'est pas le bien-aimé de France.
Il fait tout *ab hoc* et *ab hac*
Le Bien-Aimé de l'Almanach.
Il met tout dans le même sac,
Et la Justice et la Finance ;
Le Bien-Aimé de l'Almanach
N'est pas le bien-aimé de France. (*Anecdotes, p.* 193.)

1. Les fonds publics n'en montent pas moins. Londres, 4 janvier 1771, *Gazette de France*, p. 29, 1771. Contrairement à ce qu'en disent MM. de Goncourt.

Nous empruntons la suivante au recueil manuscrit que nous possédons. On y lit sous la date de 1770 :

« Comme le bruit a couru pendant quelques jours que le comte de Muy était ministre de la guerre, l'on a fait les quatre vers suivants, qui n'ont de sel attique que sur le jeu de mots de *muid* et de *baril*, et d'après l'habitude que le roi a contracté (*sic*) de s'enyvrer [1] :

J'applaudis à ton choix, nouveau Sardanapale,
Le moyen de faire sans cesse bachanale (*sic*)
C'est d'avoir, comme toi, pour sultane un baril
Et pour grand visir un muid. »

M. de Muy eut le courage de ne pas accepter le ministère de la guerre qui lui était offert. Ce quatrain doit donc se rapporter à l'époque où son refus était encore incertain.

On trouve dans le même recueil sous le titre : *Logements*, forme de plaisanterie usitée en tous temps, le trait suivant :

Le Roy, rue du Petit-Bourbon, à la Girouette;
Le Duc de Choiseul, au Mont-d'Or, à la Halle au blé
Et depuis rue Perdue (cette rue où devait mourir Zamor)
La du Barry, rue Tireboudin [2], à l'Impudicité.

Deux autres pasquinades du même genre, trop grossièrement licencieuses pour être relatées, ont trouvé place dans les *Anecdotes* du sieur de Mayrobert, amateur cynique de cette littérature. Nous y renvoyons ceux qui seraient désireux de les connaître (p. 194).

1. Le duc de Luynes écrit à la date du 4 juillet 1737 : « Le roi ne boit plus de vin de Champagne et ne reste plus si longtemps à table. »

2. L'ancien nom de la rue Marie-Stuart actuelle.

Pendant le mois de décembre 1770, la dépense de madame du Barry s'est élevée à 250,000 livres. 50,000 livres lui ont été payées directement en argent par Beaujon, 30,000 livres ont été remises à Serres, l'un de ses intendants, et 6,000 livres ont servi à acquitter un billet de Nalet, autre homme d'affaires de la maison. Le surplus consiste en fournitures acquittées par le même banquier de la Cour. Les bijoutiers et orfèvres sont toujours en première ligne : Demay, pour 30,000 livres; Roettiers, pour 15,000 livres; Aubert, 11,000 livres; Lacombe, 4,000 livres, et Drais, 2,400 livres; Lepaute, horloger, 5,400 livres. Ensuite viennent les marchands de modes : Buffault, 10,000 livres; Gruel, 10,000 livres; Davaux, 4,000 livres.

Les ouvrages de Louveciennes commencent à apparaître : 12,000 livres à M. Serres pour ces travaux; 11,000 livres à Poirier, tapissier, et 5,000 livres à Lacroix, menuisier. Guichard, sculpteur, reçoit 5,000 livres; Lavallée, peintre, 2,400 livres; Cagny, doreur, probablement pour la même destination.

Signalons une acquisition d'ouvrages divers, payés à M. Lambonel, 1,200 livres. Il n'est donc pas exact que madame du Barry ait acheté une bibliothèque toute faite en une seule fois et d'une manière hâtive. Jean du Barry, avec lequel elle avait vécu, était un lettré; elle pouvait avoir acquis dans sa société le goût des livres. Voici le catalogue des ouvrages qu'elle possédait. Ils se composent surtout de livres d'histoire ou de mémoires historiques et de voyages :

Histoire de la Ligue de Cambray.

Histoire de Charles V, traduite de l'anglois, de Robertson, par L. Suard.

Annales historiques pour 1768 et 1769.

Mémoires de Brantome.

— de Bassompierre.

— de Montluc.

— de Marolles.

— de Retz.

— de Joly.

— d'Angoulême.

Journal de Henri III et de Henri IV, par L'Etoile.

Monuments élevés a la gloire de Louis XV, par Patte, in-folio, fig. Paris, 1765.

Histoire du vicomte de Turenne, par Ramsay.

Mémoires de Duguay-Trouin.

Histoire des dernières Révolutions d'Angleterre, traduite de l'Anglais, de Burnet.

Campagnes du maréchal de Saxe, éd. de l'abbé Sallier, de l'Imprimerie royale.

Histoire métallique de Louis XIV, de l'Impr. royale, 1723.

Le Dictionnaire historique, de Moréri, dernière édition de Paris.

Histoire générale des Voyages, depuis le tome xlix jusqu'au tome lxxvi.

Voyage de Chardin en Turquie et en Perse.

Voyage de Kemper au Japon.

Voyage de M. de La Lande en Italie.

Voyage de M. de La Condamine, pour mesurer la figure de la terre.

L'Ane d'or, d'Apulée.

Réflexions morales de l'empereur Marc-Aurèle.

Le Manuel d'Epictète.

Essais de morale et de littérature, par l'abbé Trublet.

La République des Abeilles, traduit de l'anglais, de Mandeville.

Œuvres de Montfleury.

— de Campistron.

— de Favart.

ON NE S'AVISE JAMAIS DE TOUT. Sedaine, 1761.

LE DEVIN DU VILLAGE.

CASTOR ET POLLUX, opéra, de Rameau?

PERSÉE, opéra, de Lully?

SPECTACLES DU ROI, 1770.

LA FÊTE DE FLORE, pastorale, par le marquis de Saint-Marc.

LE MARIAGE INTERROMPU, comédie en trois actes et en vers, de Cailhava.

LES ETRENNES DE L'AMOUR, comédie-ballet en un acte, de Cailhava.

LE TUTEUR DUPÉ, comédie en cinq actes et en prose, de Cailhava.

ANTHOLOGIE FRANÇAISE, par Monet.

Et BRÉVIAIRE DE TABLE, manuscrit.

En tout, quarante-deux ouvrages pouvant former 100 ou 150 volumès.

Ce n'était pas une bibliothèque achetée à forfait. Elle devait se composer de livres choisis par madame du Barry elle-même. Or, parmi eux, il n'en est pas un qui soit obscène, pas même d'une moralité douteuse. Ils sont irréprochables. On ne peut en dire autant de la bibliothèque achetée en bloc pour le compte de la favorite. « Le libraire, en homme de précautions, dit M. Paul Lacroix, se crut autorisé à glisser dans le nombre quelques livres érotiques... Il n'hésita pas à introduire ainsi chez cette reine de la galanterie Crébillon fils, représenté par ses romans à la mode : *le Sopha*, *la Nuit et le Moment*, *le Hasard du coin du feu*, *Grécourt*, *les Contes de La Fontaine*, *les Baisers*, *de Dorat*, etc... » Ces livres se trouvaient du reste dans les bibliothèques des plus grandes et des plus honnêtes dames de la Cour (V. t. 1er, p. 229). Ils devaient briller au premier rang chez Jean du Barry ; il était de la société de Crébillon fils et probablement l'un des admirateurs de celui qui s'était fait le peintre du monde galant de son siècle. Ils ne pouvaient donc être inconnus d'une femme qui avait partagé pendant plusieurs années l'existence du Roué. S'ils n'avaient pas été choisis par madame du Barry, c'est que sans doute ils n'avaient plus pour elle l'attrait de la nouveauté et que son goût était porté vers des livres d'une autre nature.

Les livres achetés par le libraire anonyme qui a formé la bibliothèque improvisée de madame du Barry, pouvaient avoir un but tout autre que celui de la distraire : ils devaient être réunis moins pour elle-même que pour les personnes venant chez elle : le roi et les autres. Aussi y trouve-t-on des ouvrages qu'évidemment elle ne pouvait comprendre, qu'elle n'a jamais dû avoir la pensée d'ouvrir. Il y avait aussi des volumes qui n'étaient là que par ostentation et parce qu'il était de bon air de les posséder.

Qu'était-ce que ce M. Lambonel? Ce n'était pas un domestique de madame du Barry ; on ne le trouve pas sur les contrôles, et, d'ailleurs, le titre de Monsieur exclut un serviteur à gages. C'était donc un libraire, mais il n'est pas sur la liste imprimée des libraires de Paris au XVIIIe siècle. M. Paul Lacroix n'en a jamais entendu parler comme bibliophile. Etait-il de Versailles ? (Je ne l'ai pas trouvé dans les états civils de cette époque). Il est encore mentionné une autre fois dans les comptes de madame du Barry.

CHAPITRE II

ANCIENNE QUERELLE DES PARLEMENTS AVEC LA ROYAUTÉ.

La querelle engagée entre la Royauté et les Parlements au sujet du duc d'Aiguillon n'avait pas cessé, elle n'avait été que suspendue par les vacances judiciaires. Après la séance du 3 septembre, le Parlement de Paris s'était ajourné au 3 décembre. C'était maintenir la suspension de ses fonctions et donner à entendre qu'il était décidé à reprendre la lutte lorsque le moment en serait venu. De son côté, le chancelier, pour parer à l'avance aux coups qu'on se préparait à lui porter, avait fait rendre au roi, dès le 28 octobre, un édit portant règlement disciplinaire pour les Parlements. Il leur était défendu de se servir des termes d'*unité*, d'*indivisibilité de classes* et autres expressions pouvant indiquer que les différentes cours ne formaient que les parties ou sections d'un seul et même corps. Il leur était pareillement interdit de correspondre entre eux à l'aide de mémoires, envois de pièces, etc... Enfin, défense absolue de cesser leurs fonctions ou de donner des démissions combinées, le tout à peine de perte et privation de leurs offices. Le droit de remontrance leur était conservé dans les limites tracées par les ordonnances et à la condition de ne point arrêter par des arrêts de défense l'exécution des lois une fois qu'elles seraient enregistrées. — Ces dispositions étaient déjà par elles-mêmes contraires aux prétentions des Parlements, mais elles étaient encore aggravées par les considérants qui précédaient l'édit.

Nous ne tenons, disait le roi, notre couronne que de Dieu ! Le droit de faire des loix (*sic*), par lesquelles nos sujets doivent être conduits et gouvernés, nous appartient à nous seul, sans dépendance ni partage.

Ces paroles hautaines, cette revendication du pouvoir absolu au nom du droit divin, heurtaient de front les idées des parlementaires qui, suivant la remarque très judicieuse de d'Argenson, tendaient à s'ériger en pouvoir législatif à l'image du Parlement de la Grande-Bretagne. Aussi la fermentation fut extrême. Maupeou rapporte qu'on dénonça l'édit comme un attentat et ses auteurs comme les perturbateurs du repos public. Le Parlement prit un arrêté refusant d'enregistrer un édit qui tendait à enlever aux sujets du roi l'honneur, la vie et les biens, sans aucune réclamation possible. Il chargea son premier président de laisser au monarque le choix de rendre à l'Etat sa sûreté et aux magistrats l'honneur ou d'accepter l'offre de leurs offices et de leurs têtes. En même temps, la justice restait suspendue. Le roi multiplie alors les lettres de jussion pour prescrire au Parlement de reprendre son service (20 décembre 1770, 4 janvier, 13 janvier, 17 janvier 1771). Le Parlement répondait par de nouvelles protestations de plus en plus énergiques (13 décembre, 20 décembre 1770, 7 janvier, 11 janvier, 16 janvier 1771). La situation était extrêmement tendue. Hardy raconte que l'on avait trouvé rue de la

Cossonnerie des placards contre la vie du roi. — Au dehors, on croyait à des événements de la plus haute gravité. On en trouve la preuve dans les lettres que le roi d'Espagne écrivait à Louis XV pour lui offrir le concours de ses troupes et forcer la désobéissance des mal intentionnés (2 janvier 1771, Boutaric, I, 415). Dans la nuit du 19 au 20 janvier, les membres du Parlement étaient sommés individuellement d'avoir à répondre par oui et par non, et par écrit, s'ils voulaient reprendre leurs fonctions, et sur leur réponse négative [1], le Parlement était cassé par un arrêt du grand conseil : ses membres étaient envoyés en exil.

Tel était le terme d'une lutte engagée depuis Louis XI, continuée par la Ligue et la Fronde, suspendue pendant le règne de Louis XIV, reprise dès la Régence sous Louis XV, et arrivée à son paroxysme après cinquante ans et plus de durée. C'était là un événement d'une grande portée, qui était l'œuvre des temps, des circonstances, plutôt que la faute des individus. Il ne faut pas traiter les hommes comme les pierres qui se meuvent avec des grues, a dit judicieusement une femme contemporaine de cette catastrophe. Cependant, amis et ennemis se sont accordés pour faire jouer à madame du Barry un rôle bien au-dessus de ses moyens. A entendre les uns, elle aurait été l'âme de la mesure qui brisa les Parlements ; c'est derrière son éventail que se serait élaboré le coup d'Etat qui

1. Plusieurs de ces réponses sont rapportées dans Hardy (24 janvier 1771), les unes sont violentes, comme celles de Lemée, conseiller de la grande chambre qui répond : « Non, f... » Les autres sont moins grossières, telles que celle de M. d'Ormesson : « Reportez cette lettre à celui de qui vous la tenez. Je ne reconnais pas le langage du roi à ses magistrats. »

devait rendre au pouvoir monarchique toute sa puissance. Mais ces éloges ont leurs revers. Voici ce qu'on disait d'elle dans les *Fameuses Chancellières* (strophe 13 de la première) :

Réunissez votre vengeance
Contre de communs ennemis,
Monstres, fixez votre puissance
Sur la *ruine de Thémis.*
Par les mains d'une misérable
Mettez un crêpe impénétrable
Sur les yeux du meilleur des rois.
Prouvez-lui que son rang suprême
Se réduirait au diadème
S'il n'anéantissait les loix. (*Anecdotes*, p. 201.)

Les *Anecdotes* citent encore (p. 202) une chanson que sa longueur et sa grossièreté ne nous permettent guère de reproduire. On peut la lire dans cet ouvrage qui n'est pas rare (p. 202, édit. 1776). Nous préférons donner une pièce extraite du recueil de Hardy, encore manuscrite (Bulletin du 15 février 1771) :

Chez du Barri, près de la garde-robe,
Hier au soir notre gouvernement
Délibéroit, pour savoir dans la robe
Qui l'on prendroit pour faire un Parlement ?
Le chancelier, en magistrat habile,
Dit aux votants : « Sans doute nous avons
Autour de nous nombre de vils frippons,
Mais entre nous, le choix est difficile ;
D'abord Linguet, c'est l'honneur du métier ;
Il faut qu'il soit Président à mortier.
C'est fort bien dit et l'idée est très bonne
Tout d'une voix répond chaque assistant.

De plus, il faut pour premier Président
M. Seguier? — Non pas ; prenons Calonne,
Dit d'Aiguillon, le notable quidam
Devint l'objet d'un débat très ardent,
Et depuis lors ils n'ont nommé personne.

Voilà la part assignée à madame du Barry ; c'est chez elle que les ministres délibèrent et trament leurs complots pour détruire ou remplacer le Parlement. Le roi est aveuglé par elle : de sa main elle épaissit sur ses yeux le crêpe impénétrable qui couvre la ruine de Thémis et des lois. Les acteurs principaux sont Maupeou, Terray, d'Aiguillon ; le comparse est madame du Barry, qui est la complice de leur commune infamie.

C'est ce qu'il faut examiner de près.

Théoriquement, la question qui s'agitait était une des plus graves et des plus difficiles qui puisse se poser chez une nation. Il s'agissait de savoir quelle était la forme de son gouvernement. Le Pouvoir était-il confié à la main d'un seul, sans condition ni restriction, ou résiderait-il dans une assemblée délibérante? La nation appartenait-elle corps et biens à un maître, ou s'appartenait-elle à elle-même ?

Il est certain, dit madame d'Epinay dans ses Mémoires, que, depuis la monarchie française, cette discussion d'autorité existe entre le Roi et le Parlement. Cette indécision même fait partie de la Constitution monarchique ; car, si on décide la question en faveur du Roi, toutes les conséquences qui en résultent le rendent absolument despote. Si on la décide en faveur du Parlement, le Roi, à peu de chose près, n'a pas plus d'autorité que le roi d'Angleterre.

On peut être surpris de voir un esprit léger résumer

avec cette précision, et comme en se jouant, un problème de cette gravité ; mais il faut songer que madame d'Epinay avait beaucoup fréquenté Jean-Jacques Rousseau, qu'elle avait pu apprendre de lui et dans son *Contrat social* ce que c'était que la souveraineté d'un peuple ; ce qu'il y avait d'inaliénable en elle et de puissance dans le mot de Liberté. Madame du Barry avait dans sa bibliothèque le *Devin du village* et l'*Emile ;* elle ne possédait pas le *Contrat social*, et quand elle l'aurait possédé, pouvait-elle le comprendre? Elle avait un Montesquieu d'apparat acheté en 1771, après les événements et qui, en tout cas, devait être aussi fermé pour elle que les œuvres politiques de Jean-Jacques Rousseau.

Historiquement, les ténèbres étaient encore bien plus épaisses ! Le Parlement de 1769 était-il une image du *Wittenagmoth* des Scandinaves ou du *Parliament* des Francs? Représentait-il l'Assemblée des Hauts-Barons, plus tard les Etats-Généraux, ou n'étaient-ils que le *parloir* privé des Rois, composé de clercs, de légistes, de bourgeois? On dissertait à perte de vue sur ces antiquités sans pouvoir s'entendre. Ce n'était pas là encore choses qui fussent du domaine de madame du Barry.

La discussion se rapprochait-elle des temps modernes? S'agissait-il de concilier les règlements de Louis XIV? l'ordonnance de 1667 sur la procédure, articles 2 et 5 du titre premier? les lettres patentes du 14 février 1673 avec la déclaration du régent du 15 septembre 1715? Ces matières ardues étaient bien moins encore de la compétence de la pauvre femme. Louis XIV avait prescrit aux Parlements d'enregistrer d'abord ses ordonnances, édits ou autres actes de ses volontés et sans remontrances ni délai, sauf à lui représenter par la *suite du temps*, usage et expérience, les inconvénients révélés par la pratique [1]. Le régent, qui avait à payer les complaisances ou si l'on veut la complicité du Parlement, lui avait rendu le droit de remontrance préalable à l'enregistrement. On sait quelles avaient été les conséquences immédiates de cette concession intéressée. Dès 1718, le régent lui-même était obligé, à l'occasion de la banque de Law, de recourir à un Lit de justice, à l'enlèvement des présidents et des conseillers du Parlement, à des menaces d'exil contre le corps tout entier. Celui-ci répondait en cessant de rendre la justice; les Parlements de province faisaient entendre leurs remontrances. A compter de ce moment, la lutte entre la royauté et le pouvoir parlementaire recommença et dura sans interruption jusqu'en 1770. En 1720, exil du Parlement de Paris à Pontoise, toujours pour les affaires de Law. En 1732, démission du Parlement. En 1751, le Parlement cesse ses fonctions; il s'agissait d'un règlement nouveau pour l'administration de l'hôpital général. 1752, difficultés interminables pour les refus de sacrements, billets de confession; nouvel exil du Parlement à Pontoise, association de tous les Parlements du royaume sous le nom de classes, irritation de la Cour. 1756, Lit de justice pour faire enregistrer une déclaration prescrivant le silence sur les matières de la Bulle; règlement disciplinaire sur le Parlement; démissions des présidents et conseillers des enquêtes et requêtes. En 1757 se place l'attentat de Damiens, dont la folie

1. C'est ce que Napoléon, qui imitait volontiers le grand roi, avait fait pour ses Codes.

avait été enflammée par les débats des Parlementaires. Nous touchons à l'affaire du Parlement de Bretagne qui nous ramène à notre sujet.

L'homme qui avait le plus souffert de ces déplorables querelles, c'était Louis XV [1]. Qu'il en fût exaspéré, c'est ce qui est facile à comprendre. Nous croirons donc madame de Hausset lorsqu'elle nous dit : « Le maître entra tout échauffé. — Qu'avez-vous? lui demanda madame de Pompadour... Le roi se plaint de ces grandes robes qui voudraient le mettre en tutelle... La scène se prolonge. M. de Gontaut survient et voyant qu'on parlait sérieusement, garde le silence. Le roi se promenait tout agité, puis tout d'un coup il dit :

> Le Régent a eu bien tort de leur rendre le droit de faire des remontrances ; ils finiront par perdre l'Etat. — Ah! sire, dit M. de Gontaut, il est bien fort pour que de petits robins puissent l'ébranler. — Vous ne savez pas ce qu'ils font ni ce qu'ils pensent, reprit le roi ; c'est une assemblée de *républicains*. En voilà, au reste, assez. Les choses comme elles sont dureront autant que moi (p. 95).

Ce même mot prophétique se retrouve sous la plume de Louis XV dans une lettre à M. de Choiseul, datée de Fontainebleau, le 15 octobre 1765 :

> ... Dernière réflexion qui me perce le cœur et que je n'ose confier à personne : l'état de mon fils... S'il me manquoit... un enfant pendant des années est d'un bien petit

1. 22 août 1755.— Un courtisan m'a dit hier que le roi étoit agité d'une inquiétude continuelle sur les affaires et que Sa Majesté paroissoit couver une grande maladie, qu'il étoit fort changé. Son conseil l'agite encore plus que les affaires, les avis contraires et opposés rendent indéterminés tous les partis à prendre sur la conjoncture présente. (*Journal de d'Argenson.*)

secours. Au moins, avec mon fils, je suis sûr d'un successeur fait et ferme, et c'est tout vis-à-vis de la *tourbe républicaine.* (*Revue de Paris*, 1829 [1].)

Cette préoccupation d'une République dans l'avenir n'était pas chez Louis XV l'effet d'un pressentiment fortuit ; il y arrivait par la logique de ses convictions en matière de gouvernement.

On voit, par les *Mélanges* de Clairambault, quelle était l'idée qu'on se faisait alors du gouvernement en France. « C'étoit, est-il dit dans un Mémoire au roi, une monarchie pure, simple et absolue. »

Toute l'autorité réside en la personne du souverain. Il y a d'autres Estats où le concours du peuple, ou du moins celui des grands, est nécessaire pour abolir une loy. Il n'en est pas ainsi parmi nous. Si les Estats ont été quelquefois assemblés parmi nous, ce n'a jamais été que pour avoir l'avis des gouvernements, mais sans avoir jamais accordé aux députés aucune voix délibérative quand le Roy a bien voulu consulter. (Manuscrits de la Bibliothèque nationale, département des manuscrits.)

Quoique cette opinion fût conçue en termes nets et impératifs, on voit déjà percer le germe d'une restriction qui va s'accentuer davantage dans le passage suivant :

1. On lit cette même lettre rapportée autrement, quoique identique au fond, dans les *Mémoires historiques de Fonvielle,* t. I, p. 29. « ... Considérez que je ne suis plus jeune (je sais tout ce qu'on peut me dire là-dessus). Considérez encore que mon fils, M. le Dauphin est bien malade. Si j'avois le malheur de le perdre, le royaume seroit donc réduit à être gouverné par un enfant ; et que pourroit cet enfant contre tant de Républicains que j'ai peine à contenir. »

En Espagne, l'ignorance contient encore les peuples et les empêche de raisonner. En France, on nous a traités longtemps ainsi. Mais voici que, sous ce règne, nos opinions s'évertuent beaucoup par le voisinage de l'Angleterre ; or, l'opinion gouverne le monde. Ainsi, que prononcera-t-on sur cette question dans l'avenir? Le despotisme augmentera-t-il ou diminuera-t-il en France? Quant à moi, je tiens pour l'avènement du second article et même du républicanisme. J'ai vu de nos jours diminuer le respect et l'amour du peuple pour la royauté. Louis XV n'a su gouverner ni en tyran ni en bon chef de république : or, ici quand on ne prend ni l'un ni l'autre rôle, malheur à l'autorité royale ! L'on demande où sont les chefs de parti : je réponds qu'ils sont dans le Parlement de Paris. » (*Journal de d'Argenson*, juin 1752, t. VII, p. 242.)

Toute la politique de Louis XV se réduisait à ce mot que Mathieu Marais place dans sa bouche : « La volonté du roi fait la loi[1]. » C'était la monarchie de Louis XIV pratiquée naturellement par son successeur et transmise par lui à ses descendants. On dit même que Louis XIV ne reconnaissait en fait de gouvernement que celui du Grand-Turc. Peut-être est-ce une ironie de Mercier, qui rapporte ce mot sans en citer la source ; mais il n'était pas loin de la vérité. Louis XIV, Louis XV, le Dauphin (Louis IX), Louis XVI, ne comprenaient qu'une monarchie absolue, sans tempérament ni mélange. (Voy. plan écrit en entier de la main du Dauphin.)

L'idée d'un contrôle, d'un pouvoir délibérant placé à côté de la royauté était pour eux la destruction de la

1. Maxime conforme aux vieux axiomes des temps féodaux « Qui veut le Roi, si veut la Loi. Le roi ne relève que de Dieu et de son épée. » (*Institutes coutumières de Loysel.*)

royauté même. Le roi, dit d'Argenson, a tenu ce discours : « Il faut qu'il n'y ait plus de roi, s'il subsiste en France un Parlement comme il était avant le Lit de justice que j'ai tenu avant le 13 décembre. » (1er janvier 1757, IX, 377.)

Si les Parlements lui causaient cette terreur, il y avait quelque chose qu'il redoutait bien plus encore ; c'étaient les Etats-Généraux. La seule idée de leur convocation le transportait de fureur. Il devenait violent, cruel, au moins par la pensée, témoin ce passage de madame Campan :

Quelque faible qu'eût été Louis XV, jamais les Parlements n'auraient obtenu son consentement pour la convocation des Etats-Généraux. Je sais à cet égard une anecdote que m'ont racontée deux officiers intimes attachés à la maison de ce prince. C'était à l'époque où les remontrances des Parlements et le refus d'enregistrer des impôts donnaient des inquiétudes sur la situation des finances. On en causait un soir au coucher de Louis XV : « Vous verrez, sire, dit un homme de la Cour, *très rapproché du roi* par sa charge, que tout ceci amènera la nécessité d'assembler les Etats-Généraux. » Le roi sortant à l'instant même du calme habituel de son caractère, et saisissant le courtisan par le bras, lui dit avec vivacité : « Ne répétez jamais ces paroles ; je ne suis pas sanguinaire ; mais si j'avais un frère et qu'il fût capable d'ouvrir un tel avis, je le sacrifierais dans les vingt-quatre heures à la durée de la monarchie et à la tranquillité du royaume. » (Mémoires de Campan, *Anecdotes sur Louis XV.*)

Or, cette demande des Etats-Généraux était la menace constante que faisaient entendre les Parlements :

C'est à la nation, disaient-ils, qu'il appartient de recourir avec respect à la dernière ressource que lui offrent les loix en sollicitant du roi l'assemblée des Etats-Généraux... « Jamais peut-être il ne fut plus intéressant à la nation d'en obtenir la convocation et aux Parlements de la demander. » (Parlement de Normandie, 8 février 1771.)

Les *Mémoires de Bachaumont* parlent, à la date du 18 mai 1771, d'un nouvel écrit, intitulé : *Requête des Etats-Généraux au Roi,* encore rare et ayant peine à percer.

C'était là que résidait la grande force des parlementaires. Ils disaient aux ministres du roi : Le véritable juge en matière d'impôts, c'est le contribuable ; sans son consentement, vous ne pouvez lever un denier. — De là, la formalité de l'enregistrement. — Si vous vous adressez à nous pour couvrir la légalité de vos dépenses, nous sommes incompétents. Si vous voulez voir en nous les représentants de la nation, vous devez nous reconnaître, ce que vous ne pourriez lui refuser à elle-même, le droit d'examen préalable. On arrivait ainsi aux enregistrements et aux remontrances, qui n'étaient pas autre chose qu'un moyen de contrôle. De là à la monarchie constitutionnelle de l'Angleterre, il n'y avait qu'un pas à franchir. C'est aussi ce qui faisait la difficulté du problème. Si les Parlements pouvaient conquérir sur la royauté la puissance nécessaire pour la forcer à s'arrêter devant leur opposition, soit en cessant de rendre la justice, soit de toute autre manière, ils étaient les maîtres, les souverains. Si le roi pouvait braver leur vote, il devenait à son tour maître absolu. Telle était la question qui devait être résolue différemment, suivant que l'on considérait le passé ou l'avenir. On sait que Louis XV n'était pas de ceux qui regardaient en avant. Le sort de Maupeou fut de se vouer à la défense de ce système rétroactif.

CHAPITRE III

M. DE MAUPEOU. — SON GRAND CARACTÈRE. — SES VASTES PROJETS.
IMPOSSIBILITÉ D'ASSIGNER UNE PLACE
A MADAME DU BARRY DANS SES HAUTES CONCEPTIONS.
ACQUISITION DU PORTRAIT DE CHARLES Ier.

Nous avons prononcé le nom de Maupeou, il n'en est pas qui ait été plus détesté, plus maudit au XVIIIe siècle, ni plus calomnié, selon nous ; M. de Maupeou offre de plus cette analogie avec M. d'Aiguillon, qu'il a été accusé de s'être avili en flattant la maîtresse du roi pour parvenir à la ruine du Parlement? Maupeou voulait-il la destruction du Parlement, y avait-il intérêt? Madame du Barry pouvait-elle l'aider dans l'accomplissement de ce dessein ?

René de Maupeou, fils de Charles-Augustin-Nicolas de Maupeou et de Anne-Victoire de Lamoignon était ainsi d'une origine doublement parlementaire. Son père, premier président de la compagnie, avait été admiré dans la lutte avec l'autorité royale, et sa mère partageait les mêmes sentiments. Quant à lui, président à mortier depuis 1749, il savait les formes de la Cour, dit Senac de Meillan, il en connaissait toutes les rubriques, toutes les chicanes. « Il était habile dans les affaires, suivant d'Argenson, et de plus, honnête; il appartenait donc au Parlement par sa vie, par ses aptitudes, enfin par ces préjugés de naissance et d'état dont on connaît l'empire invincible [1].

Admis quelquefois dans son intérieur, où il avoit la bonté de me recevoir, j'ai pu juger ce grand homme, dont le système, s'il eût été continué sous le règne suivant, auroit épargné à la France l'épouvantable catastrophe dont elle a été la victime. Jamais il ne paroissoit ni pressé ni occupé. L'affaire dont on lui parloit sembloit être l'objet de son unique attention. Je l'ai vu le jour de ses audiences écouter chacun sans impatience, répondre le mot précis et ne faire aucun mécontent. Je l'ai vu dans ses dîners de trente couverts, pendant le voyage de Fontainebleau, s'occuper de chacun de ses convives, les charmer tous par l'intérêt qu'il savoit répandre sur tout ce qu'il disoit. Il avoit une représentation noble, tempérée par beaucoup d'aménité ; son coup d'œil d'aigle sembloit vous deviner. Une tête froide, un grand sens, un caractère intrépide et beaucoup d'instruction le rendoit propre à jouer le grand rôle qui attiroit sur lui tous les regards. (L'Abbé Georgel, *Mémoires*.)

Il était appelé à ces hautes fonctions par M. le duc de Choiseul qui, au témoignage de Besenval, « avoit au Parlement un grand crédit et y tenoit soit par principe, soit par politique. » — « Il fut pendant quelque temps servilement dévoué au duc de Choiseul, continue Senac, il volait à ses ordres ; il disait qu'il portait sa livrée dans son cœur et ne l'appelait que *notre bon duc*. » Dans ces dispositions, M. de Maupeou ne pouvait être en mau-

1. Louis XV, dit Georgel, était bien résolu de soutenir l'ouvrage de son chancelier; les courtisans disaient tout haut que ce premier magistrat avait retiré le sceptre du greffe du Parlement pour le mettre entre les mains du monarque. (Georgel, *Mém.* I, p. 207.)

vais termes avec le Parlement; aussi pendant les années 1768-1769 et au commencement de 1770, on ne voit surgir entre eux aucune difficulté; loin de là, le chancelier parvient à apaiser plus ou moins bien les démêlés si ardents des parlements de Toulouse et de Bretagne; le mal vint de l'affaire d'Aiguillon, qui ralluma le feu. D'après les rapports de Maupeou, restés à l'état de manuscrits, le chancelier s'était opposé à ce que le duc d'Aiguillon se soumît à la juridiction de la Cour de Paris, et plus tard, lorsqu'il s'agit de dessaisir le Parlement, il n'aurait pas été moins contraire à cette mesure qu'à la précédente.

J'obéis, dit-il, la procédure fut éteinte, le Parlement de Paris pouvoit faire des remontrances.

Mais toutes les bornes sont franchies, le duc d'Aiguillon justifié par le roi est entaché sans avoir été entendu, sans procédure, sans instruction.

Cette injustice du premier parlement du royaume est consacrée par les arrêts uniformes d'autres parlements; pour justifier ces atteintes au droit public de la France et au droit de la nature, on reproduit les systèmes les plus erronés sur l'origine des parlements, sur leur constitution, sur leur pouvoir... On ébranle les fondements de l'autorité monarchique, on la réduit à n'être plus qu'un vain fantôme et l'ombre de la souveraineté.

Il fallait ou trahir mon ministère ou en déployer toute l'énergie... Mes devoirs étoient tracés par les hommes les plus éclairés qui aient rempli la place que j'ai l'honneur d'occuper. Qu'on rapproche les monuments qui nous restent des Olivier, des L'Hospital, des d'Aguesseau...

M. de Maupeou aurait pu citer d'Argenson dont le langage au Parlement est autrement dur que celui qu'il avait tenu lui-même à Louis XV! Il ne faut pas oublier ces paroles d'un homme qui le connaissait bien et qui concordent si exactement avec celles que nous avons rapportées ci-dessus.

Ce gouvernement ressemble véritablement en quelque chose à celui du feu roi (Louis XIV)... Le Roi personnellement entend l'autorité et la despoticité ; il ne la laissera pas avilir, il la relève par des coups fermes et est capable *de la plus grande violence pour la rétablir*. Sa douceur ordinaire répond à autant de vigueur s'il y avoit lieu, si on le mettoit en colère ; en dernier lieu il a réprimé le Parlement comme auroit fait Louis XIV si on l'avoit fâché ; *quand il se fâche, il n'y fait pas bon : malheur à qui s'y exposera !* (*Journal du marquis d'Argenson*, novembre 1747.)

La justesse de cette appréciation a été prouvée par la Correspondance de Louis XV ; elle est confirmée par Mathieu Marais, par Barbier et madame Campan, par M. de Choiseul lui-même. Qu'on suppose que le chancelier se fût rangé du côté des parlementaires, il serait tombé avec eux comme Choiseul, le roi n'aurait pas cédé ; la scène pouvait devenir sanglante [1]. Les esprits étaient parvenus au dernier degré d'irritation. Maupeou, quand on examine froidement sa conduite et ses écrits, n'a fait que calmer et chercher à adoucir. L'excès de souplesse, suivant ses détracteurs, était un des traits de son caractère. Le rôle de Maupeou a été plutôt celui d'un conciliateur, d'un intermédiaire que d'un provocateur ; c'est pourtant sous ce dernier aspect qu'on l'a constamment présenté. Il semble qu'il veuille *a priori* renverser le Parlement au profit du pouvoir royal. On

1. Tout le monde étoit convaincu que l'on en vouloit à la tête de M. de Choiseul et qu'il seroit bientôt obligé de sortir du royaume pour ne pas être arrêté. (*Mémoires de Lauzun*, 1770, p. 88.)

ne tient compte ni de la querelle engagée à propos de M. d'Aiguillon, ni des efforts tentés par M. de Maupeou pour amener une solution pacifique ; le Parlement ne prétend pas seulement au droit de remontrances ; il ne lui est pas contesté : il veut avoir le pouvoir de ne pas enregistrer les édits proposés et de suspendre le cours de la justice. Il veut en d'autres termes exercer un *veto* absolu sur les actes du roi. Cette prétention est bien antérieure à Maupeou et elle lui survivra ; là est la véritable difficulté, la grande question... N'importe, on ne s'en occupe pas, il faut que Maupeou agisse dans un but exclusivement personnel. Ce n'est pas pour le roi qu'il agit, c'est pour ses besoins propres et égoïstes. Quels sont donc ces motifs, ces besoins ?

M. de Maupeou, dit intrépidement Besenval, que rien n'arrête, ayant tout à craindre du Parlement qui formoit le dessein de l'attaquer et de dénoncer sa gestion de premier Président, qui en effet n'étoit pas sans tache ni sans reproche, M. de Maupeou se déclara ouvertement contre M. de Choiseul, se rallia à M. d'Aiguillon et à madame du Barry, laquelle, trouvant tout accès fermé auprès de M. de Choiseul, s'étoit totalement livrée à M. d'Aiguillon qui la gouvernoit. (T. II, p. 177.)

Nous ne comprenons pas trop aujourd'hui quels sont les comptes de gestion qu'un premier Président pouvait avoir à rendre ; rien ne témoigne de ces desseins qui n'étaient encore qu'à l'état d'intention et, dans les nombreuses accusations dont M. de Maupeou a été l'objet, nous ne voyons rien qui ressemble à des abus de confiance pécuniaires[1]. « C'étoit, dit d'Argenson, un

1. On l'accusait d'infidélité notoire dans le recensement des voix. On se préparait à le soumettre pour ce fait aux mercu-

homme fort honnête » et nous verrons de plus que c'était un homme fort désintéressé [1]. Nous nous en tenons là jusqu'à preuve du contraire. Dailleurs quels que fussent les desseins du chancelier, le Parlement n'avait qu'à reprendre son service, tout était fini. Il aurait ensuite demandé à M. de Maupeou tels comptes qu'il aurait voulu; il tenait donc son sort entre ses mains. Toutes ces cabales imaginables et imaginaires avec M. d'Aiguillon et par lui avec madame du Barry ne pouvaient rien contre un résultat si simple. L'explication tentée par Besenval n'est pas admissible.

On sent bien que Pidansat de Mayrobert s'est donné de garde de négliger un thème si propice à la déclamation.

Comme le roi, dit-il, soupoit presque tous les soirs chez madame du Barry, M. le chancelier et M. le duc d'Aiguillon la prévenoient de ce qu'elle devoit lui dire, ils lui donnoient tout prêts les ordres à signer, et quand son amant, la tête échauffée de vin exquis qu'elle lui versoit et le cœur brûlé de l'amour qu'il respiroit dans ses bras, sollicitoit ses faveurs dernières et n'avoit plus rien à lui refuser, elle en extorquoit les signatures fatales et rien ne passoit au Conseil, du moins les autres ministres se plaignoient hautement de n'avoir eu aucune connoissance de ces actes violens, exercés contre le Parlement de Paris. (*Anecdotes*, p. 191.)

riales de la rentrée, mais il devint chancelier pendant les vacances (Voy. *Rome*, p. 177); toutes ces préparations remontaient donc à une époque antérieure à 1768. Alors comment justifier une accusation d'infidélité dans les votes sur lesquels avaient passé plusieurs années? Ah mais, dit-on, l'infidélité était *notoire*, argument de ceux qui n'ont pas de preuves et qui invoquent *la notoriété :* tout le monde c'est personne.

1. V. p. 21.

Louis XV signant, entre deux vins, des lettres de jussion, des ordres rigoureux, rien n'est plus inepte ni plus faux! Les peintures lubriques des *Anecdotes* seraient à peine admissibles s'il s'était agi de bons sur le banquier de la cour, mais est-ce qu'il était nécessaire d'enivrer Louis XV pour l'exciter contre ces *grandes robes* qui l'irritaient déjà si fort du temps de madame de Pompadour? Est-ce qu'on l'a jamais accusé de tenir conseil *inter pocula et scyphos?* Si l'on veut savoir comment les choses se passaient, qu'on lise d'Argenson et la *Correspondance secrète*, qu'on lise le *Journal de Barbier* disant : « Le roi est impénétrable, discret et ne parle jamais à ceux qu'il aime le plus des secrets de l'Etat (1743). » Voilà des chroniqueurs sérieux et qui donnent mieux une idée de la vérité qu'un gazetier, avide de scandale.

Si de ces allégations vagues on passe à des faits plus précis et mieux définis, on voit le chancelier jouant au colin-maillard en simarre chez madame du Barry, ou Zamor prenant des hannetons dans sa perruque et finissant par enlever la perruque elle-même.

A ces tableaux plus ou moins divertissants nous n'avons qu'à opposer une réponse très simple. Un chancelier de France ne sortait pas de chez lui, la garde des sceaux l'attachait à son hôtel, c'était la loi de ses fonctions; la question s'étant présentée devant Louis XV, il se trouva que M. le chancelier d'Aguesseau n'avait dîné hors de chez lui qu'une fois en son long exercice. M. de Maupeou n'était pas homme à déroger à un usage si fortement consacré. Sénac raconte que M. de Choiseul ayant voulu l'y amener par morgue ou par plaisanterie, le chancelier en conçut un tel ressentiment, que ce serait de là qu'il faudrait dater leur rupture. Tel était l'empire de cet usage, où si l'on veut, de ce préjugé, qu'un garde des Sceaux ne rendait jamais de visites. (*D'Argenson.*)

Enfin arrive l'histoire du Charles Ier, de Van Dyck, acheté par les conseils de M. de Maupeou [1].

L'acquisition du portrait de Charles Ier, chef-d'œuvre de Van Dyck, par madame du Barry, a été l'objet des récits les plus contradictoires. Pidansat de Mayrobert a, comme toujours, commencé la légende. A l'entendre, la favorite, conseillée par Maupeou, aurait acheté le tableau à la vente de M. de Thiers [2], amateur célèbre, pour raffermir Louis XV dans sa lutte contre les Parlements. Son intention aurait été de mettre sous les yeux du monarque français l'exemple d'un roi tombé victime de sa faiblesse ; elle aurait voulu l'encourager à soutenir à outrance la lutte engagée avec les parlementaires et l'empêcher de reculer en se laissant aller à des mesures plus douces.

Cette historiette est devenue sous la plume éloquente de Michelet un épisode qu'il rattache à la Révolution française. C'est dans son *Histoire de la Révolution* que Michelet a traité ce sujet. La vaste toile de Van Dyck est placée à dessein dans les mansardes abaissées qu'occupait madame du Barry au château de Versailles.

1. *Biographie Michaud.* Voy. Maupeou à la note, p. 519.

2. Le numéro de la *Gazette de France*, du 21 décembre 1770, annonçait le décès de Antoine-Louis de Crozat, baron de Thiers, brigadier du roi, lieutenant général et commandant pour Sa Majesté dans la province de Champagne. Il était mort à Paris le 15 décembre précédent, dans la 71e année de son âge. M. de Thiers avait une collection célèbre de tableaux. Le catalogue en avait été publié en 1765.

Là, au milieu de ses ébattements impurs, la maîtresse du roi le saisit par le col et lui dit : « Vois-tu, la France, ce que tes Parlements te feront si tu leur cèdes, ils te couperont la tête [1]. » Et Louis XV ne cède pas, les Parlements tombent, la Révolution française commence.

Il nous paraît difficile d'attribuer à une simple peinture, même de Van Dyck, une action aussi directe sur les événements. Notre rôle se borne à celui de vérificateur des faits et nous nous demandons tout d'abord où Pidansat de Mayrobert a puisé ses informations? Il écrit en 1775 : il ne peut parler que d'après les contemporains, et au premier rang parmi eux se trouve Bachaumont, la grande source des anecdotes. Or voici ce qu'il dit à la date du 25 mars 1771 : « L'impératrice de Russie a fait enlever tout le cabinet de tableaux de M. le comte de Thiers, amateur distingué qui avoit une très belle collection en ce genre. M. de Marigny a eu la douleur de voir passer ces richesses chez l'étranger, faute de fonds pour les acquérir pour le compte du roi. On distinguoit parmi ces tableaux un portrait en pied de Charles Ier, roi d'Angleterre, original de Van Dyck. C'est le seul qui soit resté en France. Madame la comtesse du Barry, qui déploie de plus en plus son goût pour les arts, a ordonné de l'acheter ; elle l'a payé 24,000 livres ; et sur le reproche qu'on lui faisoit de choisir un pareil morceau entre tant d'autres qui auroient dû mieux lui convenir, elle a prétendu que

1. Le roi hésitait à frapper le coup décisif. La du Barry réussit où Maupeou eût sans doute échoué. Bien stylée par le chancelier, elle avait fait placer dans son appartement le portrait de Charles Ier par Van Dyck, et le montrant à Louis XV : « La France ! (elle donnait au roi de France des noms de laquais de comédie), la France ! disait-elle, ton Parlement te fera aussi couper la tête ! » (Henri Martin, 1770-1771, p. 283.)

c'étoit un portrait de famille qu'elle retiroit. En effet, *les du Barry se prétendent parents de la maison des Stuart.* Madame du Barry a très certainement possédé le portrait de Charles Ier par Van Dyck. »

De Maupeou... il n'est pas dit un mot. Tout se borne à une malice contre les du Barry qui se seraient prétendus de la maison des Stuart. Jean du Barry, mêlant l'amour des tableaux et des généalogies, serait bien capable d'avoir imaginé, pour rehausser sa comtesse de contrebande, de mettre un roi dans sa noble maison.

Plus de six mois s'écoulent et ces mêmes nouvelles à la main reviennent à la charge en ces termes :

22 octobre 1771. — On a parlé beaucoup dans le public du portrait en pied de Charles Ier, roi d'Angleterre, par Van Dyck, acheté il y a quelques mois 20,000 livres par madame la comtesse du Barry. Cette dame l'a placé dans son appartement auprès de celui du roi et il paroît que ce n'est pas sans dessein. On assure que toutes les fois que S. M., revenant à son caractère de bonté naturelle, semble fatiguée de sa colère et se tourner vers la clémence, elle lui représente l'exemple de l'infortuné monarque. Elle lui fait entendre que peut-être ses Parlemens se seroient-ils portés à un attentat de cette espèce, si M. le chancelier ne lui avoit fait entrevoir leurs attentats insensés et criminels, et ne les avoit arrêtés avant qu'ils fussent montés au degré de noirceur et de scélératesse où ils auroient pu parvenir. Quelque absurde, quelque atroce que soit l'imputation, elle renflamme le prince pour le moment, et c'est du pied de ce tableau que partent les foudres destructeurs qui vont frapper la magistrature et la pulvériser dans les extrémités les plus reculées du royaume.

On sent parfaitement qu'une calomnie aussi atroce, aussi réfléchie, aussi combinée, ne peut partir du cœur tendre et ingénu de madame la comtesse du Barry et que les alarmes qu'elle donne au roi lui sont inspirées à elle-même par des conseillers d'une politique aussi adroite qu'infernale.

Cette anecdote, justifiée par des événements, est attestée par des courtisans dont le témoignage est d'un grand poids.

Il y aurait bien des difficultés sur le fait en lui-même; le catalogue de la collection de M. Crozat, baron de Thiers, a été imprimé; il existe à la Bibliothèque nationale; il n'y est pas parlé du tableau de Van Dyck [1].

La vente de la collection du *baron* ou *comte* de Thiers n'est que de la fin de 1771. La suppression et le remplacement des Parlements étaient des faits consommés.

Mais à quoi bon discuter ces objections, il en est une bien autrement décisive. Le fond de l'anecdote repose sur cette idée, longtemps acceptée, que Louis XV n'était qu'une machine que chacun faisait mouvoir suivant son caprice. Ministres, favoris, courtisans, l'auraient mené au gré de leur fantaisie. C'était une erreur, aujourd'hui jugée et qui ne se soutient plus en présence des révélations de l'histoire. Ici, nous allons voir la pensée intime de Louis XV, gravée de sa main dans cette lettre de la correspondance secrète où il s'exprime avec tant de force et de fiel sur les Parlements; on parlait de la possibilité de leur rappel [2]. Et le roi finis-

1. Dans son beau livre sur Van Dyck, M. J. Guiffrey consacre une page au portrait de Charles Ier *à la chasse*. C'est le nôtre. Il rectifie le livret du musée, d'après lequel il aurait appartenu à Louis XV. « Il est fort douteux, dit-il, que le portrait en question ait passé par le cabinet de M. de Thiers, et il n'a été acquis que sous Louis XVI. D'où madame du Barry le tenait-elle? On l'ignore... »

2. C'est Hardy qui l'atteste dans son journal : « Vendredi 8 février 1771. — Quelques personnes qui ne consultoient que le sentiment de leur cœur annonçoient comme chose certaine que le Parlement seroit rappelé dans peu.

« On prétend aussi que le roi n'oublie pas le duc de Choiseul

sant un billet au comte de Broglie, lui jette ce mot, en parlant du parti Choiseul :

Quel sot propos que celui de son retour aux affaires! Quel méchant que celui du retour du Parlement. — 18 mars 1771.

« On voit par ce billet, dit avec raison M. Boutaric, et par les deux lettres au roi d'Espagne, quelle était l'animosité personnelle du roi contre M. de Choiseul et les Parlements. » Cette appréciation est la nôtre. Cette animosité ne datait pas seulement de l'affaire d'Aiguillon; elle remontait plus haut, elle avait une origine bien autrement grave. « Sans ces conseillers, ces présidents, s'écriait douloureusement Louis XV, au témoignage de madame du Hausset, je n'aurais pas été frappé par ce monsieur (il appelait toujours ainsi son assassin). — Ah ! sire, s'est écriée madame de Pompadour. — Lisez le procès, a-t-il dit, ce sont les propos de ces messieurs qu'il nomme qui ont bouleversé sa tête ! »

Louis XV disait vrai. Damiens avait été au service de conseillers du Parlement; il avait, le lendemain de son arrestation, envoyé une liste de ceux qu'il désignait comme ses complices indirects [1]. Quel besoin était-il

que son nom étoit assez souvent dans sa bouche et l'on inféroit peut-être assez mal à propos de ce qu'il ne nommoit point aux places de ce ministre qu'il pourroit bien revenir. »

1. Procès de Damiens.

M. le duc de Croy définit Damiens: « une tête brûlée, à qui la vanité et la chaleur d'un sang enflammé, joints à des discours imprudents tenus devant lui par des parlementaires, avaient suggéré de prendre ce détestable parti. »

Et ailleurs :

« ... Cette mauvaise tête avoit été autrement échauffée par les discours de ses différents maîtres et surtout par plusieurs con-

donc d'évoquer le spectre de Charles Ier pour arriver à une analogie lointaine et mal fondée avec un roi d'Angleterre[1]? Le roi de France portait sur lui un *remember* plus énergique contre les Parlements; c'était la cicatrice de la blessure qu'il avait reçue et qu'il leur attribuait. Jamais il n'avait été plus exact de dire : *Hæret sub pectore vulnus*. Si la mémoire lui avait manqué, les amis maladroits des parlementaires étaient là pour raviver ses souvenirs et sa haine. Nous avons déjà vu dans les troubles de Bretagne des menaces de mort dirigées par écrit contre le roi.

En 1771, on va plus loin, on affiche sur sa statue ce jeu de mots où il est impossible de ne pas voir une provocation au meurtre :

ARRÊT DE LA COUR DES MONNAIES
ORDONNANT
QU'UN LOUIS MAL FRAPPÉ SOIT REFRAPPÉ.

L'allusion à la tentative manquée du 6 janvier 1757 était manifeste. Cette attaque contre Louis XV n'était pas la seule; il en était d'autres plus sensibles pour lui.

Hardy raconte dans son journal, à la date du 25 février 1771, qu'on avait trouvé au Palais-Royal un placard adressé au duc d'Orléans, et ainsi conçu :

MONTREZ-VOUS, GRAND PRINCE,
ET NOUS VOUS METTRONS LA COURONNE SUR LA TÊTE!

On sait quels étaient les sentiments de Louis XV pour

seillers du Parlement qu'il avoit servis de suite, lesquels avoient tenu des propos de mécontentement sur les circonstances, contre les ecclésiastiques et peut-être contre la cour. » (*Extrait des Mémoires manuscrits du duc de Croy*, dans Lemontey, t. XIV. Appendice à la suite de Barbier, VIII, p. 390.)

1. Charles Ier n'a jamais cédé à son Parlement.

les *princes du sang.* « Il seroit au désespoir d'avoir l'un d'eux pour successeur désigné; il ne les aime pas et les regarde si loin de lui qu'il en seroit humilié. » Le duc d'Orléans, vivant au milieu de la capitale, était aimé du peuple qui l'avait surnommé *le Roi de Paris*[1].

On comprend quelle pouvait être l'exaspération de Louis XV, menacé de se voir détrôné pour faire place à ce cousin qu'il regardait comme si fort au-dessous de sa personne. Il n'y avait donc aucune nécessité de faire jouer à ses yeux la fantasmagorie de la peinture et les leçons du passé pour l'engager à se tenir ferme contre les parlementaires et à ne point les rappeler. Leurs attaques audacieuses étaient le meilleur garant pour Maupeou. Aussi lisons-nous dans Hardy, à cette même date de janvier 1771 :

> Le chancelier assure aux anciens procureurs qu'ils pouvoient travailler au nouveau Parlement avec d'autant plus de confiance qu'ils n'avoient pas à craindre les revenants comme en 1756.

Le Roi de Versailles, malgré son apparente faiblesse, était bien décidé à ne pas céder la place *au Roi de Paris* et à ne pas laisser retomber sa couronne dans ces greffes d'où son chancelier avait eu tant de peine à la retirer.

Madame du Barry n'a donc été ni la complice ni l'instrument de Maupeou : elle a pu, elle a dû même prendre un parti dans une querelle qui passionnait tous les esprits et notamment les femmes[2], c'est ce que

1. *Journal de Hardy.*

2. Deux petites de l'abbaye de Panthémont (ordre de Cîteaux, rue de Grenelle à Paris) prirent feu sur les affaires d'Etat :

nous concédons volontiers. Qu'elle ait été une machine de guerre contre le Parlement, nous le nions, ne lui reconnaissant pas la suffisance nécessaire pour exercer la moindre influence sur ces questions ardues.

L'œuvre de Maupeou n'a pas d'ailleurs consisté seulement dans le renouvellement des magistrats de Paris, le plus difficile de sa tâche c'était de recomposer de nouvelles cours de justice, de les organiser, de les faire vivre sous le même nom de parlement qu'il ne voulait pas supprimer. Il y avait là un travail de chancellerie pour lequel M. de Maupeou n'avait pas apparemment besoin du concours d'une femme galante. Ses vues d'ailleurs allaient plus haut; il avait l'ambition d'opérer une réforme, et ses idées étaient aussi grandes que justes, car elles sont encore la base de notre société actuelle. Il avait entrevu la nécessité de tracer une

l'une soutint M. de Maupeou, l'autre en faveur de M. de Choiseul : la querelle devint si violente que, cédant au faux point d'honneur qui nous ravit tous les jours tant de sang noble et qui jusqu'à présent ne paroissait annexé qu'à la férocité masculine, elles se donnèrent rendez-vous dans le jardin où elles se battirent à coups de couteau : l'une des deux en reçut un dans le sein, dont elle mourut, l'autre est restée blessée assez dangereusement. L'aventure me semble tout à fait ridicule et extraordinaire; je n'imaginois pas que les femmes fussent susceptibles de la folie de se tuer pour aucune affaire et encore moins pour celles de l'Etat. (*Lettre de mademoiselle Phlippon à mademoiselle Sophie Cannet*, du 25 janvier 1772.)

Autre du 25 février de la même à la même:

« ... Je crois devoir te dire que l'histoire de nos demoiselles est très vraie, mais non dans toutes ses circonstances. C'est mademoiselle d'Aiguillon et la fille de l'ambassadeur de France à Londres qui se sont disputées sur la réputation ou la probité de leurs pères, mais mademoiselle d'Aiguillon n'est blessée qu'au bras et l'autre qu'au côté, toutes deux très légèrement. Ce que je remarque encore, c'est qu'on les dit très jeunes, n'ayant pas plus de douze ans. C'est un enfantillage, je ne puis plus rien dire. »

ligne de séparation entre le pouvoir judiciaire et le pouvoir administratif; il voulait diviser le grand conseil en deux corps qui seraient venus s'asseoir au pied du trône, l'un pour juger les tribunaux même (notre cour de cassation), l'autre réservé pour les matières propres à l'administration pure, la perception de l'impôt, le commerce intérieur, le commerce étranger. Tout le contentieux (*sic*) administratif eût été porté à ce tribunal.

On reconnaît là notre conseil d'Etat, nos conseils de préfecture, etc.

A cette école se seraient formés les intendants des provinces, et c'est de là qu'auraient été tirés les fonctionnaires les plus importants (*Mém. de Maupeou*). Ce n'était rien moins que le grand principe de la séparation des pouvoirs, une des conquêtes les plus précieuses de 1789 qui échappe aux railleries aujourd'hui de mode, car c'est dans cette distinction fondamentale que résident l'indépendance, la dignité, le fonctionnement de toutes nos institutions.

Cette réforme répondait aux besoins les plus pressants du moment; mais elle était loin de satisfaire aux vastes conceptions de Maupeou. Son ambition était plus étendue; elle n'allait pas à moins qu'au renouvellement total de la société, et, chose étrange, par une sorte d'instinct de l'avenir, il procédait en 1771 comme nous le faisons aujourd'hui en 1871, après un siècle d'essais et de tâtonnements stériles.

Son point de départ, c'était la *Réforme de l'éducation*. Tel est le mot qu'il inscrit en tête de ses *Mémoires*, p. 10. Laissons-le parler lui-même; ses paroles sont trop remarquables pour qu'on ne les cite pas dans leur texte original.

J'osai penser que mon ministère avoit d'autres devoirs et une autre sphère d'activité que celle où l'avoit renfermé la routine des derniers tems. Je cherchai d'abord quelle avoit été la marche des anciens législateurs et sur quelle base ils avoient appuyé l'édifice du gouvernement. Partout je vis la chaîne sociale commencer par l'*Education;* les principes de la constitution prendre racine dans l'enfance, se fortifier avec elle, arriver avec l'homme à sa maturité. Et cela non seulement dans les républiques, mais dans les monarchies et jusqu'au sein du despotisme.

En France, point d'éducation civile. On instruit les esprits, presque jamais on ne façonne les citoyens !... Le peuple, presque partout abandonné à lui-même, ne connoît du gouvernement que la force qui le contient et le réprime...

On nous forme à l'exercice des vertus privées, il faudroit aussi nous former à l'exercice des vertus publiques...

Nous supprimons les développements. Suivent les projets de nombreuses et excellentes institutions. Un bureau diocésain chargé de veiller sur l'éducation des enfants, sur l'emploi des charités publiques, sur des ateliers (*sic*) toujours ouverts pour que les moyens de subsistance fussent placés à côté des moyens d'instruction. « Dans mes vues, dit-il, chaque école eût été une manufacture ou un atelier. »

Il s'occupait aussi de l'éducation propre à la magistrature. Il voulait régénérer les écoles de droit, ranimer les études, suivre en ceci un mémoire dressé par Pothier et mis en œuvre par une déclaration déjà préparée [1].

De cette réformation si largement conçue, il déduisait les conséquences les plus fécondes.

1. Une note avertit que, dès 1768, le chancelier s'était occupé de ces idées-là et que le projet était fini, qu'il y avait un projet d'édit préparé. (V. p. 10 du *Manuscrit de Maupeou.*)

L'abolition de la vénalité des offices, cet opprobre légué par les malheurs publics, qui remettait à une sorte d'oligarchie héréditaire la vie, l'honneur, la fortune des citoyens et ne leur laissait plus ni liberté ni sécurité ;

L'abolition des justices seigneuriales, autre legs du passé aussi à charge aux seigneurs hauts-justiciers qu'à leurs justiciables ;

La suppression des juridictions prévôtales ;

La dation d'un défenseur aux accusés et l'instruction rendue publique après la confrontation ;

La torture abrogée ;

Les peines déterminées pour chaque crime et, dans presque tous les cas, rendues moins horribles ;

La confiscation, cette loi odieuse qui du délit d'un seul homme fait le crime de toute une famille, supprimée ;

La procédure civile, épurée sous Louis XIV et déjà couverte d'une rouille nouvelle, soumise à une révision sévère (Suppression des épices) [1];

Les coutumes refondues et réduites à une coutume unique ;

Enfin, la confection d'un code général où toutes les lois éparses auraient été combinées et rassemblées avec les dispositions du Droit romain et celles des peuples les plus éclairés. De laborieux compilateurs eussent préparé

1. On lit dans les *Mémoires de Bachaumont*, sous la date du 3 mai 1771 : « Le nouveau *Code* ou *Code Maupeou* présenté à Messieurs du Conseil lorsqu'ils ont tenu le Parlement a été porté au nouveau tribunal. Il a été nommé des commissaires pour l'examiner. Au surplus, celui-ci ne roule encore que sur les formes et les procédures. Il est question d'un autre beaucoup plus considérable qui embrassera toute la jurisprudence. » (Vol V, p. 295.)

cette œuvre; des magistrats et des jurisconsultes eussent remanié le travail; des conférences entre les membres les plus éclairés des divers parlements lui eussent donné sa perfection. Spécialement les testaments et les substitutions eussent été anéantis comme deux sources d'abus qui nourrissent les haines et mettent les volontés de l'homme à la place des lois [1].

L'ensemble de ces améliorations n'avait peut-être qu'un défaut : c'était de dépasser les forces d'un homme puisqu'il a fallu pour les accomplir une Révolution gigantesque et qu'au bout d'un siècle elles ne sont pas encore complètement réalisées. Mais c'était déjà beaucoup de les avoir conçues. Maupeou les a non seulement signalées, mais définies par le nom qu'elles portent encore aujourd'hui. Il y a donc dans ses plans une grandeur qui suppose une incontestable élévation de caractère et qui se retrouve dans sa chute et dans sa mort. On sait en effet que, disgracié par Louis XVI, il refusa de donner sa démission de chancelier, demandant qu'on lui fît son procès s'il était coupable. On ne l'osa pas et il put voir la Révolution de 1789, amenée par ces parlements qu'il avait combattus, le venger des injustices qu'il avait souffertes en réalisant la plupart de ses réformes. Le 15 avril 1790, instruit de la rareté du numéraire, il faisait verser cinq cent mille livres au Trésor public, à titre non de donation, mais de prêt sans intérêt, et le 29 juillet 1792, il mourait au Thuis, près des Andelys, chancelier de France, et, dit-on, juge de paix élu de son canton.

1. Une estampe de 1772 représente un code entr'ouvert audessous du portrait du chancelier Maupeou, avec ces mots : nouveau Code. (V. à la Bibl., cabinet des estampes, collection alphabétique de l'hist. de France.)

Il n'y a pas d'homme qui ait été plus vilipendé que Maupeou. Epigrammes, anagrammes, chancelières, caricatures, accusations en vers et en prose, tout a été épuisé par la rage des parlementaires. Nous aimons mieux le juger par ses écrits. Senac de Meilhan raconte que dans l'exil où il avait été envoyé par Louis XVI, le chancelier rassembla toutes les pièces relatives à ses opérations, qu'il adressa ces pièces cachetées au roi, pour être remises à la Bibliothèque et ouvertes à sa mort. Il s'y trouvait un mémoire adressé à Louis XVI, encore Dauphin, et la réponse de la main de ce prince qui contenait les plus grands éloges de ce qui avait été fait. Senac ajoutait qu'il tenait ces détails du lieutenant de police, bibliothécaire du roi[1].

Ces papiers se trouvent en effet à la Bibliothèque nationale, département des manuscrits, sous ce titre : *Maupeou, comptes-rendus au roy*. Ils forment trois volumes in-folio.

C'est là que nous avons puisé ce qui précède. Notre source d'informations est donc parfaitement authentique.

La lettre autographe de Louis XVI est en effet jointe au mémoire particulier qui le concerne. Une table chronologique et une annexe de pièces justificatives complètent ces trois volumes qui sont du plus grand intérêt et mériteraient d'être publiés dans leur texte. On comprend que nous n'avons pu en donner qu'une brève analyse; nous nous sommes attachés cependant à rapporter non-seulement le sens, mais les termes mêmes dont s'est servi Maupeou. Ou nous nous trompons fort, ou l'on verra dans ses travaux la preuve

1. *Portraits et Caractères du* XVIIIe *siècle*, p. 411, Ed. Poulet.

d'une âme haute et énergique, incapable de toutes les bassesses dont on l'a accusé.

S'est-il courbé devant la maîtresse en faveur? L'a-t-il appelée ma cousine [1]? A-t-il scellé les provisions de Zamor, nommé gouverneur de Louveciennes par Louis XV? La pièce annoncée vaguement par M. Capefigue ne se trouve pas aux archives nationales où nous l'avons demandée et fait rechercher avec soin. S'il est vrai qu'il ne faut jamais accueillir une imputation sans preuve, c'est surtout dans ce cas où la calomnie s'est déchaînée avec une fureur qui fait penser aux plus mauvais jours de la Révolution. En voici quelques exemples :

Journal de Hardy, 24 avril 1771. On trouve affiché rue des Bernardins, rue de La Harpe, au Palais, rue Saint-Honoré et dans différents autres quartiers de Paris, un placard portant ces mots : PAIN A DEUX SOLS. — CHANCELIER PENDU OU RÉVOLTE A PARIS. — Ce qui, loin de remédier au mal dont on avoit à se plaindre, ne pouvoit que l'augmenter.

1. Elle l'était effectivement, non par elle-même, mais par les du Barry. M. de Maupeou était arrière-petit-fils d'une Doujat. (V. sa généalogie au cabinet des Titres.) Les Doujat étaient d'une famille parlementaire considérable. Jean du Barry adressant une supplique à M. de Malesherbes en 1775, lui dit : « Je n'invoque pas le souvenir des bontés dont monsieur votre père m'honoroit à titre de son allié par les Doujat. » Les du Barry, parents des Doujat, étaient alliés des Maupeou par cet intermédiaire et pouvaient cousiner sans mentir et sans s'avilir.

Le 7 juin 1781, la nièce (à la mode de Bretagne) de madame du Barry, Marie-Josèphe Beccu, se disant de Cantigny, épouse M. Paul Barbara de Boisseson, major du régiment de dragons de Condé. Le mariage est célébré dans la chapelle de Louveciennes, par l'abbé Fauconnier, prêtre du diocèse de Rouen, chapelain, est-il dit dans l'acte de célébration de M. le comte de Maupeou, cousin de l'époux (Registre de Louveciennes à la date, carnet I, p. 43).

Même jour, seconde ode en 27 strophes contre le chancelier.

Pour quelques instants de silence
Crois-tu mon courroux adouci?
Non, non, tu n'auras pas de trève,
Je veux toujours t'offrir le glaive
Et le plonger dans ton flanc.
Acharné sur ton front coupable
Comme un vengeur impitoyable,
Je veux m'abreuver de ton sang.

. . . .

. . . .

Amis, élevez la potence
Au milieu de ses attentats,
Qu'il meure comme la vipère
Que l'on écrase sur l'ulcère
Où son dard porte le trépas.
Exécuteurs de la justice,
Déchaînez-vous sur ce pervers;
Inventez quelque autre supplice
Que ceux que Damiens a soufferts.
Domptez l'horreur de la nature;
De la plus cruelle torture
Epuisez sur lui les effets.
La mesure de la souffrance
N'entrera jamais en balance
Avec celle de ses forfaits.
Que dans la race future
Son nom soit la dernière injure
Pour le dernier des criminels;
Qu'il se confonde dans l'histoire
Avec l'exécrable mémoire
Des Ravaillac et des Chatels.

Fragment des pamphlets qui circulaient contre le chancelier Maupeou :

Maupeou est le monstre le plus abominable que l'enfer ait pu vomir pour le malheur du royaume, l'hypocrite le plus damnable, le scélérat le plus déterminé qu'on ait jamais vu au monde. Les Jacques Clément, les Ravaillac, les Damiens, doivent lui céder la première place dans leurs troupes parricides. Les Vêpres Siciliennes, la Saint-Barthélemy, les tristes journées de Fontenay, de Poitiers, d'Azincourt, de Malplaquet sont des jours heureux pour la nation en comparaison de celui où le traître a pris naissance, puisqu'ils n'ont détruit qu'une partie des Français et que cet *impie* anéantit jusqu'à leur nom. Quel bon citoyen, s'il en est encore quelques-uns, ne briguerait pas l'honneur de forger l'arme, de charger l'arme, de tirer l'arme qui vengerait la patrie en la délivrant à jamais du scélérat qui l'a perdue.

Passage d'un pamphlet non dénommé dans les *fastes de Louis XV*, p. 304 et 305.

Il est impossible de pousser plus loin le délire de l'invective. La violence va ici jusqu'à la provocation au meurtre; c'est ce qui avait lieu.

On parloit, dit Hardy, de placards affreux et menaçans affichés à la porte du chancelier, tant à *Versailles* qu'à Paris. On avoit vu rue du Grand-Champtier, au Marais (le quartier du Parlement), une potence peinte à l'huile sur la muraille et un homme accroché à cette potence au dessus de laquelle on lisoit : *le Chancelier*. (23 janvier 1771. *Journal de mes loisirs*.)

Pour compléter ce tableau et montrer à quel point l'opinion publique était égarée en sens inverse, voici les vœux que l'on adressait au Parlement déchu :

EPITAPHE DU PARLEMENT

Cy-gist, sous ces sacrés portiques,
Ces marbres, ces voûtes antiques,
Un respectable corps dont les membres épars
Courent encore mille hazards.
Passant de quelques pleurs arrose au moins sa cendre,
Son zèle étoit si pur, *son cœur étoit si tendre*,
Il chérissoit le peuple et adoroit son roy.

(HARDY).

La plume tombe des mains!! la *tendresse* du Parlement!! de ceux que Voltaire appelait « des Busiris en robe, » que le peuple appelait « les bouchers de la grand' Chambre » et qui avaient bien mérité ces titres par leurs arrêts sanguinaires!!

Il faut dire que dans cette lutte les princes du sang, le duc d'Orléans en tête, à l'exception du comte de la Marche (un Condé) sur vingt-neuf, avaient pris parti pour les parlementaires. Le 13 avril 1771, le nouveau Parlement fut installé dans un Lit de justice tenu à Versailles. Les princes n'y parurent pas; les pairs y assistèrent. Après des discours prononcés l'un par le chancelier, l'autre par l'avocat général Séguier, le roi prit la parole et s'exprima en ces termes :

Vous venez d'entendre mes volontés; je vous ordonne de vous y conformer et de commencer vos fonctions dès lundi. Mon chancelier vous installera aujourd'hui. Je défends toute délibération contraire à mes édits et toute démarche au sujet des anciens officiers de mon Parlement : je ne changerai jamais. (*Mémoires secrets.* — 26 mars 1771 [1].)

L'accent du roi en prononçant ces paroles, dit la *Biographie Michaud* (Voy. de Maupeou), et surtout le dernier mot, imprimèrent une espèce de terreur dont la ville et la cour ne purent se défendre. On fit courir au sujet de ce mot une anecdote vraie ou inventée qui est relatée dans les mémoires de Bachaumont en ces termes :

— 22 avril. On rapporte que madame la comtesse du Barry ayant rencontré M. le duc de Nivernais, un des protestants au Lit de justice, l'avoit arrêté et lui avoit dit : Monsieur le duc, il faut espérer que vous vous départirez de votre opposition car, vous l'avez entendu, le roi a dit qu'il ne *changeroit jamais*.... Oui, madame, *mais il vous regardoit.*

Pidansat de Mayrobert a copié textuellement ce passage dans ses *Anecdotes,* sans citer la source où il l'a pris. Il l'a fait suivre de ces réflexions fort justes : « M. le duc de Nivernais se tira ainsi par une réponse galante et spirituelle d'une interpellation délicate et embarrassante. » Rien de mieux, mais il avait débuté par dire : « On ne peut mieux estimer l'influence qu'eut la comtesse en cette occasion ou celle qu'elle crut avoir, que par le mot qu'elle dit à M. le duc de Nivernais, un

1. V. Bachaum., 26 mars 1771, vol. V, p. 268. Mém. des princes du sang remis au roi. Protestation.

« Un sexe aimable qui est en possession de donner en France le mot d'ordre de toutes les convenances politiques et sociales, se distinguoit surtout par la violence de ses opinions. Le chancelier, disait-il alors, obtiendroit un grand succès s'il pouvoit faire taire la femme et parler les avocats. »

des ducs protestants,» ceci est de son invention. Le recueil de Bachaumont n'avait rien dit de semblable à ce non-sens. On se demande quelle influence le Lit de justice donnait à madame du Barry ? On comprendrait mieux qu'on eût parlé de la confiance que la déclara tion du roi lui donnait en elle-même et de l'arrogance de son interpellation à un duc et pair. Mais il faudrait d'abord savoir si M. de Nivernais avait signé la protestation. Cela est assez difficile à croire de la part de celui que Louis XV, dans sa correspondance secrète, avait surnommé le *mielleux* et qui passait pour être du parti des dévots, et il faudrait en outre connaître l'état de ses relations avec madame du Barry. Faisait-il partie de sa cour ou bien était-il de ceux qui refusaient de la voir? Dans cette dernière hypothèse, comment aurait-elle pu lui adresser des reproches s'ils ne se parlaient pas ? Ces reproches sont de l'invention de Pidansat de Mayrobert, Bachaumont n'en parlait pas.

CHAPITRE IV

BRUITS DE DISGRACE DE MADAME DU BARRY.
PARRAINAGE DU ROI AVEC LA FAVORITE.
GUSTAVE III A PARIS.
OFFRE D'UN RICHE COLLIER AU CHIEN DE MADAME DU BARRY.

La prétendue participation de madame du Barry à la chute du Parlement ne pouvait manquer d'attirer contre elle des bruits malveillants. Hardy en avait recueilli plusieurs de ce genre qu'il rapporte à la date du 8 février 1771.

On fait courir, dit-il, le bruit que le crédit de la comtesse du Barry auprès du roi commence à diminuer, que Sa Majesté lui avoit refusé bien décidément de faire le duc d'Aiguillon ministre, déclarant positivement qu'il ne le seroit jamais. On cherche à la supplanter et à lui substituer une autre maîtresse qui porteroit le nom de *Julie Smith* et qu'on disoit fort jeune et autrement belle. On parloit toujours de la princesse de Monaco, de madame de Valentinois (*sic*) et d'une troisième qu'on ne nommoit point.

Ce n'étoit là que des rumeurs de gens mal informés. M. d'Aiguillon devait être appelé au ministère des affaires étrangères quelques mois après. Seulement Louis XV réfléchissait longtemps avant de se décider. Sa lenteur, ses hésitations n'étonnaient pas seulement les bourgeois de Paris, nous verrons bientôt madame du Deffant partager la surprise de Hardy. Quant aux rivales supposées de la favorite, rien n'était plus naturel. Madame de Pompadour craignait aussi continuellement d'être supplantée ; sa vie, disait-elle, est, *comme celle du chrétien, un combat perpétuel*... Madame du Hausset, qui rapporte naïvement cette singulière comparaison, cite madame de Coaslin, une marquise de Choiseul, parente de madame d'Estrades, mademoiselle Dorothée, etc., au nombre de celles qui auraient inspiré de l'ombrage à madame de Pompadour. Madame du Barry ne devait pas être exempte de ces appréhensions. Hardy cite en cet endroit de son journal des noms qui ne se trouvent nulle part ailleurs : mademoiselle Smith, la princesse de Monaco ; peut-être a-t-on voulu donner plus de crédit à la nouvelle. Un acte authentique qui se rapporte à la même époque prouve au contraire que madame du Barry n'avait jamais joui d'une plus grande faveur. Le 24 février 1771, Louis XV était parrain d'un enfant baptisé à la paroisse Notre-Dame de Versailles et il acceptait pour marraine madame du Barry ; chose assez étrange que cette espèce d'union mystique pour un prince qui avait une conscience si timorée dans les petites choses et les pratiques extérieures de la religion.

Voici le texte de cet acte copié sur les registres de baptêmes de la paroisse royale de Notre-Dame, 1771, f° 14.

LOUIS-BÉNÉDICTE GÉRARD

L'an mil sept cent soixant-onze, le vingt-quatre février, Louis-Bénédicte, fils de Claude Gérard, chef d'office des petits appartemens du roy et de Rose-Jeanne-Louise

Barbier, son épouse, né et ondoyé le huit janvier de la présente année par permission de Mgr l'archevèque en datte du sept janvier a reçu ce jourd'huy le supplément des cérémonies du Baptême de nous soussigné curé.

Le Parrain a été Très haut, Très puissant et Très Excellent prince, Louis, Roy de France et de Navarre, représenté par très haut et très puissant seigneur, monseigneur Emmanuel-Félicité de Durfort, Duc de Duras, Pair de France, Lieutenant-général des armées du Roi, gouverneur du Château-Trompette, premier gentilhomme de la chambre de Sa Majesté ;

La Marraine, haute et puissante dame Benedicte, comtesse du Barry, et ont signé avec les Père et Mère

Le duc de DURAS,
La comtesse DU BARRY,
GÉRARD, BARBIER,
ACCARD, curé.

On remarque que madame du Barry ne prend plus son véritable prénom qui est celui de Jeanne. C'est surtout dans les actes publics qu'elle se fait appeler Benoît ou Benedicte. Nous ignorons la cause de ce changement.

Le duc de Duras était le protecteur de Jean du Barry, on n'est donc pas étonné de trouver ici son nom, outre que sa qualité de premier gentilhomme du roi lui faisait peut-être un devoir de le remplacer.

Gérard, le père de l'enfant, était chef d'office des petits appartements.

La *Gazette de France* enregistre le baptême dans ses nouvelles officielles. V. n° 17 du 4 mars 1771.

MEMOIRE des batèmes fournis par Pequet, confiseur des menus-plaisirs du Roy pendant l'année 1771.

Du 25 février

Fournitures faittes à l'occasion du Batême de l'enfant du sieur Gérard, nommé par le Roy et madame la comtesse du Baril, par ordre de monseigneur le Duc de Duras

Il y a eu 34 douzaines et 6 boettes de dragées employées, à 4 livres la boette, fait 1656 liv. »

Pour 12 pièces de rubans à 9 francs la pièce 108 »

De l'ordre de monseigneur le duc de Duras, avoir fait graver 3 planches aux armes de Mgr le Dauphin, madame la Dauphine et à celle de madame la comtesse du Baril 216 »

Total des fournitures faittes pendant l'année 1771 2280 » pour le Roy, montant à la somme de deux mil deux cent quatre-vingt livres.

Laquelle fourniture je certifie véritable, à Versailles, ce 10 janvier 1772.

Signé : Pecquet.

Le baptême entraînant de droit et d'usage l'obligation de fournir les dragées du parrainage, celles-ci coûtèrent à Louis XV 1650 livres. On en trouve le chiffre dans les comptes des menus-plaisirs. On voit que souvent il n'en était pas quitte à si bon marché. Il est parlé d'un autre baptême dont la dépense s'élève à 3,000 livres.

On peut se convaincre par cette pièce que Louis XV n'unissait point ses armes avec celles de madame du Barry.

A la même époque, le 25 février 1771, le comte de Mercy-Argenteau, l'ambassadeur d'Autriche à Paris, écrivait à Marie-Thérèse :

Il vaut toujours mieux que madame de Noailles reste dans son poste que de le voir occupé par une femme de la clique de la du Barry.

Ce poste était celui de dame d'honneur de Madame la Dauphine. Madame de Noailles, celle que la Dauphine avait surnommée madame l'*Etiquette*, avait essuyé divers dégouts, elle voulait se retirer. On attachait de part et d'autre une grande importance au choix qui dépendait du roi. Marie-Antoinette craignait d'avoir auprès d'elle une dame qui appartînt au parti de la favorite et n'eût pas sa confiance. Mercy, très attentif à ces importantes minuties, annonce à Marie-Thérèse qu'on est parvenu à obtenir de madame de Noailles qu'elle reste dans son poste. Il s'en réjouit, laissant entendre que la Dauphine évitera de cette manière le danger d'avoir une surveillante qui l'obligerait à vivre dans une défiance perpétuelle. Tel est le sens de la lettre de Mercy à sa Souveraine qui nous donne un triste aperçu de l'esclavage des grands dans leur intérieur.

En ce même mois de février, le 4, arrivait à Paris le prince royal de Suède, le futur Gustave III. Il venait incognito sous le faux nom de comte de Gothland (ou de Haga), et descendait à la légation de Suède, rue de Grenelle Saint-Germain. Il avait été invité à ce voyage secret par M. de Choiseul, qui lui écrivait : « Nous travaillerons ensemble au bonheur et à la gloire des deux royaumes, nous préparerons à la Suède le destin le plus brillant. » Gustave accepta. « C'était, dit M. Geffroy, son premier pas dans la difficile entreprise que devait achever son coup d'Etat [1]. Mais la dépêche de M. de Choiseul était du 9 février 1769 ; une année s'était écoulée, M. de Choiseul était tombé non pas par une intrigue du duc d'Aiguillon, Maupeou et Terray, comme le dit ce même écrivain, mais par ses propres intrigues avec le Parlement, ainsi que nous croyons l'avoir démontré ci-dessus. Cependant il était encore à la mode et plus que jamais en faveur auprès de l'opinion ; aussi Gustave se fit-il présenter dans tous les salons appartenant au parti Choiseul, notamment celui de madame du Deffant, qui raconte dans une lettre du 8 mars 1771 un souper que Gustave lui rendit à l'ambassade suédoise. On se retira à minuit, dit-elle, le roi s'approcha de moi et me dit :

Je vous prie, quand vous écrirez à Chanteloup, de dire à M. de Choiseul combien je lui suis attaché et le regret infini que j'ai de ne point le voir. Dites-en autant à madame de Choiseul ; j'aurois été charmé de la connoître.

Il allait aussi au Temple chez le prince de Conti, le centre de l'opposition parlementaire ; cependant, si l'on en croit son chroniqueur, les parlements avaient le tort, infiniment grave à ses yeux, de ressembler de loin aux diètes suédoises qu'il espérait bien dompter. Cela ne l'empêchait pas de répéter avec aisance les lieux communs déjà fort en honneur sur les droits des nations et sur la liberté.

C'est dire qu'il était un fourbe parfait détestant au fond ce qu'il encensait en apparence et mêlant dans son culte hypocrite Choiseul et d'Aiguillon.

1. *Gustave III et la Cour de France*, vol. I, p. 109 et précédentes.

En effet, après avoir été admis dans les réunions des philosophes, il hante les salons des dévots (p. 115). Il envoie un jour ses compliments à Chanteloup et le lendemain il soupe à Rueil avec madame d'Aiguillon, MM. de Richelieu et de Maupeou; mais il fait mieux, il ne néglige pas de se ménager un accès auprès de la maîtresse dirigeante. *Il obtint même de pouvoir offrir un riche collier au petit chien de madame du Barry ;* un collier de diamants, dit on; nous n'affirmons rien, la matière importe peu, ce qui reste, c'est la bassesse insigne du procédé, elle n'est pas la seule que nous ayons à relever contre le roi de Suède sur lequel nous aurons à revenir. D'après mademoiselle de la Neuville, le roi de Suède avait été si enchanté de madame du Barry qu'il lui envoyait chaque année une boîte de gants ; mademoiselle de la Neuville m'a dit avoir en sa possession les boîtes qui étaient fort belles et étaient devenues des objets de curiosité très précieux. Elle fut obligée de les mettre au mont-de-piété ; elles furent dégagées en son nom par un amateur qui les eut *pour un morceau de pain* (M. Leconte, ancien payeur à Versailles).

CHAPITRE V

L'ANECDOTE DES DEUX PRÉLATS.
LE NONCE ET LE GRAND AUMONIER. — MISE EN SCÈNE.
RÉFUTATION (mai 1771).
FERMETURE DU PARC AUX CERFS. — INDEMNITÉ AU ROUÉ.
BON DU ROI.

Peu après (le 7 mai 1771 ou l'entrée en place de Montvallier), il se répandit une anecdote, qui prouve combien il lui étoit facile de séduire son auguste amant et de l'enchanter, elle n'avoit pour cela qu'à s'abandonner aux diverses extravagances qui lui passoient par la tête. Ce naturel, cette aisance, cette liberté ou cet oubli de toute pudeur, pour parler exactement, ne manquoit pas son effet et réussissoit toujours auprès de lui. Il est question ici de deux personnages, les plus graves de la Cour; du nonce et du cardinal de la Roche-Aymon. Le Roi étoit chez elle, la comtesse dans son lit, suivant son usage d'y rester la matinée entière ; les prélats en question faisoient leur cour à Sa Majesté en la faisant à la favorite. Le sieur le Pot d'Auteuil arrive sur ces entrefaites pour lui présenter un contrat à signer; elle fait quelque difficulté pour laisser introduire cet officier de justice devant le Monarque. Le Roi l'exige, elle veut se lever et, sortant de son lit telle à peu près que Vénus de l'onde, elle se fait donner des pantoufles par les deux prélats, qui lui en présentent chacun une et jouissent en récompense du spectacle ravissant de ses charmes secrets.

Le notaire sort après avoir rempli ses fonctions et, n'étant pas encore revenu de sa surprise, raconte l'aventure qu'il ajoute avoir extrêmement amusé Sa Majesté. On sait que la marquise de Pompadour et toutes les autres maîtresses avant elle n'auroient jamais osé hasarder une telle incartade, et c'est là ce qui rendoit, comme nous venons de l'observer, la société de cette beauté pétulante délicieuse au prince.

(*Anecdotes sur madame la comtesse du Barri*, page 227 de l'édition de 1775, page 268 de l'édit. de 1776.)

Ce récit a été reproduit par tous les historiens indistinctement, sans aucune discussion ; il est devenu le thème des déclamations les plus violentes contre Louis XV, la favorite, le haut clergé du temps ; il s'est ensuite accru, embelli, diversifié et il a fait le tour de l'Europe.

La mise en scène est habile, complète, rien n'y manque, pas même le nom du témoin, qui a vu, qui a raconté, et ce témoin est un notaire. Il semble donc que foi entière soit due à sa déclaration et que l'anecdote soit revêtue de la plus complète authenticité ! Mais c'est là précisément ce qui va donner prise à l'examen, à la vérification des faits, à la confusion des accusés ou des accusateurs.

Les notaires au dix-huitième siècle, comme en notre temps, étaient assujettis à la formalité des *répertoires*, c'est-à-dire qu'ils étaient obligés de tenir registre de leurs actes, jour par jour, de manière à faire coïncider leurs minutes avec ces tables.

Les répertoires de Me Lepot d'Auteuil existent; ils forment quatre ou cinq volumes in-folio parfaitement en ordre, reliés et se suivant sans interruption pendant tout son exercice.

Le notaire n'a reçu aucun acte pour madame du

Barry, en 1771; il n'a donc pas eu de contrat à lui faire signer.

Il en est de même en 1769, 1770, 1772. Dès lors le fait allégué tombe et la réfutation commence.

Mais quelquefois un acte pourrait avoir été oublié ou omis au répertoire. Nous avons examiné les minutes, elles sont en plein accord avec les registres. Il n'y a pas eu d'acte passé par madame du Barry, ni signé d'elle. Ajoutons que la réflexion montre qu'il ne devait pas, qu'il ne pouvait pas y en avoir.

Madame du Barry n'empruntait pas, elle puisait à pleines mains dans le Trésor public.

Elle ne plaçait pas davantage, ses dépenses excédaient ses recettes.

Elle ne vendait pas d'immeubles, elle n'en possédait aucun, mais elle pouvait en acheter; oui, et elle a acheté en effet l'hôtel Binet, à Versailles, le sept décembre 1772, aussi cet acte se trouve-t-il fidèlement mentionné sur le répertoire et existant dans le minutier. C'est le premier et le seul depuis son contrat de mariage du 1er septembre 1768 [1].

Pour nous, la démonstration est péremptoire, mais peut-être cette argumentation technique ne sera pas du goût de tous, soit : examinons les faits au point de vue du monde, de la vraisemblance naturelle des choses.

La première personne mise en évidence est le nonce du pape. Cela devait être; il s'agissait de flétrir les personnages les plus graves de la cour et du clergé. La priorité appartenait hiérarchiquement au nonce,

1. On lit au bas de la dernière page : « *Ainsi fait* et passé à l'égard de madame la comtesse du Barry, en un appartement au château de Versailles, où les notaires se sont ci-après transportés... »

mais quel était-il ? Nous avons cherché au ministère des affaires étrangères et nous avons acquis la preuve que, de 1767 à 1774, il n'y avait pas eu de nonce à Paris, il n'y avait qu'un simple chargé d'affaires, l'abbé Sozzifanti [1] et il est douteux qu'il fût admis dans l'intérieur des petits appartements. Voici donc une seconde déconvenue digne de la première.

Quant à M. de la Roche-Aymon, il n'était pas encore cardinal, il ne le devint qu'en juin 1772, mais il était très certainement archevêque de Reims, grand aumônier du roi, doyen des évêques de France et il était né en 1692. Il avait soixante dix-neuf ans en 1771. C'est ce vieillard octogénaire, très cassé et infirme [2] qui se précipite aux pieds d'une femme demi-nue et jouit du spectacle de ses charmes secrets. L'impossibilité morale équivaut ici aux impossibilités matérielles déjà constatées.

Le troisième témoin est Lepot d'Auteuil; le rôle qu'on lui fait jouer est absurde de tant de manières qu'il faut procéder ici par énumération :

1° On ne comprend pas ce notaire de Paris venant (où, on ne le sait pas, on ne le dit pas, est-ce à Versailles, Marly, Fontainebleau, Compiègne, le lieu aurait son importance) à tout hasard, sans avoir prévenu d'avance, sans avoir demandé ni obtenu un jour, une heure d'audience.

2° On le comprend moins encore forçant la porte de madame du Barry, quand il sait que le roi est avec elle [3]

1. Liste des ambassadeurs, etc.

2. De Mercy-Argenteau.

3. Madame de Pompadour écrit à son père :

« Bellevue, 7 décembre 1751. Je serois fort aise de voir M. de

qu'il s'y trouve dans la donnée de l'anecdote avec deux prélats les plus éminents du clergé. Où donc a-t-on jamais vu que les lois de l'étiquette permissent d'aborder ainsi directement le roi, sans façon et sans gêne... Mais le roi l'exige et Lepot d'Auteuil est introduit; c'est une grande faveur, comment va-t-il la reconnaître?

3° Il a été admis dans le mystère des petits cabinets, il a vu le roi face à face et il a été le confident involontaire d'une scène étrange qui n'était pas faite pour ses yeux. Il sort, il *n'est pas encore revenu de sa surprise et aussitôt il raconte l'aventure à tout venant.* Eh bien! nous ne craignons pas de le dire, nous touchons là au *nec plus ultra* de l'absurde. En supposant que Lepot d'Auteuil eût vu ce qu'on raconte, il aurait été le dernier à le dire, à divulguer un pareil secret, d'abord pour sa sûreté personnelle, et ensuite pour son office, pour la conservation de sa charge.

Sans doute au moment où ce livre paraissait, Louis XV était mort, mais madame du Barry vivait. Elle a connu les *Anecdotes* publiées contre elle lorsqu'elle était renfermée au couvent du Pont-aux-Dames; elle n'aurait pas manqué de reprocher à Lepot d'Auteuil une indiscrétion qui pouvait lui être si préjudiciable à elle-même. Elle aurait rompu avec lui, elle lui aurait retiré et avec juste raison sa confiance, tandis que, au contraire, Lepot d'Auteuil a conservé la clientèle de la favorite jusqu'à la fin de son exercice de notaire.

Il est démontré pour nous que Lepot d'Auteuil n'a pas *présenté de contrat à signer* à madame du Barry. Il

Jallais, mais cela est assez difficile ici; quand le roi y est, je ne reçois pas de visites; les autres jours je ne sais jamais s'il vient ou non. »

y a erreur matérielle dans la lettre des *Anecdotes*. Mais, objectera-t-on, il pourrait y avoir bien d'autres occasions pour un notaire d'être admis auprès de sa cliente. Il pourrait avoir été mandé d'urgence par elle, pour donner son conseil dans une affaire quelconque. Les comptes de madame du Barry, conservés à la Bibliothèque nationale, portent des traces de son intervention.

Soit : examinons quels ont été les agissements de Lepot d'Auteuil en ces circonstances.

Madame du Barry recevait 300,000 livres par mois ; elles lui étaient payées par M. de Beaujon, banquier de la Cour, soit à vue des mandats qu'elle tirait directement sur lui, soit, c'était le cas le plus fréquent, sur la justification des quittances acquittées par les fournisseurs et créanciers de toute nature de la favorite. On dressait un état sous le titre de : *Bordereaux des sommes payées pour compte de madame la comtesse du Barry*. Ils existent au nombre de 21 au département des manuscrits. (Bibl. nat. F. Fr. 8157.)

Ces pièces auraient dû porter l'acquit de madame du Barry. Le reçu a été en effet préparé et mis au pied du compte avec la date, mais il a été impossible d'obtenir une seule signature de l'insaisissable maîtresse du roi et voici ce qui se passait invariablement :

Les factures des fournisseurs acquittées devaient revenir entre les mains de madame du Barry, après avoir été communiquées à M. de Beaujon et vérifiées par lui. Madame du Barry écrivait une lettre pour inviter Beaujon à remettre les factures à Lepot d'Auteuil. Celui-ci en donnait décharge et ne manquait jamais d'ajouter : *fait à Paris, le....*, parce que si la dépense avait eu lieu à Versailles, Choisy ou autre château royal, c'est à Paris que le règlement du compte s'opérait. Il y aurait eu une simplification bien facile, c'eût été que madame du Barry traitât avec Beaujon *omisso medio*, sans intermédiaire, mais il y avait probablement un motif aux répugnances de madame du Barry, presque toujours elle était en avance sur son mois, quelquefois pour des sommes importantes, cent, cent cinquante mille livres; Beaujon aurait pu faire des remontrances, opposer des refus, etc., etc., elle préférait s'effacer et laisser terminer le compte entre Beaujon et Lepot d'Auteuil. Aussi les voit-on toujours seuls en présence, jamais le règlement ne se traite à Versailles et par l'entremise du notaire, encore moins en présence du roi.

Restent les deux acteurs principaux, madame du Barry et Louis XV.

Madame du Barry aurait donné audience, dit-on, étant encore couchée. C'était l'usage alors, les femmes recevaient leur société au lit, même dans le bain [1]. Mais apparemment elles avaient des toilettes appropriées, des peignoirs ou manteaux de lit. On n'imagine pas une femme élégante s'offrant aux yeux de ses domestiques, des visiteurs, etc., etc., dans le costume de Messaline.

> .... Tum nuda papillis
> Prostitit auratis.... etc.

La chambre à coucher était d'une élégance recherchée, car l'usage permettait d'y recevoir des visites avant son lever. Les ruelles ont été chantées par les poètes du temps et c'était le temple où se prodiguait le premier encens. Lorsqu'une

1. *Souvenirs d'une actrice*, I, p. 143; par Louise Fusil.

dame sonnait ses femmes, la première caméristе, leste et adroite, prenait dans un carton une baigneuse et remplaçait le bonnet froissé de la belle dormeuse, lui passait un frais manteau de lit. Pendant ce temps, ses femmes enlevaient le couvre-pied de satin piqué, les oreillers et faisaient succéder des mousselines brodées ornées de dentelles et posées sur un taffetas de la couleur des rideaux. Ces arrangements terminés, on jetait des parfums dans l'athénienne, on plaçait des fleurs sur les consoles, des jardinières aux deux côtés du lit, on entr'ouvrait les doubles rideaux, assez seulement pour pouvoir jeter un coup d'œil sur le roman envoyé la veille ou les billets déposés sur le guéridon.

. . . .

Vers les deux heures les visites arrivaient, etc.[1].

De pareilles habitudes pouvaient convenir aux pensionnaires de la Gourdan. Madame du Barry avait au contraire, dit Senac de Meilhan, un extérieur décent et des manières réservées.

Louis XV, de son côté, *étoit fort attaché aux bienséances extérieures*, suivant le témoignage même de l'auteur des *Anecdotes*[2]. Comment alors aurait-il pris plaisir au spectacle d'une scène scandaleuse? Rien n'est plus contraire au caractère connu de ce prince.

Qu'il ait eu des goûts libertins, qu'il n'ait point été insensible à certains raffinements de débauche cynique, on ne peut le contester; mais au milieu de ses désordres il est toujours resté assujetti à une dévotion étroite et timorée, précisément parce qu'il se sentait coupable

1. V. l'anecdote de M. de Choiseul et de madame de Guémenée. (*Souvenirs du* XVIIIe *siècle*, de Barrière.)
2. V. p. 64 ou 80, suiv. l'édition.

au fond contre les préceptes de la religion, il suivait plus exactement les formes de l'Eglise, n'omettant ni sa prière du matin ni celle du soir, n'oubliant pas son bénédicité à chaque repas et ne manquant ni à la messe ni à vêpres. Nous doutons qu'il se fût associé à un outrage aussi grave envers deux des princes du clergé, mais il est quelqu'un pour lequel nous ne doutons pas, pour lequel nous ne craignons pas d'affirmer, c'est le Dauphin, c'est Louis XVI; or, lui aussi est un témoin muet dans cette affaire.

Il a été sacré à Reims par M. de la Roche-Aymon, en mai 1775 ; si l'anecdote que nous discutons avait circulé, avait eu quelque consistance, nul doute que ce roi religieux à l'excès n'aurait pas accepté l'huile sainte d'une main qui se serait souillée en ramassant la pantoufle de la créature qu'il tenait renfermée disciplinairement au couvent du Pont-aux-Dames.

Du 15 may 1775. — M. le cardinal de la Rochaimond, le roy ayant confirmé Votre Éminence dans la possession de faire la cérémonie de son sacre en qualité d'archevêque de Reims, pour laquelle il lui a écrit le 2 de ce mois, Sa Majesté m'a en même temps chargé de marquer à Votre Éminence qu'elle trouvoit bon qu'elle déléguât M. l'évêque de Senlis pour la suppléer dans sa fonction de grand Aumônier pour la messe *seulement*.

En nous résumant, l'historiette de Pidansat de Mayrobert ne soutient pas l'analyse, c'est une caricature fabriquée de toutes pièces par de mauvais plaisants qui n'ont voulu que s'amuser et rien de plus. Ils n'ont pas eu à faire de grands frais d'imagination, ils ont emprunté et amplifié l'anecdote qui a couru sur madame de Saint-Jullien, dînant en peignoir avec des évêques [1], et ils ont été copiés plus tard par Soulavie dans ses mémoires *contre* Marie-Antoinette [2].

On peut apprécier ici le cours qu'a suivi cette anecdote.

FASTES DE LOUIS XV

Le sceptre de Louis XV, tour à tour le jouet de l'amour, de l'ambition, de l'avarice, était devenu entre les mains de la comtesse la marotte de la folie. Quelle extravagance en effet que de voir la sultane sortir toute nue de son lit, se faire donner une de ses pantoufles [3] par le nonce du pape et la seconde par le grand aumônier et les deux prélats s'estimer trop dédommagés par ce vil et ridicule emploi en jetant un regard fugitif sur les charmes secrets d'une pareille beauté.

1. Quant au prince de Soubise, il veut escamoter au comte de Maillebois madame de Saint-Julien, la femme du receveur général du clergé, qui dîne en peignoir avec des évêques qu'elle invite et se permet devant eux

Ce mot des Français révéré,
Mot énergique au plaisir consacré,
Mot que souvent le profane vulgaire
Indignement prononce en sa colère.

(*La police dévoilée,* I, p. 165).

2. Un ecclésiastique remarquable par son âge, ses vertus, sa réputation dans une des parties de l'art de guérir, appelé par elle, la trouve nue, étendue dans un bain ; le vieillard recule, elle le rappelle et il est obligé de lui répondre et de rester dans une situation où il pouvait admirer le plus beau corps qu'eut jamais produit la nature. C'est dans cette circonstance qu'elle se fit peindre d'une manière si indécente, que le public offensé de l'inconvenance du tableau, obligea le gouvernement à le retirer de l'exposition.

(*Mémoires historiques du règne de Louis XVI*, par Jean-Louis Soulavie (l'aîné), an X (1800), t. VI, pages 9 et 10. — V. *Mém. de madame Campan*, t. IV.)

3. Le fait est vrai, il se passa en présence du roi et de Lepot d'Auteuil, notaire, qui en plaisanta publiquement dans Paris.

ANNALES PATRIOTIQUES DU 28 NOVEMBRE 1790

.... Elle (la du Barry) imagina un jour de demander son pot de chambre au cardinal de la Roche-Aymon, archevêque de Rheims. L'austère et pieux prélat se glisse dans la ruelle, saisit l'urinal doré et le soutient même d'une main dévote pendant que la sultane rendait à la nature son trop bu de la veille.

CAMILLE DESMOULINS

Les Révolutions de France et de Brabant,

(N° 60, p. 371, vol. V.)

... Quand Louis XV vint à grisonner, son grand aumônier lui ayant dit que le saint roi David devenu vieux et goutteux n'avoit recouvré sa chaleur que par celle de la Sunamite, et que le remède célébré par le roi David étoit encore recommandé par son médecin (*Desmoulins*, V. ses œuvres), Louis XV crut ne pouvoir rencontrer de Sunamite plus propre que la Dubarry pour se réchauffer la plante des pieds et les extrémités qui commençoient à se refroidir; mais la belle pécheresse étoit si mal famée que, malgré le débordement effroyable de cette cour, les plus roués répugnoient à solliciter l'honneur de monter dans le carrosse de celle avec qui tant de monde étoit monté en fiacre. On se souvient encore de l'espèce de mouvement centrifuge qui se fit alors à la cour, et il y eut pendant quelque temps, dans la galerie et l'Œil-de-Bœuf, un notable déficit de fripons et de catins. Chacun et chacune se piquoit d'honneur : je n'irai pas, — ni moi ; — on disoit hautement qu'on alloit renoncer, qui au pliant, qui au tabouret, qui aux grandes, qui aux petites entrées. Vous ne devineriez jamais, chrétiens mes frères, qui franchit le pas, qui le premier alla solennellement baiser avec respect cette main ?... Ce furent le nonce du Pape, le saint représentant du Saint-Père, et le cardinal de la Roche-Aymon ; celui-ci-même (la chose est très-sûre) ne s'en tint pas à lui baiser la main. *Le roi Amasis*, dirent entre eux nos deux prélats, *vient de faire de son pot de chambre la statue d'Isis, c'est aux grands prêtres à donner l'exemple d'adorer la déesse.* Tel étoit, mon cher paroissien, le bois dont on faisoit les évêques....

---

17 mai 1771. — Vente par le Roi, notre Sire, à M. J.-B. Sevin, huissier de la chambre de Madame Victoire de France et commis principal de l'un des bureaux de la guerre, demeurant à Versailles, rue Saint-Médéric, paroisse saint Louis, d'une maison sise à Versailles, susdite rue Saint-Médéric,... de laquelle maison n'a jamais été tiré de revenu... moyennant la somme de 16,000 livres payée en louis d'or.

C'est une des maisons du Parc-aux-Cerfs, possédée par Louis XV et dont il n'entendait plus se servir, puisqu'il la vendait. On a vu par notre préface que ce n'est pas là que, dans notre système, l'hôtel connu sous le nom de Parc-aux-Cerfs était situé.

MADAME D'EGMONT AU ROI DE SUÈDE

27 juin 1771. — Sire, on dit que vous avez demandé le portrait de madame du Barry ; on va même jusqu'à dire que vous lui avez écrit. Je l'ai nié à tout hasard, mais on me l'a soutenu d'une manière si positive que je vous supplie de m'autoriser à le nier de même.. Non, cela ne peut être...

LETTRE DE GUSTAVE A LA COMTESSE DE LAMARCK, DU 15e DE MAI 1771.
A BORD D'UN VAISSEAU DE GUERRE SUR LA BALTIQUE.

Madame,

Vous êtes dans ce moment-ci assise dans votre jardin avec le marquis de Castries, votre aimable chevalier, quelques saints évêques pestant peut-être un peu contre la cour, beaucoup contre le chancelier et peut-être contre madame du Barry, mais au milieu de cette mauvaise humeur, votre gaieté vous fait rire...

RÉPONSE DE LA COMTESSE DE LAMARCK

Il faut gronder M. le comte de Gothland de la manière très gaie, à la vérité, mais assez libre en même temps, avec laquelle il me parle de madame du Barry en toutes lettres, ainsi que du chancelier. Il ignore apparemment qu'on ouvre toutes celles de la poste et que la sienne l'a été. Je l'ai vu positivement au cachet dont les armes étaient recouvertes par un peu de cire noire.

Je fus hier à Marly où le roi est depuis huit jours. On y jouoit un lansquenet ; une seule réjouissance fut de 1200 louis et tout le monde meurt de faim. Cet esprit de vertige me rendit triste et rêveuse le reste de la soirée. Madame du Barry jouoit à la table du roi et entourée de la famille royale. Personne, ni à la table ni dans le salon, ne lui parla de la soirée, si ce n'est le roi et son neveu, le petit du Barry. Le courage général devroit ouvrir les yeux du roi.

Même lettre p. 255. — DE LA COMTESSE DE LAMARCK

Le roi ne peut se suffire à lui-même et ses enfants ne lui sont d'aucune ressource. Ses filles ont de petites têtes !.. Impossible d'y rien mettre de raisonnable. M. le Dauphin montre quelques vertus sauvages, mais sans esprit, sans connoissances, sans lecture, n'en ayant pas même le goût, et dur dans ses principes comme brut dans ses actions. M. le comte de Provence est doux, a de l'esprit, assez d'acquit, mais il est glorieux... et je ne dirai pas le reste de peur de déplaire à Votre Majesté. Sa femme est laide et maussade, on dit qu'ils ne s'aiment pas.

. . . .

Elle est jolie cette Dauphine, elle a de l'esprit et une grâce et un agrément dans toute sa personne qui n'appartiennent qu'à elle, mais sa grande jeunesse et un peu de frivolité, apanage de son âge, la rendent inutile au roi, d'ailleurs il en a été mécontent au sujet de madame du Barry. Si celle-ci tombe, elle entraînera plus d'un ministre à sa suite. Je supplie Votre Majesté de n'en point douter. Le reste de la cour est divisé d'esprit de principe et on se déchire à plaisir. Ces actes entrent pour beaucoup dans cette guerre intestine. Les uns veulent les faire revenir, les autres s'y opposent et on se permet tout pour la plus grande gloire de Dieu. Pour moi, pauvre ermite, je suis dans ma foi, n'entendant que de loin le bruit des orages.

Déjà nous savons que Jean du Barry se vantait d'avoir subvenu aux dépenses de madame du Barry pendant les premiers temps de sa faveur (15 mois). Il racontait le fait avec une certaine complaisance; le gentilhomme de Lévignac n'était pas fâché de laisser croire qu'il avait été bienfaiteur désintéressé de la favorite en cette circonstance et qu'il avait ainsi fait des avances pécuniaires à la monarchie. Mais il était une pièce dont il ne parlait pas et qui a fait justice de ses gasconnades. C'est un bon du roi qui nous apprend que le roué a reçu une somme de trois cent mille livres. Il paraît qu'il ne se souciait pas qu'on eût connaissance de libéralité aussi considérable, car il l'a demandée et reçue sous le nom d'un sieur Nallet que nous avons déjà rencontré fréquemment. Nous saurons désormais que J. du Barry, madame du Barry et Nallet ne forment qu'une même personne, c'est ce qu'il est bon de noter et de se rappeler le cas échéant.

BONS DU ROY ET DÉCISIONS DE M. LE CONTROLEUR GÉNÉRAL

25 juin 1771

Le sieur comte du Barry avoit le traité des vivres de Corse sous le nom du sieur Nallet.

Ce traité ayant été résilié en 1768, lui a occasionné une perte très considérable, ce qui l'a mis dans l'impossibilité de rembourser les fonds qu'il a empruntés.

M. le duc de Choiseul qui a été instruit de son embarras étoit si disposé de venir à son secours qu'il a proposé au roy de l'indemniser.

C'est d'après cet esposé que le sieur comte du Barry suplie Sa Majesté de luy accorder en indemnité 300,000 livres pour lui être payés dans les effets qui se trouverons dans la caisse du Trésor royal et dont les échéances sont éloignés, ce qui le mettra en état de se liquider avec ses créanciers.

De la main du roy :

BON.

CHAPITRE VI

LE GAZETIER CUIRASSÉ.
ATTAQUES INDIGNES DE THÉVENOT DE MORANDE
CONTRE MADAME DU BARRY.

C'est au 15 juillet 1771 que les *Mémoires de Bachau-nont* placent l'apparition du *Gazetier cuirassé* à Londres. C'était, on le sait, un libelle qui a inauguré le système du chantage par la presse périodique; ces sortes de brochures en faisaient les fonctions. L'auteur était un nommé Thévenot *dit* de Morande, réfugié français qui pratiquait à face ouverte sa honteuse industrie en Angleterre. Sa méthode, empruntée peut-être aux journalistes hollandais ou anglais qui nous ont devancés dans cette voie, consistait à menacer les notabilités en évidence, Voltaire, par exemple, de révélations compromettantes. Si elles refusaient de payer rançon, il publiait contre elles les inventions, les plaisanteries les plus ordurières. La calomnie était évidente, mais elle faisait son chemin, la boue tache quoi qu'on dise et il arrivait un moment où il fallait en venir à composition avec ce misérable bandit littéraire.

Madame du Barry fut une de ses victimes de prédilection; son nom seul, ses aventures suffisaient pour éveiller la curiosité du public avide de scandales, et la proie était assez riche pour promettre une spéculation fructueuse, aussi Morande revint-il plusieurs fois à la charge contre la malheureuse favorite et sut-il l'exploiter sans merci.

Le livre parut donc : sur 180 pages, cent sont consacrées à madame du Barry ; elles reposent en général sur les bruits satiriques répandus dans Paris auxquels Morande avait ajouté des facéties de sa façon[1]. « Le père Ange Picpus est nommé par le roi coadjuteur à l'archevêché de Paris; le roué est premier aga des janissaires dans le sérail de madame Gourdan; madame du Barry est présentée à la Cour et la comtesse.... lui fait avoir le tabouret. » Une dame de Courcelles passe pour avoir fourni à Morande ces belles inspirations.

Toutefois, au milieu de ces bouffonneries dignes des tréteaux de Scapin, il y a des traits qui portent, une biographie tracée de main de maître et qui est restée dans la légende de Jeanne Vaubernier. Morande écrivait avec du fiel détrempé dans de la fange; mais il ne manquait pas d'esprit; il avait des inventions origi-

1. Voici le titre complet qui est à lui seul une analyse de l'ouvrage :

Le GAZETIER CUIRASSÉ, ou Anecdotes scandaleuses de la Cour de France, contenant :

Des nouvelles politiques, nouvelles apocryphes, secrettes, extraordinaires, mélanges confus sur des matières fort claires, anecdotes et nouvelles littéraires. — Des lettres, le philosophe cynique, nouvelles de l'opéra, vestales et matrones de Paris, nouvelles énigmatiques, transparentes, etc.

Auxquelles on a ajouté :

Des remarques historiques et anecdotes sur le château de la Bastille et l'inquisition de France, le plan du château de la Bastille. — Cette seconde partie, absolument différente de la première, écrite dans un style honnête et sobre, ne manque pas d'intérêt. — V. à la date du 10 août 1771, l'annonce du *Gazetier cuirassé*, par Bachaumont, au 15 août, l'appréciation suivante qui est fort judicieuse.

nales ; des perfidies trouvées, un arsenal d'infernales méchancetés qui ne s'oublient pas, parce qu'elles sont à la hauteur du goût du vulgaire. Aussi madame du Barry s'en souvint-elle lorsque plus tard il la menaça d'une nouvelle publication du même genre et elle se hâta de l'empêcher en la rachetant à tout prix [1].

C'est ce que dit en deux mots madame Roland qui le vit en Angleterre, lors de son voyage, en 1754 :

« Morande a été l'auteur du *Gazetier cuirassé* et d'un autre ouvrage contre madame du Barry. Il connoît beaucoup les grands et les filles et dit que tous ces gens-là sont faits pour aller ensemble, et lui-même à grosse figure et gros cou, donnant des coups de patte très serrés, se moquant de tout, paraît aussi assez propre à faire bande avec eux. »

Pidansat de Mayrobert, digne second de Morande par le talent impur et les tendances abjectes, fulmine contre l'auteur du *Gazetier cuirassé*, et le traite d'escroc, il l'appelle, par une erreur plus ou moins volontaire, Maraud (au lieu de Morande). Son libelle n'est qu'une rapsodie décousue, pleine d'erreurs, de faussetés, de grossièretés (p. 216) et, ceci dit, il copie scrupuleusement tous les passages contre madame du Barry, il les met en relief et il en donne cette raison que le livre est encore fort rare, et c'est pour cela qu'il en publie à sa façon une édition populaire ! On n'est pas d'une mauvaise foi plus insigne, on n'est pas plus fourbe ! Le sieur de Mayrobert vaut le sieur de Morande. Ces attaques glissaient sur le calme impassible de madame du Barry ; on croirait, quoiqu'on sache le contraire, qu'elle ne les a pas connues, elle a la force de les bra-

1. V. *Beaumarchais et madame Roland*, t. III, p. 279.

ver en silence, ou pour elle-même, ou plus probablement pour le roi, qui, vivant dans une autre sphère, ignore probablement ces œuvres impures. Elles ne la troublent pas. Tel est son caractère. Elle cherche moins à l'irriter qu'à le distraire.

Portrait de Morande par l'auteur du *Diable dans un bénitier* (p. 28).

Imaginez, lecteur, une face large et plate, dont les traits sont formés avec une graisse livide et flottante, des yeux couverts et hagards exprimant la frayeur et la perfidie, un nez aplati, des nazeaux larges et soyeux, qui semblent respirer la luxure la plus effrontée :

Tauri anhelantis in Venerem.

On sait qu'il écrivit sans esprit et sans ordre le *Gazetier cuirassé*, ouvrage dont une dame de Courcelles, avec laquelle il est encore en correspondance, lui fournit les anecdotes. Cette rapsodie était si dégoûtante qu'elle ne rapporta presque rien à son auteur. Mais la comtesse du Barry ayant par un de ces jeux de la fortune, qui ne sont pas rares en France, partagé la couche de l'imbécile Louis XV, le gazetier recueillit quelques anecdotes dont il composa un volume qu'il vendit plus d'argent que Rousseau n'en a jamais retiré de tous ses ouvrages.

Bonne ou mauvaise, vraie ou fausse, la favorite paya l'histoire de sa vie 32,000 livres tournois et une pension de 4,800 livres, dont la moitié est réversible sur la tête de la femme de l'écrivain mercenaire, qui passa tout à coup de la misère la plus horrible à une richesse inattendue.

Ce fut précisément à la veille de la mort du feu roi que Beaumarchais vint à Londres conclure ce marché. On avait commencé par envoyer des exempts de police pour essayer de l'enlever par force. Il se douta de leur dessein et les exempts n'eurent que le temps de repasser l'eau bien vite.

La négociation avec Beaumarchais était à peine finie que Louis XV vint à mourir.

Les fonds qu'avoit produits le libelle étoient bien loin de suffire à l'imprudent gazetier et l'argent de la c... titrée ne fit que passer de sa poche dans celle d'une légion d'autres malheureuses, par le canal du crapuleux débauché.

10 août. — Un nouvel ouvrage clandestin attire la curiosité des amateurs ; il a pour titre : *Le Gazetier cuirassé.* C'est un pamphlet allégorique, satirique et licencieux, comme l'annonce assez son titre.

15 août 1771. Extrait d'une lettre de Londres, du 7 août 1771.... (*Mémoires secrets.*)

Le *Gazetier cuirassé* est attribué ici à un nommé Morande, qui ne s'en cache pas, dit-on. C'est bien un livre à renier cependant, par les dangers que doit courir son auteur, s'attaquant au Roi même, à madame la comtesse du Barri, à M. le chancelier, à M. le duc de la Vrillière, à M. le duc d'Aiguillon, à M. Bourgeois de Boynes, à M. l'abbé Terrai, etc. Pour égayer les matières politiques qu'il traite déjà très lestement, il y a peint des notices de quantité de filles de l'Opéra. Ce qui forme une rapsodie très informe, fort méchante, dans le goût du *Colporteur*, les anecdoctes vraies ou fausses en sont quelquefois très récentes et il en est qui ne remontent pas à plus de trois ou quatre mois avant la naissance de la brochure, imprimée il y a environ un mois. Du reste, elle est fort chère, même ici, où elle coûte une guinée.

Le livre est précédé d'une estampe qui représente le gazetier vêtu en espèce de hussard, un petit bonnet pointu (nous voyons, nous, un casque), le visage animé d'un rire sardonique et dirigeant de droite et de gauche les canons, les bombes et toute l'artillerie dont il est environné.

Voici une autre appréciation tirée des *Nouvelles à la main* qui étaient redigées pour le duc de Penthièvre ; naturellement le jugement porté contre Morande est plus sévère que celui de Bachaumont. Il est du reste parfaitement mérité.

24 août 1771. — Le *Gazetier cuirassé* est une production volumineuse de quelque malheureux retiré à Londres où il a été imprimé ! La licence la plus effrénée s'est portée contre ce qu'il y a de plus grand et de plus en crédit en France. Ce libelle infâme n'a pas même pour lui la diction, ç'est un ramassis des plus plates et des plus fausses anecdotes, depuis le sceptre jusqu'aux coulisses de l'opéra. Il en est passé quelques exemplaires en France qui ne font pas fortune. (Manusc. de la Bibl. Mazarine, 2081, in-4°.)

Ces derniers mots méritent d'être soulignés, ils manquent dans Bachaumont et l'on est heureux d'apprendre que ce livre indigne n'a pas eu la ratification du succès.

CHAPITRE VII

EXPOSITION DE 1771.
PORTRAIT DE MADAME DU BARRY EN MUSE, PAR DROUAIS.
BUSTE DE LA MÊME, PAR PAJOU.

Ces mêmes *Nouvelles à la main* annonçaient qu'il y aurait bientôt une exposition de tableaux, sculptures et gravures au Salon du Louvre.

Cette exposition commença, suivant l'usage, en septembre.

Deux œuvres capitales furent consacrées à madame du Barry : l'une en peinture, l'autre en sculpture.

Nous copions le livret officiel.

N° 60, p. 14, par M. DROUAIS, académicien.

Le portrait de madame la comtesse du Barry, en pied, représentant une Muse. 6 p. 5 pouces de haut, sur 4 p. 5 pouces de large.

N° 239, p. 42. — SCULPTURE.

Par M. Pajou, professeur.

Le portrait de madame la comtesse du Barry.

Buste en terre cuite.

Voici maintenant les appréciations en prose et en vers qui parurent à cette époque sur ces deux portraits.

Les *Lettres sur le Salon*, reproduites par les *Anecdotes* et tirées de Bachaumont, t. VII, p. 39.

Après être revenu en quelques mots sur les deux

toiles exposées par Drouais en 1769, sur le cadre riche et allégorique du nouveau portrait, l'auteur arrive à celui-ci et le décrit de la manière suivante :

Madame la comtesse du Barry est peinte en Muse ; elle est assise, elle est gazée en partie d'une broderie légère et transparente, qui se retrousse au-dessous du mamelon gauche, laisse les jambes découvertes jusqu'aux genoux et marque le nud dans tout le reste du corps. De la main droite elle tient une harpe et une couronne de fleurs, de la gauche elle en porte plusieurs autres. Le devant de la scène est parsemé de livres, de pinceaux et des divers attributs des Arts. Le fond représente une belle architecture et le tableau en général est riche d'ornements ; mais on y remarque une foule de défauts ; le premier et le plus essentiel, sans doute, c'est que le portrait n'est pas ressemblant ; c'est un visage en quarré, long, mal coeffé et qui n'a rien des grâces et du jeu de la physionomie de madame du Barry. En outre, l'auteur, à raison de la muse qu'elle représente, a voulu donner à sa figure les grandes proportions de l'antique, en sorte que celle-ci aurait six pieds et demi de haut. Cette taille colossale, qui peut imprimer plus de noblesse et d'imposant à un être fantastique, ne va point à une femme dont l'habitude du corps doit être agréable et dont le principal caractère est un air de volupté répandu sur l'ensemble de sa personne. Au contraire, c'est ici un personnage roidi et sans souplesse, une virtuose pédantesque qui, malgré l'appareil galant de son vêtement et la séduction de son attitude, dans sa façon d'être assise, repousse plus qu'elle n'attire et détruit d'une part le charme qu'elle produit de l'autre. En un mot, la grande maladresse du peintre, c'est d'avoir choisi une allégorie peu assortie à la Beauté qu'il vouloit rendre. Il n'a pas moins échoué dans cette partie et pour figurer la protectrice des Arts, à la Musique près, il les fait fouler aux pieds par cette Muse, emblème louche et dont le sens naturel est l'inverse de l'idée du poète.

Depuis que j'écris ceci, Monsieur, madame la comtesse du Barry est venue au Salon, et, soit mécontentement de sa part ou qu'elle soit instruite de celui du public contre le peintre, soit égard pour la clameur des dévots qui voudroient ne voir qu'une femme voilée depuis les pieds jusqu'à la tête, elle a fait ôter son portrait et il ne paroîtra plus.

Le retrait que madame du Barry fit de son portrait est prouvé par le mémoire même de Drouais. Après avoir décrit ce portrait en Muse, il ajoute :

L'auteur prie que l'on ait en considération que le tableau a d'abord été entièrement pris dans un caractère d'habillement accepté par madame la comtesse, dans toutes les gradations de la première ébauche au fini total et que l'auteur pour satisfaire au désir de madame la comtesse, qui a voulu que l'habillement fût totalement changé, y a substitué celui qui y est présentement, ce qui l'a forcé à un double emploi de temps et à des peines infinies.

(Mémoires de Pajou et Drouais, pour madame du Barry, publiés par M. le baron Pichon, page 12.)

Si l'on combine ces divers documents, on est porté à en conclure que madame du Barry avait d'abord autorisé Drouais à la peindre en Muse, dans le costume léger décrit par les *Mémoires secrets*, c'était là une faute que la Tour avait évitée dans son célèbre pastel de madame de Pompadour. Madame du Barry, qui se modelait volontiers sur sa devancière, aurait bien dû l'imiter en cette circonstance ; tout au plus permettre qu'on la représentât en bergère, comme madame de Pompadour, dans la statue de Pigalle, à Bellevue. Elle était déjà d'une nudité assez mythologique, mais se laisser peindre revêtue d'une gaze transparente, les jambes découvertes jusqu'au genou, le sein nu, le reste du corps visible sous une broderie complaisante, c'était s'exposer non seulement aux clameurs des prudes mais à une huée générale. L'imprudence était d'autant plus grande qu'on était, en 1771, au paroxysme de la fureur causée par la chute de M. de Choiseul et de la suppression du Parlement. L'allégorie d'ailleurs était mal assortie à la Beauté que le peintre voulait rendre, c'est l'auteur de la *Lettre sur le Salon* qui le dit judicieusement, et il ajoute avec malice : pour figurer la protectrice des Arts, à la Musique près, on a fait fouler aux pieds par cette muse les livres, les pinceaux, qui en sont les attributs. Le critique, auquel rien n'échappe, a bien compris le ridicule qu'il y avait à mettre une harpe dans les mains de madame du Barry, qui n'était nullement musicienne; il l'a signalé par une allusion indirecte ; elle était peut-être plus apte à apprécier le dessin, la peinture ; nous la verrons en effet, plus tard, fonder des bourses pour encourager ces arts ; mais le travestissement en muse reste essentiellement grotesque, on retrouve là la même inintelligence que dans le choix d'un blason. Y a-t-il eu là sottise personnelle, mauvais conseil, infatuation résultant des éloges de courtisans mal avisés, de bassesse des artistes ? N'importe, madame du Barry avait manqué de goût; elle avait fait plus, elle avait laissé exposer ce malheureux portrait; elle le fit retirer devant les murmures du public, c'était un peu tard, mieux aurait valu ne pas les affronter. Cependant on parut lui tenir compte de cette pudeur rétroactive. Il ne circula, ou du moins nous ne connaissons contre elle aucune épigramme, aucune de ces chansons insultantes auxquelles elle avait été précédemment en butte. Les parlementaires n'étaient point intéressés dans la question : ils n'étaient plus là, ou ils sommeillaient. Bien plus, on célèbre le mérite du portrait en vers : il est vrai qu'ils sont médiocres. Voici ce qu'on lit dans *la Muse errante au Salon*. (Vers libres, 1771, p. 60.)

Si le beau coloris brille en cette peinture,
Si les grâces encore en relèvent l'effet,
On dira que le peintre a rendu la figure
Sans doute : mais je dis la nature a tout fait.

Le mémoire de Drouais nous apprend un détail que l'auteur des *Lettres* n'a pas connu ou ne nous a pas transmis. Madame du Barry, nous dit Drouais, voulut que l'habillement fût totalement changé. Pour satisfaire à ce désir, il en substitua un autre, qui y est présentement. Il a dû y consacrer un temps et des peines infinis et il demande pour le tout 15,000 livres, somme considérable, eu égard à l'époque. Qu'est devenu ce portrait ainsi retouché ? On l'ignore.

Le buste de madame du Barry, par Pajou, est certainement l'œuvre la plus populaire de ce sculpteur, et il est conservé au Louvre dans la salle des sculptures modernes, n° 40; il avait été exposé en 1773, au Salon, et nous en parlerons à cette date, mais ce qui est moins connu, c'est le buste en terre cuite qui fut exposé en 1771 et qui a servi de point de départ aux différents bustes en biscuit, en porcelaine et plâtre dont celui de 1773 fut la dernière expression.

Voici comment Pajou en parle dans le mémoire de ses ouvrages exécutés pour madame la comtesse du Barry. Article 1er :

Le portrait en terre de madame la comtesse, de grandeur naturelle, fait à Versailles vers les faistes de Pasques de l'année 1770 et exposé au Salon du Louvre, le 25 Aoust de la même année. Ce buste est chez moi et je suis prêt à le livrer pour le prix de. . . . . 1,200 liv.

Disons tout de suite qu'il n'y a pas eu d'exposition en 1770. Pajou se trompait, il écrivait son mémoire en 1774 et oubliait que les Salons étaient alors bisannuels, et par années impaires, 1769, 1771, 1773, etc. Si le buste a été exposé l'année même où il a été fait, il date de 1771 et non de 1770. Il aurait été exécuté à Versailles, aux fêtes de Pâques.

Qu'était devenu ce modèle, resté chez l'artiste ? Il était fort à craindre qu'il ne fût perdu, ce qui eût été d'autant plus regrettable qu'on pouvait voir là l'image la plus fidèle de l'original. Heureusement, il s'est trouvé conservé dans la collection de M. le baron du Lau d'Allemans et reproduit par la gravure dans l'ouvrage intitulé : *l'Art pour tous*, 1re année, n° 174.

Nous le connaissons par une photographie qu'a fait exécuter notre ami M. Edouard de Beaumont, et qu'il a bien voulu nous communiquer.

Les différences entre les deux bustes, sans être importantes, sont nombreuses. Pajou énonce lui-même le fait dans ses mémoires. (Notes de M. Pichon.)

Le buste en terre cuite porte sur le plat et le devant des cheveux une bandelette où viennent s'étager des boucles en forme d'accroche-cœur.

Dans les bustes subséquents, ce ruban a disparu. Peut-être avait-il l'air d'un diadème. La comtesse, qui se connaissait en coiffure, n'aura voulu d'autre couronne que celle de ses magnifiques cheveux.

La boucle qui s'échappe à droite et vient se dérouler sur

la poitrine est beaucoup moins longue dans la terre cuite.

Les tresses de gauche sont moins opulentes, elles laissent voir un intervalle entre elles et le col.

Les traits du visage ne paraissent pas absolument identiques; il y a naturellement plus de délicatesse dans le marbre, plus d'expression dans les yeux, plus de finesse dans le nez qui paraît plus aquilin, etc.

La disposition du vêtement est entièrement changée dans le buste en terre cuite, la draperie n'est pas retenue, la gorge est nue ainsi que le haut du bras gauche. Au contraire dans le buste définitif, le vêtement est principalement soutenu par la fermeté des seins, entre les deux passe une bandelette qui part de l'épaule droite et va diagonalement se perdre dans les draperies.

Le buste en terre cuite n'était évidemment qu'une ébauche comparée au marbre.

Il eut cependant un grand succès.

Le portrait de madame la comtesse du Barry, dit le *Mercure*, buste en terre cuite, par M. Pajou, rappelle à tous les regards les charmes de la Beauté ; aux élèves des Beaux-Arts, les traits de leur protectrice. (*Merc. de Fr.*, oct. 1771.)

Les Lettres sur le Salon, des *Mémoires secrets de la République des Lettres*, ne sont pas moins élogieuses, mais le critique fait ses réserves, il dit :

Le cœur, qu'une telle figure (celle du sieur Quesnay, médecin, chef de la secte des Economistes) avait resserré, se dilate, Monsieur, à la vue du buste de madame la comtesse du Barry, par M. Pajou. Ce sculpteur l'emporte de beaucoup sur le peintre. Il n'est personne qui ne retrouve dans cette tète toute l'élégance, tout le voluptueux, échappé au pinceau de M. Drouais. Mais si celui-ci avait eu le défaut de vouloir rendre madame du Barri colossale, l'autre a celui de l'avoir soustraite aux proportions naturelles ; la tête est trop petite et annonceroit une jeune personne encore à son adolescence[1].

Ce défaut, signalé avec justesse par le critique, semble avoir été admis par l'artiste, il le corrigea dans le buste qui suivit et que nous possédons : les traits sont plus développés, ils représentent mieux la physionomie d'une femme de vingt-cinq ans.

La poésie dit aussi son mot, par la *Muse errante au Salon*, où on lit, p. 329 :

Est-ce Vénus que je vois sous ces traits ?
Mais non, c'est du Barry sous les mêmes attraits.
Ce portrait si charmant, chef-d'œuvre de sculpture,
Frappe si bien les yeux qu'on croit voir la nature
Sur le buste qu'avec avidité
Tout le monde regarde, en vante la beauté.
Que j'aurais de choses à dire !
Mais je suis muet quand j'admire.

(Sur le buste de madame la comtesse du Barry, par Pajou.)

Ce trait final serait assez joli s'il n'était déparé par une faute de français. Au fond l'éloge subsiste, on croit voir la nature, c'est là, à notre point de vue de chroniqueur, ce qui nous intéresse et nous importe le plus.

1. (*Lettres sur le salon,* depuis MDCCLXVII jusqu'en MDCCLXXI, par l'auteur de *l'Essai sur la peinture, la sculpture et la gravure*, vol. XVII.)

CHAPITRE VIII.

RÉCEPTION DE MONSIEUR DE MERCY CHEZ MADAME DU BARRY.
LE ROI S'Y REND. — SES HABITUDES.
BILLET QU'IL ÉCRIT A MADAME DU BARRY ET QU'IL REÇOIT D'ELLE.
LETTRES DIVERSES.

DE MERCY A MARIE-THÉRÈSE.

Paris, 2 septembre 1771.

Le 28... il y eut jeu et grand couvert. J'étois prié à souper le même soir chez madame la comtesse de Valentinois ; je m'y rendis avec le nonce et l'ambassadeur de Sardaigne, qui étoient pareillement invités. Nous y trouvâmes M. le duc d'Aiguillon et la duchesse d'Aiguillon, le duc de la Vrillière .... et la comtesse du Barry. C'étoit la première fois que je me trouvois vis-à-vis de cette femme. L'ambassadeur de Sardaigne lui parla d'abord comme à une personne avec laquelle on est en connoissance ; le nonce montra beaucoup d'empressement à se mêler de la conversation ; je crus devoir observer plus de réserve et ce ne fut qu'après que la favorite m'eût adressé la parole que je me livrai à causer naturellement avec elle... Le duc d'Aiguillon, en me prenant à part, m'apprit que le roi vouloit me parler en particulier et qu'il l'avoit chargé de me proposer de me rendre le surlendemain de retour de la chasse chez madame du Barry, où le roi seroit. Je répondis sans hésiter que je me rendrois partout où le roi l'exigeroit... Le duc d'Aiguillon m'avoit donné rendez-vous au château à sept heures ; il vint m'y trouver en me disant que le roi, de retour de la chasse, achevoit de s'habiller; il me conduisit chez la comtesse du Barry, qui m'accueillit avec les attentions les plus marquées, elle me pria de m'asseoir à côté d'elle. Le duc d'Aiguillon, sous prétexte de voir un portrait qui étoit dans la pièce voisine, y emmena trois personnes qui se trouvoient présentes. La favorite prit ce moment pour me dire qu'elle étoit très aise que l'idée du roi de me parler chez elle la mit à portée de faire ma connoissance, qu'elle vouloit s'en prévaloir sans me causer un sujet de peine qui l'affectoit beaucoup, qu'elle n'ignoroit pas que depuis longtemps on s'étoit occupé de la détruire dans l'esprit de madame la Dauphine et que pour y parvenir on avoit recours aux calomnies les plus atroces, en osant lui attribuer à elle, du Barry, des propos peu respectueux sur la personne de Son Altesse Royale ; que, bien loin d'avoir à se reprocher une faute aussi énorme, elle s'étoit toujours jointe à ceux qui faisoient les justes éloges des charmes de madame l'Archiduchesse, que, quoique cette princesse l'eût toujours traitée avec rigueur et une sorte de mépris, elle ne s'étoit jamais permis de se plaindre contre Son Altesse Royale, mais uniquement contre ceux qui lui inspiroient de ces mouvements d'aversion, que quand il s'étoit agi de quelques objets que le Dauphin paroissoit désirer, comme en dernier lieu une demande pour le payement de sa maison, elle, du Barry, s'étoit empressée de solliciter et de représenter au roi qu'il ne pouvoit pas se dispenser de se prêter aux désirs de madame la Dauphine sur sa demande si raisonnable, qu'exprès le roi alloit venir et qu'elle me prioit de vérifier auprès de ce monarque ce qu'elle m'avoit dit pour sa justification.

Le roi arrive un instant après, par un petit escalier qui aboutit au cabinet où se trouvoit M. de Mercy.....

Une conversation s'engage, le roi se plaint de la Dauphine et engage M. de Mercy à la voir souvent. On voit bien qu'il veut parler de madame du Barry et qu'il ne peut prendre sur lui de la nommer.

Suivent de longues négociations pour savoir si Marie-Antoinette parlera ou ne parlera pas à la favorite. Mercy n'obtient rien malgré tous les succès qu'il se promet de ses savantes démarches. Marie-Antoinette invoque tantôt la crainte de mécontenter Mesdames et tantôt l'autorité du roi lui-même. Nous croyons qu'elle obéit surtout à l'influence cachée et dominatrice du parti Choiseul. On la reconnaît non seulement à son aversion inexorable pour madame du Barry, mais à son extrême déchaînement contre M. de la Vauguyon qui était l'objectif principal de M. de Choiseul. Nous renvoyons à la Correspondance qui n'a d'intérêt que par les détails dans lesquels nous ne saurions entrer. Nous n'en extrairons qu'un passage qui nous montre le roi et madame du Barry dans l'intérieur de leur intimité.

La favorite, dit M. de Mercy, m'ayant fait prier par M. d'Aiguillon d'aller la voir, la première fois que je viendrois à Versailles, j'y allai le mardi 10. Je me suis mis sur le pied de parler à cette femme d'un ton de vérité et de franchise, qui ne tient ni de la complaisance ni de la flatterie, et, soit que cette méthode lui ait inspiré quelque confiance et que ce soit l'effet de sa légèreté naturelle, j'en ai appris des particularités assez extraordinaires. Elle me parla d'abord de son extrême désir de mériter et d'obtenir que madame la Dauphine ne la regardât pas d'un œil d'aversion; que, sachant bien que les rigueurs de Son Altesse Royale ne provenoient pas de son propre mouvement et n'étoient que l'effet des impulsions de ses tantes, madame du Barry avoit cru devoir s'en expliquer vis-à-vis du roi, en le priant de consentir qu'elle ne parût jamais en présence de Mesdames, soit à Versailles, soit dans les petits voyages auxquels ces princesses seroient admises; que le roi n'ayant rien répondu à cette proposition verbale, madame du Barry avoit jugé à propos de lui renouveler par écrit, et qu'elle venoit de recevoir une réponse assez satisfaisante du monarque, par où il indiquoit des expédients qu'il m'expliqua sur-le-champ. Je pensai d'abord que pour bien des raisons il me seroit fort utile de voir la lettre du roi, et pour y parvenir, je feignis de comprendre mal tout ce que m'avoit dit la favorite. Je lui fis des objections et je l'induisis enfin, quoique avec peine, à me montrer cette lettre que je lus en entier; elle étoit écrite assez négligemment, soit pour le caractère, soit pour le style; le début en étoit conçu en ces termes : « Vous avez tort de croire que je vous aime moins parce que je ne vous ai pas répondu d'abord; je vous aime toujours beaucoup et de même. » Le roi disoit ensuite que s'il donnoit un ordre de mieux traiter la favorite, elles obéiroient, mais de mauvaise grâce. Qu'il n'attribuoit leur éloignement pour la comtesse du Barry qu'à des principes de dévotion et de scrupules; que la feue reine, quoique cependant très pieuse, ne s'étoit jamais conduite ainsi, que le roi étoit fatigué et triste de la gêne que Mesdames occasionnoient dans les petits voyages. Projet de les exclure et de n'admettre que la Dauphine et la comtesse de Provence.

Je fus assez frappé de cette singulière lettre, qui laisse facilement deviner la tournure de celle qu'avoit écrite la comtesse du Barry. Votre Majesté sera sans doute surprise de cette forme établie entre le roi et sa favorite, de se communiquer par écrit des choses qui sembleroient ne devoir être traitées que verbalement; mais soit timidité ou embarras, ou autre raison, le roi a été de tout temps en usage de faire connoître par écrit à ses enfants, à ses ministres, à ses maîtresses, tout ce de quoi il se sentoit de la répugnance à parler. M. de Mercy demande à réfléchir, la comtesse du Barry y consent, comprend et reçoit très bien les conseils de Mercy.

LETTRE DE MADAME D'EGMONT A GUSTAVE III.

Septembre 1771.

Le premier de mes vœux est pour que vous puissiez détruire entièrement l'horrible corruption qui préside à vos diètes, car où règne l'intérêt, la vertu ne peut exister. Pour parvenir à cet important objet, il faudroit que votre royaume devînt indépendant de toute autre puissance, et que les sentiments d'honneur fussent les seuls ressorts de votre gouvernement. L'augmentation de votre pouvoir est sans doute le premier pas vers ces heureux changemens; mais ne souffrez jamais qu'ils pussent ouvrir le chemin au pouvoir arbitraire et employer toutes les formes qui rendent impossible à vos successeurs de l'établir. Puisse votre règne devenir l'époque du rétablissement d'un gouvernement libre et indépendant, mais n'être jamais la source d'une autorité absolue! Voilà ce que vous ne sauriez trop peser au sanctuaire de la vertu, vous dépouillant de tout intérêt personnel et de toutes les préventions qu'ont pu vous donner les malheurs qu'une liberté mal entendue a fait éprouver à votre royaume. Une monarchie limitée par des lois me paraît le plus heureux des gouvernemens.... Je pense que vous ferez le bonheur des Suédois en étendant votre autorité; mais, je le répète, si vous n'y mettez pas des bornes qu'il soit impossible à vos successeurs de franchir et qui rendent vos peuples indépendants de l'imbécillité d'un roi, des fantaisies d'une maîtresse et de l'ambition d'un ministre, vos succès deviendront l'occasion de ces abus et vous en répondrez devant la postérité.

Sept. 1771. — Mettez-moi donc à portée de vous envoyer mon portrait; je ne le puis sans la parole positive que vous n'avez ni n'aurez celui de madame du Barry.

Sur ce dernier sujet, madame d'Egmont revient souvent avec une incroyable ardeur.

23 nov. 1771. — Je demande encore la réponse sur le portrait de madame du Barry. Daignez donc me donner votre parole d'honneur que vous ne l'aurez jamais, car je suis très pressée de vous offrir le mien.

M. DE MERCY ÉCRIT A MARIE-THÉRÈSE.

11 septembre 1771.

En arrivant lundi à Versailles, j'ai monté chez madame la Dauphine que j'ai trouvée fort agitée. Elle avoit dit au roi : « Papa, j'espère que vous me donnerez quelqu'une de mes dames. — Non sûrement, et je compte que vous recevrez mon choix avec respect. » Depuis ce moment, crainte de madame de Valentinois, madame de Montmorency, madame de Laval. Enfin, hier au soir, le roi a mandé à madame la Dauphine qu'il avoit choisi madame de Cossé, fille de M. de Nivernois, il charge madame la Dauphine de le lui apprendre et il ajoute qu'il n'en dit rien à personne. Madame la Dauphine a eu tant de peur qu'elle se trouve fort contente. La comtesse de Noailles doute que madame de Cossé accepte parce qu'elle nourrit actuellement ses enfants, parce qu'elle n'aime point la cour et s'en est tenue fort éloignée depuis deux ans. Pour moi, je pense que M. de Cossé, qui passe pour être fort bien avec madame du Barry, a demandé la place ou au moins a répondu du consentement de sa femme. D'après ce doute, madame la Dauphine ne publiera la nomination de sa dame d'atours que lorsqu'elle aura reçu sa réponse.

MARIE-THÉRÈSE A MERCY.

J'en (c'est-à-dire madame du Barry) appris des particularités assez extraordinaires ; elle me parla d'abord de son extrême désir que madame la Dauphine ne la regardât pas d'un œil d'aversion, que sachant bien que les rigueurs de Son Altesse Royale ne provenoient pas de son propre mouvement et n'étoient que l'effet de l'impulsion de mesdames ses tantes, madame du Barry avoit cru devoir s'en expliquer vis-à-vis du roi, en la priant de consentir qu'elle ne parût jamais en présence de Mesdames, soit à Versailles, soit ailleurs.

MARIE-THÉRÈSE A MARIE-ANTOINETTE.

30 septembre 1771.

Ma chère fille,

Avouez cet embarras, cette crainte de dire seulement le bonjour; un mot sur un habit, sur une bagatelle, vous coûte tant de grimaces, pures grimaces, ou c'est pire. Vous vous êtes donc laissé entraîner dans un tel esclavage que la raison, votre devoir même, n'ont plus de force de vous persuader. Je ne puis plus me taire après la conversation de Mercy et tout ce qu'il vous a dit, quoique le roi souhoitoit et que votre devoir exigeoit, vous avez osé lui manquer; quelle bonne raison pouvez-vous alléguer? Aucune. Vous ne devez connoître ni voir la Barry d'un autre œil que d'être une dame admise à la Cour.

---

17 novembre 1771. — Castil-Blaze a reproché à Grétry d'avoir dédié son opéra de *Zémire et Azor* à madame du Barry, quoiqu'il professât des opinions républicaines. Ce reproche en lui-même était injuste en 1771; personne ne songeait à la République et vingt ans plus tard les opinions avaient pu changer sans crime avec les circonstances; quoi qu'il en soit, nous avons voulu vérifier l'assertion. Nous avons cherché sans succès, à la Bibliothèque nationale, au Conservatoire et ailleurs, nous n'avons rien trouvé. Le silence de Marmontel nous donnait à penser; mais à la bibliothèque de Versailles, fort riche en musique de théâtre ancienne, il existe un exemplaire de *Zémire et Azor*

qui contient la dédicace en question. Elle est gravée et placée après le titre que nous allons d'abord faire connaître.

ZEMIRE ET AZOR
Comédie-Ballet
En vers et en quatre actes

Représentée devant Sa Majesté, à Fontainebleau,
le 9 novembre 1771
Et à la Comédie Italienne, le lundi 10 décembre 1771.

Dédiée à madame LA COMTESSE DU BARRY
par M. GRÉTRY,
Pensionnaire du roi et de l'Académie des Philharmoniques
de Boulogne.

Prix : 24 livres, gravé par Dezauche.
Paris, in-4°.

A MADAME LA COMTESSE DU BARRY.

Madame,

Quand on possède si bien l'art de plaire, l'on ne peut manquer d'être sensible à tous les arts d'agrément, et puisque ce dernier ouvrage m'a mérité vos bontés, il devoit vous être offert par ma reconnoissance.

Daignez l'agréer, ainsi que le profond respect avec lequel je suis,

MADAME,

Votre très humble et très obéissant serviteur,

GRÉTRY.

CHAPITRE IX.

CONDUITE DES CHOISEUL A CHANTELOUP. — IMPRUDENCES.
LOUIS XV RETIRE AU DUC LE TITRE DE COLONEL DES SUISSES.
INDEMNITÉS. — NÉGOCIATION. — ATTITUDE DE MADAME DU BARRY.
RÉCOMPENSE DE M. DE CHOISEUL.

Décembre 1771. — Nous avons laissé M. de Choiseul au lendemain de sa chute. On aurait pu le croire foudroyé ou tout au moins étourdi par la rapidité du coup. Il n'en fut rien, grâce à l'incorrigible fatuité du personnage. Il était de mode alors d'accompagner de certaines manifestations un ministre tombé. M. de Chauvelin, M. de Maurepas en avaient donné l'exemple. Les mêmes démonstrations se reproduisirent pour M. de Choiseul; seulement, comme sa coterie était plus nombreuse et plus remuante que celle de ses prédécesseurs, il eut peu d'efforts à faire pour transformer en ovations les témoignages d'intérêt de ses partisans. Il revint donc à Chanteloup, triomphant et glorieux plus que jamais. Loin de baisser la tête et de comprendre que Louis XV pouvait prendre des résolutions plus violentes à son égard, il fit étalage du plus grand luxe, chère exquise au château, chasse à courre deux fois la semaine dans son parc, réceptions somptueuses en habit de cour dans ses salons, représentations théâtrales, il ne néglige rien pour narguer et provoquer le monarque, auteur de son exil. Il employait ses loisirs à composer des comédies d'une insigne platitude et d'une audace incroyable. Il attirait la société la plus brillante, tandis qu'on désertait Versailles, Choisy et Fontainebleau; c'est le prince de Ligne qui l'atteste et il ajoute, ce qui va de soi, on insultoit madame du Barry[1]. Il ne pouvait en être autrement : avant la catastrophe du 24 décembre, on avait épuisé envers elle la mesure de l'outrage. Depuis qu'il était reçu qu'elle avait tout fait contre M. de Choiseul et qu'elle avait réussi à le renverser, il devait y avoir un redoublement d'injures; aussi madame du Deffant qui, malgré sa malveillance envers madame du Barry, avait toujours observé dans ses attaques un certain atticisme, s'oublie jusqu'à avoir recours aux gros mots : elle la traite de « *guenon bête et impudente*... » Ainsi des autres. Louis XV savait tout ce qui se passait, il restait impassible, mais au bout d'un an il frappa M. de Choiseul d'une manière qui lui fut fort sensible. Il lui enleva sa place de colonel général des Suisses qui ne rapportait pas moins de cent mille livres par an.

Le ministre disgracié aurait dû comprendre qu'il avait été trop loin et que l'imprudence de ses amis l'avait compromis. Il n'en fut rien, il redoubla d'outrecuidance et de folles prétentions. Il s'imagina d'abord d'ériger en principe que ce titre de colonel des Suisses constituait une charge inamovible, puis, partant de cette idée, il se mit à faire des conditions et voici entre autres ce qu'il demandait dans une lettre adressée au roi :

1. Ce tableau de l'intérieur de Chanteloup est emprunté aux mémoires manuscrits de M. Dufort de Cheverny, qui était du parti Choiseul et s'était rendu plusieurs fois chez le Ministre tombé depuis sa disgrâce.

La liberté de parcourir la France en tous sens, la Cour et Paris exceptés;

Un commandement militaire important;

Un pont d'or, pour lui servir de dédommagements pour les dettes qu'il avait contractées dans ses emplois ou en d'autres termes, trois ou quatre millions dus par lui à sa femme et deux autres à divers créanciers; soit en notre monnaie actuelle 25 ou 30 millions;

40,000 livres de revenu sur la forêt de Haguenau et une coupe de bois évaluée 800,000 livres;

Plus une rente viagère de 50,000 livres, reversible après sa mort sur la tête de sa femme.

Cette modeste demande était formulée et développée dans une lettre que M. de Choiseul adressait au roi et qu'il chargeait un de ses amis de remettre entre ses mains. Toutefois il ne lui laissait pas toute liberté d'action, il prétendait encore influer sur le choix éventuel de son successeur; il entendait écarter le prince de Condé, M. de Soubise, le maréchal Richelieu ou M. d'Aiguillon, comme étant ses ennemis, tous *abjects*, disait-il, et à divers titres. Cette belle ambassade devait aboutir directement au roi. On ne pouvait parler en son nom ni à *maîtresse*, ni à *ministres; leurs marques d'intérêt ou leurs bienfaits l'auroient humilié* (textuel, v. II, p. 4). L'ambassadeur était M. le duc du Châtelet, un Choiseul complet pour la morgue et l'insolence. Il a rendu compte de ses faits et gestes dans un ouvrage connu sous le titre de: *Mémoires de M. de Choiseul écrits par lui-même et imprimés sous ses yeux, dans son cabinet de Chanteloup et à Paris*[1]. Ces deux volumes, dictés par l'ancien ministre, sont absolument illisibles. Il semble que

1. Buisson, 1790, 2 vol. in-8°.

l'auteur n'ait pas pris la peine de se relire, le style incorrect est absolument lâché, les phrases les plus courtes ont trois pages de longueur et sont à peine intelligibles[1], c'est le jargon des grands seigneurs du temps. Mais si l'on a le courage de pénétrer dans ce fouillis de haute lignée, on trouve des renseignements curieux, notamment sur madame du Barry. Telle est la répulsion que cause cette prose écœurante, que nous n'avons vu citer ses pages nulle part, quoique l'ouvrage ne soit pas rare; nous essaierons d'en donner une analyse exacte, non sans labeur ni dégoût, le morceau a 200 pages. C'est un volume et peut-être est-ce pour le public que tout l'ouvrage a paru.

Louis-Marie-François du Châtelet d'Harancourt était fils de la célèbre Emilie, l'amie de Voltaire, il se vantait d'être né des œuvres de ce dernier; il avait embrassé la carrière des armes et était devenu chevalier des ordres, colonel du régiment du roi, infanterie. Sa mère n'était que marquise et il était duc. Très lié avec la famille de Choiseul, il se trouvait à Chanteloup lorsque la négociation relative à la place de colonel des Suisses s'engagea. Il reçut du duc de Choiseul la difficile mission de le représenter et partit porteur des pleins pouvoirs de son ami. Malgré la prétendue recommandation qui lui avait été faite de ne s'adresser ni à ministre ni à maîtresse, il descend directement chez le duc d'Aiguillon, et, ce qui plus est, il rend compte de la réception qu'il en reçoit à Chanteloup. M. de Choiseul le laisse faire, ne se plaint pas et ne songera à la prétendue indignité du procédé que quand il aura palpé la

1. En voici un spécimen pris au hasard : « Il me communiqua la lettre, elle ne m'étonna pas autant qu'il l'étoit. » (p. 253, premier volume.)

somme énorme qu'il demande, fait que nous constatons, sauf à en tirer plus tard la conclusion qui en dérive. M. du Châtelet, après un préambule de bonne amitié, demande à traiter directement avec le roi. M. d'Aiguillon paraît fort surpris et fort peu satisfait.

Louis XV était décidé à ne pas traiter cette affaire en personne. Il paraissait avoir à cet égard un parti pris et une répugnance invincible. Il en est peut-être une raison que M. de Choiseul s'est bien gardé de faire connaître.

Les gardes Suisses avaient un privilège qui remontait sans doute aux premiers temps de leur admission dans la maison du roi de France. Ils avaient seuls le droit d'environner la personne du monarque et de former le carré autour de lui, sans qu'il fût entouré par les hauts dignitaires de la couronne. C'était là assurément une preuve de grande confiance, il fallait se livrer sans réserve, au risque d'être enlevé, trahi.

Si l'on se rappelle les motifs de l'exil de M. de Choiseul, on doit comprendre que le roi ne fut pas sans arrière-pensée à son égard. M. de Mercy parle d'un soulèvement qui était à craindre, de suggestions auprès des Parlements, d'intrigues pratiquées au dehors [1].

Louis XV ne voulait donc à aucun prix rendre à M. de Choiseul la liberté de sortir de Chanteloup, encore moins remettre à la tête des Suisses, dont il avait le commandement, un homme capable de jouer le rôle

1. Hardy, 5 janvier 1770. — Il se répand dans le public un bruit qui se trouva sans fondement que le roi venoit de donner au comte de la Marche, prince du sang, la place de colonel général des Suisses et Grisons, dont le duc de Choiseul étoit pourvu, après avoir exigé la démission de ce ministre, d'où l'on inféroit avec aussi peu de raison qu'il seroit bientôt disgracié, attendu que le chancelier et la comtesse du Barri qui ne faisoient qu'un, disoit-on, dressoient toutes leurs batteries pour le renverser.

de maire du palais; de là le refus obstiné dans lequel il s'enfermait [1].

M. d'Aiguillon dit que s'il en est ainsi, il n'eût pas été besoin de venir en personne et qu'il eût mieux valu envoyer la lettre, que de prétendre agir *de couronne à couronne.*

M. du Châtelet voyant qu'il prend feu se rabat à demander « que le roi voulût bien recevoir la lettre de ses mains, partout où il le voudroit et même chez madame du Barry et en sa présence, si on craignoit que j'abusasse du tête-à-tête que le roi m'accorderoit.

M. du Châtelet expose dans la lettre qu'il écrit à M. de Choiseul :

« Que j'y avois d'autant moins de difficultés que je comptois *la* voir et lui faire l'historique de la manière dont j'avois donné lieu à la commission fâcheuse et embarrassante dont j'avois été chargé et lui en parler même à fond, enfin la prier, si toute autre voie m'étoit fermée, de me procurer la facilité de remettre au roi la lettre dont j'étois chargé. »

Ceci contredit ce qu'avait avancé M. de Choiseul, qu'il aurait défendu à M. du Châtelet de parler en son nom ni à maîtresse ni à ministres. Si une telle recommandation avait été faite à M. du Châtelet, il n'aurait pas commencé à parler précisément au ministre et à la maîtresse, ou s'il l'avait fait il ne l'aurait pas écrit à M. de Choiseul, et en supposant enfin qu'il eût cru devoir lui en parler, il se serait excusé, il aurait dit : « J'ai cru devoir contrevenir à vos instructions. »

Au lieu de cela, il raconte le fait, comme la chose la plus simple du monde. J'en conclus que la superbe recommandation de M. de Choiseul n'est venue qu'après coup et quand il a été bien sûr d'avoir ce qu'il demandait et même plus, grâce à madame du Barry.

1. *Nouvelles à la main.* Penthièvre, à la Mazarine.

Voici donc madame du Barry qui va entrer en scène. M. d'Aiguillon a été fort mal impressionné par l'ouverture qui lui a été faite[1].

Dans les dispositions où je laissois M. d'Aiguillon, il m'a paru instant de voir madame du Barry et de tâcher de me procurer les moyens de voir le roi.

J'ai obtenu facilement mon entrevue pendant le travail du contrôleur général et je m'y suis rendu sur-le-champ.

Je lui ai fait l'historique exact de ce qui avoit pu donner lieu à la commission dont j'avois été chargé.

M. d'Aiguillon exposa donc longuement l'objet de son ambassade et pria madame du Barry de l'aider à obtenir une audience du roi, désirant même que ce fût chez elle et en sa présence (p. 20).

Il continue :

Elle me l'a promis de la meilleure grâce du monde.

Je lui ai même offert de lui lire la copie de votre lettre, par un excès de confiance dont vous me saurez peut-être mauvais gré, mais que j'ai cru devoir à la manière franche et ouverte dont elle s'est expliquée sur vos anciennes querelles et sur le désir qu'elle eût eu d'être bien avec vous.

Elle a décliné ma proposition ; mais je suis entré dans la discussion de toutes vos demandes et je lui ai rendu presque mot à mot votre lettre, que vous croyez bien que j'avois eu le temps d'apprendre par cœur.

J'ai commencé par votre réclamation sur le principe de regarder votre charge comme amovible et je lui ai fait sentir que vous vous deviez à vous-même de faire à cet égard vos observations au roi[2].

1. P. 16. Je ne dois pas vous cacher que tout ce que l'aigreur a de plus amer s'est répandu sur tout ce qu'il m'a dit.

2. P. 7. Il (M. d'Aiguillon) a toujours soutenu ce principe de

Elle en est convenue et a passé très légèrement sur cet article, dont cependant je me suis aperçu qu'elle étoit parfaitement instruite, puisqu'elle m'a répété les mêmes propos de M. d'Aiguillon sur ce qui se trouve dans *les provisions ou brevets*, etc.

Quant à la discussion de vos intérêts, j'ai parlé des bons dont je l'ai trouvée instruite, à l'exception qu'on avoit enflé la somme. J'ai remis la chose à sa juste valeur et je l'ai fait convenir que ce n'étoit que l'exécution d'une grâce déjà accordée, dont j'ai dit que votre délicatesse ne vous avoit pas permis de profiter.

Sur quoi elle m'a répondu que le fait n'étoit pas absolument exact, que vos bons n'étoient pas en règle, qu'ils péchoient par la forme, et qu'enfin cette grâce n'avoit pas pu avoir son effet parce que de fait elle n'étoit pas revêtue des formes nécessaires.

Que peu de temps après votre exil on *étoit venu lui en parler* et qu'elle avoit répondu que, si la grâce étoit accordée, il falloit que le roi tînt tout ce qu'il avoit promis, *mais qu'on lui avoit fait voir* qu'il y avoit un vice dans la forme, quoiqu'elle convînt que l'intention du roi fût de vous accorder le moyen d'acquitter vos dettes et que vous ne dûtes qu'à votre négligence ou à l'ignorance des formes à remplir, de ce qu'elle n'eut pas son exécution (*sic*).

Quant à la forêt de Hagueneau, je lui détaillai l'affaire et elle me parut la bien comprendre.

Elle ne me fit aucune objection, non plus que sur la pension de madame de Choiseul, que j'expliquai dans le sens le plus digne et le plus convenable, disant qu'elle ne savoit rien de votre démarche qui n'étoit dictée que par votre honnêteté et qu'il étoit même fort incertain qu'elle acceptât.

l'amovibilité, mais sans chaleur, et m'a offert de me montrer la copie de vos provisions, où il est exprimé QUE CE SERA POUR AUTANT DE TEMPS QUE NOTRE BON PLAISIR, ou telle phrase approchante. J'ai répliqué que c'étoit une clause de style qui ne faisoit rien au fond du droit.

D'où je conclus que si le roi daignoit entrer dans votre situation et vous accorder une somme d'argent pour faire face à vos dettes criardes, on pourroit, en augmentant cette somme, abandonner la pension.

Elle se récria beaucoup, mais sans humeur, sur la proposition de l'argent comptant, parce qu'il n'y avoit pas un écu [1].

A quoi je répondis que la difficulté ne seroit pas si grande si le roi, en accordant une très grande grâce, même pécuniaire, puisque ses Suisses valoient plus de cent mille livres net, vouloit y mettre un brevet de retenue, qui ne seroit qu'une diminution de revenus pour le nouveau titulaire.

Elle me répondit que cette tournure ne seroit point adoptée, parce que celui auquel le roi destinoit les Suisses ne seroit pas sûrement dans le cas qu'on mît un brevet de retenue sur sa charge.

Vous en conclurez, si vous pensez comme moi, que ce sera pour M. le comte d'Artois ou bien M. le comte de la Marche.

J'aurois dû commencer par vous dire, mais on ne se rappelle pas l'ordre des faits en écrivant aussi à la hâte que je le fais, que le premier article qui fut traité fut celui de votre liberté.

Elle me dit qu'il seroit imprudent d'en parler dans ce moment-ci, qu'il faudroit un moment plus favorable et que cela viendroit sûrement et peut-être bientôt.

Je répliquai que ce seroit pourtant un article sur lequel vous insisteriez beaucoup, etc. (trois pages de développements.)

Je fus assez content de ses réponses ; elle me dit qu'elle ne mettoit point d'acharnement contre vous, qu'elle seroit même charmée de trouver l'occasion présente de le faire paroître, que c'étoit votre faute si tout ce qui s'étoit passé étoit arrivé,

1. Telle était la pénurie du Trésor public qu'à cette époque les troupes n'étaient pas payées. (*Souvenirs de Belleval*, p. 133.)

qu'elle avoit fait dans les commencements tout ce qu'il falloit pour le prévenir; que vous deviez sentir que cela ne pouvoit subsister sur le pied où étoient les choses dans les derniers temps, *non pour elle qui n'étoit qu'un point, mais vis-à-vis du roi que vous choquiez perpétuellement dans l'objet de son attachement* [1].

Je supprime beaucoup de petits détails minutieux qui ne font rien à l'objet présent et même à l'objet futur, mais qui par le ton ni par la manière ne dénotent aucune aigreur. J'ai repris, dans la fin de ma conversation, et résumé tout ce que j'avois dit dans tout le cours; j'ai échauffé cette tête autant qu'il m'a été possible. Si l'enthousiasme du bien et de la vertu pouvoit être communicatif, je me flatterois de l'avoir inspiré. Mais quoi qu'il en soit, j'ai tout lieu d'être aussi content de la fin que du commencement de mon entretien, et madame du Barry me promit de rendre compte tout de suite au roi du motif de notre entretien et de lui demander la permission de lui remettre votre lettre.

Cette première conversation est fort remarquable, madame du Barry s'y montre tout autre qu'on est habitué à la voir représentée.

Grossière, stupide et futile, telle est la donnée habituelle, invariable.

Ici au contraire, elle se distingue par une parfaite convenance de langage, par une intelligence sérieuse de l'affaire qu'il s'agit de traiter, par une grande modération de sentiments.

Dira-t on que nous n'avons pas ses paroles elles-mêmes, que l'intermédiaire les a traduites et résumées?

1. Mots remarquables et justifiés par la Correspondance de Louis XV et M. de Choiseul (*Revue de Paris*, 1829, vol. IV). Louis XV dit à M. de Choiseul : « Elle n'a nulle haine contre vous, elle connoît votre esprit et ne vous veut point de mal. »

Mais d'abord s'il lui avait échappé des mots impropres, des pensées communes ou fausses, il les aurait soigneusement relevées et soulignées, il ne faut pas l'oublier. C'est un ennemi qui tient la plume, on peut donc l'en croire sur parole.

Mais à travers même la *traduction de M. du Châtelet*, revue par M. de Choiseul, on retrouve des phrases qui ont dû être prononcées comme elles sont rapportées.

Lorsque, par exemple, madame du Barry parle de la conduite agressive de M. le duc de Choiseul et qu'elle ajoute : « les choses ne pouvoient plus subsister sur le pied où elles étoient, *non pour elle qui n'étoit qu'un point*, mais vis-à-vis du roi, qui étoit choqué perpétuellement *dans l'objet de son attachement;* » on sent bien qu'elle seule a pu s'exprimer en ces termes et que la relation doit être littérale. Or il y a loin de ce style aux grossièretés et aux insolences qu'on prête à madame du Barry. Ce n'est pas l'impertinente créature qu'on nous représente, qui aurait trouvé cette pensée d'abnégation personnelle et de déférence pour le roi, il y a là une sincérité d'impression que n'aurait pas rencontrée M. du Châtelet avec toutes ses finesses et ses roueries de cour, d'autant plus que ce qu'a dit madame du Barry est historiquement vrai.

Louis XV écrivit au duc de Choiseul :

« On dit que vous avez grondé le chevalier de La Tour du Pin sur ce qu'elle a dîné au camp...

« Vous m'aviez promis que je n'entendrois plus parler de vous sur elle. » (*Rev. de Paris*, 1829, vol. IV.)

Nous trouvons aussi beaucoup de délicatesse dans ce que madame du Barry dit à propos du duc de Richelieu, et d'une délicatesse féminine qui ne saurait appartenir à son interlocuteur.

Je me suis rejeté, dit le duc du Châtelet, sur ses entours (mot très usité alors; on dirait aujourd'hui l'entourage).

Elle m'a répliqué que c'étoit les vôtres dont il falloit parler; que pour elle, elle vous l'avoit dit à vous-même, elle n'en avoit point; que dans le temps d'une *explication* qu'elle eut avec vous, elle vous dit qu'elle n'avoit point d'entours et qu'effectivement dans ce temps-là elle n'avoit autour d'elle d'homme considérable que le maréchal de Richelieu, qui n'auroit pas demandé mieux que de se raccommoder avec vous, et qui par les agréments de son esprit étoit plus fait que personne pour sympathiser avec ceux du vôtre.

Qu'elle n'eût pas mieux demandé que de se lier avec tous ceux que le roi honoroit de sa confiance et de ses bontés et qu'il n'y en eût eu aucun avec qui elle eût mieux voulu vivre qu'avec vous.

La riposte sur les *entours* est très juste, car c'était bien moins M. de Choiseul qui faisait la guerre à madame du Barry, que le trio de madame de Grammont, de madame de Beauvau et de madame de Choiseul.

Et les compliments à l'adresse de M. de Choiseul sont tournés avec une grâce charmante d'autant plus méritoire que madame du Barry savait comment son ennemi avait traité *la réchauffée de Cythère.*

Enfin la favorite obtient du roi la grâce sollicitée. Le roi répond qu'il verra M. du Châtelet avec plaisir. C'est le neveu, Adolphe du Barry, qui est chargé d'apporter cette réponse favorable. M. du Châtelet se hâte de profiter de cette espérance de remettre sa lettre, mais le roi, tout en lui faisant personnellement un gracieux accueil, refuse d'entrer dans le fond de l'affaire.

La négociation avec M. d'Aiguillon se suit et prend une mauvaise tournure.

M. du Châtelet a de nouveau recours à madame du Barry. Dans une lettre du 13 décembre, il écrit à M. de Choiseul, p. 64 :

J'allai le mercredi matin à Trianon, au lever du roi, qui me parut fort occupé de moi et eut la bonté de me parler plus que de coutume. Comme ce n'étoit pas de vos affaires, je crus que je ne devois pas m'en tenir là et je demandai à voir madame du Barry.

Le valet de chambre à qui je m'adressai d'abord pour lui faire passer mes désirs me dit qu'elle ne lui avoit pas répondu et je pris le parti de le lui demander à elle-même dans le sallon. Elle partoit pour Lucienne et eut la bonté de me recevoir, à son retour, pendant que le roi jouoit dans le sallon. Vous connoissez la proximité des lieux ; nous fûmes interrompus par M. de Duras qui entra fort innocemment, mais qui se retira fort discrètement.

Je dis à madame du Barry qu'elle voyait un homme au désespoir, que ce n'étoit pas de vos intérêts que je veux l'entretenir mais des miens, mais de mon honneur compromis, que le roi n'avoit pas daigné recevoir une simple lettre que je m'étois simplement chargé de lui remettre.

Que je croyois être un homme assez considérable dans son royaume pour qu'on ne m'empêchât pas de remplir auprès de lui une commission que lui-même m'avoit donnée.

Madame du Barry me parut *touchée* et même *effrayée* de mon état.

Elle dit que ce n'étoit pas à cause de moi que le roi n'avoit pas reçu votre lettre, mais c'est qu'il ne vouloit pas se mêler directement de cette affaire ;

Que ses intentions étoient sincères ;

Que M. d'Aiguillon n'avoit pas d'acharnement contre vous, elle encore moins ;

Que le roi à la vérité étoit mécontent de ce qui se débitoit souvent sur Chanteloup, des propos de vos amis, qui par leur chaleur vous faisoient le plus grand tort;

Qu'elle convenoit que j'avois raison de me plaindre d'avoir été compromis, et que si on ne vouloit pas écouter vos propositions, il eût été inutile de vous mander d'en faire sur ce qui pouvoit vous convenir (*sic*) ;

Qu'elle avoit bien vu un mémoire entre les mains du roi, que M. d'Aiguillon lui avoit envoyé la veille (c'étoit le mien) qui contenoit des demandes exorbitantes ;

Que le roi avoit répondu le matin même à M. d'Aiguillon, mais que comme je pouvois m'être apperçu qu'elle avoit fort peu vu le roi dans la journée, il ne la lui avoit pas montrée (la lettre) ;

Qu'elle le verroit ce soir ;

Qu'elle lui peindroit ma situation,

Et qu'elle pouvoit m'assurer que le roi, qui avoit lieu d'être content de moi, ne voudroit pas que je fusse mécontent;

Qu'elle parleroit le lendemain à M. d'Aiguillon et qu'elle m'enverroit chercher après qu'elle lui auroit parlé.

M. du Châtelet reprend alors les points déjà discutés.

Les bons étaient accordés dans l'intention du roi.

La forêt était un acte de justice.

Il cédait sur l'argent comptant et même la pension de madame de Choiseul.

Il se bornait à demander *deux millions* en rescriptions n'en faisant qu'un, dont M. de Choiseul pourrait se faire cent mille livres de rentes viagères ou dont il pourrait s'aider pour l'acquittement de ses dettes, au lieu qu'une pension ne pourrait remplir cet objet.

Enfin il demande pour M. de Choiseul la liberté de sortir de Chanteloup et de voyager par tout le royaume, hors à Paris et à la Cour.

Elle me répéta que pour la liberté il n'y falloit pas penser, mais que cela viendroit en s'y prenant doucement.

Que quant à l'arrangement que je lui proposois, quant à l'argent, elle n'entendoit rien en matière de finances, mais qu'elle parleroit à M. d'Aiguillon.

Qu'elle lui diroit qu'il falloit que cela finît de la manière dont je le proposois, c'est-à-dire que, de façon ou d'autre, on vous donnât de quoi vous faire 100,000 livres de rentes viagères, dans des effets dont vous pussiez vous aider si vous le préfériez, pour l'amortissement d'une petite partie de vos dettes.

Je lui dis que si le roi y consentoit, j'en ferois mon affaire avec le contrôleur.

J'ajoutois que j'étois pénétré de reconnoissance, pour mon compte, *des bonnes dispositions* qu'elle me témoignoit, que je prenois tout cela pour moi et rien pour vous, et que je me ferois gloire de publier partout ma reconnoissance.

Elle m'écouta, me comprit fort bien, parut même touchée de ma situation.

Elle finit par m'assurer que M. d'Aiguillon ne la gouvernoit pas, qu'elle écoutoit tout le monde et ne faisoit que ce qu'elle vouloit. Enfin elle me dit qu'elle me diroit le lendemain ce qu'elle auroit opéré.

M. du Châtelet croyait, dit-il, avoir fait des miracles. Il avait la migraine.

« Le roi, ajoute-t-il, me vit triste et changé, il me demanda ce que j'avois et parut fort occupé de moi. Madame du Barry resta enfermée avec lui depuis six jusqu'à huit heures et demie. J'augurois bien d'un si long tête-à-tête et je me flattois quelquefois d'avoir réussi. »

Le lendemain il va à Paris.

M. d'Aiguillon le fait demander pour cinq heures et lui envoie même un courrier.

Il ne s'y rend pas et écrit à quatre heures à madame

du Barry, pour la faire ressouvenir qu'elle lui avait promis de l'envoyer chercher.

Elle fait réponse que ce seroit pendant le conseil. Nouveau motif de ne point aller chez M. d'Aiguillon avant de l'avoir vue.

Je m'étois préparé pour combattre un refus et pour casser les vitres sur M. d'Aiguillon. Point du tout, elle me dit qu'elle lui avoit parlé, qu'il s'étoit mis en colère contre elle-même, que je le connoissois.

Qu'il lui avoit dit qu'elle vouloit, en se mêlant trop en avant de cette affaire, autoriser les bruits qui couroient, qu'elle et lui vous avoient fait ôter les Suisses, que cela n'avoit pas de raison.

Mais enfin qu'elle l'avoit ramené et qu'elle s'étoit bornée à la seule proposition raisonnable, celle de vous donner le même revenu pécuniaire que vous aviez auparavant, et de vous le donner en effets dont vous pussiez payer vos dettes.

Elle m'ajouta qu'elle avoit vu la lettre du roi à M. d'Aiguillon en réponse à mon mémoire, qu'elle étoit dure, et qu'elle en avoit été fâchée, qu'elle ne l'auroit pas laissé écrire si elle l'avoit su, que j'en serois peiné et qu'elle le seroit à cause de cela.

Qu'elle n'avoit nulle envie de vous obliger et qu'elle croyoit qu'il suffisoit qu'elle ne mît aucun acharnement contre vous mais que je l'avois touchée, qu'elle avoit envie de me plaire et qu'elle ne feroit rien pour vous, mais tout pour moi, *qu'elle avoit eu la veille une* longue dispute avec le roi qui s'étoit mis en colère.

Il est inutile que je grossisse cette lettre de la longueur de la discussion; en définitif, elle me dit d'aller trouver M. d'Aiguillon et d'arranger avec lui la manière dont elle l'engageroit à reparler au roi devant elle et qu'elle l'appuieroit.

Je lui dis que si elle n'avoit pas entièrement convaincu

M. d'Aiguillon, je n'en viendrois pas à bout et que je connoissois son entêtement, que je n'aurois de ressource que de me brouiller avec lui et de lui dire son fait auparavant.

Elle me demanda en grâce de n'en rien faire, de parler sans m'échauffer avec M. d'Aiguillon, et que je verrois que tout iroit bien. Qu'il falloit séparer le ministre du roi, de l'ami. Qu'elle savoit que M. d'Aiguillon m'aimoit beaucoup et seroit très fâché de m'aliéner de lui, qu'elle me demandoit en grâce de ne rien précipiter à cet égard et de s'en rapporter au désir qu'elle avoit de m'obliger.

Je lui dis que je n'en doutois pas, mais que je n'avois pas la même obligation à M. d'Aiguillon qui ne me pardonneroit pas même d'avoir su l'intéresser un moment en faveur de mon sentiment et de mon honnêteté.

Je lui rappelai que si elle ne m'aidoit pas encore puissamment contre lui, mes efforts seroient vains, que cependant je me contiendrois pour lui plaire, par reconnoissance et par égard pour elle, mais que ce seroit la dernière fois.

Je la quittai et fus chez moi attendre la fin du conseil qui devoit être à huit heures.

J'attendis jusqu'à près de neuf heures et demie qu'on m'avertît que M. d'Aiguillon étoit rentré. Il étoit avec le roi chez madame du Barry. Les gens qui y étoient prétendent qu'il y avoit de l'humeur entre elle et M. d'Aiguillon, que le roi eut une conversation assez courte, mais fort vive et que madame du Barry en partit de fort mauvaise humeur.

Je me fais peut-être beaucoup d'honneur de croire que cela vous regardât et moi aussi, cela est possible, cependant je n'en fus pas plus avancé en voyant M. d'Aiguillon.

Le duc d'Aiguillon exhibe à M. du Châtelet la lettre du roi, ainsi conçue :

Mon cousin, vous auriez pu vous dispenser de m'envoyer le mémoire de M. de Choiseul, que vous a remis M. du Châtelet. Je vous ai déjà expliqué mes intentions qui ne changeront point. M. de Praslin étoit dans un cas différent de M. de Choiseul et de plus très malade. Il est bien heureux que je l'aie envoyé à Chanteloup et je ne veux pas lui permettre d'en sortir. Je consens cependant, par bonté, à lui accorder 200,000 livres de gratification sur sa charge, reversibles sur la tête de madame de Choiseul, au cas qu'elle lui survive. Voilà ma détermination ; finissons et n'en parlons plus.

Pendant ce temps, M. de Choiseul, averti que sa charge est destinée à un *fils de France*, envoie sa démission pure et simple, s'en remettant au roi pour la fixation des dédommagements qu'il voudra lui accorder.

M. du Châtelet comprend très bien qu'au point où en étaient les choses, c'était le seul coup à tenter et qu'en paraissant s'en remettre à la générosité du roi, on le désarmait et on le mettait sur une voie de conciliation plus large [1]. Il applaudit donc à la résolution de son ami, disant qu'il a embrassé deux fois avec transport Bertin, le courrier qui lui apportait cette bonne nouvelle. Il continue (5e lettre, p. 96, du 14 déc.) :

Nous verrons demain ce que cet événement apportera de changement aux dispositions et s'il nous procurera quelque jour favorable. Cela devroit être et cela seroit sans M. d'Aiguillon. Je crois madame du Barry de bonne foi, mais foible et subjuguée. Cette femme n'étoit pas faite pour connoître l'excès de la haine ; elle écoute bien, comprend bien ce qu'on lui dit, mais vous sentez qu'il m'est aisé de voir ce qui vient d'elle, de ce qui lui est soufflé.

1. P. 98. « En donnant votre démission pure et simple, vous vous êtes ôté la possibilité de rien demander, de rien refuser ; bien entendu que dans *l'intervalle, je vais me mettre en quatre pour obtenir* quelque augmentation, et *je ne suis pas sans quelque espérance.* Ce seroit une chose bien douce pour mon sentiment pour vous et pour ma haine contre M. d'Aiguillon. »

Sixième lettre :

J'arrive de Versailles, et pour cette fois avec les honneurs de la guerre. Le roi a votre lettre.

(Notez qu'il n'y a pas un mot pour madame du Barry).

M. du Châtelet apprend à M. de Choiseul qu'il a écrit au Roi une lettre dont il lui envoie copie.

Je la crois bien : elle vous disculpe sur tous les points, elle dit quelque chose d'assez fort en ce qui me regarde, qui pourra peut-être faire quelque impression sur M. d'Aiguillon, si le roi la lui remet ou qu'il en ait connoissance par madame du Barry, ce qui ne peut manquer.

Puis il lui suggère une réponse que lui M. de Choiseul devra lui envoyer et dans laquelle il dira qu'il s'en remet aux bontés du roi.

D'ici à votre réponse nous allons travailler sur nouveaux frais.

J'ai déjà écrit pour avoir demain un nouveau rendez-vous avec madame du Barry, et si elle me propose encore M. d'Aiguillon, je ne l'accepterai qu'autant que ce sera en sa présence, et je lui dirai certainement en attendant de bonnes choses.

J'ai été trop content du moins des paroles de madame du Barry, pour ne pas lui en faire honneur et pour ne pas publier que sans l'ascendant extraordinaire que M. d'Aiguillon a pris sur elle, et dont il a abusé pour assouvir ses vengeances, je me serois tiré très honorablement d'une besogne qui intéressoit également mon cœur et ma délicatesse et où sa barbare méchanceté m'a entraîné.

Là se termine la Correspondance échangée entre

M. du Châtelet et M. de Choiseul; mais Besenval, qui était toujours à Chanteloup, continue en ces termes :

Quelques jours s'écoulent, M. de Choiseul les met à profit pour entasser fautes sur fautes, notamment pour écrire par la poste une lettre destinée à passer sous les yeux du roi et propre à l'exaspérer. M. du Châtelet croit que tout étoit perdu (p. 48). Il s'adresse, en désespoir de cause, à madame du Barry, dans le sallon de Choisy, celle-ci se retourne du côté de M. d'Aiguillon et dit à haute voix : *« Il faut bien que cela soit comme cela. »* Puis elle engage une conversation animée avec le roi et M. d'Aiguillon et le roi leur dit en se mettant au jeu : *« soixante mille livres de pension et cent mille écus argent comptant. »* Peu de temps après, M. d'Aiguillon fait part de cette décision à M. du Châtelet en ajoutant que sur les 60,000 livres, 50,000 étaient reversibles à madame de Choiseul.

M. du Châtelet fut bien soulagé en apprenant cette nouvelle à laquelle il ne s'attendoit point du tout.

Il chercha et trouva l'occasion de remercier madame du Barry, elle lui dit que, d'après la façon dont M. de Choiseul avoit donné sa démission, le roi s'étoit déterminé de lui-même à lui accorder cette augmentation. (Besenval, t. II, p. 50.)

M. de Choiseul ajoute :

Ces dédommagements étoient plus forts que ceux que je demandois et surtout que ceux que j'espérois.

Voici maintenant le remerciement :

Ni moi, ni madame de Choiseul ne fîmes de remerciemens. L'injustice et surtout la manière dure que l'on avoit employée nous dispensoient de la reconnoissance.

Je n'ai commencé que de ce moment à être vraiment l'ennemi personnel de M. d'Aiguillon, et la conduite du roi à mon égard acheva l'opinion que j'avois de lui et le dégoût que sa faiblesse cruelle m'inspiroit.

Si M. de Choiseul n'attribuait ce résultat inattendu ni au roi, ni à M. d'Aiguillon, à qui donc le devait-il ? Les lettres de M. du Châtelet font la réponse.

C'est à madame du Barry seule qu'il en était redevable, puisque ce dernier se faisait gloire de publier partout sa reconnaissance.

M. de Choiseul a dû à madame du Barry l'énorme indemnité qui lui était accordée malgré sa disgrâce.

Il l'a su par les lettres de M. du Châtelet, son ami.

Il n'en a pas moins accepté la pension, et la somme, il l'a encaissée au plus vite [1].

Et c'est après avoir reçu l'argent qu'il a persisté à injurier celle dont il tenait le service.

Il a fait imprimer dans son cabinet et sous ses yeux, qu'elle n'était qu'une.... Nous ne répéterons pas les mots grossiers dont il a sali sa page.

En quoi il a manqué à la reconnaissance, à sa propre dignité, et prouvé qu'il y a quelque chose de plus méprisable qu'une courtisane, c'est un courtisan.

Quant à madame du Barry, sa réhabilitation nous

1. Bons du roy. 22 décembre 1771, au porteur, exercice 1771, 300,000 livres. M. de Choiseul.

M. le duc de Choiseul ayant donné sa démission de colonel général des Suisses et Grisons, et Votre Majesté voulant lui accorder, outre la pension qu'elle lui a donné sur les émoluments de la dite charge, une somme de 300,000 livres une fois payée, elle est suppliée de permettre que l'ordonnance en soit expédiée.

De la main du roy :

BON.

paraît écrite à chaque ligne de cette correspondance. Il n'est plus permis de la juger par les anecdotes banales qui traînent partout et ne sont prouvées nulle part.

Au milieu de cette longue négociation entre des hommes irrités et passionnés, en face d'un adversaire redoutable et d'un auxiliaire qui ne l'est pas moins, elle reste calme, sensée, modeste et elle conquiert l'approbation de tout juge qui voudra se prononcer avec impartialité.

Telle fut l'appréciation de l'opinion publique, même du parti opposé à la favorite.

On lit dans les *Anecdotes*, p. 247 :

L'année 1772 s'ouvrit d'une façon glorieuse pour madame la comtesse du Barry. Le sort de M. de Choiseul, qui étoit resté jusque-là suspendu pour les récompenses pécuniaires que le roi lui donneroit, fut décidé en sa faveur d'une façon magnifique et l'on en fit honneur à la générosité de la favorite. On la célébra dans la pièce suivante :

VERS A MADAME LA COMTESSE DU BARRY.

qui a sollicité elle-même une pension pour M. le duc de Choiseul.

Chacun doutoit en vous voyant si belle,
Si vous étiez ou femme ou Déité,
Mais c'est trop sûr : votre rare bonté
N'est pas l'effort d'une simple Mortelle,
Quoi qu'ait écrit jadis en certain lieu
Un Roi prophète en sa sainte demeure,
Quoi qu'un poète en ait dit, la vengeance
N'est que d'un homme et le pardon d'un Dieu.

Madame du Deffant ajoute aussi sa note approbative aux témoignages ci-dessus :

MADAME DU DEFFANT A WALPOLE.

M. du Châtelet... ne trouvant point de facilité auprès de M. d'Aiguillon, il se détermina à parler à madame du Barry, en qui il trouva plus de douceur et de facilité. Il obtint cent mille francs de plus, ce qui en fit trois cents, et dix mille francs de plus pour la pension, ce qui en fit soixante, et toujours les cinquante reversibles à la grand'maman (p. 207).

CHAPITRE X

(1770-1772)

LE NOUVEAU PAVILLON DE LOUVECIENNES

La construction du nouveau pavillon de Louveciennes commença vers le 15 décembre 1770 et finit en janvier 1772, elle dura plus d'une année et fut conduite par l'architecte Ledoux. On voit que les nouvellistes qui prétendent que l'édifice fut achevé en trois mois se sont étrangement trompés. Il est donc faux que madame du Barry l'ait fait récompenser de la célérité extraordinaire qu'il aurait mise dans l'exécution de ces travaux par une place à l'Académie[1].

Ce pavillon se composait d'un rez-de-chaussée simple, en pierre de Saint-Leu, surmonté d'une terrasse à l'italienne, qu'entourait une balustrade. C'est bien là ce qui constituait ce qu'on a appelé un *Belvédère*. Sa hauteur était d'environ 20 à 25 pieds, sa largeur d'autant, cinq croisées de face et trois de côté éclairaient l'édifice; ces fenêtres n'avaient pas moins de 12 pieds d'élévation.

On accédait au pavillon par un perron de sept à huit

1. Ce qui a fait surtout la gloire et l'agrément de Luciennes est un pavillon construit en trois mois sur les dessins de Ledoux, pour la fameuse madame du Barry. (J. Delort. *Mes voyages aux environs de Paris*, tome II, p. 250.)

marches, donnant sous un portique formé par quatre colonnes ioniques cannelées dont deux sont engagées dans la muraille. Le fond du péristyle est demi-circulaire et surmonté d'une petite coupole très finement brodée d'ornements. Le haut du fronton est décoré par un bas-relief en talc représentant des enfants jouant avec un bouc. Cette bacchanale est due au ciseau de Lecomte, sculpteur du roi et membre de l'Académie de peinture et sculpture ; nous possédons et nous reproduisons le mémoire original [1].

A l'intérieur, il y avait à l'entrée un vestibule fort vaste, servant de salle à manger avec des tribunes à chaque extrémité pour les musiciens qui exécutaient des morceaux pendant les collations du roi.

Ce vestibule était revêtu de marbre gris et orné de pilastres avec des chapiteaux corinthiens rehaussés de baguettes et de frises en bronze doré. Entre les pilastres étaient placés quatre groupes de femmes, tenant des cornes d'abondance, exécutées par Pajou et Lecomte.

1. État d'ouvrage de sculpture fait au pavillon de Luciennes en 1771, pour madame la comtesse du Barry, par Lecomte, sculpteur du roi, membre de son Académie royale de peinture et sculpture, savoir :

Un bas-relief en talc représentant un baccanal d'enfants, de proportion plus grande que nature et de forme circulaire, long de 22 pieds sur 4 de haut, tant pour avoir fait le petit modèle que pour l'avoir exécuté de la grandeur ci-dessus énoncée, l'avoir fait mouler et jeter en talc, puis transporter à Luciennes, placer et réparer sur le lieu, pour la somme de quatorze cents livres.

Arrêté le présent état à la somme de 960 livres.

A Fontainebleau, ce 23 octobre 1772. Signé : Ledoux.

Et plus bas :

Je reconnais avoir reçu de madame la comtesse du Barry la somme de 960 livres, pour solde du contenu en l'état d'autre part, suivant le règlement de M. Le Doux, architecte y énoncé, dont quittance.

A Versailles, le 23 janvier 1774. Signé : Lecomte.

Au-dessus et autour de la salle régnait une frise d'Amours qui se poursuivaient autour d'un portrait placé au-dessus de la porte donnant entrée dans le salon et représentant un personnage décoré d'un grand ruban : probablement le roi.

Au fond du vestibule, on aperçoit les armes des du Barry et celles de Jeanne Vaubernier, accolées [1]. En face et en pendant, un tableau qui représente des emblèmes de diverse nature, non héraldiques.

Derrière le vestibule s'ouvrait le grand salon carré, donnant à droite dans un salon dit en cul-de-four, et à gauche dans une troisième salle appelée le Salon ovale. Il n'y avait pas de chambre à coucher [2], il existait seulement un réchauffoir d'un côté et de l'autre des garde-robes en marbre.

Dans le grand salon carré, les dessus de portes étaient, au rapport de Dulaure [3], peints par Fragonard. Ce salon, suivant le même auteur, était richement dé-

1. MM. de Goncourt ont cru que les armes de madame du Barry étaient mariées à celles du roi. Ils se sont trompés. On distingue très nettement dans l'aquarelle de Moreau, le jeune, dont nous allons bientôt parler, l'écu des du Barry, d'argent à trois jumelles de gueules à dextre ; les armoiries fantastiques de Jeanne Vaubernier n'y sont représentées que par un chevron, une main et deux roses. Très certainement il n'y a ni fleur de lys, ni rien qui ressemble à une couronne royale. C'est une erreur dans laquelle est tombé M. Poulet-Malassis en représentant les armes de France accolées aux armes de Pompadour. Louis XV a bien pu dégrader sa personne, son blason jamais.

2. *Anecdotes*, p. 271 :

L'intérieur est composé d'un vestibule servant de salle à manger avec un réchauffoir à gauche et les garde-robes à droite d'un salon, de deux salons de côté ; IL N'Y A POINT DE CHAMBRE A COUCHER.

3. *Nouvelle description des environs de Paris*, par J. A Dulaure, 1787. Paris, Lejay.

coré, mais le plus bel ornement était, au dire de madame Vigée-Lebrun, la superbe vue dont on jouissait de cette pièce.

Le plafond du salon de droite était de Restout[1], il représentait simplement un ciel décoré de nuages. C'est ce que les anecdotes appellent *un ciel vague*.

Les dessus de portes étaient de Drouais. On y admirait quatre grands et beaux tableaux de Vien, représentant les progrès de l'amour dans le cœur des jeunes filles.

On y voyait aussi deux petites figures de marbre, sculptées par Vassé[2]; l'une représentant l'Amour, l'autre, la Fourberie, un masque à la main.

Le plafond du troisième salon, peint par Briard, représentait les plaisirs de la campagne avec cette devise latine : *Ruris amor*.

Dulaure continue ainsi :

Rien n'est plus riche, rien n'est plus recherché que les meubles et les ornements de l'intérieur, les tables, les feux, les chambranles de cheminée, les serrures, les espagnolettes, etc., tout est d'un fini précieux, d'une délicatesse excessive.

Puis l'auteur blâme, comme étant de mauvais goût,

1. On lit dans les comptes de madame du Barry la mention suivante :

Le sieur Restout, peintre,
Pour un plafond, prix convenu. . . . . 120 livres.
A Paris, le 12 février 1772.

Avoir fait un plaffond de ciel orné de nuages, dans le pavillon d'un salon à main droite.
Signé : Restout. 14 mai 1772.

2. On trouve dans le même compte :
Figure de marbre blanc, de quatre pieds. . . . . 7,500 livres.
Vassé, sculpteur.

l'excès de cette richesse et de cette élégance, « mais, ajoute-t-il, le luxe, la mode le veulent ainsi, » et il répond : « Le vrai beau est indépendant des modes et du luxe. Les artistes doivent diriger l'un et l'autre et non pas s'y soumettre. »

En sortant de ce galant pavillon, dit-il encore, on observe deux figures en marbre, élevées sur des piédestaux : ce sont deux chefs-d'œuvre de M. Allegrain.

Une de ces figures représente Diane surprise par Actéon. Il est difficile d'exprimer toutes les beautés qu'offrent le dessin et l'exécution de cette statue. En la voyant dans l'atelier de l'artiste, l'enthousiasme d'un poète a produit les vers suivants :

> Sous ce marbre imposteur, toi, que Diane attire,
> Crains le sort d'Actéon : tu vois qu'elle respire.

Ce poète est un M. Guischard.

La tête de cette Diane reproduit très visiblement les traits de madame du Barry. C'est ce qu'exprime le mot de la fin, *tu vois qu'elle respire*. Allusion à la ressemblance qui faisait vivre dans ce marbre la figure de la favorite.

L'autre figure, qui lui sert de pendant, offre une baigneuse sortant de l'eau ; rien n'est plus charmant que ses formes, rien n'est plus moëlleux que l'exécution, les chairs sont vives et l'attitude est ingénieuse [1].

1. Cependant les Mémoires dits de Bachaumont avaient déjà parlé en ces termes de cette statue, lors de l'exposition de 1767 : « Entre les morceaux de sculpture d'une très grande manière, on distingue au Salon une figure *en marbre* représentant une baigneuse, de M. Allegrain ; elle a 5 pieds 10 pouces de hauteur, elle est pour le roi et doit être placée à Choisy. La grandeur de la machine empêche qu'on ait pu la voir au Salon et on va la

Avant de clore cet inventaire du pavillon de Louveciennes, il est un point qu'il est essentiel de ne pas laisser dans l'ombre. MM. de Goncourt, dans leur ouvrage : *les Maîtresses de Louis XV*, ont fait planer une équivoque sur la nature des sujets traités par les artistes qui ont travaillé au pavillon. Il n'y aurait eu rien d'étonnant à ce qu'il s'y rencontrât quelques attitudes légères.

C'était l'usage alors; les boiseries des grands appartements de Versailles cachent des *obscena* dans les feuillages de leurs bordures. Il n'en était pas ainsi à Louveciennes; nous avons sous les yeux le devis descriptif des modèles de Gouttières, en 60 pages in-folio. Il n'y a pas un motif lubrique, tout se borne à des entrelacs de cœurs enflammés, branches de myrte tordues avec des fleurs de lys. Nous donnerons au reste des extraits de cette pièce qui peut être intéressante et nous la déposerons, après avoir fini notre travail, à la Bibliothèque de Versailles. Quant aux peintures, on trouve dans l'état des tableaux appartenant à madame du Barry la mention suivante :

Claude Palimbourg. — Une femme NUE.
NOTA. — Ce tableau est couvert d'un rideau de taffetas verd.

Cet état est signé Montvallier et Colet, il est daté de 1774.

On s'attend à trouver chez madame du Barry des

voir chez l'auteur. Cette baigneuse est dans les proportions antiques, elle est d'une élégance svelte ; il est fâcheux que dans le marbre il se soit trouvé des veines noires, répandues çà et là, qui font un effet désagréable et traversent même la figure. » (Bachaumont. — *Lettres sur le Salon de* 1767.)

livres, des tableaux, des sculptures obscènes, parce qu'elle vivait dans un état condamné par la morale, et, précisément à cause de cela, elle tenait à ce que les apparences fussent respectées dans sa demeure. Ce contraste s'est vu bien des fois chez les femmes galantes.

On voit maintenant la différence qu'il y avait entre le château de Louveciennes et le pavillon du jardin.

Le château n'était que la maison de M. de Ville, agrandie, ornée, accommodée à l'usage des personnages princiers auxquels elle avait été concédée en usufruit.

Le pavillon était un belvédère construit de fond en comble par madame du Barry, sous la direction de son architecte Ledoux.

Voici l'intitulé de son mémoire :

Le bâtiment de Louveciennes dont j'ai fait les ouvrages, fait les dessins en grand, conduit les modelz (*sic*) et l'exécution, les voyages et les mémoires, montent ensemble à la somme de deux cent vingt mille livres, qu'on peut justifier par les mémoires que j'ai réglés et que tout est à la connoissance de Montvallier et de madame la comtesse, cy 220,000

Au crayon et en marge :

R. à 175,000

D'autre part on voit qu'il est réclamé un supplément de 49,922 livres.

Et maintenant le règlement des honoraires est conçu de la manière suivante :

Nous soussigné, Architecte du Roy, de son Académie d'Architecture, après l'examen circonstancié des articles du mémoire cy-dessus, des règlements en général cy-mentionnés ;

Nous estimons qu'il peut être alloué pour tous honoraires, à M. Ledoux, la somme de cinquante-cinq mille livres, pour tous les ouvrages, dessins, conduites, frais de voyage, règlements de mémoires qu'il a faits chez madame la comtesse du Barry.

A Paris, ce 24 septembre 1775.

Constant d'Ivry.

Il demandait 81,000 livres.

Les personnes qui voudraient plus de détails les trouveront à la Bibliothèque nationale. Manuscrits, F. Fr., 8158.

3 septembre 1771.

Madame la comtesse du Barry a donné une fête au roy, hier, à Louveciennes, dans laquelle est entrée *la Chasse d'Henri IV*, drame de Collé, joué avec tant de succès partout et vu avec un intérêt si tendre qu'il fait regretter qu'il n'ait pas été représenté à Paris sur le Théâtre français.

Le Louvre possède dans sa collection un dessin de Moreau le Jeune, exécuté à l'aquarelle et à la plume et représentant une fête donnée à Louveciennes le 27 décembre 1771.

Ni Bachaumont, ni Pidansat de Mayrobert, ni les autres nouvellistes à la main du temps ne parlent de cette fête.

Moreau le Jeune avait dessiné avec succès l'année précédente les fêtes du mariage du Dauphin, il avait été nommé dessinateur des Menus-Plaisirs du roi, il était donc là dans l'exercice de ses fonctions officielles.

Cette fête devait être offerte à Louis XV par madame du Barry, probablement pour l'inauguration du pavillon qui venait d'être achevé. L'aquarelle de Moreau a été décrite avec une rigoureuse exactitude par M. de Reiset dans les livrets du Louvre [1], et par MM. de Goncourt [2], avec le coloris étincelant qui leur appartient. Nous l'examinerons, nous, au point de vue historique.

On est dans la grande salle à manger du pavillon, reconnaissable à ses tribunes aux quatre groupes de femmes de Lecomte et Pajou, seulement on voit que les cornes d'abondance qu'elles portent sont utilisées pour servir de torchères [3]. En haut, un plafond olympien dont les figures font songer au salon d'Hercule de Versailles; en bas, un parvis quadrillé en marbre blanc et noir; une clarté éblouissante, rendue par le peintre avec un art merveilleux, est répandue dans toute la salle. Les lustres de Gouttières flamboient comme les lumières dans un tableau de Schalken, tout respire un air de fête.

Le roi mange chez madame du Barry; une vingtaine de personnes sont du souper: grandes dames et cordons bleus; le milieu de la table est orné de trois surtouts à colonnes torses et à baldaquins dorés; celui du centre surpasse les deux autres en hauteur. Cette disposition est reproduite dans le banquet de l'Hôtel-de-Ville donné pour la naissance du Dauphin.

Autour de la table circule la foule des laquais, ils portent des plats ou servent les convives; certains d'entre eux paraissent être des gardes Suisses, on ne s'expliquerait pas autrement qu'ils eussent leur tricorne

1. Dessins, p. 378.
2. *Maîtresses de Louis XV*, vol. II, p. 200.
3. Telle était effectivement leur destination, d'après les Mémoires de Gouttières.

sur la tête et l'épée au côté ; ils ont d'ailleurs l'uniforme d'ordonnance, habit rouge, parements bleus, revers et passepoils blancs[1]. Un personnage qui a une baguette à la main semble les commander ; un autre, probablement Morin, ne portant pas l'uniforme militaire, dirige les mouvements des valets de la maison.

Le roi paraît avoir ses servants particuliers, attentifs derrière sa chaise. Il ne parle à personne, il est isolé et grave au milieu de cette atmosphère de joie, sa main est appuyée nonchalamment sur la table, près de son assiette, son regard est morne, sa physionomie atone est celle d'un homme ennuyé.

A sa droite est madame du Barry, parfaitement reconnaissable. On dirait que Moreau a copié ou s'est rappelé le buste de Pajou ; elle a une robe blanche ou rose pâle. On distingue ses pendants d'oreilles, le collier qui descend sur sa poitrine nue et opulente.

Auprès d'elle, à une certaine distance, est un grand seigneur à cordon bleu. Nous croyons reconnaître en lui le maréchal de Richelieu, si l'on juge de sa ressemblance par sa statuette exposée au Louvre et le portrait de la bibliothèque de l'Arsenal. Sa voisine serait, suivant une pure supposition de notre part, la maréchale

1. *Garde Suisse*, Montigny. *Uniformes militaires*.

Uniforme. — Rouge écarlate, parements, revers et collet bleu de roy, doublure, veste, culotte et guettres blanches avec les boutons de fil blanc, col rouge, poches en travers, petits brandebourgs en travers, trois grands brandebourgs au-dessous, deux sur chaque parement, deux arrière et deux sur chaque poche, petits boutons au revers et gros boutons au-dessous des revers sur les parements et sur les plis.

Chapeau bordé d'un bord de fil banc garni de trois houpes qui distinguent les rangs et compagnies, boutons blancs et unis sur bois. (Montigny, *Uniformes militaires*, et au château de Versailles, chambre de Louis XV, gouache représentant ces uniformes.)

de Mirepoix ; elle se détourne, met quelque chose, apparemment des dragées, dans la main de Zamor. Ce dernier est reconnaissable à son visage de moricaud, à sa taille, à son costume ; il est coiffé d'une toque blanche à plumes, il a un habit rose, des bottines noires montantes, il n'y a rien dans son costume qui rappelle la prétendue dignité de gouverneur de Louveciennes dont on l'a affublé. Un autre personnage qui porte la livrée de madame du Barry attire l'attention par l'importance avec laquelle il tient dans ses bras une jolie levrette, probablement celle de la maîtresse du lieu.

Peut-être est-ce là ce qui attire les regards de madame du Barry? On voit un de ses serviteurs s'approcher d'elle avec empressement, une assiette d'une main et sa serviette de l'autre, il semble lui parler à l'oreille et lui signaler quelque grave incident de service ; est-ce l'arrivée de la petite chienne au dessert ou la gourmandise de Zamor, qui se cache ? Madame du Barry écoute attentivement et paraît chercher quelque chose des yeux.

Un groupe composé de convives et de curieux debout admire un plat monté, qui est servi à l'un des bouts de table, peut-être un des chefs-d'œuvre d'office réussi par Salanave, l'un des futurs bourreaux de madame du Barry. Le côté, en retour à droite, échappe à toute analyse, par la proportion microscopique des figures.

Ce n'est pas une orgie, c'est un grand couvert de cour régulièrement servi, dans toutes les règles de l'étiquette. Le couple morganatique se donne en spectacle avec un sans-façon qui nous apprend bien ce qu'était une maîtresse déclarée.

Cette scène, transcrite au naturel, en dit plus contre

la favorite que toutes les déclamations frelatées des *Anecdotes*, mais elle explique leur long succès, leur retentissement qui dure encore, que rien ne pourra détruire, c'est la royauté prise en flagrant délit de faiblesse sénile, et posant devant le crayon de l'artiste. Ce résultat était à coup sûr involontaire, car Moreau, nommé tout récemment dessinateur des Menus-Plaisirs, ne pouvait penser à une satire, il ne songeait à coup sûr qu'à mériter son titre et son dessin était probablement destiné à la gravure, preuve nouvelle de l'absence complète de sens moral, de la dégradation à laquelle on était parvenu.

Cependant ce dernier couronnement manqua au scandale : le dessin de Moreau ne fut pas rendu public par la gravure; c'est, dit M. de Reiset, un des plus charmants que l'on connaisse de cet artiste, on ne saurait voir un repas plus brillant et mieux représenté. Plastiquement, oui, cela est incontestable. Mais ne peut-on pas reprocher ici à Moreau, avec les critiques les plus autorisés[1], de manquer d'invention, de souffle créateur? Tout ce qui est lumières, décors, costumes est merveilleux, mais la vie qui devrait animer tous ces personnages est absente, Louis XV a l'air hébété, madame du Barry semble lui tourner le dos, l'épisode de Zamor n'est qu'un agréable enfantillage, et le groupe d'invités en admiration devant un surtout est vide de sens; une page qui, avec de la verve, pouvait égaler le festin de Trimalcion, devient un simple banquet de marionnettes, chef-d'œuvre d'art et de difficulté vaincue, mais vaincue en pure perte, puisque l'artiste atteint un résultat contraire à celui qu'il poursuivait : il

1. Renouvier. — *L'art pendant la Révolution.*

voulait immortaliser le triomphe de la favorite, il n'a éternisé que l'éclat de son déshonneur; aussi madame du Barry a-t-elle conservé soigneusement ce dessin dans ses archives secrètes, où il a été retrouvé en 1793 et évalué alors trois livres.

On ne reconnaît parmi les convives aucun ministre, ni M. d'Aiguillon, ni M. de Maupeou, ni l'abbé Terray, cependant on représente toujours M. d'Aiguillon comme l'ami, presque l'amant de madame du Barry, et Maupeou comme le familier habituel de Louveciennes; leur absence ici est remarquable.

CHAPITRE XI.

(1772)

CORRESPONDANCE DE M. DE CREUTZ.
LE FERMIER ET LES CHIENS. — BRUITS DIVERS.
LA MÈRE DE MADAME DU BARRY A SAINTE-ÉLISABETH.
BREF DU PAPE. — ÉLECTION A L'ACADÉMIE.

D'après une dépêche du comte de Creutz, ambassadeur de Suède, à son souverain Gustave III, l'année 1772 se serait ouverte par une faveur inespérée pour madame du Barry. Madame la Dauphine lui aurait adressé la parole le premier jour de l'an !

Pour le roi, dit-il, cette jeune cour est parfaite (il parle de la cour du Dauphin et de la Dauphine) ; sans faire de politesses marquées à madame du Barry, elle ne lui donne aucun sujet de plainte. Madame la Dauphine lui a parlé pour la première fois au premier jour de l'an 1772, ce dont la comtesse et son parti ont été tout glorieux. (Geffroy, Ier vol., p. 215.)

Il cite la lettre de M. de Creutz sans indiquer de date.

M. le comte de Creutz n'avait jeté qu'un mot en passant. M. de Mercy trace tout un tableau de cet incident mémorable ; les détails en sont curieux et instructifs. On voit quelles étaient les difficultés et les misères de la situation. Il fallait aller remplir ses devoirs de nouvelle année auprès de madame la Dauphine. Telle était la stricte obligation de madame du Barry; mais on avait à tenir compte de l'antipathie violente de Mesdames contre la favorite et du ressentiment du parti Choiseul auquel Marie-Antoinette était asservie. Tels étaient les écueils au milieu desquels on était obligé de naviguer, et pour atteindre quel résultat !

Il est d'usage que toutes les femmes présentées vont, ce jour-là (le 1er janvier), faire leur cour à la famille royale. Je fus informé que la comtesse du Barry se disposait à remplir le même devoir, et, la veille du nouvel an, je me procurai chez madame la Dauphine une audience dans laquelle j'employai tous les moyens imaginables pour persuader S. A. R. de ne point traiter mal la favorite. Ce ne fut pas sans grande peine que j'obtins une promesse à cet égard. L'essentiel était que Mesdames ne fussent pas consultées, et c'est ce qui arriva, heureusement.

Dans la matinée du lendemain, la comtesse du Barry parut chez madame l'archiduchesse; elle y était venue avec la duchesse d'Aiguillon et la maréchale de Mirepoix. Madame la Dauphine adressa d'abord la parole à la première; passant ensuite devant la favorite et la regardant sans gêne ni affectation, *elle lui dit* : « Il y a bien du monde à Versailles. » Après quoi S. A. R. parla tout de suite à la maréchale de Mirepoix.

M'étant rendu au dîner de madame l'archiduchesse, lorsqu'elle fut sortie de table elle me fit entrer et me dit : « J'ai suivi vos conseils. Voilà M. le Dauphin qui rendra témoignage de ma conduite. » Ce prince se mit à sourire, mais en ne disant mot. Alors madame l'archiduchesse me conta elle-même ce qui s'était passé, et elle finit en disant : « J'ai parlé une fois, mais je suis bien décidée à en rester là, et cette femme n'entendra plus le son de ma voix.

Longs commentaires de Mercy.

Si la contenance que madame la Dauphine a tenue le premier jour de l'an vis-à-vis de la favorite obtient l'approbation de V. M., et qu'elle daigne la faire connaître à S. A. R., je crois que cela produirait un très bon effet pour l'avenir. Au reste, je puis assurer très positivement à V. M. qu'il n'y a aucun danger que madame l'archiduchesse aille trop loin dans le traitement favorable à faire à la comtesse du Barry, et qu'au contraire S. A. R. aura toujours plus besoin d'être excitée que d'être arrêtée sur cet article.

La circonstance que je viens de rapporter a produit tout le bon effet que je m'en étais promis. Dès le même soir de la nouvelle année, le roi accueillit madame la Dauphine avec des démonstrations de tendresse plus marquées que de coutume, et on chanta les louanges de S. A. R. chez le duc d'Aiguillon et chez tous ceux qui tiennent à ce parti.

Mesdames en firent des reproches à madame la Dauphine. La comtesse de Narbonne s'exalta en propos et je vis le moment où S. A. R. était presque au repentir de ce qui s'était passé.

Dans une autre lettre, datée du même jour 23 janvier, Mercy revient encore sur la nécessité d'*endormir la favorite*. (I, p. 268.)

MARIE-ANTOINETTE A MARIE-THÉRÈSE.

21 janvier 1772.

Je me suis bien trompée sur ce que je vous ai mandé sur le comte de Provence : il s'est beaucoup déshonoré dans l'affaire de madame de Brancas [1].

1. *Note des éditeurs.* — Madame de Brancas avait été renvoyée du service de la comtesse de Provence pour avoir offensé madame du Barry. (Mercy à Marie-Thérèse.)

Cette action (la tentative du comte de Provence pour avoir la charge de colonel général des Suisses à la place de M. de Choiseul), jointe à celle du renvoi de la duchesse de Brancas et nombre d'autres petites circonstances faisant connaître de plus en plus que le comte de Provence est entièrement livré au parti de la favorite, il en est résulté dans la famille royale une scission dont les suites pourraient devenir très fâcheuses.

Une autre dépêche du comte de Creutz au roi de Suède, du commencement de janvier 1772, indique les moyens d'obtenir du roi de France les subsides promis. M. d'Aiguillon alléguait que l'argent manquait absolument; il paraît qu'il ne manquait pas moins à Stockholm. M. de Creutz écrit donc :

Dans cette terrible position, voici les expédients que je propose à V. M. C'est en renvoyant le courrier : 1° d'écrire une lettre très touchante au roi, *une très flatteuse à madame du Barry*, et une pleine de confiance et d'amitié à M. le duc d'Aiguillon : cela est de la dernière nécessité...

Il paraît que Gustave eut égard à la recommandation de M. de Creutz et qu'il expédia sans délai la lettre touchante, la lettre flatteuse et la lettre amicale à leurs adresses respectives, car M. de Creutz mande, dès le 16 janvier, que les lettres écrites par Gustave ont produit l'effet désirable; il en est tout joyeux : « La dame qui a la confiance du roi » prend l'intérêt le plus vif à tout ce qui intéresse le roi de Suède : « Elle m'en parle sans cesse, dit-il, et m'a chargé d'exprimer ses vœux à V. M. »

Madame du Barry est là dans son rôle constant d'intermédiaire auprès du roi de France. Elle ne pouvait que s'enorgueillir de servir de trait d'union entre deux souverains, puisque l'un d'eux descendait jusqu'à la flatterie pour mendier son intercession. Encore si le but de Gustave avait été noble, s'il avait eu besoin d'argent pour poursuivre une généreuse entreprise! Mais il ne voulait qu'une chose : se procurer les moyens de faire son coup d'Etat, c'est-à-dire préparer par la corruption ce qu'il devait exécuter par la force!

Il court une fable politique ayant pour titre : *le Fermier et les Chiens.*

LE FERMIER ET LES CHIENS.

Un gros fermier qu'on appeloit Martin,
Riche en troupeaux, de commerce facile,
Près de Paris avoit son domicile :
Plus que de droit le sexe féminin
Le gouvernoit et quelquefois le vin;
. . . .
Douze grands chiens[1] des méchans la terreur,
De la maison gardoient les avenues.
Heureux cent fois le maître
Qui réunit pour garder la maison
Des surveillans d'une étoffe pareille.
Ils sont braillards, mais toujours la raison
Conduit leurs dents et dirige leur veille.
. . . .
On fit un jour ce que la calomnie
A de plus de noir, ce que peut inventer
L'âme aux forfaits la plus déterminée.

1. *Les douze Parlements.*

Ce n'est pas tout : une prostituée
Dont le fermier adoroit les appas,
Qui l'endormoit tous les soirs dans ses bras
. . . . . Se mit de la partie.
Il immole les chiens à sa vengeance.

Mal en advint au bonhomme Martin.
On fit entrer un soir un assassin
Qui ne trouvant ni dieu ni sentinelle,
Le poignarda dans les bras de sa belle.
(*Mémoires secrets*, 26 janvier 1772.)

L'auteur des *Anecdotes* rapporte à cette date de janvier 1772 une foule de rumeurs sur madame du Barry. Le roi veut lui donner une toilette et une vaisselle d'or massif; il va la faire duchesse de Roquelaure; les receveurs généraux des finances viennent au début de l'année complimenter la comtesse; elle les exhorte à continuer de servir avec zèle, et leur promet ses bonnes grâces pour l'avantage et la satisfaction de la compagnie. Bordeu, son médecin, est nommé à la place de premier médecin, son neveu est promu à la dignité de grand ecuyer. Malheureusement, au bout de cette longue énumération, Pidansat de Mayrobert est obligé de convenir « que tout cela n'eut pas lieu, » alors il aurait été beaucoup plus simple de se taire. De toutes ces anecdotes, celle qui a fait le plus de bruit et la seule dont nous voulions parler, c'est l'histoire de la toilette d'or. L'usage d'objets mobiliers en or était un attribut en quelque sorte royal [1]. Le roi était servi en meubles

1. Ainsi lors de la pose de la première pierre de l'église de Choisy, on prépare pour Louis XV une *auge dorée* magnifiquement, une *truelle de vermeil*, un marteau assorti, etc.

de cette nature. On trouve dans les inventaires de la couronne une quantité de bénitiers, encriers, hochets et autres ustensiles moins nobles de cette nature. On voit notamment en 1729 une toilette composée de vingt-six pièces ciselées en plein de fleurs, feuilles et ornements ayant les armes du roi en relief. Il en est de même de la vaisselle d'or pour le service ordinaire des offices, tables et chambre du roi et pour les extraordinaires. (Archives gén., 14,950.)

Les toilettes et vaisselle d'or n'étaient donc pas chose inusitée ni inconnue. Seulement la question est de savoir si elles étaient destinées au roi ou à madame du Barry. On aurait pu s'y tromper. Les trésors de madame du Barry ont été inventoriés bien des fois depuis 1774 jusqu'à 1793. On n'a jamais trouvé trace de toilette d'or. C'est une méchanceté à mettre au compte de Mayrobert et consorts.

LETTRE A L'ABBÉ TERRAY.

3 février 1772.

Au dernier voyage de Fontainebleau, S. M. jugea à propos d'ordonner la construction d'un nouveau sallon attenant l'appartement de madame la comtesse du Barry et dont l'emplacement est pris sur le jardin de Diane. L'objet de cette construction et des décorations intérieures sera d'environ 60,000 francs. La maçonnerie a commencé à être mise en train dès le départ du roi, mais les entrepreneurs, après l'avoir monté hors de terre, vont abandonner cet ouvrage s'ils ne sont pas secourus dans ce moment. Il en est de même de ceux qui travaillent à la menuiserie et autres accessoires. Ils n'ont commencé que par l'espoir d'un salaire peu élevé, il ne faut pas moins pour les engager à continuer qu'une somme de 16,000 francs au moment actuel. J'ai l'honneur de vous la demander et de vous observer que dans ce moment tout va être arrêté, et en particulier que si la maçonnerie n'est pas achevée entièrement d'ici au beau temps, elle n'aura pas le temps de sécher. Il sera impossible d'y adapter la menuiserie et autres ornements à l'intérieur, et S. M. ne pourra trouver jour au voyage prochain. (Archives générales, 0,1432, n° 17683.)

On voit qu'il y avait à l'origine un ordre du Roi qui couvrait tout et auquel seul on avait le droit de s'en prendre. Cependant Marie-Antoinette s'emporte contre la favorite, qu'elle accuse d'impertinence et, ce qui est le comble de l'injustice, elle rend le duc d'Aiguillon responsable d'un fait qu'il a peut-être ignoré. Voici le passage de Mercy sur ce point :

Fontainebleau, 14 novembre 1772.

. . . . . S. A. R. s'exprima avec chaleur et aigreur contre le duc d'Aiguillon et contre la favorite à l'occasion d'un pavillon que cette dernière a fait bâtir à côté de son appartement, en prenant sur un terrain qui est de plain-pied à l'appartement de Mesdames, de façon que ce jardin, qui formoit ci-devant une promenade réservée à la famille royale, se trouve maintenant masqué par ce nouveau bâtiment. Madame la Dauphine trouvoit cette entreprise fort impertinente, et dans le fait, on ne peut l'envisager autrement. Je vis bien au total qu'on avoit fort aigri madame l'Archiduchesse et ce ne fut pas sans peine que je la ramenai à des idées de modération et de prudence.

Cette construction n'a pas survécu au règne de Louis XV, si tant est qu'elle ait été achevée. Mais les jardins de Diane existent et il est facile de se convaincre qu'ils n'ont jamais pu être masqués par un pavillon appliqué à la façade du château.

LETTRE DE MERCY DU 29 FÉVRIER.

La favorite, depuis la nouvelle année, sans former de nouvelles prétentions, ne se plaint plus et paroît tranquille...

Elle me traite avec une préférence qui donne un peu d'humeur aux autres ambassadeurs. Jusqu'à présent j'ai ménagé avec une grande circonspection mon petit crédit auprès de cette femme, mais dans des cas importans, et qu'on ne peut prévoir, j'espèrerois d'en tirer bon parti.

Le chancelier, à l'aide de l'archevêque de Paris, réussit assez à entraîner madame Louise dans des objets d'intrigue dont cette princesse ne se doute peut-être pas.

Ceci pourrait répondre à une question que nous trouvons dans une lettre du baron de Pichler à Mercy, du 4 décembre 1771 :

On dit que le roi et le duc d'Aiguillon ont de fréquents pourparlers avec madame Louise, la carmélite, qui doit fortement engager le pape à dissoudre le mariage de madame du Barry pour la mettre à même d'épouser le roi. Le succès de cette négociation est assez indifférent à S. M. I. Même elle ne connoît que trop que c'est l'unique moyen de mettre la conscience du roi à couvert. S. M. voudroit cependant savoir si ce bruit est fondé. (Archives de Vienne.)

Nous savons déjà que la mère de madame du Barry habitait le couvent de Sainte-Elisabeth, à Paris, sous le nom de madame de Monrabé.

Les *Anecdotes* rendent à madame du Barry cette justice que, dans sa splendeur, elle n'abandonna pas sa mère, et qu'elle allait souvent lui rendre visite.

On était édifié de la piété filiale avec laquelle madame

du Barry venoit constamment rendre ses devoirs à sa mère presque tous les quinze jours. Elle y passoit une partie de la journée. La supérieure poussoit la bassesse jusqu'à envoyer sa nièce, qui chantoit très bien, pour amuser la comtesse pendant le dîner.

Les *Anecdotes* étaient bien informées ; nous en trouvons la preuve dans la pièce suivante que nous avons trouvée dans les registres du secrétariat du roi, à la date du 16 avril 1772. (Archives nat.)

SECRÉTARIAT DE LOUIS XV.

6 avril 1772, Versailles.

Madame la supérieure de Sainte-Elisabeth, je vous fais cette lettre pour vous dire qu'étant informé que notre T. S. Père le Pape, sous la jurisdiction immédiate duquel est votre maison, a accordé à la dame comtesse du Barry la permission d'y entrer pour y voir la dame sa mère toutes les fois qu'elle le jugera à propos ; mon intention est que vous ne lui fassiez, sur ce point, aucune difficulté et que vous la receviez toutes fois qu'elle se présentera.

Sur ce, je prie Dieu qu'il vous ait, Madame la supérieure de Sainte-Elisabeth, en sa sainte garde[1].

1. Les couvents étaient, en règle générale, dans la dépendance de leurs évêques ; mais certains en étaient exemptés et ils ressortissaient alors du Saint-Siège. De ce nombre était, paraît-il, la communauté de Sainte-Elisabeth. C'est donc à Rome qu'on avait dû s'adresser pour obtenir l'autorisation nécessaire à madame du Barry. De là un bref qui ne se fit pas attendre. Nous aurions été curieux d'en connaître les termes, les traces ne s'en sont pas trouvées aux archives des Affaires étrangères. Il faut se contenter du fait qui est hors de doute en présence de la lettre ci-dessus rapportée.

CHAPITRE XII

1er AVRIL-31 MAI 1772.

SÉPARATION DE CORPS ET D'HABITATION D'ENTRE M. GUILLAUME DU BARRY ET MADAME DU BARRY. ÉLECTION DE L'ACADÉMIE. — SENTENCE DU CHATELET. ENQUÊTE ET ARRÊTS DU PARLEMENT.

Nous savons déjà que madame du Barry et Guillaume son mari étaient séparés de biens par leur contrat de mariage. Nous savons aussi, qu'il n'y avait jamais eu entre eux de vie commune. Ils étaient donc aussi peu mariés que possible. Ils éprouvèrent cependant le besoin de faire prononcer la séparation judiciairement, d'abord par sentence du Châtelet de Paris et ensuite, après enquête, par arrêt du Parlement. Il nous paraît qu'il y eût au fond de tout cela des questions d'argent, que nous entrevoyons, sans qu'il nous ait été possible de bien les connaître. L'enquête seule aurait fait la lumière, mais cette partie des minutes à été détruite, nous ne pouvons donc faire connaître ici que la procédure et le texte des sentences et arrêts, fort laconiques, comme on va le voir.

La demande en séparation est fondée sur trois lettres adressées par le mari à sa femme :

La première, le 4 février 1770; la seconde, le 14 septembre 1771 ; la troisième, le 20 décembre 1771.

La femme se plaignait d'injures et même de menaces contenues dans ces lettres :

Il s'agissait probablement de demandes d'argent. Ainsi après la première lettre de 1770, on voit une constitution de rente en date du 13 juillet même année, au profit de Guillaume du Barry, au capital de 65,000 l. pour un revenu viager de 5,000 livres.

Il ne se tint pas pour satisfait : peut-être y avait-il eu des promesses en dehors du contrat, il recommença ses importunités, et pour y mettre fin, madame du Barry forma la demande en séparation de corps et d'habitation, le 24 février 1772. — Guillaume ne résiste pas, il reconnaît les lettres qu'on lui opposait.

La séparation une fois prononcée, le 2 avril 1772; on voit apparaître, à la date du 2 avril 1772, une autre constitution de 16,600 livres de rente viagère, sur la tête de du Barry.

On peut supposer que c'était le prix de son acquiescement à une demande qu'il aurait pu repousser.

Cependant il se pourvoit par appel contre la sentence du Châtelet, le Parlement ordonne une enquête, l'enquête a lieu, il eût été curieux de la connaître : mais on sait que les minutes des enquêtes n'ont pas été conservées. Un seul arrêt confirmatif intervient le 31 avril 1772.

Peut-être madame du Barry a-t-elle voulu avoir une décision définitive pour empêcher tout pourvoi contre la sentence du Châtelet.

ÉLECTION A L'ACADÉMIE.

Le 8 mai, l'Académie française avait à faire une double élection en remplacement de Bignon et de Duclos. Le nombre des prétendants donnait à cette élection une sorte de solennité particulière. Dix-neuf candidats étaient sur les rangs, et parmi eux Lemierre, de Chabanon, Laujon. Les deux préférés avaient été l'abbé de Lisle, alors régent du collège de la Marche, et Suard, appartenant l'un et l'autre au parti encyclopédiste. Le roi, mécontent, fit savoir le lendemain 9 mai à l'Académie, par une lettre de M. de La Vrillière « qu'il ne confirmoit pas ces deux élections. »

Le motif mis en avant était que ce double vote avait eu lieu dans la même séance; ce qui était contraire à la règle. En réalité, il y avait là une question de tendance. Le roi ne voulait pas d'un choix qui était un triomphe pour les philosophes qu'il aimait peu. De là une grande fermentation dans l'Académie. Le lendemain de l'élection, le prince de Beauvau écrit à l'abbé Arnaud :

Vous apprendrés peut-être, Monsieur, par M. le chevalier de Châtelet, ce qui se répand ici touchant les élus d'hier; j'ai lieu de craindre que cela ne soit fondé, et vous pouvés juger par l'intérêt que vous me connaissés pour M. Suard, combien j'en suis inquiet. On le saura sûrement demain à l'Académie. Quant à moi, qui n'en pourrai parler au roi qu'après, et peut-être bien inutilement, j'ai pensé que vos liaisons avec madame du Barry vous rendroient plus propre que personne à venir lui en parler. Il faudroit que ce fût demain aussi matin que possible, parce que le roi part vers onze heures et demie pour Saint-Hubert, et qu'il n'y auroit pas de temps à perdre poûr rapporter une réponse favorable, si l'on pouvoit l'obtenir avant que l'Académie s'assemblât... (p. 220).

Signé : Le prince DE BEAUVAU.

Versailles, le vendredi huit heures du soir, 8 mai 1772.

M. Nisard ajoute :

Aucune des pièces que j'ai sous les yeux ne m'apprend s'il fit auprès de madame du Barry la démarche qui lui était prescrite. On se demande seulement pourquoi le prince de Beauvau ne la fit pas lui-même. C'est que, ayant refusé naguère, ainsi que sa femme, de rendre hommage à madame du Barry, *qui venait d'être présentée* à la cour, il n'était pas en état de demander des grâces à cette dame. Mais qu'elle ait été ou non sollicitée, madame du Barry n'avait pu se montrer indulgente. Ayant porté le roi à nommer Marmontel historiographe et à agréer l'élection de d'Alembert comme secrétaire perpétuel, elle avait dû être blessée de la façon dont l'Académie avait reconnu sa faveur, et elle garda *vraisemblablement* son crédit sur l'esprit du roi pour une autre occasion.

LETTRE DE MADAME DU DEFFANT A H. WALPOLE.

du lundi 11 *mai* 1772.

Il s'est passé de grands événements à l'Académie; on fit jeudi les deux élections aux places vacantes : l'abbé de Lisle à celle de M. Bignon, et Suard à celle de Duclos. La règle est d'envoyer au roi l'élection pour qu'il l'approuve, et il a fait tout le contraire. M. de Beauvau, protecteur de M. Suard, prit la liberté de lui faire des représentations sur ce qu'il flétrissoit deux honnêtes gens qui étoient irréprochables par leurs mœurs et qui n'avoient jamais écrit contre la religion. La réponse fut que le premier étoit trop jeune, qu'il pourroit se présenter dans quelques années, et que pour l'autre il n'en vouloit point ; et, comme le prince insista, il dit qu'il ne vouloit point s'en dédire. Le prince dit que cela n'étoit pas impossible et sans exemple, que Louis XIV avoit une fois exclu La Fontaine et puis qu'il l'avoit admis. Le roy dit que cela étoit fait et qu'il ne le changeroit pas. Et sur Suard il a dit que ses liaisons lui déplaisoient. Le prince de Beauvau est porté aux nues pour le courage avec lequel il a soutenu les opprimés ; sa vérité, sa justice sont exaltées. Pour moi, je voudrois qu'il les eut réservées pour quelques sujets plus importants. C'est un mince honneur que de se faire protecteur de pédants ou de polissons ; mais je me tais, parce que tout cela ne fait rien.

Madame du Deffant n'aimait pas le parti des philosophes : de là cette sortie violente qu'on est étonné de rencontrer sous sa plume à propos de deux hommes aussi inoffensifs que Delisle et Suard.

On lit dans les *Mémoires de Bachaumont*, 13 mai 1772 :

Mécontentement du parti encyclopédique contre le maréchal de Richelieu.

19 mai. — Eloges du prince de Beauvau, qui a eu le courage de représenter au roi le tort que portoit à la liberté des suffrages de cette compagnie l'exclusion que S. M. venoit de donner à deux membres élus. Ce qui suit est d'accord avec le récit de madame du Deffant.

L'Académie se soumet et fixe une nouvelle élection pour le samedi 23 juillet 1772. Le roi fait assurer l'Académie par l'entremise de M. le duc de Nivernois, dans une lettre écrite au nom de S. M., qu'elle ne s'opposait plus désormais à l'élection des sieurs Suard et de l'abbé Delisle, et qu'elle ne trouvait pas mauvais qu'ils lui fussent proposés.

A MADAME DE LA GALISSONNIÈRE.

Relativement à la loterie du marquisat de la Guerche, à Nantes. Loterie autorisée par un arrêt du conseil (3 may) et étant de 600,000 livres. Le roi et la comtesse du Barry bien disposés.

(1772. — *Dépêches E*, 303).

Le 17 juin 1772. — On fait courir dans le monde des *revers* et des *légendes* qui ne partent certainement pas des Académies des inscriptions et belles lettres. Elles sont en général très méchantes et conséquemment font beaucoup de bruit. Les voici :

REVERS ET LÉGENDES.

LA FRANCE, LE ROI ET MADAME LA COMTESSE DU BARRY.

Revers. — Un vase qui fuit.
Légende. — Inde mali labes.

(*Mémoires secrets de la république des lettres*, additions à l'année 1772, t. XXIV, p. 168.)

CHAPITRE XIII

BAPTÊME DE ZAMOR.

Il était autrefois d'usage de placer auprès des portraits de femme de grandeur naturelle une tête de nègre ou de maure, destinée à faire ressortir la blancheur de l'original. Dans le portrait de la duchesse de Portsmouth, peint par Mignard en 1682, une petite négresse offre des perles à sa maîtresse qui appuie sa main sur l'épaule de l'enfant. La comtesse de Parabère s'est fait représenter avec un négrillon à ses pieds et au bas de la gravure, qui est due au burin de Vallée, on avait mis ces vers de Gacon :

Sous le riant aspect de Flore,
Cette beauté touche les cœurs
Et par le contraste d'un more
Relève ses attraits vainqueurs.

Peut-être n'était-ce pas en peinture seulement que les grandes dames observaient cette coutume. Elles avaient des nègres pour porter leur parasol, la queue de leurs robes. Il existe de madame de Pompadour un portrait gravé avec un petit nègre auprès d'elle [1], et elle avait effectivement deux nègres à son service. Madame du Barry eut un négrillon, aussi connu et aussi mal connu qu'elle-même. Tâchons de donner des notions précises sur ce personnage qui occupe une certaine place dans l'histoire de sa maîtresse.

Zamor n'était pas un nègre à proprement parler. C'était un homme de couleur, né dans l'Inde, au Bengale. La tradition veut qu'il eût été amené en France par un capitaine anglais. Ce qui le ferait croire, c'est que son nom se prononçait à la manière anglaise : Zemor. C'est ainsi qu'il est écrit dans les Mémoires les plus anciens de Carlier, le tailleur de madame du Barry, et cette prononciation est encore celle des anciens habitants de Louveciennes, propriétaires de la chambre où il demeurait près du château. Il avait été enlevé à quatre ans à sa famille.

Comment et à quelle époque exacte Zamor était-il entré chez madame du Barry ? Il paraît certain qu'il était né vers 1762 et qu'il avait été recueilli par madame du Barry en 1769, conséquemment à l'âge de sept ans.

Suivant un bel adage de notre ancien droit, la France étant une terre de liberté affranchissait tous ceux qui mettaient le pied sur notre sol [2]. Mais ce qu'on ne sait

1. Campardon, 56.

2. C'est ce que Loysel rapporte en ces termes :

« 24. Toutes personnes sont franches en ce royaume et « sitost qu'un esclave a atteint les marches (frontières) d'icelui, « se *faisant baptizer*, est affranchi » (*Instit. cout.*, VI, 14).

Le Code noir de Louis XIV (mars 1685), *Lex horrendi Carminis*, dérogeait à ce principe. Le sol n'affranchissait pas les nègres. L'Edit de 1716 exigeait deux déclarations, l'une dans la colonie, l'autre dans l'amirauté du lieu du débarquement, pour que les

pas généralement, c'est que, dans la pratique, cette noble maxime avait été odieusement faussée. Il suffisait, pour que le maître retînt ses droits sur l'esclave qu'il introduisait en France, d'une déclaration reçue dans un registre spécial tenu à l'amirauté. Ces registres ont été conservés tant aux archives de la marine qu'aux archives générales. Nous les avons soigneusement compulsés. Le nom de Zamor s'y trouve trois fois, mais par l'âge et la provenance du sujet, il ne peut s'appliquer à celui qui nous intéresse. Il était donc esclave affranchi soit en Angleterre soit en France. Il avait sept ans et ne pouvait être qu'illettré. Madame du Barry dut lui faire donner l'éducation qui lui manquait ou la faire tout au moins compléter. Zamor savait lire, compter, écrire et il écrivait bien. Nous verrons plus tard quelles ressources il trouva dans ces notions élémentaires. Il fallait aussi songer à son instruction religieuse ; il est probable qu'il n'en avait aucune ou qu'elle devait être plutôt tournée vers le protestantisme que du côté de la religion catholique. Madame du Barry le fit baptiser, ce qui implique nécessairement qu'il avait dû être instruit et recevoir les enseignements d'un prêtre. C'était en tout cas un moyen de l'affranchir. Madame du Barry lui donna un parrain, qui était un puissant protecteur. Ce n'était pas moins qu'un prince du sang, le comte de la Marche, fils du

maîtres conservassent leurs droits sur les nègres de l'un ou l'autre sexe qu'ils amèneraient en France. L'art. 5 de l'Edit porte que les nègres ne pourront dans ce cas prétendre avoir acquis la liberté, sous prétexte de leur arrivée dans le royaume et seront tenus de retourner dans leur colonie quand les maîtres l'exigeront. Ce n'est seulement qu'en cas d'inobservation de ces formalités que les nègres devenaient libres et ne pouvaient être réclamés.

prince de Conti. (Les Conti étaient la branche cadette des Condé.)

Elle se réserva pour elle-même d'être la marraine, c'est-à-dire la mère adoptive de l'enfant.

Voici le texte de l'acte de baptême :

L'AN *mil sept cent soixante douze, le quatre juillet,* Louis Benoist ZAMOR, nègre attaché à madame la comtesse du Barry, âgé d'environ dix ans, a été baptisé, par nous soussigné, Prêtre de la Mission, faisant les fonctions curiales, le Parain a été Très haut et Très puissant Prince Monseigneur Louis François Joseph de BOURBON, comte de la Marche, représenté par Dominique Bénigne Bellot, son concierge ; la Marcine Haute et Puissante Dame bénédicte de Vaubergny (*sic*), comtesse du Barry, représentée par Félicité Cuignet, sa première femme de chambre.

Signé : BELLOT, CUIGNET.
COLLIGNON, prêtre.

(Extrait du registre des baptêmes de la paroisse Notre-Dame de Versailles pour l'an 1772, folio 20.)

Remarquons en premier lieu l'orthographe du nom. Il ne prend pas d'*e* à la fin, comme dans la pièce d'*Alzire*, de Voltaire, où *Zamore* est un cacique indien. On possède une quittance donnée par Zamor en 1781, il signe sans *e* et c'est encore ainsi que son nom est écrit dans le procès-verbal de scellés dressé après son décès. Nous avons déjà dit que ce nom était fréquent au XVIIIe siècle chez les hommes de couleur. Il existe encore aujourd'hui des nègres qui s'appellent ainsi.

Madame du Barry prend son prénom d'emprunt de *Bénédicte* et elle le transmet à son filleul, qui est baptisé sous les prénoms de Louis et de Benoît. La qualification de l'enfant est celle de nègre attaché à madame la comtesse du Barry.

L'âge est indiqué comme étant environ de dix ans, ce qui reporte la naissance à 1762. Lorsque Zamor parut comme témoin devant le tribunal révolutionnaire dans le procès de madame du Barry, le 7 décembre 1793, il déclara avoir 31 ans et être né dans le Bengale. En retranchant 31 de 1793 on trouve 1762, c'est donc le même calcul. Quand il meurt le 7 février 1820, l'acte porte qu'il est décédé à l'âge de 58 ans. C'est encore le même compte : de 1820, si l'on retranche 58, on obtient 1762. On peut donc considérer cette date approximative de l'acte de baptême comme étant exacte. Elle devait résulter pour Zamor de quelque indication sur sa naissance, qui lui avait été transmise par ceux qui l'avaient enlevé à ses parents.

On voit par les mémoires des fournisseurs de madame du Barry qu'il portait généralement un costume de hussard. Il était cependant quelquefois habillé en coureur, ou il avait l'été un habit de matelot en drap de Silésie. A la date du 13 juillet 1772, peu de jours après le baptême, on lit dans un de ces mémoires :

Pour *Zemord* (sic) habit de husard de gros de Naples, bordé d'un galon d'argent.

Façon d'un bonnet et plume.

Houppe garnie de bouillons jasmins.

Ceinturon et petit sabre.

Voilà probablement son costume de catéchumène. Les habits de Zamor sont nombreux, magnifiques, il est vêtu de basin en été, de velours rouge en hiver. En 1770 il n'avait pas moins de six costumes complets, dont le prix total s'élevait à 1981 liv. 10 s. Madame du Barry ne veillait pas avec moins d'attention aux dépenses utiles. On la voit acheter souvent pour lui des chemises, chemises demi-Hollande, des mouchoirs ; en automne, de bonnes redingotes. Elle ne faisait que remplir en cela les devoirs d'une maîtresse jalouse de tenir convenablement sa maison et de veiller sur un enfant dont elle a pris la charge.

On sait par quelles horribles accusations elle fut récompensée de cet acte de bienfaisance jusqu'au jour où elle le paya de sa vie. On l'accusa de se prostituer à son nègre [1]. On fit courir contre elle à ce sujet des chansons écrites dans le vocabulaire du marquis de Sade. On les trouve dans Hardy avec des commentaires ; dans Pidansat de Mayrobert avec des explications qui ne laissent rien à deviner. Ces turpitudes sont tombées dans l'oubli qu'elles méritent ; mais la calomnie primitive subsiste. On entend encore souvent des personnes, se croyant bien informées, sourire au nom de Zamor et dire qu'il était l'amant de madame du Barry.

La pièce que nous venons de transcrire suffirait à elle seule pour la protéger contre cette imputation :

1° Parce qu'on ne peut admettre que si elle eût voulu corrompre cet enfant, elle l'eût fait baptiser ;

2° Parce que son âge bien constaté démontre l'absurdité d'une pareille invention. Il avait sept ans au moment où il entrait chez madame du Barry, et dix ans lorsque ces couplets obscènes circulaient. Il en aurait eu douze à la mort de Louis XV.

Mais il est une raison encore plus péremptoire : Za-

1. Calomnie malheureusement fondée sur les caresses folles qu'elle faisait à cet esclave et sur l'aveuglement excessif avec lequel elle le gâtait. (*Anecdotes*, p. 265.)

mor a été entendu comme témoin au tribunal révolutionnaire contre madame du Barry ; Salanave, autre domestique renvoyé, était aussi témoin à charge. Greive, le délateur le plus acharné contre l'accusée, avait accumulé pour la perdre un énorme dossier et a été entendu à la même audience. N'auraient-ils pas invoqué, comme premier grief, la dépravation de l'enfant par la Messaline de l'avant-dernier tyran ? Qu'on se rappelle l'accusation d'Hébert contre les plus augustes victimes! C'était une des calomnies dans le goût du temps. Si Zamor, Salanave, Greive avaient pu prouver — la preuve n'était pas difficile à la domesticité — que des rapports intimes avaient existé entre la maîtresse et l'enfant, ils auraient parlé avec une autorité irrésistible ! Ils n'ont pas osé; leur silence est une justification.

On a dit encore que Zamor avait été nommé par Louis XV gouverneur du château et pavillon de Louveciennes, aux appointements de 600 livres; qu'il lui en avait fait expédier le brevet et que le chancelier avait dû y apposer le sceau de l'Etat [1]. Ce qui amusa fort la Favorite.

M. Capefigue, après avoir rapporté le fait d'après les *Anecdotes*, ajoute en notes : Mai 1772. Le brevet en existe encore.

L'historien aurait bien dû nous dire où se trouve le brevet. Je déclare l'avoir demandé en vain aux Archives générales. La recherche était pourtant facile

1. Brevet. — C'était un acte expédié en parchemin par un *secrétaire d'Etat*, portant concession d'une grâce ou d'un bienfait accordé par le Roi, tels que bénéfice, pension, grade dans les armées, retenue au profit du brevetaire, sur une charge, un gouvernement. (Guéroult, *la France monarchique*.)

en connaissant la nature de la pièce et la date ; il semblait qu'il suffisait d'ouvrir les répertoires pour les découvrir et de les parcourir de 1768 à 1774. On n'a pu y parvenir jusqu'ici.

Zamor a été représenté deux fois par Gautier Dagoty et par Moreau le Jeune ; aucun des deux peintres ne lui a donné le costume officiel qu'il aurait eu s'il avait été revêtu d'une dignité telle que celle de gouverneur.

La même recherche a été faite pour la pension de 600 livres. Elle n'a pas eu plus de succès.

Zamor, lui aussi, a été traduit devant le tribunal révolutionnaire, comme étant très suspect. S'il avait reçu un traitement et plus tard une pension des deux derniers Rois, quelle bonne fortune pour Fouquier-Tinville et quel brevet d'échafaud ! Il n'en a rien été, et Zamor est mort de faim et de froid en 1820, sans cette pension à laquelle il aurait eu droit si elle avait été inscrite en son nom.

Cependant l'anecdote peut être vraie. Il est possible que dans un moment de gaieté Louis XV ait nommé Zamor gouverneur du pavillon de Louveciennes, qui venait d'être achevé ; qu'il lui ait même accordé un traitement de 600 livres. Jusque-là, il n'y a rien d'extraordinaire ni de criminel. Tout se passe en riant, comme disent les *Anecdotes* (*loc. cit.*).

Quant à l'intervention du chancelier, forcé pour sceller le brevet du grand sceau, Pidansat de Mayrobert a eu la main malheureuse, car un brevet était précisément l'acte par lequel le Roi accordait une faveur *sans lettres scellées ni enregistrées* au Parlement [1].

1. V. *la France monarchique* de Guéroult et Chéruel (*verbo citato*).

CHAPITRE XIV

LA POLOGNE ET MADAME DU BARRY.

C'est au mois d'août 1772 que se place le dénouement des affaires de Pologne et nous renvoyons le développement à la fin du volume.

La même fatalité, qui avait rendu madame du Barry témoin de la disgrâce de M. de Choiseul et de la chute des Parlements, voulut qu'elle assistât au partage de la Pologne, l'un des plus grands et des plus douloureux événements de l'histoire moderne. Les uns lui ont reproché d'avoir favorisé les Polonais, d'avoir intercédé pour eux auprès de Louis XV, d'avoir sollicité des secours en hommes et en argent pour les confédérés de Bar. D'autres lui attribuent les malheurs de cet infortuné pays. Sans elle, disent-ils, M. d'Aiguillon n'aurait pas renversé M. de Choiseul, et si M. de Choiseul était resté au ministère, il n'aurait pas souffert le partage de la Pologne. C'est Louis XV qui l'aurait reconnu lui-même et du Mouriez notamment professe cette opinion[1].

Examinons les preuves pour et contre, et d'abord le texte même des imputations. Il y a ici deux accusations en sens contraire. Voici la première :

1. Vol. I, ch. VII, p. 213 de son journal.

9.

Un rôle où madame du Barri étoit vraiment déplacée, dit Pidansat de Mayrobert, c'étoit lorsqu'elle se mêloit de politique.

Quoi de plus ridicule que de voir mademoiselle Lange entourée des députés des confédérés de Pologne, la sollicitant de les soutenir de sa recommandation auprès de Louis XV, de l'engager à lui donner une augmentation de secours, à déployer une protection plus éclatante, de guerroyer même pour eux?

Elle les avoit soutenus jusqu'alors de toute sa recommandation, amorcée par les promesses séduisantes dont ils l'avoient flattée par l'espoir d'avoir une fortune considérable et des terres titrées dans ce malheureux pays. Il fallut qu'elle renonçât alors à toutes ces illusions par le partage de ce royaume qui lui annonça la futilité (*sic*) [1].

Ce passage des *Anecdotes* n'est appuyé d'aucune pièce justificative, suivant l'usage de l'auteur; mais il se trouve confirmé en partie par un document emprunté aux papiers du roi de Prusse Frédéric le Grand.

On y lit :

Le sieur de Mourrié (*sic*), qui est revenu de Pologne ici et qui est fort mécontent soit de son rappel, soit du petit rôle qu'il a joué, a présenté deux mémoires au ministère. Par le premier, il a prétendu faire connoître au juste l'état de la confédération et l'a nommée un composé de quarante-cinq chefs, qui partagent entre eux le commandement d'une armée de 1,500 hommes. — Il prétend que les sommes que la France a versées jusqu'ici dans ce royaume ont été inutiles et mal employées.

Il propose dans le second mémoire plusieurs moyens de

1. *Anecdotes*, p. 269. Il doit y avoir quelque chose d'oublié, par exemple : la futilité de *ces projets ?*

venir plus efficacement au secours des confédérés. C'est selon lui de faire passer les secours par les mains de l'Electeur de Saxe. Ces réflexions, faites par un officier attaché au ministère précédent, n'ont pas laissé de nuire aux confédérés.

Le comte Wielohourski (*sic*), alarmé de ces impressions fâcheuses, a porté ses plaintes et ses lamentations aux créatures du duc d'Aiguillon. Il les a répétées plus au long à la comtesse du Barry et l'a sensiblement émue. Elle lui a demandé pour le consoler « où étoit la Pologne? [1] » et l'a exhorté à ne pas perdre courage. On a cru s'apercevoir depuis que le roi sembloit prendre quelque intérêt à ces troubles.

Il ne voit dans les confédérés que des gens opprimés par la Russie et qui cherchent à se délivrer de son esclavage. — Le roi de France est d'ailleurs extrêmement prévenu contre cette dernière. Il la regarde comme une puissance haute et ambitieuse. Il ne peut oublier qu'elle a voulu traiter d'égal à égal avec lui. (Extrait des nouvelles que le roi a reçu de Paris [2].)

Le fait principal est ici la démarche de M. de Wiel-

1. Nous verrons tout à l'heure du Mouriez prêt à partir pour une mission que M. de Choiseul veut lui confier, déclarer qu il ne connaît pas la *géographie* de la Pologne et qu'il a besoin d'un délai pour l'apprendre. Il n'y aurait donc pas eu grande honte pour l'humble élève de Sainte-Aure à ignorer ce que ne savait pas un habile ingénieur. Nous ferons toutefois remarquer qu'une partie de la famille de Jeanne Bécu avait été au service du roi Stanislas Leckzinzsky et qu'elle pouvait avoir de ce côté quelque notion sur la Pologne. Il y avait d'ailleurs les journaux, les conversations des salons qui pouvaient l'éclairer. *La Gazette de France*, muette sur les affaires de France, contient des articles quotidiens très étendus sur là Pologne. Ils sont écrits visiblement pour plaire à Louis XV. Ils sont favorables aux confédérés que le roi protégeait.

2. *Frédéric II, Catherine et le démembrement de la Pologne*, par de Smitt, p. 136.

horsky auprès de madame du Barry. M. de Wielhorsky était l'un des nonces de Pologne. Il faisait effectivement partie des confédérés de Bar et se trouvait alors en France comme ministre secret de la confédération.

Il y a encore ici un comte de Wielhorsky, écrit madame Geoffrin au roi Stanislas Auguste. Sa femme est sœur du comte Oginsky. Il m'avoit fait demander à venir chez moi; mais sachant qu'il étoit ici de la part des confédérés, je lui ai dit que nos sentiments (*sic*) étoient trop différents pour avoir une liaison [1].

Madame Geoffrin pouvait avoir ses répugnances dictées par des engagements antérieurs envers le roi Stanislas Auguste; mais Dumouriez, peu flatteur en général, particulièrement pour les Polonais, déclare que M. de Wielhorsky était un homme plein de patriotisme, de mérite et de connaissances (I, ch. VIII, p. 181). Il avait publié un beau livre sur l'ancien gouvernement de Pologne [2] et avait consulté J.-J. Rousseau sur les moyens de revenir à cette Constitution primordiale tout en la réformant dans ce qu'elle pouvait avoir de défectueux. Rousseau répondit et donna à ses conseils des développements approfondis qui en font le complément de son *Contrat social*. Sa réponse se termine par cette jolie phrase, flatteuse pour celui qui l'avait interrogé : « Puisse la Pologne, profitant des travaux pa-

1. Paris, 1er octobre 1770, *Correspondance inédite du roi Stanislas Auguste Poniatowsky et de madame Geoffrin*. — (Paris, Plon, 1875.)

2. *Essai sur le rétablissement de l'ancienne forme de gouvernement de Pologne suivant la Constitution primitive de la République*, par M. le comte de Wielhorsky, grand-maître d'hôtel du grand-duché de Lithuanie, traduit du polonais. Londres, 1775.

triotiques de M. le comte de Wielhorsky, trouver et former dans son sein beaucoup de citoyens qui lui ressemblent ! »

Certes, si dans un moment suprême pour son pays il a ému madame du Barry de ses alarmes patriotiques, il n'y a là rien que d'honorable pour lui et pour elle. La preuve s'en trouve dans le grand et remarquable mémoire de M. le comte de Broglie à Louis XV[1]. Il dit :

Si on avoit donné à la Pologne deux millions de livres de subsides au moment que la confédération de Bar a éclaté et qu'en reconnoissant M. de Wielhorsky pour ministre de cette confédération on ait envoyé auprès de ces chefs un ministre de France en état de bien faire employer cette somme, toute la Pologne eût été confédérée en trois mois et il y eût eu plus de cent mille Polonais sur pied, partagés en différents corps, qui auroient désolé l'armée russe, auroient intercepté toutes ses communications, pillé ses convois, ses magasins, ses hôpitaux, et certainement l'utilité dont cette diversion intestine eût été aux Turcs auroit bien mis en droit de leur demander de payer ce subside. Tout ceci a été proposé par des Mémoires que M. de Mokranosky a présentés à M. le duc de Choiseul. Ce ministre, de son premier mouvement, commençoit par adopter ces idées, *mais la Cour de Vienne a toujours empêché de les exécuter.*

Ce jugement est important : il fait à chacun sa part d'influence et de responsabilité ; Wielhorsky avec des subsides convenables pouvait sauver la Pologne. M. de Choiseul avait compris l'avantage des plans qu'on lui proposait ; mais ses engagements envers l'Autriche et l'on pourrait dire son engouement aveugle pour cette

1. *Correspondance secrète*, I, p. 454.

cour, l'avaient empêché d'agir lorsqu'il était temps de le faire utilement. Comment alors s'en prendre à madame du Barry en supposant qu'elle eût tout le crédit politique qu'on lui a attribué et qu'elle n'avait pas? Mais, dira-t-on, les démarches même de Wielhorsky montrent qu'on supposait à la favorite un grand empire sur l'esprit du roi. « On a cru, dit le correspondant de Frédéric, s'apercevoir, depuis, que le Roi sembloit prendre quelque intérêt à ces troubles. » Oui, c'était là l'opinion générale des contemporains [1].

Mais elle reposait sur une erreur, qui est aujourd'hui démontrée par la publication de la *Correspondance secrète*. La Pologne était le principal objet de cette correspondance.

Louis XV suivait avec attention les affaires de la Pologne comme intimement liées à celles du Levant, et cela dès 1754-1755, quatorze ans avant l'avénement de madame du Barry. Il envoyait déjà des sommes importantes à son ambassadeur *pour son service en Pologne*, il se préoccupait des *vues de la Russie sur la Pologne pour le présent et les cas à venir* (fin janvier 1755), il prévoyait les déclarations à faire lors de la mort d'Auguste III, il écrit le 9 novembre 1756 à Tercier, l'un de ses agents secrets :

Je ne veux rien changer à ma « politique » publique en Pologne qui est de soutenir les Polonois, et qu'ils se choisissent un roy à leur libre volonté, je tiendrés et je vous fais remettre l'argent que j'ay encore à donner cette année, au par delà de 36,000 livres, pour aller jusqu'à 84,000 livres, je croy...

1. M. de Broglie, du 12 juillet 1771, I, p. 426.

Le 27 novembre même année :

Je ne changerai jamais de façon de penser et d'agir pour la liberté entière des Polonois sur le choix à venir de leur roi. Remise de l'argent accoutumé. 22 janvier 1757. Il veut soutenir son parti de Pologne. C'est leur Dieu et leur liberté.

Seulement, malgré ses vœux constants pour la Pologne et son indépendance, Louis XV, abattu par l'issue fatale de la guerre de Sept-Ans, déclare sans cesse qu'il ne fera aucune guerre pour ce *throsne* (26 février 1763), qu'il ne donnera pas d'argent et ne fera pas remuer un seul soldat pour l'élection devenue nécessaire par la mort d'Auguste III (9 mai 1763); il répète qu'il ne veut pas recommencer la guerre pour la Pologne (18 novembre 1763).

Madame du Barry ne pouvait donc rien sur le roi qui avait à ce sujet des idées arrêtées depuis si longtemps. « Elle n'en sçait pas plus qu'elle n'en sçavoit, et je ne sache pas que M. d'Aiguillon en soit instruit, » écrit-il le 14 février 1771, en parlant de cette correspondance qui roule constamment sur la Pologne. Il est donc faux que, comme le croit le correspondant de Frédéric, ce soit la favorite qui ait inspiré au roi de l'intérêt pour les confédérés. Et quand il en aurait été ainsi? Nous demandons où aurait été le mal? Pidansat de Mayrobert trouve ce rôle *déplacé* et cette intercession ridicule de la part de madame du Barry. Le nouvelliste de Frédéric raille M. de Wielhorsky de s'être adressé à elle. Ce n'est pas à des folliculaires de ce genre qu'il faut demander l'appréciation d'un sentiment généreux. Nous préférons l'autorité de J.-J. Rousseau. Il dit : « Je ne vois qu'un seul moyen de donner à la Pologne cette consistance qui lui manque; c'est d'infuser pour ainsi dire dans la nation l'âme des *confédérés* [1].

Qu'étaient-ce que ces confédérés dont J.-J. Rousseau parle déjà si honorablement? Il en donne une idée encore plus haute en définissant les confédérations qui formaient une institution légalement reconnue en Pologne, dans les *pacta conventa* que les rois de Pologne juraient d'observer lors de leur élection.

La confédération, dit-il, est pour les Polonais ce qu'étoit la dictature chez les Romains. L'une et l'autre font taire les loix dans un état pressant...

Partout où la liberté règne, elle est incessamment attaquée et souvent en péril... Les confédérations sont le bouclier, l'asyle, le sanctuaire de cette constitution; tant qu'elles subsisteront, il me paroît impossible qu'elle se détruise; il faut les laisser, mais il faut les régler. (*Du gouvernement de Pologne*, ch. v, p. 319.)

Pidansat de Mayrobert s'était bien gardé de parler en ces termes des confédérés, accueillis par madame du Barry. Sa critique serait devenue un éloge. Lancer une accusation vague, un trait perfide, c'est tout ce qu'il veut. Le souci de la vérité et de la justice est ce qui l'inquiète le moins.

Ces confédérés de Bar étaient donc, malgré leurs erreurs et en dépit de leurs ennemis, le parti national par opposition au parti russe. Leur devise était : *Pro religione et libertate*. C'est ce qui leur valait la sympathie de Louis XV qui voyait en eux des opprimés défendant

1. *Considérations sur le gouvernement de Pologne et sur sa réformation projetée en avril* 1772, vol. V, p. 250, édit. Mussey-Pathey. Paris, Dupont, 1823.

leur patrie contre l'esclavage. Le comte de Wielhorsky avait été le secrétaire de la confédération avant de venir la représenter en France. Son nom seul suffirait pour faire tomber l'imputation d'avoir séduit madame du Barry en lui promettant des terres et des titres en Pologne, si tant est que cela ne souffrit aucune difficulté dans ce pays d'aristocratie anti-féodale [1]. Mais si les Polonais, et notamment les confédérés de Bar, avaient, de longue date, la faveur de Louis XV, madame du Barry n'a point eu ni à les protéger ni par conséquent à leur vendre sa protection ; il faut donc retrancher toutes ces allégations tant à charge qu'à décharge.

Examinons l'autre face de la question. Madame du Barry a-t-elle été la cause indirecte des malheurs de la Pologne en occasionnant la chute de M. de Choiseul et en poussant M. d'Aiguillon au ministère ? Nous avons déjà répondu sur le premier point[2]. Quant à sa participation à l'avènement de l'ancien gouverneur de la Bretagne, elle peut être admise dans une certaine mesure.

La conquête ou le démembrement de la Pologne était un événement annoncé depuis longtemps. Voltaire en a fait la remarque. Dans un livre publié en 1753, Stanislas Leckzinzski, le grand-père du Dauphin, avait écrit ces lignes : « Nous serons la proie de quelque fameux conquérant, ou peut-être les puissances voisines s'accor-

1. Les Polonais ont une loi qui exclut les étrangers des charges et de la *possession des terres*. (Bernardin de Saint-Pierre, *Voyage en Pologne*, chap. : du Gouvernement.) — Voyez sur ce point un mémoire manuscrit sur la Pologne, par le comte de Bendoursky. — (Département des affaires étrangères, pièces et documents.)

2. T. Ier. p. 430.

deront-elles à partager nos Etats[1]. » Ces prophéties alarmantes avaient cours dès le XVIe siècle[2], elles s'étaient accentuées dans le XVII[e][3], elles étaient devenues au XVIIIe le symptôme d'un danger pressant : il résultait de la formation aux portes de la Pologne de deux Etats nouveaux, l'un vaste comme un continent et renfermant tout un monde de peuplades barbares, l'autre organisé pour la conquête par le génie de la guerre, incarné dans un homme aussi avide que peu scrupuleux sur les moyens de s'agrandir. A cette perspective se joignaient l'absence de frontières naturelles; au dehors, d'alliances protectrices comme avait été celle de la Suède; au dedans, d'une constitution viable qui fut au niveau du progrès du temps. Le principe anarchique du *liberum veto*, le maintien dissolvant de l'esclavage, la caducité des lois féodales surannées, tout faisait trembler pour la Pologne. Une seule chance restait à ce malheureux pays voué à une destruction imminente. Cette espérance était dans l'appui de l'Autriche, intéressée à le conserver, et liée par le souvenir de Sobieski, ce héros qui, moins d'un siècle auparavant, avait, par sa bravoure héroïque, sauvé Vienne que menaçaient deux cent mille Turcs.

Marie-Thérèse, il faut lui rendre cette justice, avait le sentiment de ses devoirs envers la Pologne; elle résista longtemps, opiniâtrément au projet de partage;

1. *La voix du Citoyen,* p. 22.
2. Sermons de Scarga, célèbre prédicateur polonais.
3. Discours du roi Jean Casimir aux Etats assemblés, 1661. — *Orationa procerum christian Lunig.* Lipsiæ, 1713; *Gazette de France* du 4 janvier 1773. — Le premier diplomate qui ait osé proposer publiquement un partage de la Pologne est un nommé Sticpenbach dont le nom doit être cloué au pilori de l'histoire. Legrelle.)

il fallut avoir recours aux casuistes, gagner son confesseur qui lui persuada qu'elle était obligée, pour le bien de son âme, de prendre la portion qui lui était assignée. C'est à Joseph II qu'incombe l'odieux des premières négociations de Neisse et Neustadt avec Frédéric et par lui avec la czarine.

Une fois engagée, compromise si l'on veut par son fils, Marie-Thérèse ne recula plus. Ses torts furent d'autant plus grands qu'elle en avait conscience. Elle brava tout. En même temps elle cachait soigneusement au cabinet de Versailles les menées qui se tramaient, les remords de sa conscience, les clameurs de l'Europe, les reproches mêmes de ses complices qui se plaignaient de ses exigences exorbitantes et de sa rapacité. Cette contradiction choquante apparaît dans la correspondance de Marie-Thérèse et de Mercy. A son confident elle dit, le 31 janvier 1773 :

> Si je pouvois me consoler c'est que j'étois toujours contraire à cet inique partage *si inégal*, et à nous lier avec *ces deux monstres*, même au risque de faire plutôt la guerre que j'abhorre... Depuis le manque de récolte, les mortalités, la misère extrême de nos pays m'a tellement accablée que j'ai cédé, mais bien contre ma conviction.

Cependant elle comprend combien cette excuse est mauvaise, et elle ajoute :

> Je souhaite que la monarchie ne s'en ressente encore après mon existence, et je veux bien supporter les désagréments actuels et la *perte de ma réputation*, ce qui n'est pas peu, pourvu que cela ne reste que sur ma malheureuse personne...

Malgré cet aveu, elle écrit au même :

La brochure indigne qui est sortie à cause du partage de la Pologne fait très mauvais effet et ne sera pas oubliée dans son temps ; par ces petites vengeances, *la France* excède tout le monde. (Vol. I, p. 408. *Correspond. de Marie-Antoinette et de Mercy.*)

Ainsi elle reconnaît que le partage de la Pologne est inique, que c'est l'œuvre de deux monstres, et qu'elle n'a subi leur loi que contrainte et forcée, au prix de sa réputation, et en même temps elle se plaint d'une brochure qui ne dit pas autre chose et qui le dit en termes bien moins énergiques. Elle s'en prend même à la France tout entière de cet ouvrage imprimé à Londres, et fait entendre des paroles de menace contre nous.

Elle trouve le partage inique, et elle ajoute au même instant : *Si inégal.* Or, la part de l'Autriche était de 2,500 lieues carrées, tandis que la Prusse n'en avait que 900 ! Aussi ces fluctuations de Marie-Thérèse entre sa conscience et son intérêt excitaient les railleries du sardonique roi de Prusse.

Elle pleuroit terriblement, disait-il,... mais ses troupes s'emparèrent de leurs portions, elle toujours pleurant : tout à coup nous apprîmes qu'elle avoit pris beaucoup plus que la part qu'on lui avoit assignée ; car elle pleuroit et prenoit toujours, et nous eûmes beaucoup de peine à obtenir qu'elle se contentât de sa part de gâteau. Voilà comment elle est.

Il s'exprimait ainsi dans une conversation avec le prince Charles de Hesse, et en même temps, s'il fallait en croire l'abbé Georgel, le prince Louis de Rohan, ambassadeur de France à Vienne, écrivait dans une dépêche confidentielle au duc d'Aiguillon :

J'ai vu Marie-Thérèse pleurer sur les malheurs de la Pologne opprimée; mais cette princesse, exercée dans l'art de ne point se laisser pénétrer, me paroît avoir les larmes à son commandement, d'une main elle a le mouchoir pour essuyer les pleurs, et de l'autre elle saisit le glaive de la négociation pour être la troisième puissance copartageante. (*Mémoires*, t. I, p. 251.)

« Les deux portraits sont identiques » : dit M. Boutaric [1]. Oui, cette identité même nous inspire des doutes. Ni Georgel ni le prince de Rohan ne pouvaient deviner la pensée de Frédéric non encore exprimée, et il ne pouvait non plus connaître la lettre de l'ambassadeur restée secrète.

« Cette phrase, continue l'abbé Georgel, a eu des suites terribles pour le prince de Rohan. Ces suites sont le procès du collier. Naturellement, pour opérer un pareil prodige, il ne faut rien moins que l'intervention du génie du mal, sous les traits de M. le duc d'Aiguillon, aidé de sa comparse habituelle, madame du Barry. » Voici l'échafaudage qu'imagine l'habile narrateur : « Le roi avoit marqué la plus grande curiosité de connoître à fond le caractère et les vrais sentiments de Marie-Thérèse. » C'était pour satisfaire cette curiosité que le prince de Rohan avait adressé au duc d'Aiguillon cette lettre très secrète qui ne devait être communiquée qu'au roi seul. Le duc d'Aiguillon, *par une indiscrétion impardonnable*, remet la lettre destinée au roi à madame du Barry. Cette femme, qui n'aimait pas Marie-Thérèse

1. *Correspondance secrète*, t. I, p. 115.

parce qu'elle était la mère de la Dauphine, son ennemie déclarée, s'empare de la lettre et se promet d'en tirer bon parti.

Dans un de ces soupers voluptueux où Louis XV n'admettoit que des favoris confidens de ses plaisirs, la comtesse du Barry s'égayoit avec peu de retenue et de décence sur ce qu'elle appeloit la fausseté et l'hypocrisie de Marie-Thérèse, et pour étayer ce qu'elle avançoit par une preuve convaincante : « Voici une lettre du prince Louis de Rohan, dit-elle, en la tirant de son portefeuille, écoutez comment il la peint. » Alors elle lit tout haut la phrase ci-dessus que je viens de rapporter. Aucun des convives n'hésita à croire le prince Louis en correspondance avec la maîtresse. C'étoit un vrai plat de courtisan à servir à madame la Dauphine. Aussi un ennemi caché du prince ambassadeur s'empressa-t-il d'aller en instruire cette princesse. Il est plus aisé de concevoir que d'exprimer la profonde indignation de la Dauphine. « Quoi ! s'écria-t-elle, un prince, et un prince de l'Eglise, est en correspondance avec une femme perdue de mœurs pour représenter, sous les traits les plus odieux, ma mère qui le comble de ses bienfaits. »

M. l'abbé Georgel a agi en cette circonstance comme tous les faiseurs de mémoires qui ont écrit sans s'imaginer que leurs contes pussent être jamais contrôlés. Nous voulons qu'il fut secrétaire de l'ambassade française à Vienne, mais précisément à cause de cette circonstance, il n'était ni à Paris ni à Versailles, au moment où les faits qu'il retrace s'y seraient passés. Il a donc dû s'en rapporter aux récits qui lui auraient été faits ultérieurement par des témoins restés inconnus; or, à ces témoins anonymes nous en avons aujourd'hui d'autres à opposer : c'est Mercy, c'est Marie-Antoinette, c'est Marie-Thérèse elle-même. Nous avons leur correspondance, elle exclut la possibilité de l'anecdote racontée par Georgel.

Mercy d'abord : On sait combien il était attentif à recueillir les moindres incidents qui pouvaient intéresser sa souveraine, pour les insérer dans ce qu'il appelle ses *très-humbles rapports*, son *journal*. Il ne dit pas un mot de la lettre du prince de Rohan, ni du souper voluptueux, ni de la lecture qui l'aurait égayé. Son silence prouve au moins une chose : c'est qu'on n'a pas parlé à la cour de l'incartade prêtée à madame du Barry.

Marie-Antoinette : Elle n'a pas pu ignorer la scène puisqu'elle lui a été dénoncée à elle-même sur-le-champ et qu'elle en aurait été indignée, tant contre l'ambassadeur que contre la favorite. Que dit-elle à sa mère ? Rien, elle a cependant un double intérêt à parler.

Elle n'ignore pas que sa mère ne peut souffrir le prince de Rohan, qu'elle demande sans cesse qu'on le rappelle de Vienne en France et qu'il y aurait là un moyen infaillible de forcer la main au duc d'Aiguillon, au roi lui-même.

Mais il y a plus, on sait quelle est la lutte engagée entre la Dauphine et sa mère au sujet de madame du Barry. Marie-Thérèse veut que sa fille adresse la parole à la favorite, qu'elle lui accorde quelque apparence d'attention, quelque gracieuseté, si insignifiante qu'elle fût. Elle ne peut rien obtenir ; Marie-Antoinette promet et au dernier moment, l'influence de Mesdames ou de M. de Choiseul l'emporte, elle se tait ou se retire. Madame du Barry en est pour une mortification de plus. Marie-Thérèse gronde terriblement ; la Dauphine est réduite à se défendre, à chercher des excuses, des prétextes auprès de sa mère, qu'elle redoute, comme on sait, infiniment. Qu'on suppose pour un instant que la Dauphine ait appris l'histoire de la lettre des commentaires de madame du Barry, injurieux pour Marie-Thérèse, traitée de fourbe et d'hypocrite; elle n'aurait pas manqué de prévenir Mercy d'un incident qui pouvait avoir sa gravité, elle en eût instruit sa mère, elle se serait empressée de lui dire : « Vous voulez que je parle à cette femme et elle vous insulte, voici ce qu'elle a fait, ce qu'elle a dit de vous. » D'un mot elle échappait à ces reproches quotidiens auxquels elle était en butte, qui lui étaient si pénibles. Eh bien ! loin de là, elle écrit cette année même à Marie-Thérèse en parlant de madame du Barry : « Cette femme, dit-elle, n'est pas méchante [1]. » Jamais elle n'avait été si indulgente pour la favorite qu'elle était peu disposée à louer.

Et Marie-Thérèse ? Peut-on douter que, si elle avait été informée de ce qu'elle pouvait considérer comme un outrage de lèse-majesté, elle eût conservé, à titre d'ambassadeur accrédité à sa cour, l'insolent capable d'écrire les lignes qu'on lui a prêtées et qu'il faut relire : « *Cette princesse exercée dans l'art de ne pas se laisser pénétrer, ayant les larmes à son commandement, tenant un mouchoir d'une main pour essuyer les pleurs qu'elle répandoit sur la Pologne, et de l'autre, saisissant le glaive pour la dépouiller.* » La satire était sanglante, il suffisait à Marie-Thérèse de la dénoncer au roi de France pour faire rappeler un ambassadeur qu'elle détestait et qu'elle subit encore deux années en silence.

Il faut joindre à ces considérations une raison plus décisive encore. Madame du Barry ne s'est jamais posée

1. Vol. I, nov. 1772, p. 373.

comme l'antagoniste de Marie-Antoinette ni de Marie-Thérèse, elle était à genoux devant elles. Bassesse, importunité, inintelligence des situations et des convenances, on peut lui reprocher tout, excepté l'audace de l'agression.

Elle voulait faire oublier la tache ineffaçable, la souillure qui la couvrait, là était son véritable tort. Il y aurait eu folie de sa part à attaquer la mère tandis qu'elle se prosternait aux pieds de la fille.

Il est une dernière objection, qui, à elle seule aurait pu suffire et nous dispenser de toute autre.

La prétendue lettre du prince de Rohan au duc d'Aiguillon, lettre d'ailleurs sans date ni signe d'authenticité quelconque, n'a jamais été produite. L'original est resté inconnu. La minute devrait se trouver dans la correspondance diplomatique, au département des affaires étrangères, elle n'y est pas, mais on y trouve toutes les autres lettres du prince de Rohan au ministre. Elles sont nombreuses, on peut se faire une idée du style du futur cardinal Collier, son style est plat, vulgaire mais sérieux, il ne se permet jamais de plaisanteries d'aucune sorte; le sarcasme est au contraire la figure habituelle de Frédéric, c'est la tradition de Voltaire, son modèle et son maître, aussi dans un cas où il s'agit de prononcer sur la paternité d'une facétie sardonique, la présomption appartient de droit au grand railleur germain.

CONVERSATION AVEC L'IMPÉRATRICE.

Sa Majesté l'impératrice me parla des affaires de Pologne et me dit combien ce partage lui avoit déplu, qu'elle y avoit

1. Dépêche de M. de Rohan à M. d'Aiguillon.

été forcée par les circonstances, qu'elle avoit espéré longtemps que les discussions qui auroient pu naître en auroient empêché l'exécution, mais que l'accord entre la Russie et le roi de Prusse avoit été fait à son insçu et que lorsqu'on lui en avoit donné communication, elle avoit vu un article particulier où il étoit dit : « Nous inviterons aussi la maison d'Autriche et si elle refuse de se joindre à nous, le refus ne nous empêchera pas d'exécuter notre projet et d'aller en avant. » Sa Majesté m'ajouta qu'elle avoit ensuite longtems ignoré tous les arrangemens subséquens et que ne pouvant naturellement nous instruire de cette incertitude de sa part et de cette position embarrassante, elle avoit pris le parti de se vouer au silence le plus impénétrable, et que le prince de Kaunitz avoit tenu cette conduite, la seule qui peut convenir dans une telle occurrence de choses, avec le caractère de vérité.

Le silence de Sa Majesté me permettant de reprendre la parole, je lui avouai que le moment m'avoit paru pénible à supporter, qu'il m'avoit été impossible d'imaginer que le roi de Prusse et la Russie paroissent d'accord avec la maison d'Autriche et marchant conséquemment au but qu'ils se proposoient, cette marche n'eut point été annoncée à Sa Majesté et concertée avec elle, que la suite avoit éclairé le mystère qui, j'ose le dire, étoit impénétrable en politique, que même je lui faisois l'aveu d'avoir instruit le roi de mes vives inquiétudes et que sans pouvoir rendre compte de l'impression qu'elles avoient faite sur son esprit, je pouvois seulement certifier, avec la plus exacte vérité, que Sa Majesté toujours attachée à l'alliance avoit conservé le sentiment le plus inviolable d'amitié pour l'impératrice reine.

L'impératrice parut très sensible à cette expression ; elle me chargea de témoigner au roi combien elle en étoit vivement touchée, mais que ce silence de sa part n'avoit porté que sur des choses qu'elle avoit ignoré elle-même.

Il faut donc rejeter l'anecdote de l'abbé Georgel

comme controuvée. Cependant la légende a fait son chemin, elle a été enregistrée sans critique dans les *Mémoires de madame Campan*.

Voici son récit :

Vers le même temps (l'ambassade du cardinal de Rohan à Vienne) la Dauphine eut connaissance d'une lettre écrite par le prince Louis à M. le duc d'Aiguillon, dans laquelle cet ambassadeur s'exprimait en termes peu convenables sur l'attitude de Marie-Thérèse, relativement au partage de la Pologne. Cette lettre du prince Louis avait été lue chez la comtesse du Barry, la légèreté de la correspondance de l'ambassadeur blessait à Versailles la sensibilité et la dignité de la Dauphine, tandis qu'à Vienne les rapports qu'il faisait à Marie-Thérèse contre la jeune princesse finirent par lui rendre suspects les motifs de ces interminables plaintes. (*Mém. de madame Campan*, ch. III, p. 79, édit. Barrière).

On voit ici à quel point madame Campan se trompe, elle croit que les rapports contre Marie-Antoinette arrivaient à Marie-Thérèse par le prince de Rohan, tandis qu'on sait maintenant qu'ils émanaient de Mercy et partaient de Versailles.

Revenons à notre question primitive : à qui appartient la honte du partage de la Pologne ? Nous avons vu qu'il y avait à cette catastrophe des causes éloignées et profondes, il y en avait aussi de plus prochaines ; quant à la responsabilité immédiate de l'événement, elle incombe plutôt à la politique de M. de Choiseul qu'à tout autre, il avait prévu le démembrement de ce malheureux pays et il n'y répugnait pas « lors-même que, contre toute vraisemblance, faisait-il écrire, par son cousin M. de Praslin, les quatre puissances (Russie,

Autriche, Prusse, Turquie) s'arrangeroient pour partager la Pologne, il est encore très douteux que cet événement pût intéresser la France[1]. » Avec une pareille conviction, la Pologne était sacrifiée d'avance aux ardentes convoitises des puissances voisines. La Pologne catholique distribuée entre la Russie schismatique, la Prusse protestante et le Turc! quelle politique sans cœur! Tout concourut à hâter le résultat entrevu par M. de Choiseul et accepté de sa part avec une froide indifférence: la haine du ministre français contre l'impératrice de Russie qui la lui rendait bien et le traitait de *hanneton*, l'animosité déclarée de Frédéric, le silence de l'Autriche qui, suivant M. de Kaunitz, s'expliquait par le caractère intraitable du ministre français. Tel est l'arrêt des juges les mieux informés[2].

C'est M. de Choiseul, dit M. de Saint-Priest, qui, par ses grandes fautes politiques, amena, ou du moins hâta le partage de la Pologne[3].

Il nous reste à déterminer le rôle de M. d'Aiguillon, non par des phrases, mais par des dates et des faits.

Il a été nommé secrétaire d'État au département des affaires étrangères, le 6 juin 1771. Nous n'avions alors

1. Saint-Priest, Mém. au Conseil du 8 mai 1763.

2. Boutaric, t. I, 176.

3. *Etudes diplom. et litt.* par M. Alex de Saint-Priest de l'Ac.-Fr. (Paris. Amyot, 1850. in-8°, p. 241). Il ajoute : Plus tard on fait dire à Louis XV : « Ah ! si Choiseul étoit encore ici, cela ne seroit pas arrivé. » (V. Saint-Priest, *Lettres sur les affaires de Pologne*, p. 124.) Ce mot est incompréhensible, il ne peut avoir été prononcé. Le roi savait trop bien ce qui en était, l'embarras dans lequel les entreprises aventureuses de M. de Choiseul l'avaient jeté... On crut ou on voulut croire au prétendu regret de Louis XV. M. de Saint-Priest n'a pas pu connaître la *Correspondance secrète* et ce que le roi disait de ce prétendu regret qu'il a démenti si énergiquement.

d'ambassadeur ni à Varsovie, ni même à Vienne. Le prince Louis de Rohan n'est parti pour cette dernière résidence qu'en janvier 1772. Le roi n'était instruit jusque-là de ce qui se passait que par sa correspondance secrète, à laquelle M. d'Aiguillon n'était pas initié. « Le nouveau ministère, écrivait M. le comte de Broglie, 23 juin 1771, ne sauroit connoître encore combien le sort de cette république est politiquement intéressant pour la France, et le nouvel ambassadeur qu'on nomme pour Vienne le connoîtra encore bien moins. » M. le comte de Broglie, malgré toute sa pénétration, ne le devinait pas encore, car il disait dans la même dépêche :

Le remède à tout cela (les maux de la Pologne) ne seroit peut-être pas si difficile si la cour de Vienne désiroit le bien de cette malheureuse nation, mais je soupçonne qu'elle l'aime mieux débellée que victorieuse ; elle sera plus dans le cas de subir la loy qu'on voudra lui faire et c'est là l'attitude où ses ambitieux voisins la désirent.

M. le comte de Broglie n'aurait pas tenu ce langage s'il avait su que l'Autriche était si près de jeter le masque et de prendre part au partage par le droit du plus fort sans se soucier de savoir si la Pologne était débellée ou victorieuse. M. Durand, chargé d'affaires de France à Vienne, n'était pas mieux instruit. Jusqu'au dernier moment il n'a pas cru à la participation de l'Autriche au concert des trois cours copartageantes. Or, M. Durand était un des diplomates les plus distingués que nous eussions alors. Profondément versé dans les affaires des cours du Nord et plus particulièrement dans celles de Pologne, si la France a été jouée, la responsabilité en appartient tout entière à M. Durand et elle couvrirait au besoin M. le duc d'Aiguillon.

Mais cette excuse est-elle nécessaire? Elle eût pu l'être pendant un temps, lorsque la parole était aux libellistes et qu'ils avaient réussi à faire croire que le partage de la Pologne avait été une œuvre et une révélation subites qui s'étaient manifestées à jour fixe, qu'il eût dépendu d'un ministre français d'arrêter. Ces récits puérils n'ont plus de cours, notre seul guide aujourd'hui c'est la teneur de pièces officielles et, quand nous les consultons, nous voyons, dès le 12 janvier 1772, Louis XV écrire à M. le comte de Broglie :

C'est pour marquer toute notre confiance à la cour de Vienne que M. d'Aiguillon a communiqué la lettre de Prusse à M. de Mercy et pour juger si elle ne voudroit *pas avoir sa part de gâteau* sur la Pologne, comme il y a tout lieu de le croire. (I, 174, Boutaric.)

A travers son style trivial et embarrassé, on voit percer la défiance de Louis XV sur les projets de l'Autriche. Les préoccupations de M. d'Aiguillon ne sont pas moindres. Frédéric est instruit des inquiétudes de la Cour de France, et il s'en émeut malgré son ton railleur.

FRÉDÉRIC AU COMTE SOLMS.

13 mai 1772.

Il faut que je vous entretienne de quelques nouvelles de France qui, par leur singularité, n'ont pas laissé de m'amuser beaucoup. Le secret de nos arrangements pour le démembrement de la Pologne a commencé à percer à cette cour.

Elle en est fort inquiète et alarmée, elle se perd en reproches et en projets inutiles pour y apporter quelque empêchement, et son désespoir va si loin qu'elle ne se fait aucune peine d'imaginer différens plans, les uns plus absurdes que les autres et qui tendent principalement à décharger sa bile contre moi. En voici un de cette espèce qui vous surprendra sûrement. Elle prétend représenter aux cours de Pétersbourg et de Vienne le désavantage de leurs arrangemens avec moi afin de les engager à se liguer contre moi et me forcer à me désister de mes prétentions. Il en a été question plusieurs fois entre le duc d'Aiguillon et le comte de Mercy, et encore en dernier lieu ce plan a fait le sujet d'un entretien fort long et très animé entre ces deux ministres, au sortir duquel on a remarqué une très forte altération dans leurs physionomies... Le comte de Wielohoursky ne reste pas non plus les bras croisés et il a fait courir à Paris un mémoire fort singulier... Le mémoire paroît fait et répandu avec l'approbation des ministres de France, mais il m'affecte tout aussi peu que le projet ridicule et impuissant de ce dernier. Cette ligue, tramée dans un temps où la France est dans le plus grand discrédit auprès de ces deux cours impériales et où elle joue d'ailleurs un si petit rôle en Europe, est bien le système le plus absurde qu'on puisse imaginer, aussi je le redoute si peu que je ne vous fais part de cet effort impuissant de l'envie du ministère françois que pour m'en moquer et pour vous faire voir à quelles visions le sentiment de ses propres faiblesses est capable de mener cette cour. Je suis persuadé qu'on rira bien à Pétersbourg de ces beaux projets du duc d'Aiguillon.

De Smitt, en rapportant cette lettre, ajoute en note: « Ne perce-t-il pas un peu d'inquiétude au travers de ce rire forcé ?» En effet le partage à trois n'était encore qu'un projet, et aussi, le 17 mai 1772, Frédéric revient sur une pensée qui évidemment le préoccupe, il dit toujours à Solms, son confident :

Tous les avis qui me reviennent de toutes parts annoncent que la France ne néglige rien pour nous brouiller avec l'Autriche. A mesure que nos arrangements se dévoilent à la cour de Versailles, ce dessein se développe de plus en plus, le ministère françois, étourdi de ce changement de scène, est livré au projet d'y porter obstacle. Il imagine d'y réussir en excitant la Porte à continuer vigoureusement la guerre, et il est fermement persuadé de l'avoir gagnée par ses promesses et ses insinuations.

On me marque encore de Paris que le ministre de la marine conjointement avec celui de la guerre ont voulu également discuter les moyens de déranger notre *plan de partage* pour la Pologne. Ils ont prétendu qu'il falloit offrir aux Turcs de chasser la flotte russe de la Méditerranée; que la Porte seroit encouragée par cette diversion à continuer la guerre et à réparer ses pertes, et que la cour de Vienne, animée par cet acte de vigueur, reviendroit à son alliée, la France, et se concerteroit avec elle pour se libérer d'arrangements auxquels elle n'accède que par force et par humeur.

Ces moyens ont été à la vérité proposés et je n'ai aucun sujet de me défier du canal par lequel ils me sont revenus, mais les trois points capitaux qui devroient venir à leur appui manquant entièrement à la France et n'y ayant NI SYSTÈME, NI FERMETÉ, NI ARGENT, on y renoncera fièrement avec la même facilité avec laquelle on les a conçus et proposés. Ils me paroissent d'ailleurs tout comme les projets du duc d'Aiguillon, c'est-a-dire des effervescences de la vivacité françoise.

Le comte de Wielohoursky, d'un autre côté, après avoir reçu un nouveau courrier avec la nouvelle que les troupes autrichiennes étoient entrées en Pologne et marchoient sur Cracovie, au nombre de 40,000 hommes, tandis que les Russes avancent d'un autre côté avec 20,000 hommes, s'est rendu tout de suite à Versailles pour en faire part au duc d'Aiguillon. Celui-ci l'a écouté avec l'humeur et l'impatience d'un homme qui en savait encore davantage, mais le comte Wielohoursky lui ayant demandé si la France les abandonnerait dans cette extrémité et si elle laisseroit la Pologne devenir le partage des puissances ? le duc lui a répondu : « Comment y remédier ? Votre foiblesse, a-t-il dit, est extrême et nos efforts seroient inutiles. Cet événement est une suite de votre désunion et des mauvaises intrigues de mon prédécesseur. »

Le comte de Wielohoursky est retourné à ses lamentations et elles sont devenues plus fortes après cette circonstance. Un courrier extraordinaire arrivé au comte de Mercy étoit relatif au même objet. Cet ambassadeur a dû faire part enfin au ministre françois de l'entrée des troupes de son maître en Pologne et des raisons qui l'ont engagé à cette démarche qui mettra le comble à l'aigreur du ministère françois. (De Smitt, p. 724.)

Pour apprécier la portée de ces révélations nouvelles dans l'histoire, il faut se rappeler le langage des organes du parti Choiseul ; à les entendre, le ministre français n'a rien su, n'a rien voulu entendre, rien pu empêcher[1]. et madame du Barry en est doublement responsable parce qu'elle a renversé M. de Choiseul et parce qu'elle fit nommer ambassadeur à Vienne M. le prince Louis de Rohan qui a laissé tramer le partage sous ses yeux sans en prévenir sa cour. Ecoutons du Mouriez :

Le succès de ce grand plan (pour sauver la Pologne) a tenu à l'existence ministérielle de M. de Choiseul : il fut disgrâcié le 24 décembre et il fallut renoncer à tout. C'est la du Barry qui a eu l'avantage de faire tomber ce maire du palais, et le sort de tout le nord de l'Europe et peut-être de

1. V. ci-dessus le passage de Pidansat de Mayrobert.

l'Europe entière a tenu à la passion flétrissante qu'un roi de France de soixante ans avoit conçue pour une fille publique.... (Vol. I, ch. VII, p. 214).

Il résulte au contraire de la correspondance de Frédéric :

1° Que dès avant le départ du prince Louis de Rohan pour Vienne (janvier 1772), le projet de partage était signé entre le roi de Prusse et la Russie, que la connivence de l'Autriche existait en fait à cette époque et qu'elle était soupçonnée d'ores et déjà par Louis XV;

Qu'au mois de mai 1772, le secret du partage avait déjà percé à la cour de France;

Que le duc d'Aiguillon était vivement ému de cette nouvelle et qu'il s'en était expliqué avec M. de Mercy;

2° Qu'un mémoire sur ce sujet avait été fait et répandu par M. de Wielhorski et qu'il avait l'approbation tacite du ministre français;

3° Quant aux moyens de conjurer le danger, M. d'Aiguillon s'ingénie à les découvrir, mais il est arrêté par le discrédit où la France est tombée, l'abaissement de son rôle en Europe et le manque d'argent.

Que faire avec un roi qui ne voulait de la guerre à aucun prix, qui ne la voulait pas surtout à quatre cents lieues. M. d'Aiguillon essaya d'agir auprès de la Porte, de l'encourager à continuer la guerre et de ramener ainsi à la France l'Autriche chancelante.

Pour appuyer cette démarche, une démonstration sur mer était nécessaire, elle eut lieu le 24 juin 1772. Frédéric écrivait à Solms :

La Russie peut être tranquille au sujet des opérations françaises sur mer, malgré tous les bruits qu'on a fait courir, les forces qu'on a fait sortir de ses ports se bornent à un couple de vaisseaux de guerre et quelques frégates qui ne suffisent assurément pas pour une entreprise de conséquence... (De Smitt, p. 240.)

Il y eut donc un commencement d'action; malheureusement la France ne pouvait en imposer aux trois puissances qu'à la condition d'être secondée : son alliée naturelle en cette circonstance aurait été l'Angleterre, mais cette puissance refusa d'agir de concert avec nous, on dit même qu'elle menaça de se tourner contre nous. Il fallut donc se résigner à en appeler à l'avenir. Nous avons vu, lors de l'incident des îles Malouines, que telle était la pensée intime de Louis XV et le secret de son apparente résignation.

La chute de la Pologne fut donc un de ces événements de force majeure qui dépassent la mesure des individualités humaines. Pour l'accomplir, il a fallu la complicité de trois puissances de premier ordre réunies dans une pensée scélérate : *Societas scelerum :* Frédéric, Catherine et Marie-Thérèse, naguère ennemis les uns des autres, s'accordant pour spolier une nation généreuse, contrairement au droit des gens, à leurs promesses formelles, aux souvenirs de l'histoire. Qu'est ce que pouvait contre ces géants du Nord une misérable créature de l'espèce de madame du Barry? Elle n'était de taille ni à provoquer ni à empêcher la catastrophe. On ne devait pas faire figurer son nom sur cette page sinistre des annales du dix-huitième siècle; mais, puisqu'on l'y a inscrit, il faut reconnaître que si elle n'a pu former que des vœux en cette circonstance, ils ont été pour la bonne cause, elle était défendue par les grandes dames du temps. La charmante madame d'Egmont écrivait, le

1er octobre 1772, au roi de Suède Gustave III, cette lettre remarquable :

Je suis indignée du sang-froid avec lequel on voit le brigandage que trois puissances prétendues civilisées exercent contre la malheureuse Pologne. Il n'y eut jamais une telle chose dans l'univers : trois puissances qui se réunissent pour en dépouiller une contre laquelle nulle d'entre elles n'est en guerre.....

Quelquefois j'aime à penser que, plus heureux et plus prudent que Charles XII, mais non moins généreux, vous rétablirez un jour la balance si nécessaire et qui déjà n'existe plus. (I, 245, *Gustave III*, par M. Geffroy.)

Si ces nobles sentiments ont été partagés ou ressentis de loin par madame du Barry, il y a un mérite réel dont il faudrait lui tenir compte.

Mieux vaut cette sympathie, d'où qu'elle vienne, pour une grande infortune, que les jugements devenus à la mode en ces derniers temps. « Les Polonais ont mérité leur sort par leurs divisions... Ils avaient perdu le droit à leur indépendance... » Eh! qui donc avait fomenté, éternisé ces divisions? Qui donc avait souffert de leur indépendance et pouvait vouloir les en priver ? Une des causes les plus connues des divisions incurables de la Pologne est le maintien du *Liberum veto* et c'est l'œuvre machiavélique de Frédéric. La Russie elle-même avait songé à le faire disparaître [1].

1. V. de Smitt, p. 97.

CHAPITRE XV

SOUPERS AU PETIT-CHATEAU.
LETTRE DU DUC DE DEUX-PONTS A MADAME DU BARRY.
MÉMOIRES SUR MADAME DU BARRY,
PAR F. NOGARET, DIT DE VILLEROY.

LETTRE DE MERCY A MARIE-THÉRÈSE.

Compiègne, 14 août.

Le 24, étant chez la comtesse du Barry, elle me parla de sa position vis-à-vis de la famille royale. Je lui répétai ce que ses propres intérêts exigeoient du côté des ménagements à garder envers les jeunes princes et princesses. La favorite me marqua d'être plus tranquille sur ce que pensoit madame la Dauphine à son égard; elle me dit aussi son projet d'aller faire sa cour à S. A. R. Je me proposai dès lors d'en prévenir madame l'Archiduchesse, qui étoit allée ce jour-là se promener en voiture. . . . . .

Le 26, quoique ce fût un dimanche, je trouvai moyen de parler un instant à madame l'Archiduchesse avant l'heure de la Cour; je la prévins de la prochaine apparition de la comtesse du Barry et je la suppliai de vouloir bien faire à cette femme une réception convenable et qui n'excitât point de rumeurs. En sortant de chez madame la Dauphine, je fus informé que la favorite se proposoit d'y aller le même matin. Je rentrai chez S. A. R. pour lui en donner avis. Je renouvelai quelques représentations pressantes et elles produisirent leur effet.

La favorite étant arrivée après la messe du Roi avec la duchesse d'Aiguillon, madame la Dauphine adressa d'abord la parole à cette dernière, et se tournant vers la favorite, elle tint quelques propos sur le temps, sur les chasses, de façon que, sans interpeller directement la comtesse du Barry, elle pouvoit cependant croire que ces mêmes propos s'adressoient autant à elle qu'à la duchesse d'Aiguillon. Il n'en fallut pas davantage pour que la favorite fût très contente.

Le Roi, instruit de ce qui s'étoit passé, en parut fort satisfait et le témoigna à madame la Dauphine par de petites attentions qu'il lui marqua le même soir au grand couvert.

Immédiatement après l'apparition de la comtesse du Barry, madame l'Archiduchesse, se trouvant avec M. le Dauphin, avec M. le comte et madame la comtesse de Provence, elle leur fit des réflexions très justes sur la conduite à tenir vis-à-vis de la favorite.

Mesdames se sont trompées. Embarras qu'elles causent. Nécessité de les éviter.

LETTRE DE MERCY.

Compiègne, 14 août.

Le Roi soupe tous les jeudis à un pavillon détaché du château et que l'on nomme le *Petit-Château*. La favorite fait en quelque sorte les honneurs de ce pavillon ; les princesses de la famille royale n'y vont point ; mais M. le Dauphin y alloit les autres années ; il ne vouloit plus y retourner cette année et le Roi en paroissoit affecté. Je suppliai madame l'Archiduchesse d'engager M. le Dauphin à reparoître à ces soupers du *Petit-Château* et il s'y est prêté de très bonne grâce.

Le 31, après une promenade, madame la Dauphine et toute la famille royale soupa avec le Roi, ce qui arrive deux fois la semaine dans ces occasions. Le Roi se retire à onze heures; il monte dans l'appartement de la favorite, et il y joue au piquet jusqu'à une heure.

LETTRE DU MÊME.

16 septembre.

Le 13 août, M. le Dauphin fit encore quelque résistance pour aller au souper du *Petit-Château,* qui a lieu tous les jeudis. Je suppliai madame la Dauphine de déterminer le prince son époux à ne point se refuser aux choses qui peuvent plaire au Roi. Je prévins même S. A. R. que j'étois informé du projet de la comtesse du Barry de saisir la première occasion de s'asseoir à table à côté de M. le Dauphin. Que si cela arrivoit, il me paroissoit convenir que le jeune prince s'efforçât à prendre un air d'aisance qui ne donnât point lieu à des remarques malignes et de nature à augmenter les propos d'aigreur qui s'étoient calmés depuis quelque temps.

Le lendemain en sortant de son souper où je m'étois trouvé, il me dit en souriant : « J'ai été souper hier au Petit-Château, » et il passa sans me donner le temps de lui répondre. J'avois appris que tout s'étoit bien passé la veille à ce petit château et que la comtesse du Barry ne s'étoit point assise à table, à côté de M. le Dauphin, quoiqu'on le lui ait conseillé.

Le 14, le duc d'Aiguillon me dit que le Roi, se trouvant la veille chez la favorite, il y avoit été question de la bonne réception que cette dernière avait éprouvée de la part de madame la Dauphine, que le Roi, en renouvelant les marques de sa satisfaction à cet égard, avoit en même temps encouragé cette favorite à se présenter plus souvent chez madame l'Archiduchesse, mais qu'on me demandoit conseil sur ce qu'il y avoit à faire de mieux en cela. Je n'hésitai pas à répondre au duc d'Aiguillon que, selon mon avis, la comtesse du Barry agiroit prudemment en se montrant rarement chez madame la Dauphine, que des apparitions trop fréquentes n'aboutiroient qu'à exciter plus de fermentation dans l'intérieur de la famille royale, qu'il en résultoit des embarras pour madame la Dauphine et aucune utilité pour la favorite; que celle-ci devoit se contenter d'être bien reçue deux ou trois fois par an, jusqu'à ce que le temps eût tout à fait calmé les esprits et que l'habitude fît envisager la position de cette femme d'un œil différent qu'on ne la voit encore aujourd'hui.

J'eus ensuite occasion de répéter ces mêmes raisons à la favorite et de les faire si bien valoir qu'elle les a adoptées, en se décidant à ne plus faire sa cour jusqu'au voyage de Fontainebleau.

LETTRE DE MARIE-THÉRÈSE A MERCY.

2 octobre 1772.

..... Rien de plus sage que les démarches que vous avez faites pour persuader ma fille d'engager le Dauphin à assister aux soupers du Petit-Château et pour détourner les apparitions trop fréquentes de la comtesse du Barry chez ma fille. Elle doit être convaincue qu'on n'exige pas d'elle des bassesses pour la favorite, mais qu'elle la traite avec cette politesse indifférente qu'elle doit à toute dame présentée à la Cour sans entrer dans son personnel (p. 354).

LETTRE DE MERCY.

16 septembre 1772.

Quoique depuis longtemps je sois très bien traité par le Roi, j'ai vu que la bonne réception faite par madame la Dauphine à la comtesse du Barry avoit beaucoup ajouté aux bontés que me témoigne le monarque. L'ayant trouvé une après-midi chez cette favorite, il m'a appelé dans l'embrasure d'une fenêtre. Conversation sur la Dauphine, la Cour de Parme... La comtesse du Barry approcha... et le Roi changea de discours... Il me demanda ensuite en riant à quoi en étoit S. M. l'Empereur « avec son ami le Roi de Prusse. » La favorite prit le propos et dit qu'elle étoit bien persuadée que l'Empereur connoissoit à fond le Roi de Prusse, qu'au moyen de cela il étoit facile de juger de la nature de son amitié pour un prince accoutumé « à tromper tout le monde et sur la foi duquel on ne pouvoit se fier. » Le Roi sourit et de mon côté j'avançai quelques réflexions analogues au sujet et qui, sans avoir une forme trop sérieuse ni ministériale, donnoient cependant à connoître ce qu'on pouvoit et devoit penser des manœuvres qu'avoit faites dans ces derniers temps le ministre prussien, et de quel œil elles avoient été envisagées et appréciées par V. M. et S. M. l'Empereur. Le Roi parut satisfait de mon langage, qu'il écouta d'un air plus sérieux.

LETTRE DE MERCY.

Fontainebleau, 14 novembre 1772.

Le 26, étant allé chez la comtesse du Barry, elle m'apprit son projet d'aller faire le lendemain sa cour à madame la Dauphine et elle me pria de lui ménager la meilleure réception possible. Je répondis à cette favorite que comme elle avoit eu lieu d'être satisfaite du traitement éprouvé à Compiègne, j'étois bien assuré qu'il en seroit de même ici ; que je ne croyois ni nécessaire ni convenable d'entamer une sorte de négociation et de mettre des apprêts à une chose qui n'en exigeoit aucun, madame l'Archiduchesse ayant prouvé depuis longtemps qu'elle n'avoit ni prévention, ni haine, ni mauvaise volonté contre personne.

La comtesse du Barry me parut satisfaite de ce langage

je lui rappelai l'idée très convenable qu'elle avoit eue à Compiègne d'engager le Roi à aller chez madame l'Archiduchesse, au lieu de ne voir cette princesse que chez Mesdames.

La favorite m'assura qu'elle en avoit parlé plusieurs fois au Roi, que le monarque avoit fait ici quelques visites le matin à madame la Dauphine, qu'il s'y étoit rendu par la porte de communication qui tient à son appartement (je savois ce fait, qui a eu lieu en trois occasions), mais que pour ce qui étoit de voir journellement madame la Dauphine chez elle et d'y faire venir Mesdames, le Roi ne pourroit être amené à ce changement que par degrés, soit qu'il fût retenu par l'habitude ou par la crainte de chagriner Mesdames ses filles et qu'au reste il étoit visible que madame l'Archiduchesse avoit fait depuis quelque temps beaucoup de progrès sur l'esprit du Roi et que la favorite s'emploieroit sincèrement à y coopérer de plus en plus.

Mercy se hâte de prévenir la Dauphine. — Celle-ci paraît un peu interdite et promet cependant que tout ira bien :

Le 27, j'étois inquiet de l'espèce d'indécision que j'avois remarquée la veille. Je me rendis chez madame la Dauphine, elle revenoit de la messe. « J'ai bien prié, me dit-elle, j'ai dit : Mon Dieu ! Si vous voulez que je parle, faites-moi parler ; j'agirai suivant ce que vous daignerez m'inspirer ! » Je répondis à madame l'Archiduchesse que la voix de son auguste mère étoit la seule qui pût lui interpréter la volonté de Dieu, en matière de conduite, et qu'ainsi elle se trouvoit inspirée d'avance sur ce qu'elle avoit à faire pour le mieux. Je n'eus que le temps de dire ce peu de mots, parce que S. A. R. devoit passer chez le Roi.

La comtesse du Barry vint un instant avant le dîner, accompagnée de la duchesse d'Aiguillon.

Madame la Dauphine parla d'abord à cette dernière ; elle

dit, en regardant la favorite, qu'il faisoit mauvais temps, qu'on ne pourroit pas se promener dans la journée. Ce propos n'étoit pas adressé bien directement à la personne et soit par le ton, soit par la contenance, la réception ne fut pas des meilleures. Heureusement, M. le Dauphin s'étoit trouvé présent dans cette occasion ; je rejetai sur cette circonstance l'air d'embarras et de froideur de madame l'Archiduchesse.

Je rappelai à la favorite ce que je lui avois dit la veille, que le hasard et les différents incidents décidoient le plus ou moins d'accueil ; enfin, je réussis à lui persuader que dans le fond elle avoit été bien reçue.

Elle m'avoua qu'elle avoit cru remarquer de la bonne volonté de la part de madame la Dauphine, et qu'elle imaginoit en effet que la présence du Dauphin avoit été l'obstacle à une démonstration plus favorable ; enfin il n'y eut encore pour cette fois ni propos, ni mécontentement, et c'est beaucoup plus que la réalité des circonstances ne pouvoit me laisser espérer (I, 371).

Le 28, il y eut ce jour une grande tracasserie dans laquelle je fus obligé d'intervenir.

Le duc de La Vrillière donnoit ce même soir à souper à la comtesse du Barry. Il invita à cette occasion les dames d'atours de madame la Dauphine, la duchesse de Cossé, qui refusa de s'y rendre. V. M. daignera se rappeler que la duchesse de Cossé, quoique par caractère et par principe bien éloignée de la favorite, lui doit cependant sa place, laquelle, pour parler plus exactement, a été donnée à la demande du duc de Cossé entièrement livré à la comtesse du Barry. Le refus de la duchesse de Cossé de souper avec cette dernière fit grand bruit ; il en résulta des reproches amers au duc de Cossé ; on exigea qu'il usât d'autorité vis-à-vis de sa femme, et, ne sachant comment se tirer d'affaire, il eut la maladresse et la mauvaise foi de s'excuser en assurant que sa femme n'en agissoit ainsi que par les ordres de madame la Dauphine. Le duc d'Aiguillon m'ayant interpellé sur ce fait, je désavouai nettement le duc de Cossé, et m'engageai à donner preuve de la fausseté de son assertion. J'en parlai sur-le-champ à madame la Dauphine, laquelle en effet n'avoit pas dit un mot à ses dames d'atours au sujet de la favorite. Je proposai au duc d'Aiguillon de le soutenir en face au duc de Cossé ; mais on étoit déjà convaincu de son mensonge et il en remporta toute la confusion qu'il méritoit. Il partit le surlendemain pour Paris ; mais, en vue de sa réhabilitation auprès de la favorite, il écrivit à sa femme une lettre très forte par où il exigeoit d'elle de témoigner à la comtesse toutes sortes d'attentions et de ne se refuser à rien de ce qui pourroit lui plaire. La duchesse de Cossé répondit à son mari qu'en prenant possession de sa charge, elle étoit allée voir madame la comtesse du Barry, mais qu'après cette démarche elle n'en feroit aucune qui pût la faire regarder comme étant de la société de la favorite, que jamais elle ne s'y résoudroit et qu'elle préféroit de remettre la démission de sa place.

Lettre ou plutôt *Journal* de Mercy du 14 novembre, daté de Fontainebleau :

Le 4, je suppliai madame l'Archiduchesse d'accorder une audience à la comtesse de Palffy et cette dame resta plus d'une heure dans le cabinet de S. A. R., qui lui parla avec beaucoup de bonté et de confiance sur tout ce qui a rapport à sa position, à ses entours et autres particularités de ce genre. J'avois prévenu la comtesse de Palffy sur le langage qu'elle pourroit tenir selon les questions que lui feroit madame la Dauphine.

S. A. R. parla de la favorite dans des termes fort modérés et raisonnables ; elle dit que cette femme n'étoit point méchante, qu'elle n'étoit dangereuse que par ses entours, que tout se conduisoit ici par intrigues, que le meilleur et le seul moyen d'en éviter les inconvénients étoit d'éviter de se mêler de ces sortes de tracasseries (I, 373).

MARIE-ANTOINETTE A MARIE-THÉRÈSE.

Versailles, 15 décembre 1772.

Mercy doit être content du silence que je garde depuis longtemps sur tout ce qui fait murmurer contre la favorite (I, 383).

Le 18 août 1771, le duc de Deux-Ponts [1] écrivait à madame du Barry la lettre suivante, dont nous possédons l'original ; il s'est trouvé conservé parmi les papiers auxquels elle attachait un prix particulier :

Madame,

Permettés (*sic*) d'avoir recours à vos bontés, aussy de M. le controlleur général, pour une affaire à laquelle je prends le (plus) vif intérêt. Ayant apprit pendant mon séjour à Paris, que le projet du Ministre étoit de former une Régie, pour les domaines du Royaume et principalement de la Lorraine, j'ai su qu'une compagnie à la tête de laquelle est un homme à moy, se présentoit pour les régir et que ses offres excédoient celles de ses compétiteurs. Comme il est très important pour moy à cause de mes possessions limitrophes et encore enclavées dans la Lorraine, que celui qui régira cette portion soit un homme honnête, je fus enchanté qu'elle tombât en aussi bonnes mains, pouvant répondre du sujet, dont la probité et l'intelligence me sont connues. J'en parlai à *M. Cochin?* dont il est connu et qui en fait grand cas, il m'encouragea même à parler en sa faveur à M. le controlleur général et j'ai prié M. le duc de Duras de vouloir bien suivre cette affaire auprès de lui. Comme je vois qu'elle

1. Lettre inédite du duc de Deux-Ponts.

ne finit pas, je crains que de nouvelles compagnies ne se présentent et que par des protections elles n'obtiennent la préférence. J'ose donc réclamer vos bontés et l'amitié dont vous voulez bien m'honorer, Madame, et vous prier d'être ma soliciteuse auprès du Ministre, à qui je demande que, les offres étant égales, mon protégé ait la préférence, la chose est de la plus grande importance pour ma tranquillité ; je connois trop la bonté de votre cœur, Madame, pour vous en presser d'avantage et j'ai trop de raison de compter sur vos bontés pour moy, pour ne me pas flatter du succès. J'écris à M. le comte de Duras, pour le prier de me rappeler de temps en temps à votre souvenir et, sans parler de l'inviolable attachement que je vous ai voué, agrées en je vous suplie l'homage et les assurances du sentiment respectueux avec lesquels j'ai l'honneur d'être,

Madame,

Votre très humble et très obéissant serviteur,

CHRISTIAN, P. P., duc de Deux-Ponts.
(Prince Palatin.)

Cette lettre est écrite de Deux-Ponts à la date qu'on a vue ci-dessus. Elle rappelle ce mot de Labaumelle : « La maîtresse d'un Roi est presque nécessairement un ministre d'Etat. » Madame du Barry ne joue pas tout à fait le rôle d'un ministre, mais elle est invoquée comme intermédiaire auprès de lui. Elle fut sans doute flattée de cette lettre ; car elle la garda, et elle s'est retrouvée dans les papiers qui parvinrent jusqu'à ses héritiers. Je la tiens de mademoiselle de La Neuville. Le service demandé fut-il rendu ? Nous ne pourrions le dire. Tout porte à le croire. On dit que lorsque madame du Barry fut proscrite, après la mort de Louis XV, le duc de Deux-Ponts lui offrit un asile dans ses états. Il faut dire que Radix de Sainte-Foy était encore ministre plénipotentiaire de France auprès du duc de Deux-Ponts [1].

On lit dans les *Mémoires secrets*, dits de Bachaumont, le passage suivant qui intéresse madame du Barry :

29 août 1772. — MÉMOIRES AUTHENTIQUES DE LA COMTESSE DU BARRÉ (*sic*),

Maîtresse de Louis XV, roi de France.

Extraits d'un manuscrit que possède Mme la duchesse de Villeroy,

Par le chevalier Fr. N... (Traduit de l'anglois.)

Tel est le titre d'un nouveau pamphlet arrivé dans cette capitale de Hollande et d'Angleterre, après lequel on court avec avidité et qui ne contente pas les curieux à beaucoup près. Rien de si plat, de si dégoûtant, que cette brochure, qui n'est que du verbiage, pleine de lieux communs et d'ailleurs indignement écrite. Le peu de faits qu'on y trouve ne conviennent pas plus à l'héroïne qu'à toute autre femme publique, et il n'y a pas une seule anecdote qu'on puisse considérer comme approchant de la vérité. Il faut compter bien étrangement sur la sotte crédulité du Public, pour avoir l'audace d'imprimer une pareille rapsodie.

L'auteur des *Anecdotes* copie cette page sans y changer un mot; il ajoute seulement :

Le ministre chargé du département de Paris et le lieutenant général de Police furent également obligés de déployer leur zèle pour empêcher l'introduction d'un livre dont le titre seul alarmoit la favorite.

1. V. l'*Almanach royal* de 1774 et 1775.

Le *Dictionnaire des Anonymes*, de Barbier, revu par MM. Billiard, ne donne aucune notion sur l'auteur présumé de ce livre.

Les initiales Fr. N... sont celles de François Nogaret, écrivain érotique du temps, et le livre n'est pas autre chose qu'un roman obscène.

F. Nogaret, surnommé l'Aristénète français[1], dit la *Biographie des Contemporains*, élevé en quelque sorte à la Cour de Louis XV, y puisa de bonne heure cette légèreté de principes, ce ton d'immoralité et même de cynisme en vogue à cette époque... Un roman graveleux, intitulé la *Capucinade*, publié en 1765, et dont les capucins étaient les héros, fit mettre l'auteur à la Bastille, où il ne fit pas un long séjour. Il est encore accusé d'avoir été un des continuateurs de la *Pucelle*, de Voltaire, pour l'édition obscène qui parut peu de temps après en Hollande... M. Nogaret a de l'esprit, mais il ne l'a exercé en général que sur des sujets frivoles, tant en prose qu'en vers. Son style, assez naturel et quelquefois piquant, n'est pas toujours exempt d'affectation ; ses écrits se font remarquer par une tendance philosophique et par une prétention à l'originalité, qui dégénère en bizarrerie. C'est bien là le style de ces Mémoires prétendus authentiques. L'auteur parle de la Bastille en homme qui en a ressenti l'épouvante. On peut conjecturer qu'après sa mise en liberté, il se serait retiré en Angleterre, où il prit pour canevas quelques mauvais romans anglais ; il répandit sur leur triste prose quelques agréments de sa plume légère et y sema des aventures galantes, des dialogues à la manière de Crébillon le Jeune, et rattacha le tout au nom

1. *Mémoires de madame du Hausset*, p. 153.

de madame du Barry et aux lieux communs les plus connus sur MM. de Richelieu, d'Aiguillon, La Chalotais.

En voici l'idée sommaire :

Emilie Palmer est fille d'une femme mariée et d'un chanoine. Son père légal est un mari complaisant qui vit de la débauche de sa femme et souffre ses relations non-seulement avec le chanoine, mais avec un sieur G... et autres. Elle grandit, devient très belle, elle est galante, comme on peut le supposer, d'après l'éducation qu'elle reçoit et les exemples qu'elle a sous les yeux. Elle a plusieurs intrigues que l'auteur raconte avec un luxe de détails qui est l'attrait du livre pour certains esprits. Sa mère meurt ; elle devient libre et maîtresse d'elle-même ; le duc de Richelieu apprend par le colonel Barry qui elle est. Il l'a fait connaître au Roi, à condition qu'elle obtiendra de lui la grâce du duc d'Aiguillon, un seigneur impérieux et lâche, menacé d'un sort ignominieux pour avoir persécuté La Chalotais.

Le Roi voit la belle Emilie, il en devient amoureux. Le coupable duc d'Aiguillon obtient sa grâce, le chanoine reçoit de belles récompenses, le mari est *complimenté* (sic) d'une pension de 30,000 livres, à la condition de ne plus reparaître à la cour.

Telle est cette fable ou plutôt cette farce grossière qu'on n'a pas craint de décorer du nom de *Mémoires authentiques*, en indiquant quelle en serait l'origine. Le manuscrit de madame la duchesse de Villeroy n'est qu'une attrape. Pourtant la curiosité était si grande que le public s'y laissa prendre. Il y eut plusieurs éditions. Nous possédons celle de 1785, qui porte cette épigraphe impudente :

Si l'on se plaît à l'image du vrai
Combien doit-on rechercher le vrai même,

De nombreuses erreurs typographiques, d'une certaine nature, pourraient faire penser que l'ouvrage a été effectivement imprimé à Londres [1].

1. La première édition est intitulée *Mémoires de madame du Barré* (sic) suivant la prononciation anglaise; cette faute a disparu dans l'édition de 1775. — D'après la Bibliographie d'Œttinger (Bruxelles, 1853), il existerait une traduction allemande, publiée à Francfort, 1775. — Londres, imprimé aux dépens des éditeurs, 1775.

Il existe des éditions de ce mauvais roman, en langue anglaise, publiées en Angleterre; elles sont ornées d'une gravure qui représente madame du Barry en domino, un masque à la main. En voici le titre :

The authentic Memoirs of the French King's mistress. Carefully collected manuscripts in the possession of the duchess of Villeroy. Second edition. — London. Price : three shillings.

CHAPITRE XVI

GUSTAVE III, ROI DE SUÈDE ET MADAME DU BARRY.
LE PETIT GAULTIER. — MORT DE VASSÉ ET DE ROETTIERS.
ÉLOGE DE MADAME DU BARRY PAR VOLTAIRE.
LE NAVIRE *LA COMTESSE DU BARRY*.
ACQUISITION D'UN HOTEL AVENUE DE PARIS. — PIÈCES DIVERSES.

GUSTAVE III A MADAME DU BARRY.

Madame la comtesse du Barry, la part que vous prenez à mes succès me les rend encore plus agréables. Le baron de Lieven m'a fait un rapport fidèle des bontés que vous lui avez témoignées et je vous en remercie sincèrement. Je compte avec confiance sur les sentiments que vous avez toujours manifestés pour moi, et je ne doute pas que je n'aie souvent occasion de vous parler de la reconnoissance avec laquelle je suis très véritablement, madame la comtesse du Barry, etc. [1].

A la date du 17 septembre 1772, les *Mémoires secrets* avaient raconté qu'un jeune homme, connu sous

1. Papiers d'Upsal, tome IX, in-folio, n° 139, sans date, mais lettre évidemment écrite peu après le 19 août 1772. (*Gustave III*, t. II, p. 385.)

le nom du *petit Mont-Gaultier*, allait entrer à l'Opéra dans la danse et avait même déjà débuté. Ils ajoutaient que sa mère, femme d'une quinte de l'Opéra et maîtresse de Vestris, le célèbre danseur, avait connu jadis en société madame la comtesse du Barry ; que celle-ci ne l'avait point oubliée dans sa gloire et que cette circonstance devait attirer beaucoup de monde à la représentation.

Plus tard, les *Mémoires secrets* se rectifièrent et reconnurent (24 septembre) que le bâtard du sieur Vestris, qui avait débuté, était le fils d'une dame Allard et non de la dame Mont-Gaultier.

Il reste cependant acquis qu'il existait de bonnes relations entre cette dame Mont-Gaultier et madame du Barry. Ainsi, dès le 16 novembre 1769, on lit dans les comptes de madame du Barry : « Pour présent à madame Mont-Gaultier [1]. » Castil-Blaze, dans son *Histoire de l'Opéra*, en parle en ces termes :

> La femme d'un violoniste de l'Opéra jouissait d'un grand crédit auprès de la maîtresse de Louis XV. Madame Mont-Gaultier avait été compagne d'armes de Jeanne Vaubernier, qui, devenue comtesse du Barry, l'accueillit toujours avec affection. La diplomatie amoureuse était alors comme à présent d'un secours utile. Auguste Vestris exerçait un empire absolu sur madame Mont-Gaultier. L'Opéra savait employer à propos [2] Dauberval et Vestris dans les négociations importantes et officielles. Ces danseurs l'ont tiré de plus d'un mauvais pas...

1. *Mémoires de Buffault,* Bibliothèque impériale, p. 10.

2. 28 novembre 1772 : à Dauberval, sur le mandat de M. le vicomte du Barry, 2764 livres.

A la date du 5 décembre 1772, les *Mémoires secrets* annoncent la mort de Vassé, professeur de l'Académie royale de peinture et de sculpture. « Les arts, disent-ils, viennent de faire une perte considérable en la personne de ce sculpteur. Il était chargé du mausolée du roi Stanislas, qui s'exécutait en marbre blanc dans son atelier et devait être placé à Nancy, en face du monument de la Reine de Pologne » (VI, 282). Madame du Barry avait fait travailler Vassé. On le voit par ses comptes et aussi par les inventaires des œuvres d'art qu'elle possédait. Encore un lien possible avec la Lorraine, puisque Vassé était chargé du tombeau du roi Stanislas.

Deux jours après, le 7 décembre, le même recueil de nouvelles annonce la mort de Roëttiers fils, « académicien de l'Académie de peinture et de sculpture, graveur général des monnoyes de France. Il n'était pas moins digne d'être regretté que Vassé. Il était même plus unique dans son genre (*sic*). Ses médailles étaient des bas-reliefs admirables... (V. notamment celle frappée en mémoire de la cérémonie du déceintrement du pont de Neuilly.) »

LETTRE DE VOLTAIRE A M. LE COMTE D'ARGENTAL.

... M. le maréchal de Richelieu me mande qu'il le fera mettre en prison (Le Kain), s'il n'est pas à Paris le 4...

Il est certain qu'il peut être aisément à Paris le 8...

Il vous apportera le Code de Minos que je lui donnai quand il partit de Ferney. Je suis fâché que madame du Barri (*sic*) n'ait pas la bonne leçon, car j'entends dire qu'elle a beaucoup de goût et d'esprit naturel. Vous devez le savoir mieux que moi, vous qui allez nécessairement à la cour... (4 octobre 1772.)

Le musée de Versailles renferme dans ses collections un dessin qui retrace un monument d'adulation consacré à madame du Barry. C'est la représentation d'un navire lancé, à Bordeaux, sous son nom, en octobre 1772.

Voici le titre de ce dessin :

LE NAVIRE *LA COMTESSE DU BARRY.*

Dans l'encadrement du dessin, on lit ces vers :

Vaisseau, tu peux sans crainte aller braver l'orage,
Ton nom est du Barry, tu portes son image.
De la Beauté Neptune aime à porter les fers;
Amphytrite moins belle a régné sur les mers.

A l'entrée du port, on voit le navire *la Comtesse du Barry*. Il annonce son départ par un coup de canon, au bruit duquel Minerve, descendue sur un nuage, le prend sous sa garde.

A la gauche de cette déesse, est la Renommée, qui attend ses ordres pour porter le nom du navire au Temple de Mémoire, vu dans le ciel au milieu d'une gloire resplendissante.

Sur le parapet sont les génies de tous les arts. Deux d'entre eux enchaînent à leurs attributs l'écusson de madame la comtesse du Barry, avec une guirlande sur laquelle ils donnent à lire aux autres la devise des armes de leur protectrice.

Le sujet est terminé par un obélisque antique sur lequel est sculpté le navire pour le vouer à l'immortalité.

Esquisse composée et peinte par Delorge[1], peintre de Monseigneur le Dauphin et associé aux académies de Paris et de Marseille.

1. *Delorge*, et non, comme on l'a dit à tort, Moreau le Jeune.

Très beau cadre doré, surmonté des armes de madame du Barry, une à couronne de comtesse ; son écusson double et supports.

Le quatrain se trouve dans la collection Labédoyère.

On lit derrière : Extrait de chez la femme du Barry.

Jusqu'à la fin de 1772, madame du Barry n'avait pas de demeure à elle appartenant à Versailles. Elle logeait au château dans l'appartement que nous avons décrit. Ses gens étaient toujours à l'hôtel de Luynes.

Le 7 décembre 1772 elle se décide à acheter un immeuble situé sur l'avenue de Paris, au coin de la rue de Montboron *(sic)* actuelle[1]. « C'était, dit Pidansat de Mayrobert, dans l'avenue de Versailles, et le Dauphin en fut indigné. Mais il faut savoir qu'à cet endroit même il y avait une avenue transversale qui coupait l'avenue de Paris et limitait les abords et la vue du château. Aussi, lorsque René Binet, premier valet de chambre du Dauphin, avait acheté cette même propriété en 1750, elle était indiquée dans le contrat comme étant « sise *proche* la ville de Versailles. » Madame du Barry allait donc demeurer hors de la ville, proprement dite. Que l'on compare avec ce qu'avait fait madame de Pompadour; elle s'était installée au pied même de l'Opéra. Son hôtel donnait d'un côté rue des Réservoirs, et de l'autre sur le parc. Un long corridor suspendu aux flancs du réservoir de l'Opéra mettait l'hôtel de la favorite en communication visible avec les appartements du Roi. Madame du Hausset en parle et les traces

1 Voir aux pièces justificatives.

des attaches existent encore. Qu'on se représente la circulation établie devant la Chapelle !

Il y avait là bien plus de scandale que dans l'acquisition de madame du Barry. Le prix dit qu'elle devait être assez modeste : il n'était que de 80,000 livres.

Le pavillon Binet était isolé, bâti à *la romaine* (sic) en pierre d'Arcueil et de Saint-Leu. Il avait un étage au-dessus du rez-de-chaussée, il était couronné d'une balustrade ornée de vases et figures en terre cuite. Il se reliait avec la cour au moyen d'un perron de sept marches. Derrière s'étendaient les jardins, par devant régnait une terrasse donnant sur l'avenue de Paris et ornée de tilleuls de Hollande, qui se sont conservés jusqu'à nos jours.

Latéralement, et au long de la rue Montboron, se trouvait un terrain donné par le roi au sieur Binet et d'une superficie de trois arpents.

C'est là que madame du Barry se proposait d'élever un hôtel pour ses communs et ses écuries, suivant le biographe de Ledoux [1].

Le vendeur était un sieur Binet de Boisgiroux, qui avait recueilli l'immeuble, concurremment avec M. Binet de Marchais, mari de cette madame de Marchais, célèbre par son esprit [2]. Madame de Marchais, devenue veuve, épousa en deuxièmes noces M. d'Angiviller et fut l'amie intime de madame du Barry.

Cette dernière fit construire un hôtel sur le terrain vacant qui se trouvait entre le pavillon Binet et la rue de Montboron. La façade donne sur l'avenue de Paris. Elle est élevée de deux étages. La grande porte est ac-

1. V. *Notice rapide*, par J. C. L. (Bib. nat., 27, 12014, pièce.)
2. V. les *Souvenirs de M. le duc de Lévis.*

compagnée de deux colonnes. Elle est cintrée. Au milieu étaient les armes de madame du Barry ; elles étaient soutenues par deux statues de grandeur naturelle représentant Flore et Minerve.

Cet édifice, lourd et massif, est de Ledoux, d'après le cicérone. Ledoux était incontestablement l'architecte habituel de madame du Barry. La construction de l'hôtel de l'avenue de Paris figure dans le compte des honoraires réclamés par Ledoux [1].

Le blason de madame du Barry a naturellement disparu lorsqu'elle a cessé d'être propriétaire et il avait été remplacé par les armes de France, qui ont été effacées plus tard à leur tour.

Les deux figures de six pieds subsistent. Elles sont assises et adossées à l'écusson qu'elles soutiennent de leurs épaules. Quelles sont les allégories qu'elles représentent ? Celle de droite nous paraît être une Flore, celle de gauche une Pallas. La première est coiffée d'une couronne de fleurs, elle est demi-nue et soutient de sa main une guirlande. Il ne serait pas impossible qu'on eût voulu représenter madame du Barry ; les traits sont les siens. La gorge est nue et opulente. C'était une de ces beautés que la flatterie des artistes aimait à mettre en évidence. Lecomte s'est rencontré avec Pajou et Drouais. La seconde statue porte le casque classique de Minerve, à laquelle on ne manquait pas de comparer maladroitement madame du Barry.

1. Etat détaillé, demandé par M. Constant (architecte du Roy et de l'Académie, chargé du règlement des mémoires). Bâtiment de Versailles, dont j'ai fait les dessins, conduit les ouvrages, etc. — Pavillon de Versailles, plans, conduite d'ouvriers et règlements. (Bibliothèque nationale, F. Fr., 8158. Comptes du Barry.)

Les centaures ont aussi été conservés. L'un représente une espèce de sagittaire; il tient son arc et s'apprête à lancer une flèche. L'autre, moitié femme et moitié cheval, porte une massue d'une main et de l'autre un bouclier, avec lequel elle repousse le trait dirigé contre elle. Sa figure exprime l'effroi, comme si elle était vaincue d'avance? Est-ce encore une allégorie sur les amours du roi et de madame du Barry proclamant sa défaite en présence de son vainqueur? On était alors assez amateur de mythologie, pour que cette conjecture n'eût rien que de vraisemblable[1].

M. Le Roi, toujours défavorable à madame du Barry, a reproduit le récit des *Anecdotes* sur le mécontentement que la création de ce palais aurait causé au Dauphin et l'affectation que la favorite aurait mise en poussant les travaux avec plus de vigueur et d'ostentation. Il a ajouté cette réflexion qui lui appartient « que madame du Barry aimait à braver le mépris de la famille royale, » c'est ce qui, comme nous le savons, est le contraire de la vérité. La correspondance de Mercy et de Marie-Antoinette ne permet plus de doute à cet égard.

1. Etat des ouvrages de sculpture faits pour madame la comtesse du Barry, par Lecomte, sculpteur ordinaire du Roi, commencés en 1771. (MM. de Goncourt, II, 282. — Mémoires tirés des quatre volumes de la Bibliothèque.)

Pour son hôtel à Versailles. — Le fronton de dessus la porte d'entrée, composé de ses armes, support, accessoires et deux figures allégoriques de six pieds de proportion, exécuté sur place en pierre de Tonnerre, tant pour le modèle, moulage, exécution, voyages, etc., sept mille quatre cents livres, 7,400.

Dans les angles, deux centaures de neuf pieds de haut; bas-relief exécuté en pierre de Conflans, tant pour les modèles et exécution, voyages, deux mille six cents livres, 2,600.

13 décembre 1772 :

..... Les Beauvau, qui ont fait un voyage en Lorraine, sont de retour de jeudi soir. J'ai vu hier et avant-hier le prince et non la princesse, mais elle soupera demain chez moi ; elle est venue fort à propos ; on espère beaucoup en elle pour empêcher M. le duc d'Orléans de suivre l'exemple que vient de lui donner le prince de Condé en se réconciliant avec le Roi, malgré la protestation qu'il avait signée avec les autres princes, par laquelle ils faisoient serment de ne jamais reconnoître le nouveau Parlement et protestoient contre ce que la force ou la faiblesse pourroient leur faire faire. C'est M. le comte de La Marche (qui est le seul qui n'eut pas signé la protestation) et M. de Soubise qui ont été les négociateurs ; il y en a aussi qui disent l'abbé Terray, mais on affirme que ni le chancelier, ni le duc d'Aiguillon, ni la Dame n'y ont eu la moindre part. (*Correspondance de madame du Deffant*, II, p. 291.)

23 décembre 1772.

La demoiselle Guimard ayant dansé dans un petit ballet que madame la comtesse du Barri a donné, a reçu du Roi une pension de 1,500 livres. Cette légère faveur a été acceptée à cause de la main dont elle vient, car on sent que ce n'est qu'une goutte d'eau dans la mer ; il y aura de quoi payer le moucheur de chandelles des spectacles de cette illustre courtisane. (*Mémoires secrets*, tome VI, p. 287.)

CHAPITRE XVII

(1773).

MAUVAISE RÉCEPTION DE MADAME DU BARRY PAR MARIE-ANTOINETTE.
DÉBUTS DE MADEMOISELLE RAUCOURT.
SES RAPPORTS AVEC MADAME DU BARRY.

Avec l'année nouvelle recommencent les difficultés entre la Dauphine et la favorite. Marie-Antoinette écrit à sa mère le 13 janvier 1773 :

Le jour de l'an est ici un jour de foule et de cérémonie, je ne puis m'en faire ni mérite ni blâme pour les conseils de ma chère maman : la favorite est venue chez moi dans un moment où il y avoit beaucoup de monde. Je n'aurois pu parler à tous et j'ai parlé en général. J'ai lieu de croire que la favorite et sa sœur (pour sa belle-sœur, mademoiselle du Barry) qui est son premier conseil, auront été contentes, cependant, *je crois* que deux jours après, M. d'Aiguillon a voulu leur persuader qu'elles avoient été maltraitées. Quant au ministre, il ne s'est jamais plaint de moi pour lui, et, à la vérité, j'ai toujours eu attention de le traiter aussi bien que les autres ministres. (*Correspondance*, vol. I, p. 396.)

En 1772, Marie-Antoinette avait adressé à madame du Barry une parole tellement banale qu'il fallait beaucoup de complaisance pour y voir, nous ne disons pas une marque de faveur, mais simplement un signe d'attention; cependant Mesdames de France s'étaient fort courroucées et la Dauphine avait juré que madame du Barry *n'entendroit plus le son de sa voix*. Elle tint sa promesse et, le jour de l'an venu, elle parla *en général*, elle ne s'adressa pas à la favorite en particulier. Marie-Antoinette supposait que mesdames du Barry auraient dû être contentes, mais M. d'Aiguillon était là avec sa noirceur habituelle et, au bout de deux jours, il persuada à la favorite et à sa belle-sœur qu'elles ont été maltraitées. Marie-Antoinette n'affirme pas, mais elle *croit*, ce qui semble impliquer un doute. Pour s'en éclaircir, il faut consulter M. de Mercy qui, lui aussi, raconte la scène, et voici ce qu'il écrit à Marie-Thérèse, 16 janvier 1773 :

Mes représentations produisirent l'effet de porter madame l'Archiduchesse à parler au Dauphin sur tous les objets les plus essentiels; elle l'exhorta à faire un *meilleur emploi de son temps*.... et elle insista surtout avec force sur les raisons qui devoient l'engager à traiter la favorite d'une façon qui ne déplût point au Roi et qui fit cesser les plaintes et les tracasseries dont la famille royale étoit sans cesse tourmentée. Ce langage fit tellement impression à M. le Dauphin qu'au jour de l'an, la favorite s'étant présentée chez lui, il la traita fort bien et lui adressa la parole au grand étonnement de tout le monde.

Mais par un contraste auquel je ne devois pas m'attendre, il arriva que la comtesse du Barry fut *très mal reçue* chez madame la Dauphine qui ne dit pas un mot à personne, pas même à la duchesse d'Aiguillon, ni à la maréchale de Mirepoix, qui accompagnoient la favorite.

Je fus aussi surpris que consterné de cet incident, et je ne tardai pas à en aller faire des plaintes à madame l'Archiduchesse (discours de Mercy...). Son Altesse Royale parut un peu embarrassée de cette remontrance... ; elle me dit qu'elle croyoit avoir assez fait en persuadant M. le Dauphin de se prêter de meilleure grâce aux circonstances ; que, pour elle, en ne parlant à personne, elle avoit traité un chacun également, que par conséquent il n'y avoit pas lieu à se plaindre. .... Elle exigea que je rendisse à Votre Majesté un compte très mitigé de ce qui s'étoit passé dans la conjoncture dont il s'agit.

Je ne m'occupai plus qu'à tâcher de détruire la sensation qu'avoit pu causer ce petit événement.

Je trouvai d'abord la favorite assez mortifiée, mais je lui dis ainsi qu'à sa belle-sœur tant de choses sur le service important que leur avoit rendu madame la Dauphine, en adoucissant M. le Dauphin à leur égard que je parvins à leur persuader qu'elles avoient lieu d'être très satisfaites. La favorite me pria même de bien faire valoir auprès de madame la Dauphine la respectueuse reconnoissance qu'elle devoit à Son Altesse Royale et tout fut calmé de ce côté-là.

Je n'en fus pas quitte à si bon marché vis-à-vis du duc d'Aiguillon qui me dit, entre autres choses piquantes, qu'il sembloit que madame la Dauphine eût le projet de narguer le Roi par la façon dont elle traitoit les personnes qu'il affectionnoit le plus.

Mercy prend à l'entendre un ton de menaces. M. d'Aiguillon s'adoucit aussitôt et affirme qu'il n'a parlé que par zèle pour la personne de madame la Dauphine, désirant qu'elle employât, pour plaire au roi, toutes les grâces dont la nature l'a douée et affirmant qu'elle réussirait dans cet objet essentiel pour peu qu'elle voulût s'en occuper....

Marie-Thérèse intervient à son tour le 31 janvier, elle écrit de Vienne à Marie-Antoinette :

Je ne suis pas contente comme s'est passé le jour de l'an... ;

il faut le réparer à la première occasion ; le mois de février est bon pour cela comme celui de janvier. Je ne prétends pas trop en exigeant quatre ou cinq fois par an que vous adressiez sans affectation la parole à la favorite et vous ne sauriez mieux confondre M. d'Aiguillon si vous ne lui donnez aucune prise sur ce point...

La Dauphine reste inexorablement la même. On remarque qu'aux bals de la cour elle ne parlait pas aux femmes qui allaient chez la comtesse du Barry ; aussi le 17 février l'incident n'est pas encore clos, et Mercy y revient en ces termes (I, p. 412) :

A mon premier voyage à Versailles, je trouvai madame l'Archiduchesse occupée et peinée du reproche qu'elle se faisoit d'avoir eu au jour de l'an trop peu égard aux intentions de Votre Majesté dans la façon dont la favorite avoit été traitée. Je vis clairement que Son Altesse Royale cherchoit à tranquilliser sa conscience en se persuadant que la favorite n'avoit pas eu lieu de se plaindre et qu'en tout cas le mécontentement de cette femme n'étoit pas d'une assez grande importance pour qu'il pût influer sur des choses essentielles et nommément sur le maintien de la bonne harmonie entre les deux cours. Il me parut que madame la Dauphine, en me disant plusieurs raisons spécieuses, vouloit résoudre ses doutes là-dessus et croyoit me ramener à son sentiment. Je ne mis aucune modification à ma réponse et j'exposai à Son Altesse Royale qu'elle ne pouvoit pas se dissimuler trois vérités très réelles : la première, d'en avoir agi directement contre les avis et la volonté de Votre Majesté ; 2° *que la comtesse du Barry avoit été fort mal reçue au jour de l'an* ; et 3° que la mauvaise volonté de cette favorite pouvoit occasionner dans les affaires les plus essentielles des effets très dangereux et très nécessaires à éviter....

Ce qui revient constamment ici et ce qui ressort avec

évidence, c'est la mauvaise réception infligée à madame du Barry au premier janvier, conduite d'autant plus étrange de la part de Marie-Antoinette qu'en cette circonstance même elle avait exhorté son mari à traiter favorablement la favorite, au point de l'avoir déterminé à lui adresser la parole, au grand étonnement de tout le monde ; pour s'expliquer des contradictions pareilles, il faut se rappeler que la Dauphine n'était en réalité qu'une enfant, tirée en sens contraire par des coteries opposées, obéissant tantôt à une influence, tantôt à une autre et ne s'appartenant pas à elle-même en réalité. Un jour elle s'unit au comte de Provence « pour retirer le Dauphin du tripot de la du Barry ; l'instant d'après elle l'engage à parler à la favorite, et en même temps elle se refuse à dire un mot à celle-ci ou aux dames de son parti. Elle a 18 ans ! C'est tout le secret de ces inconséquences, trop heureuse si elle n'avait jamais commis de fautes plus graves ! »

Vers la fin de l'année 1772 (24 décembre), et dans les premiers jours de 1773, mademoiselle Raucourt fit ses débuts au théâtre. Elle était fort jeune, elle était belle et annonçait les plus grands talents pour l'art dramatique. Ses succès furent immenses, ils sont racontés en détail dans les *Mémoires secrets* [1]. Madame du Deffand écrit à Walpole :

> Les uns la trouvent divine, les autres pensent qu'elle le deviendra, je pense moi qu'elle sera *au-dessous* de mademoiselle Clairon et de mademoiselle Duménil. (Lettre du 11 janvier 1773.)

1. 24, 27, 28 décembre 1772 ; 4, 6, 8, 10, 13, 15, 17, 30 janvier 1773.

Là étaient en effet la difficulté et l'écueil pour la nouvelle débutante, faire oublier mademoiselle Clairon, qui s'était retirée dans la plénitude de sa gloire (1765), et lutter avec mademoiselle Duménil qui régnait encore dans les grands rôles [1] où elle s'était illustrée. La tâche était lourde et pouvait être périlleuse, elle triompha de tous les obstacles. Au rapport des contemporains, de mémoire d'homme, on n'avait vu rien de pareil; on s'écrasait aux portes, la scène était envahie par la foule, mademoiselle Raucourt avait conquis son public à Paris aussi bien qu'en province.

Les jeunes enthousiastes comme les vieux abonnés grondeurs, à la manière de madame du Deffand, tous étaient partisans de la débutante. Restait cependant une dernière épreuve, la ratification suprême de la cour.

Le début eut lieu à Versailles, dans le rôle de Didon, tragédie donnée en 1734, par Lefranc de Pompignan.

> Elle n'avait que seize ans et demi, faite à peindre, la figure la plus belle, la plus noble, la plus théâtrale, le son de voix le plus enchanteur, une intelligence prodigieuse... ; elle n'a pas fait une fausse intonation dans tout son rôle très difficile, il n'y a eu le plus léger contre-sens, pas même de faux geste...

Louis XV fut charmé, il décida que mademoiselle Raucourt serait immédiatement reçue dans la troupe de la Comédie-Française [2] et lui fit donner cinquante louis pour marque de sa satisfaction ; il la *présenta à la Dauphine* sous le nom de la reine de Carthage.

1. *Mémoires de Lekain*, p. 13.
2. Cependant, d'après les énonciations de la légende du portrait, elle n'aurait été reçue que le 23 mai 1773.

Enfin, ce qui fut très remarqué, il lui fit la faveur de rester pendant tout le temps de la représentation. Ordinairement il se retirait avant la fin, soit par fatigue ou ennui : il n'aimait pas la tragédie, soit pour se rendre au conseil qui avait lieu à neuf heures. Ici, le mérite était d'autant plus grand que la pièce était d'un auteur médiocre et qu'elle n'avait pas le mérite de la nouveauté.

Mademoiselle Raucourt remporta aussi les suffrages de madame du Barry. Cette belle comtesse lui demanda ce qu'elle aimoit le mieux, ou de trois robes pour son usage ou d'un habit de théâtre. L'actrice lui a répondu que, puisque la comtesse lui en laissoit le choix, elle préféroit l'habit de théâtre, dont le public profiteroit aussi. (*Mémoires secrets*, p. 302, t. VI.)

Cette promesse de la favorite est rapportée par les *Mémoires secrets*, à la date du 10 janvier. Madame du Barry ne tarda pas à s'en acquitter. On voit par le compte de ses fournisseurs que, dès le 14, Lenormand, son marchand de modes, apportait chez elle « l'habit destiné à mademoiselle Raucourt, dont le prix était de 6,662 livres[1]. »

1. Voici comment cet article est porté dans le mémoire de Lenormand, Prosper Ledru et Cie, de Paris :

4 janvier 1773.

Habit de mademoiselle Raucourt, fond d'argent, rayé d'or, broché or sorbée (*sic*) beau bouquet en soie et chenille nue, rebrodé en paillette et paillon, émaillé rubis et verd très riche, à 192 francs . . . . 3,840 liv.

Suite de l'habillement, etc. . . . . »

Total . . . . . . 6,600 liv.
(par évaluation)

(Bibl. nat., mss. t. I, p. 25).

Il existe un témoignage encore plus manifeste de la faveur de madame du Barry pour mademoiselle Raucourt et nous pourrions dire de l'amitié même qu'elle lui portait. Au moment où elle était au comble de la célébrité, plusieurs artistes se réunirent pour donner au public un portrait de la nouvelle actrice ; Sigismond Freudenberger, charmant dessinateur, avait retracé la figure de mademoiselle Raucourt dans le costume de Monime, de Mithridate, où elle s'était surpassée et avait eu un succès supérieur à celui qu'elle avait remporté dans ses précédents rôles. Moreau le Jeune s'était chargé des ornements qui comprenaient les attributs de Melpomène disposés autour de la tête et au-dessus de la scène de Mithridate. Lingée [1] avait gravé l'œuvre et l'avait dédiée à madame du Barry. Le blason de la dédicace et les armes de la soi-disant comtesse se trouvent au bas de l'estampe.

Ce n'est pas tout.

Après la mort de Louis XV, Demontvallier, intendant de madame du Barry, remit à Colet, le valet de chambre de celle-ci, un certain nombre d'objets destinés à être transportés de Versailles à Louveciennes. Il fut rédigé un état que je possède. Cet état contient un article rédigé en ces termes :

« *Gravures.* — Portrait de mademoiselle Raucourt, sous verre. »

Mademoiselle Raucourt, née Marie-Antoinette Saucerotte, a longtemps passé pour Lorraine, comme ayant reçu le jour soit à Nancy, soit à Dombasle. Elle était fille de parents qui appartenaient au théâtre et à la maison du roi de Pologne, Stanislas. Cette double cir-

1. Charles-Louis Lingée, né en 1751, graveur au burin et à la pointe.

constance suffirait pour expliquer la prédilection que madame du Barry lui aurait témoignée comme Lorraine elle-même, et nièce de Charles Bécu, dit Cantigny [1], valet de pied de Stanislas. Ce n'est qu'à une époque plus récente que M. Jal a découvert l'erreur et a prouvé que mademoiselle Raucourt était née à Paris. Ses parents avaient pris la qualité de *bourgeois de Paris*, pour échapper sans doute à l'interdit qui pesait alors sur les comédiens. Madame du Barry n'était pas dans le secret de cette dissimulation ; elle devait voir dans la jeune débutante une compatriote et presque une amie, de là les marques de bienveillance qu'elle lui donne ici.

Terminons ce tableau des rapports entre madame du Barry et mademoiselle Raucourt par la comparaison avec ce que nous en disent les *Anecdotes :* il est toujours utile de mettre le mensonge en face de la vérité, l'un est le contraste et le complément de l'autre, comme l'ombre est à la lumière.

A entendre le sieur Pidansat, madame du Barry voulut faire voir au roi la nouvelle actrice, qui était jeune et jolie.

Elle n'avoit rien à craindre d'une telle concurrente, s'empresse-t-il d'ajouter, elle la regardoit au contraire comme pouvant aiguillonner le physique languissant de son royal

1. Voici l'acte mortuaire de Charles Bécu, père propre d'Anne Bécu, conséquemment oncle de madame du Barry.

L'an 1773, le vingt-huitième janvier, à trois heures du matin, est décédé en cette paroisse le sieur Charles Bécu de Cantigny, veuf de Catherine Petit (pensionnaire du feu roi de Pologne) âgé de 77 ans, muni des sacrements. Son corps a été inhumé le même jour dans le cimetière avec les prières et cérémonies ordinaires, en présence des témoins soussignés.

Joseph Vautier, etc. Isidor, curé.

Extrait des registres de la paroisse de Lunéville, diocèse de Toul en Lorraine.

amant. Elle réussit un instant. Sa Majesté resta pendant tout le temps de la tragédie de Didon... Madame du Barry l'introduisit ensuite auprès de Sa Majesté, dans un boudoir attenant à la loge du Roi, où le prince se retiroit avec sa maîtresse pendant le spectacle pour folâtrer et se livrer à toutes les privautés des amants. On ne sait ce qui se passa dans l'intérieur; il est à présumer que cet auguste paillard se livra à tous les mouvements de la chair que pouvoit exciter en lui cette beauté fraîche et piquante, car elle sortit de cette entrevue comblée des bienfaits du maître et de la favorite. Le propos de celle-ci, qui l'exhorta à être *sage*, parut très plaisant et pouvoit faire encore mieux croire que l'actrice avoit plu à Sa Majesté.

Il est impossible d'admettre que madame du Barry se soit donné volontairement une rivale redoutable, plus jeune qu'elle, aussi belle, dans tout l'éclat du triomphe; madame de Pompadour l'a fait sans doute, mais dans d'autres conditions, lorsqu'elle était déjà sur le retour, malade et impuissante à satisfaire les caprices du roi, qui lui était souvent infidèle malgré elle ou à son insu, sans qu'elle le sût ou le voulût [1].

Jamais madame du Barry n'a été accusée de s'être prêtée à ce trafic que madame de Pompadour a pratiqué de son propre aveu. Les situations n'étaient nullement les mêmes et, suivant nous, Pidansat n'a risqué sa calomnie que sur la foi des précédents laissés par madame de Pompadour. On ne sut rien, dit-il lui-même, de ce qui s'était passé dans l'intérieur de la loge; il *est à présumer* que Louis XV se livra à tous les mouvements de la chair, etc. Non, disons-nous à notre tour, une obscénité ne se présume pas plus que toute autre action honteuse, il faut la prouver ou se taire.

1. Voy. *Mémoires de madame du Hausset.*

Le tort de l'auteur des *Anecdotes* est d'autant plus grave en cette circonstance que le contraire de ce qu'il avançait est établi par l'ouvrage qui lui servait de guide, les *Mémoires secrets de la République des lettres.*

Il en résulte en effet que ce jour où le roi fit à mademoiselle Raucourt la faveur de rester au spectacle pendant tout le temps de la représentation de *Didon*, ce qui est bien le même que celui désigné par les *Anecdotes*, Louis XV présente l'actrice à *madame la Dauphine* sous le nom de la reine Didon. Que devient dès lors la scène de la petite loge ? Est-il admissible que deux faits aussi dissemblables, aussi exclusifs l'un de l'autre, pour ainsi dire, aient pu se passer ensemble au même moment?

Que les *Anecdotes* prêtent à madame du Barry une recommandation à mademoiselle Raucourt d'être sage, alors qu'elle venait de la livrer à la lubricité du roi en sa présence ! Soit, c'est une plaisanterie mordante dans le genre des contre-vérités que nous avons déjà vues [1].

Rien de mieux, madame du Barry était assurément justiciable du ridicule, nous ne l'avons jamais nié, mais rire n'est pas calomnier. Ajoutons qu'à ce moment mademoiselle Raucourt passait pour parfaitement pure; elle avait repoussé les propositions les plus séduisantes, les plus exorbitantes [2], au grand ébahissement, au grand scandale des contemporains. Elle ne cesse que plus tard d'être un *tigre* de vertu (29 août 1773), ce qui fut noté comme chose digne de remarque, elle avait résisté six mois :

Grande ævi spatium.

On sait, hélas ! ce qu'elle devint plus tard.

1. V. l'affaire La Morlière, t. Ier, p. 226.
2. V. *Mém. sec.*, 8 janvier 1773.

12 août 1773. — Mademoiselle de Raucourt, pour mieux s'exercer, est allée à Compiègne et y joue dans la troupe de Préville.

Depuis que le Roi est dans ce lieu, madame la comtesse du Barry a fait donner une représentation au profit de cette actrice. Elle a bien voulu distribuer elle-même des billets aux seigneurs de la cour, qui, pour lui plaire, se sont empressés d'en prendre. C'est ainsi que cette illustre favorite cherche à encourager les talens. (*Mémoires secrets*, VII, p. 46.)

Mademoiselle Raucourt figure encore dans la fête donnée par madame du Barry à Versailles.

Elle joue le rôle de *Melpomène*, naturellement, puis trente ans s'écoulent; nous ne savons si les deux amies se revirent, mais elles se retrouvèrent dans un lieu sinistre, à Sainte-Pélagie, où mademoiselle Raucourt entra le 3 septembre 1793 avec les neuf artistes du Théâtre français arrêtés[1], et où madame du Barry est conduite le 22 septembre, en vertu d'un arrêt du Comité de sûreté générale. Elles sont sorties de cette prison, mademoiselle Raucourt le 7 germinal an II, et madame du Barry le 9 brumaire an II, pour être transférées à la Force. Elles ont donc pu se voir, puisqu'on sait, par les *Mémoires de madame Roland*, qui était aussi en même temps à Sainte-Pélagie, que les détenues communiquaient entre elles.

1. Les citoyennes Lange, Petit, Fleury, Joly, Suin, Devienne, Lachassaigne, Raucourt et Mezeray, attachées au Théâtre français.

CHAPITRE XVIII

FÊTES DONNÉES A MADAME DU BARRY ET PAR ELLE ;
SCÈNES COMPOSÉES POUR ELLE PAR L'ABBÉ VOISENON,
JOUÉES DANS SON HOTEL A VERSAILLES.

Le carnaval de l'année 1773 fut très brillant. Les bals de l'Opéra furent très suivis, disent les Nouvelles à la main du temps ; il y eut un grand nombre de bals particuliers à la cour et à la ville. Les Nouvelles citent notamment ceux donnés par madame la comtesse de Noailles à la Dauphine, par le fils du Roué, à sa tante, mademoiselle Françoise du Barry, dans l'appartement qu'elle occupait au château. Enfin, celui du duc et de la duchesse d'Aiguillon dans leur hôtel à Versailles, le samedi 18 février.

A cette fête charmante assistoient madame du Barry et d'autres dames, ainsi que tout ce qu'il y a de grand. Il y a eu plusieurs petites pièces faites depuis pour la fête et qui ont parfaitement réussi : des ballets délicieux, un grand souper et un bal masqué. Les appartements étoient décorés avec le plus grand goût ; cette fête est une des plus agréables et des mieux entendues qu'on ait jamais données. (Recueil de la Mazarine. — Ayant appartenu à M. de Penthièvre.)

L'hôtel d'Aiguillon était situé à Versailles, sur la place d'Armes, où est aujourd'hui le théâtre des Variétés. Madame du Barry ne pouvait rester sans rendre la politesse qui lui avait été faite par M. le duc et madame la duchesse d'Aiguillon. Aussi, quelques jours après, le même recueil annonçait :

Qu'elle avait donné un bal dans le pavillon qu'elle avait acheté à Versailles : on y a exécuté de petits ballets délicieux et d'autres genres de fêtes charmantes. (25 février 1773.)

Dans ce fait si simple : une fête donnée et rendue, Pidansat de Mayrobert a trouvé moyen de découvrir une intention politique. M. d'Aiguillon et madame du Barry voulaient par là *mieux annoncer leur ligue* [1] : ce qui fut fort applaudi par un certain parti et jalousé par l'autre. On cita surtout dans celle donnée par le premier une fête villageoise où il était question d'un *serpent noir* sous lequel les malins voulurent que M. le chancelier fût désigné. Le roi même, qui ne tenait à rien et se moquait de tout, en plaisanta M. de Maupeou. Celui-ci sentit où cela pouvait porter, en conçut beaucoup d'humeur et en fit des reproches amers à l'abbé de Voisenon, auteur de la plupart des divertissements. C'était en effet d'autant plus indécent à ce poète qu'il avait, un an auparavant, fait des couplets en l'honneur du chef suprême de la justice, qu'il offensait gravement en ce moment-là.

Nous déclarons ne rien comprendre à ce manifeste d'une nouvelle espèce; deux bals pour annoncer une ligue ministérielle ! Nous ne voyons pas davantage pourquoi un parti aurait applaudi, tandis que l'autre

1. *Anecdotes*, p. 204.

aurait été jaloux, à moins qu'on ne veuille dire que les mécontents n'étaient pas invités. Effet tout naturel et qu'ont éprouvé tous ceux qui ont donné des réceptions.

Pidansat continue et va nous donner quelques détails intéressants sur la fête de madame du Barry. Celle-ci, dit-il, fut plus brillante et plus magnifique. Cependant S. M. ne s'y trouva pas, ce qui la mortifia et fit dire un quolibet (tiré du jeu de piquet et peu piquant, selon nous).

Il y eut quatre spectacles différents et environ cent comédiens, chanteurs et danseuses des trois théâtres.

On avoit imaginé toutes sortes de surprises agréables pour exprimer les charmes puissans de cette dame. On parloit entre autres d'un gros œuf d'autruche, qui s'étoit trouvé comme par hasard au milieu d'un salon : on avoit affecté d'appeler la comtesse pour lui faire voir ce phénomène, éclos subitement. A peine s'en étoit-elle approchée qu'il s'étoit ouvert ; un Cupidon tout armé en étoit sorti, et le mot de cette espèce de proverbe en pantomime galante étoit qu'un seul de ses regards faisoit éclore l'amour. Dans un autre intermède ce dieu perdoit son bandeau et désignoit la passion éclairée du monarque pour la favorite. On voit que cette fête appellée (*sic*) de madame du Barri, parce qu'elle en avoit fait les fraix (*sic*), étoit, ainsi que celle du duc, totalement en honneur et gloire de la déesse du jour. (*Anecdotes*, p. 305.)

Ces allégories empruntées à la Fable étaient tout à fait dans le goût du temps; elles étaient encore en vogue au commencement du XIXe siècle; nous n'avons aucune raison ni aucune envie de récuser ici l'auteur des *Anecdotes*. Nous allons même essayer de compléter son récit. Il attribue à l'abbé de Voisenon les *divertissemens* représentés chez M. le duc d'Aiguillon. Nous aurions voulu, mais nous n'avons pu retrouver ni la fête où figurait le *serpent noir*, image prétendue du chancelier, ni même le proverbe galant de l'œuf d'autruche, ou l'intermède de l'Amour perdant son bandeau. Mais si nous n'avons pu mettre la main sur aucune de ces ingénieuses allégories, nous possédons deux pièces, composées très probablement pour la même solennité en honneur de madame du Barry. Ce sont des scènes en vers libres, intitulées l'une : *le Réveil des Muses, des Talents et des Arts;* l'autre : *le Marchand de baromètres.*

Parlons d'abord de la première : elle se compose de deux parties; un prologue par l'abbé de Voisenon, des fêtes (*sic*) par Favart [1]. Voici le scenario de l'ensemble par Fâvart fils, pour le tableau des rôles et des acteurs :

LE RÉVEIL DES MUSES, DES TALENTS ET DES ARTS.

Personnages.	Acteurs.
Thalie.	Mme LA RUETTE.
Melpomène	Mlle RAUCOURT.
Terpsicore.	Mlle DERVIEUX.
Le Génie de l'Opéra.	
Le Génie de la Peinture.	
Le Génie de la Sculpture.	
Troupe d'Enfants.	
Un suivant de Terpsicore .	M. DAUBERVAL.
Frontin, valet de Thalie. .	M. PRÉVILLE.
Le Drame	M. SUIN.

On voit Thalie, Melpomène et les autres personnages endormis.

1. On appelait ainsi des divertissements : couplets, saynètes, ballets, composés pour des fêtes de société. Laujon en a donné la théorie et l'exemple (vol. IV, p. 160). « Les occasions les plus fréquentes de ces fêtes, grandes ou petites, étaient en général des objets d'éloges présentés avec gaîté. »

SCÈNE PREMIÈRE.

L'AMOUR.

Air : *Réveillez-vous, belle endormie.*

En ces lieux du Barry s'avance,
Plaisirs, soiés tous ranimés.
Est-il possible en sa présence
Que des yeux demeurent fermés?

THALIE AU GÉNIE DE L'OPÉRA.

Ah! j'entens un nom qui nous presse
De nous rassembler tous.
Le charme cesse,
Eveillons-nous.

CHŒUR.

Le charme cesse,
Eveillons-nous.

FRONTIN.

Quand le tendre Quinaut et le divin Molière
Furent privés de la clarté du jour,
Un charme assoupissant borna notre carrière,
Et les yeux endormis attendaient que l'Amour
Offrît une beauté plus belle que sa mère
Qui viendrait rendre la lumière
Aux grâces, aux talents, pour en former sa cour.

Ce début suffit pour donner une idée de toute la pièce, qui présente un mélange du genre féerique, mythologique et pasquin. Tout est, bien entendu, en honneur « de la divinité qui rend heureux Luciennes ». Nous sautons par-dessus nombre de fadeurs dont on pourra lire les détails aux Pièces justificatives pour arriver à la conclusion.

TERPSICORE.

Air : *Monseigneur, vous ne voyez rien.*

Dès qu'on prononce votre nom,
Les talents reprennent naissance.
Le sentiment sert d'Apollon,
Le vôtre en est la récompense.
Sans altérer la vérité,
Quand on veut flatter la beauté,
Le mot favori,
Le mot du guet est du Barri.

THALIE.

Air : *Il faut, quand on aime une fois.*

L'amitié voit d'un œil bien doux
Les bons cœurs autour d'elle,
Afin de les rassembler tous,
Et pour piquer leur zèle,
Elle a fixé le rendez-vous
Où brille leur modèle.

THALIE (alternativement avec les chœurs).

Air : *Suivons l'Amour, c'est lui qui nous mène,*

Cette beauté nous a fait renaître,
Tous les talents deviennent son bien ;
Pour l'amuser nous devons paraître :
Notre triomphe est aujourd'hui le sien.
Chantons, chantons l'astre tutélaire
Qui nous a tous tirés du sommeil.
Si nous n'avions l'espoir de lui plaire
Sentirions-nous le charme du réveil ?

Ces galanteries insignes sont tout à fait dans le goût de Voisenon. Ce n'est pas la première fois qu'il en commettait de semblables. Il avait déjà donné le *Réveil de Thalie*, comédie en un acte et en vers, représentée aux Italiens le 19 juin 1750, par conséquent, sous le règne de madame de Pompadour, et probablement en son honneur [1]. Le manuscrit de la pièce est tout entier de sa main et porte cette attribution de l'écriture de Favart fils : « Autographe de Voisenon. » Il n'y a pas de date, mais il est facile d'y suppléer.

Nous avons vu que mademoiselle Raucourt n'avait débuté à Paris qu'en 1772, et au commencement de 1774 la faveur de madame du Barry avait pris fin avec la vie de Louis XV. En 1775 (22 nov.) Claude-Henri-Fusée de Voisenon expirait à son tour. Cette pièce et la suivante ne peuvent donc être que de 1773, et la date que nous avons adoptée doit être admise, puisque, suivant Pidansat, croyable quand il n'a pas d'intérêt à déguiser la vérité, les divertissements représentés chez M. le duc d'Aiguillon étaient bien de notre auteur.

A part le couplet assez joli sur le mot du guet, tout le reste est d'une flatterie excessive, que les contemporains eux-mêmes, tout habitués qu'ils fussent à ces pauvretés, n'auraient pas applaudi sans les acteurs d'élite qui avaient accepté des rôles par considération sans doute pour l'ordonnatrice de la fête et pour l'auteur, un vétéran du théâtre, ainsi M. et madame Favart, Madame Laruette, Raucourt, Dervieux, jolie comme l'Amour, *lit-on dans le Parc-aux-Cerfs,* toute jeune et très connue, Préville, Dauberval, pouvaient certes soutenir la pièce au point de vue de la déclamation, du chant et de la danse. On remarque les deux

1. V. *Œuvres de Voisenon*, édit. Moutard, 1781, I, p. 425.

noms de Raucourt, de Dauberval, artistes préférés de madame du Barry.

N'oublions pas une dernière remarque que nous suggèrent ces deux vers de Thalie :

Quel est cet homme noir efflanqué, sec et noir,
Je crois qu'il a le spleen, il me fait peur à voir !

On pourrait s'y tromper et prendre ce portrait pour celui de M. de Maupeou. Il avait, selon Senac de Meilhan, « une figure de juif, un teint olivâtre, des manières de pantalon, un regard faux et perfide... » Mais non, ce n'est que le *Drame* que Voisenon a voulu symboliser.

Je suis le fils de Yonch[1] et vous êtes ma mère,
. . . .
Je suis le drame atrabilaire
. . . .
Moins propre à vous réjouir qu'à vous faire pleurer.
. . . .

Il paraît qu'il y aurait eu un intermède de danse après le prologue. On lit sur un des manuscrits au crayon : « Ballet de M. Vestris, au théâtre. » Puis viennent les fêtes, composées par Panard, avec cet avertissement :

Mes amis, voilà des couplets que j'ai faits pour plusieurs personnes de cette honorable compagnie. Je vous prie de les chanter pour moi.

Nous ne citerons qu'un couplet, à cause du person-

1. Pour Young.

nage auquel il est adressé. Les autres, quoique paraissant l'œuvre de Panard, sont trop peu dignes de sa réputation pour trouver place ici.

POUR M. DE SOUBISE.

Air : *Voilà le plaisir des dames.*

De notre chevalerie
Il nous retrace l'honneur.
Loyauté, galanterie,
Pour asile ont pris son cœur.
L'Amour dit tout bas aux femmes :
Vous ne pouvez mieux choisir.
Voilà le plaisir des dames,
  Voilà le plaisir.

Le second manuscrit porte cet intitulé : *Autographe de Voisenon.*

SCÈNE DU MARCHAND DE BAROMÈTRES.

(Il explique, à la louange de madame du Barry, les divers temps marqués sur son baromètre.)

Ici commence immédiatement le manuscrit de Voisenon : pas de programme de la pièce.

On voit paroître un masque vêtu depuis la teste jusqu'aux pieds de baromètres de formes différentes.

UN MASQUE.

Parbleu ! voilà un masque d'une espèce toute nouvelle. C'est une boutique ambulante de baromètres de toutes les formes.

UN AUTRE MASQUE.

Je crois que c'est la première fois qu'ils se sont avisés de vouloir donner des contredanses.

PREMIER MASQUE.

Holà ! ho ! Mons des baromètres, que venez-vous faire ici ?

L'HOMME AUX BAROMÈTRES.

Je viens marquer le temps : c'est une science qui n'est pas tout à fait inutile à la cour.

SECOND MASQUE.

En voici un dont je serois tenté...

L'HOMME.

Il est retenu par une dame qui préside aux constellations favorables.

PREMIER MASQUE.

Je suis curieux de l'examiner ?

LE MARCHAND.

Je vais vous l'expliquer.

FROID.

Du Barry de ces lieux a chassé la Froidure,
Ses regards forment le Printemps.
Son cœur serein ressemble à sa figure,
Son baromètre est toujours au beau temps.

Voilà de l'adulation d'abbé de cour, mythologique et hyperbolique. Madame du Barry régnant sur les frimas et *formant le printemps de ses regards*. C'est par trop fort. Ces flagorneries se prolongent : nous les abrégeons et nous arrivons à un endroit assez curieux sous ce double rapport qu'il contient une allégorie et une date.

Tandis que le marchand débite des compliments à la louange de madame du Barry, la scène est interrompue.

On entend du bruit et l'on voit une troupe de mariniers et de paysans qui dansent entre eux.

Vivat, vivat, nous revoyons Versailles !

UN MASQUE.

Ha! ha! ce sont les mariniers de *Saint-Cloud* et les habitants du *Raincy* qui ont accompagné leurs princes.

M. DE L'ARRIVÉE.

Air : *La Prise de Mahon.*

Deux astres favorables,
Aux mariniers toujours secourables
Dans les tems redoutables,
Sont dans ce beau séjour
De retour, de retour, de retour.

On les avoit perdus.
L'étoile de Vénus
Qui n'aime pas la guerre
Et sait calmer le Dieu du Tonnerre
Et par bonheur la terre
Revoit ces astres-là.
Les voilà, les voilà, les voilà.

Tout comble nos désirs,
Nous n'avons que plaisirs.
Les vents et les tempestes
Ne pourront plus gronder sur nos testes,
Tous nos jours sont des festes
Depuis ce retour-là.
Les voilà, les voilà, les voilà!

L'auteur était un membre de l'Académie française, mais de nos jours ce titre ne le protègerait pas contre des murmures significatifs, s'il se permettait des poésies pareilles envers un public libre. Il est probable que les spectateurs durent applaudir chaleureusement ces misères. L'allusion aux princes d'Orléans est évidente. On sait qu'ils venaient de faire leur paix avec la cour.

Saint-Cloud et le Raincy leur appartenaient notoirement[1]. Leur réapparition à Versailles, d'où ils avaient été exilés, avait eu lieu au commencement de 1773.

On apprend par la *Gazette de France* que le 2 février, fête de la Purification de la Vierge, le roi s'était rendu à la chapelle du château, avec les dignitaires et les chevaliers de l'ordre du Saint-Esprit, précédé des princes du sang, entre autres du duc d'Orléans, du duc de Chartres, etc. (V. *Gazette* du 5 fév. 1773.)

C'était quelques jours seulement avant la fête de madame du Barry. Il y a donc une date dans la réconciliation qui est un fait historique[2].

Le 9 mars 1773, les *Mémoires secrets* rapportent qu'un plaisant s'est amusé à faire un thermomètre en portraits, c'est-à-dire par une allégorie soutenue à caractériser le degré de faveur où est chaque ministre, ainsi que leur situation et leur caractère. Les voici :

Madame la comtesse du Barry . . . *Au beau fixe.*
Le roi. . . . . *Au variable.*
. . . .
. . . .
. . . .
Le chancelier . . . . *A la tempête.*

(Additions aux *Mémoires secrets*, vol. XXIV, p. 284.)

1. V. Dulaure, *Environs de Paris.*

2. Cette réconciliation avait commencé par la soumission du duc de Condé et du duc de Bourbon, son fils, mus par le désir d'obtenir le cordon bleu pour ce dernier. « Ce qui, suivant Mouffle d'Angerville, donna lieu de dire sur leur premier voyage à Versailles : que le *Père et le Fils* étaient allés chercher le *Saint-Esprit* (*Vie privée de Louis XV*, IV, p. 233). Les ducs d'Orléans et de Chartres ne tardèrent pas à suivre. »

Il y a un grand air de famille entre ces deux parodies : le *Marchand de baromètres* et le *Thermomètre de la cour*. Les sujets sont pour ainsi dire identiques. Dans chacune de ces mascarades, madame du Barry est l'image du *beau temps*, du *beau fixe*, double adulation, et sur sa figure et sur sa faveur toujours croissante. Qui a eu la priorité dans cette enchère de flatteries ? Ce serait l'abbé Voisenon, d'après les dates apparentes qui se trouvent fixées par ses écrits que nous avons cités ; mais, quoique les *Mémoires secrets* ne placent l'apparition de leur thermomètre que le 19 mars 1773, cette plaisanterie aurait bien pu courir depuis plus longtemps. Ce serait alors l'abbé Voisenon qui aurait saisi au vol l'à-propos pour le mettre en scène et qui conséquemment serait ici l'imitateur. Nous ne pourrions nous prononcer, et, en vérité, la question n'en vaut pas la peine.

CHAPITRE XIX

ANECDOTE DE MADAME DE ROSEN CONTROUVÉE.

Au milieu de ces fetes galantes, la note aiguë de l'envie ne laissait pas de se faire entendre. Déjà l'auteur des *Anecdotes* nous avait avertis que le parti Choiseul avait vu d'un mauvais œil les bals qui s'étaient donnés réciproquement. On reconnaît l'esprit de cette coterie dans les inventions qui circulaient alors et qui tendaient à faire peser sur madame du Barry la responsabilité d'un acte odieux.

Une certaine dame de la Cour aurait encouru le ressentiment de la favorite en tenant sur elle quelques propos indiscrets. Madame du Barry en aurait conçu beaucoup d'humeur et aurait porté plainte au roi qui aurait ordonné à cette dame d'aller faire ses excuses à qui de droit. Elle s'y rendit en effet ; mais à peine arrivée chez la favorite, elle aurait été saisie de vive force par ses femmes de chambre et aurait subi une flagellation aussi cruelle qu'indécente. Le roi n'aurait fait qu'en rire et n'aurait manifesté ni colère ni mécontentement. Tel est le gros de l'aventure. Entrons dans les détails avec un contemporain.

On lit dans les *Mémoires de Hardy*, écrits jour par jour comme des livres et sur des registres de commerce.

Mardi 16 février 1773 :

AVENTURE SINGULIÈRE ET PEUT-ÊTRE FAUSSE

D'une dame de la cour.

Il se répand que la marquise de Rosen, petite nièce du duc de Fitz-James, de la maison de Matignon, et l'une des dames préposées pour accompagner madame la comtesse de Provence, laquelle avoit eu l'imprudence de tenir quelques propos indiscrets sur le compte de madame la comtesse du Barri, qui en avoit porté ses plaintes au Roi; ayant reçu de S. M. des ordres d'aller en faire des excuses à cette dame, et s'étant rendue chez elle pour obtempérer à ces ordres, avoit été introduite par un escalier dérobé, dans un petit cabinet où elle avoit trouvé quatre ou cinq femmes de chambre de la comtesse, qui, s'étant jettées sur elle, l'avoient fouettée cruellement; que vainement elle avoit cherché à s'échapper de leurs mains et qu'elle n'a pu en venir à bout qu'après avoir subi une correction des plus injurieuses. Qu'ayant voulu, dans la rage qui l'animoit si justement, courir chez la comtesse pour se plaindre à elle-même d'un traitement aussi indigne, elle n'avoit trouvé sous ses pas que des gens qui crioient tout haut, au c.. fouetté, ce qui l'avoit forcée de se retirer sans pouvoir exécuter sa résolution. On ne pensoit pas, si cette aventure incroyable étoit telle qu'on la racontoit, que cette dame pût jamais reparoître à la Cour où elle se verroit sans cesse exposée à une infinité de mauvaises plaisanteries.

On voit avec quelle réserve s'exprime l'honnête libraire ! Aventure *singulière* et peut-être *fausse* et plus loin, cette aventure *incroyable*, *si elle étoit telle qu'on l'a racontée.*

D'où lui viennent ses doutes? Il est facile de le comprendre. Il s'agit d'une bien grande dame, la petite nièce d'un duc et pair, du duc de Fitz-James! de la maison de Matignon, et ce n'est pas tout. Elle est dame pour accompagner madame la comtesse de Provence. Enfin elle est marquise de Rosen, belle-fille de Anne-Armand de Rosen et de Bolviller, comte de Grammont, baron de Saint-Remy, lieutenant-général des armées du roi, femme du comte de Grammont, maréchal de camp. C'est une femme de ce rang, dans cette condition, qui aurait été traitée d'une aussi ignoble manière, au milieu de la cour, au moment où elle obéissait aux ordres de S. M., sans que sa famille eût ressenti l'outrage, sans que la noblesse tout entière eût pris parti pour elle et obtenu la réparation de l'attentat ou en eût vengé l'offense! Qui le croira? Il eût suffi, d'ailleurs, que madame la comtesse de Provence eût fait entendre une plainte. On avait alors un intérêt extrême à la ménager, puisque la cour de France négociait un double mariage de la sœur de cette princesse avec le comte d'Artois, et de mademoiselle Clotilde avec le prince de Piémont. Une injure aussi grave envers une des dames de madame de Provence aurait atteint alors les proportions d'une affaire d'Etat.

Nous nous rappelons comment la Dauphine avait protégé la comtesse de Gramont, coupable, elle, d'une voie de fait légère envers madame du Barry [1].

Voici maintenant comment deux ans après, lorsque les faits sont loin et déjà bien oubliés, bien effacés par tant d'autres, le sieur Pidansat s'en empare et les range au nombre de ses *Anecdotes*:

Madame la marquise de Rozen, dame pour accompagner madame la comtesse de Provence, faisoit depuis quelque temps assiduement sa cour à madame du Barri. Celle-ci

1. V. t. Ier, p. 398 et suiv.

l'aimoit beaucoup et l'avoit prise dans son intimité. Elle étoit extrêmement jeune, mignonne, et avoit l'air d'un enfant, ce qu'il faut savoir.

La favorite ne manqua pas de la mettre de la fête. Madame de Rozen y assista; mais peu après, rompit tout à coup avec sa bonne amie, ou du moins se refroidit considérablement. Il est probable que ce fut relativement à la princesse à laquelle elle avoit l'honneur d'appartenir, qui lui fit des reproches sur ses assiduités auprès d'une personne aussi affichée et surtout sur ce qu'elle s'étoit fait noter à la Cour, en assistant à la fête qu'elle avoit donnée. Quoi qu'il en soit, la comtesse fut sensible à un tel changement; elle en témoigna son humeur au Roi, qui, en plaisantant, dit : « Bon, c'est un enfant propre à recevoir le fouet. » Madame du Barri prend le propos à la rigueur. Un jour que madame de Rozen l'étoit venue voir dans la matinée, après avoir déjeuné amicalement avec elle, elle lui proposa de passer dans un boudoir, pour causer plus particulièrement. Là se trouvent quatre femmes de chambre, qui s'emparent de la coupable et la flagellent d'importance. La fouettée, furieuse, en porte ses plaintes au Roi, qui n'eut rien à répliquer à sa maîtresse, lorsqu'elle lui rappela qu'elle n'avoit fait qu'exécuter le jugement de S. M.

Celle-ci finit par en rire; et madame de Rozen, par le conseil de M. d'Aiguillon, se rencontra chez la comtesse. Après quelques railleries sur le c.. (fouetté), ce qui a fait connoître et confirmé l'anecdote, les deux amies s'embrassèrent et convinrent que tout s'étoit (*sic*) oublié.

Mais le public n'oublie rien; la comtesse de Provence ne l'oublia pas non plus. Heureusement pour madame du Barry, cette princesse étoit dans l'impuissance de se venger.

Madame la Dauphine parut vouloir le faire par une niche seulement[1]...

1. *Anecdotes*, p. 306.

Pour faire justice du récit de Pidansat, il suffit de le lire attentivement.

Madame de Rosen, dit-il, avait été invitée par madame du Barry à la fête rendue par elle à M. le duc d'Aiguillon. Elle y avait assisté et était l'objet des reproches de madame la comtesse de Provence (celle-ci s'était fait noter à la cour suivant la princesse en assistant à la fête donnée par la favorite, une femme aussi affichée...). Quelle est la date de cette fête?

Pidansat ne la donne pas. Il n'en donne jamais. Cherchons-la donc ailleurs. D'après *les Nouvelles à la main Penthièvre*, fort exactes en général, la fête dite de madame du Barry serait du 23 ou 24 février, et dans aucun cas elle ne pouvait être antérieure au 18, jour du bal donné par M. le duc d'Aiguillon à la favorite, puisque cette fête était rendue en raison du bal.

Or, le récit de Hardy est placé par son journal au mardy 16 février. — Dès avant ce jour, on parlait des voies de fait exercées par madame du Barry sur madame de Rosen. Ces voies de fait ne pouvaient donc avoir leur explication dans une fête donnée dix jours plus tard. La cause ne peut suivre l'effet.

Autre contradiction.

Suivant l'auteur des *Anecdotes*, le courroux de madame du Barry venait de ce que madame de Rosen avait rompu *tout à coup avec elle* par suite des reproches de la comtesse de Provence.

Tournez la page et vous y lirez exactement le contraire :

« Un jour que madame de Rosen était venue voir madame du Barry dans la matinée, après avoir déjeuné amicalement avec elle, etc. »

Voilà une singulière rupture! Un refroidissement

d'une nouvelle espèce. Aller l'une chez l'autre dès le matin, par conséquent avec familiarité, déjeuner ensemble, et ce amicalement. On ne conçoit guère comment madame du Barry se serait trouvée indignée d'un pareil procédé, elle qui était habituée à supporter tant d'injures !

Il y a, en outre, dans l'ensemble de l'aventure un arrangement qui lui donne l'air d'un conte fait à plaisir. On dirait un vieux fabliau gaulois, avec sa saveur rabelaisienne, qui a couru le monde et dont il ne serait pas impossible de retrouver l'origine. Il n'en a pas fallu davantage aux rieurs, qui ont mis l'anecdote sur le compte de madame du Barry, et Pidansat se sera empressé de s'en faire l'écho.

Il pouvait écrire tout ce qu'il voulait. Madame du Barry était déchue alors, incarcérée. Elle n'avait d'ailleurs jamais répondu aux attaques dont elle avait été l'objet. L'auteur des *Anecdotes* croyait donc pouvoir inventer et broder à son aise. Il y avait cependant des témoins placés plus près que lui de la cour et plus sérieux qui devaient surgir et servir à contrôler ses chroniques.

Mercy, d'abord, un écouteur aux portes émérite. Parle-t-il de cette scène, qui aurait été un véritable événement dans cette cour de Versailles où les moindres bagatelles prenaient sous sa plume des proportions colossales ? Non, il n'en dit, il n'en sait rien. Bien mieux, à cette même date du 17 février, lorsque tout le palais de Versailles doit retentir d'un tel scandale, il saisit l'occasion pour parler de madame du Barry à Marie-Thérèse le 17 février comme jamais il ne l'avait fait. « Cette favorite, dit-il, saisit l'occasion de dire plusieurs choses très agréables sur les grâces dont madame la Dauphine est douée » (I, p. 417). Il prenait bien son temps !

Et madame du Deffant, argus infatigable, quoique aveugle. Elle écrit à Horace Walpole de longues lettres le 17 février, le 24 février, le 26 février 1773. Elle s'explique précisément sur les points qui nous occupent. «Quel intérêt, dit-elle, prend-on à Londres à ce qui se passe à Paris ? Qu'importe à milords et messieurs de savoir les fêtes que l'on donne à la cour, les succès d'une nouvelle actrice, *les tracasseries* des bals ?... » Elle aurait donc été charmée de donner à H. Walpole la primeur d'une histoire étrange, scandaleuse, accablante pour madame du Barry qu'elle déteste. Elle ne dit rien. Elle parle cependant de madame du Barry ; elle prononce son nom. « L'Ambassadeur de Suède, M. de Creutz, est le seul ministre étranger qui ait été admis à la fête de M. d'Aiguillon et à celle de madame *du Barry* » (I, p. 310, 26 février). N'était-ce pas une invitation et une occasion toutes naturelles pour parler de l'aventure de madame de Rosen. MM. de Besenval, de Gleichen, Grimm, Marmontel observent le même silence et on le retrouve gardé dans toutes les nouvelles à la main du temps, Bachaumont, la Mazarine ; cependant cet honnête recueil a parlé de madame de Rosen au 25 d'avril 1773. Il raconte qu'elle a été volée, il ne dit pas un mot pour la plaindre de l'outrage indigne qu'elle aurait reçu [1].

La relation de Hardy prouve une seule chose, c'est que le bruit a couru à la ville. Quant à l'événement lui-même, la preuve reste à faire.

« On ne pensoit pas, dit-il naïvement, que si cette

1. Hardy le rapporte sans paraître y croire.

aventure étoit telle qu'on la racontait, cette dame pût jamais reparaître à la cour. » Or, elle y reparaît l'année même dans une circonstance d'apparât. On est à Compiègne, on célèbre la saint Louis, la fête de la dynastie et du roi. Les princesses du sang, les seigneurs et dames de la cour, les ambassadeurs, etc., ont l'honneur de rendre leurs devoirs au roy à l'occasion de sa fête. Il y a messe en musique, vêpres et salut à l'église Saint-Jacques.

La comtesse de Rosen, dame pour accompagner madame la comtesse de Provence, *fait la quête*[1].

1. *Gazette de France* du 27 août 1773, p. 616.

CHAPITRE XX

SERMON ATTRIBUÉ A L'ABBÉ DE BEAUVAIS.
EXAMEN. — DISCUSSION.
TRANSPORT DU NUMÉRAIRE A VERSAILLES POUR MADAME DU BARRY.

Après le carnaval et ses folles joies, viennent des occupations plus sérieuses pour la cour. On ne parle plus de bals, on s'occupe d'offices et de sermons.

Marie-Antoinette écrit à Marie-Thérèse, le 15 mars, de Versailles :

> Nous avons ce carême un fort bon prédicateur qui prêche trois fois la semaine ; il prêche la bonne morale de l'Evangile et dit bien des vérités à tout le monde : j'aime pourtant encore mieux le *Petit Carême* de Massillon, parce qu'il est plus à ma portée.

Ce prédicateur justement apprécié par Marie-Antoinette n'était autre que l'abbé de Beauvais (J. B. C. M.), né en 1731, à Cherbourg, et déjà connu par l'onction et l'élévation de sa parole.

Il était alors vicaire général de Noyon. Les *Nouvelles* et les *Mémoires secrets* du temps s'occupent souvent de l'abbé de Beauvais, nous ne rapporterons pas ce qu'ils en disent, ce serait trop long et nous arrivons tout de suite à ce qui nous concerne[1].

Bien loin que l'abbé de Beauvais ait eu un évêché, disent les *Mémoires secrets*, à la date du 8 mai, p. 380, on a cherché *à lui casser le cou* en rappelant une des phrases d'un de ses sermons, contenant une personnalité directe contre madame du Barry ; il aurait dit, faisant allusion à Salomon :

> Le monarque, rassasié de voluptés, après avoir épuisé pour réveiller ses sens flétris tous les genres de plaisirs qui entourent le trône, finit par en chercher d'une nouvelle espèce dans les vils restes de la licence publique.

L'auteur a ajouté : « *On sent combien il étoit aisé de rendre odieux par là l'orateur à la favorite.* »

Les sermons, prônes, éloges funèbres et autres œuvres de l'abbé de Beauvais ont été soigneusement recueillis et publiés en quatre volumes. On n'a jamais trouvé le sermon où il aurait placé ce passage.

1. On a beaucoup varié sur l'origine, la naissance, la qualité de l'abbé de Beauvais. Nous avons eu recours au moyen infaillible en pareille circonstance, à son acte de baptême :

Le treizième jour du dit mois et an que dessus (décembre 1731) a été baptisé par nous, curé de Cherbourg, soussigné, Jean-Baptiste-Charles-Marie, fils, né du dix du présent mois en légitime mariage de Jean-Baptiste de Beauvais, bourgeois de Paris, et de damoiselle Charlotte Luce, son épouse, et ont été parrain, messire Jean-Baptiste de Crouille, chevallier seigneur et patron de Crouille, Tourlaville et autres lieux, conseillier du roy en ses conseils, président en la cour des comptes, aide des finances de Normandie, représenté par noble personne Charles Dursus sieur de Haut-Moytier, prestre et assisté de damme Marie Le Scelliere, épouse de Jacques Bouillon, sieur de Forges, conseillier du roy et lieutenant-général de l'admirauté au siége de Cherbourg et dépendances. Ce qu'ils ont signé.

L'abbé de Beauvais citait beaucoup, ses sermons sont émaillés d'emprunts faits au texte sacré ; ici il aurait dérogé à son habitude constante.

Nous avons vainement cherché sur quels textes il aurait pu s'appuyer pour justifier cette belle tirade qui frappe sur Salomon et vient rejaillir contre Louis XV. Ils ne sont certainement pas dans l'Ecriture sainte ; l'Ecriture n'accuse Salomon que d'avoir pris pour concubines des femmes idolâtres et de s'être livré avec elles au culte des faux dieux de leur pays. Les biographes ajoutent, d'après Joseph, qu'il avait eu 700 femmes et 300 concubines, mais rien de tout cela ne prouve l'existence de filles publiques chez les Juifs. M. Schwalb, de la Bibliothèque nationale, hébreu et savant hébraïsant, traducteur du *Talmud*, nous a affirmé que tout ceci n'était qu'une pure fable et n'avait aucune réalité historique. Comment comprendre alors que l'abbé de Beauvais eût inventé une allusion de ce genre, alors qu'il pouvait être pris en flagrant délit de citation fausse, non par le roi sans doute, ni par madame du Barry, mais par quelques-uns des prélats ou théologiens présents à son discours. Il est fort probable qu'il n'a pas tenu ce langage; il peut avoir parlé librement, hardiment contre les désordres du roi, comme la chaire chrétienne le permet. Louis XV eut le bon esprit de ne pas s'en irriter. Nous aimons mieux croire qu'un orateur connu surtout par la douceur de son éloquence se serait tenu dans les limites du bon goût plutôt que de supposer des déclamations violentes et imaginaires.

Nous croyons ici à une de ces inventions si fréquentes dans la petite presse d'alors, nous pourrions dire de tous les temps. L'histoire sainte leur est aussi bonne que la théologie ou toute autre science pour calomnier ; un prétexte leur suffit, l'important est que leurs libelles ne deviennent pas de l'histoire. Du reste cette invention n'était pas nouvelle, on avait déjà dit que l'abbé Double, l'abbé Perusseau, avaient terrifié madame de Pompadour par leurs sermons sur la femme adultère [1].

La Dauphine avait eu assez de tact pour préférer Massillon à l'abbé de Beauvais, mais Massillon luimême, quoique parvenu à l'apogée de sa gloire, attendit le lendemain de la mort de Louis XIV pour lui décocher cette épigramme posthume : « Dieu seul est grand, mes frères. » L'abbé de Beauvais, imitant son exemple, attendit pareillement que Louis XV fût descendu dans les caveaux de Saint-Denis avant de prononcer cette parole digne de Bossuet : « Le silence des peuples est la leçon des rois. » Voici la phrase entière :

Le peuple n'a pas sans doute le droit de murmurer, mais sans doute aussi il a le droit de se taire ; et son silence est la leçon des rois. (Vol. IV, p. 243.)

Nous avons trouvé dans la Correspondance du duc de la Vrillière, à la Secrétairerie d'Etat, les deux pièces qui suivent dont on apercevra facilement l'intérêt :

LETTRE DU DUC DE LA VRILLIÈRE A MESSIEURS LES FERMIERS DES VOITURES DE LA COUR :

Le sieur de Montvalier, Messieurs, intendant de madame du Barry, est dans le cas de faire des voyages assez fréquents à Paris, pour le compte de madame la comtesse et d'en rap-

1. V. *Mémoires d'Argenson.*

porter des fonds. Il est fort incommode pour luy d'être obligé de les faire transporter aux voitures de la Cour, lorsqu'il veut partir, c'est même s'exposer à des désagrémens. Comme il prend ordinairement une chaise pour lui seul, vous voudrès bien donner des ordres à votre bureau, tant à Paris qu'à Versailles, pour qu'on ne fasse pas de difficulté de luy envoyer la voiture chès luy toutes les fois qu'il le demandera.

Je vous suis entièrement, etc.

(Arch. nat. O, p. 415, 6 déc.).

Quelques jours après, à la date du 9 février 1773, M. de la Vrillière écrit à M. de Montvallier :

J'ay, Monsieur, d'après votre lettre, écrit à Messieurs les fermiers des Voitures de la Cour, pour que, toutes les fois que vous envoyerés chercher une voiture, on la laisse venir vous prendre chés vous. Ils viennent de me répondre qu'ils venoient de donner des ordres en conséquence; mais en même temps ils m'ont observés (*sic*) que vous étiés dans l'usage d'envoyer à leurs bureaux et qu'ils le faisoient porter par là, surtout attendu que les sommes étoient quelquefois si considérables que le poids pourroit faire du tort à leurs voitures; de plus ils m'ont dit avoir fait un arrangement avec vous qui me paroît raisonnable. Je ne peux d'après cela qu'approuver leur conduite et je crois même que vous avez lieu d'en être content (I, p. 89).

Le bureau des *Voitures de la Cour* était situé à Paris, quai d'Orsay, au bas du pont Royal et à Versailles, avenue de Sceaux [1]. Les prix des places pour Versailles étaient de 3 livres 6 sols.

Nous avons évalué à trois cent mille livres les sommes

1. *Almanach du Voyageur*, p. 117.

que madame du Barry recevait chaque mois. Tel est le chiffre porté dans ses comptes et confirmé par les reçus qu'elle donnait mensuellement à M. Beaujon, le banquier de la cour. Trois cent mille livres, quelquefois plus, en écus de six livres d'argent représentaient un poids de trois mille livres pesant.

Il n'y avait pas de valeurs de circulation de banque à cette époque ; c'était donc un volume assez considérable qu'il fallait transporter probablement en plein jour. Il y avait là une opération qu'il eût été difficile de dissimuler, si elle devait s'opérer dans la cour des messageries, et qui pouvait donner lieu à des remarques fâcheuses ; c'est ce que M. de la Vrillière appelle des *désagréments*. Pour couper court à tout commentaire de ce genre, Montvallier demandait qu'on envoyât la chaise chez lui. Il demeurait rue Saint-Honoré n° 513 [1].

La réponse des fermiers des Voitures donne à penser. Ils objectent que les sommes étaient quelquefois si considérables que le poids pouvait faire du tort à leurs voitures.

Ce poids ne pouvait jamais excéder celui que nous avons indiqué ; il faudrait donc supposer qu'il serait question ici d'autres sommes non destinées à madame du Barry et jointes à celles qu'on lui envoyait.

1. *Almanach de Paris*, Lesclapart, 1763.

CHAPITRE XXI

ANECDOTE DU CAFÉ.

M. Le Roi écrit dans ses *Rues de Versailles :*

Louis XV aimait beaucoup le café et il se plaisait souvent à le préparer lui-même. Pour plaire au Roi, Lenormand cultivait dans les serres du Potager une douzaine de caféiers. Ils prirent jusqu'à quatre mètres de hauteur ; on récoltait sur eux, chaque année, de cinq à six livres de café parfaitement mûr. Louis XV le laissait vieillir, le torréfiait lui-même et, après en avoir préparé l'infusion, s'amusait à le faire goûter aux courtisans les plus gourmets qui le distinguaient avec peine des meilleurs cafés des colonies (p. 258).

Les *Anecdotes* disent de leur côté :

Nous trouvons dans le *Journal manuscrit,* qui nous guide souvent pour rassembler les faits de notre histoire, une anecdote relative à l'époque de la vie de madame du Barry où nous sommes, d'où l'on peut inférer quelle étoit alors l'opinion générale du public, concernant son empire sur le Roi.

C'est sous la date du 20 mars 1773... « On rapporte un trait que les courtisans ont recueilli avec soin et qui prouve que madame du Barri ne diminue point de faveur et d'intimité avec son royal amant, comme on le présumoit.

Sa Majesté aime à faire son caffé elle-même et à se délasser dans ces occupations innocentes, des soins laborieux du gouvernement. Ces jours dernier, la caffetière au feu, et Sa Majesté distraite par autre chose et le caffé débordant.... Eh! La France, prends donc garde, ton caffé f... le camp, s'écria la belle favorite!....

On dit que cette apostrophe de *La France* est l'expression familière dont cette dame se sert dans l'intérieur des petits appartements : détail particulier qui n'en devroit pas sortir, mais que relève la malignité des courtisans (p. 257).

Cette anecdote, dont il serait intéressant de suivre la filiation, n'est ni dans les *Mémoires secrets*, dits de Bachaumont, ni dans Hardy, ni à notre connaissance dans aucun autre recueil de nouvelles à la main, cependant tel a été son succès que bien des gens ne connaissent pas autre chose de Louis XV ni de madame du Barry. Les auteurs les plus sérieux l'ont reproduite scrupuleusement, nul n'a songé à demander la preuve du fait avancé ; il est accusateur, il est infamant, cela suffit. On sait que tel n'est pas notre système ; avant de croire ou d'admettre, nous voulons des preuves, tout au moins des vraisemblances. Examinons le récit des *Anecdotes* :

Madame du Barry avait décerné au roi le sobriquet de *La France*, il répondait docilement à ce surnom et se laissait tutoyer publiquement par elle.

Où est le témoin?

Où est celui qui, étant admis dans l'intérieur des petits appartements, a pu entendre un tel propos et a osé le répéter?

Courtisan ou domestique, grand ou petit, ami ou ennemi? n'importe, nul ne se présente, nul n'est cité, vous n'avez pas de témoins *de auditu*. Auriez-vous des preuves écrites? Encore moins; mais nous avons, nous, des preuves contraires. Un personnage considérable, M. de Mercy a vu entre les mains de madame du Barry une Correspondance échangée entre Louis XV et elle.

Ils ne se tutoyaient pas[1] !

Ils ne se tutoyaient pas par écrit. Telle était leur habitude, comment admettre qu'ils choisissent pour en changer le moment où ils étaient en spectacle ? si tant est que ces sortes d'usages une fois pris puissent se contrefaire. Nous avons déjà vu madame du Barry en scène avec Louis XV ; elle est chez elle, dans son propre appartement, le roi est familièrement adossé à la cheminée. Comment lui parle-t-elle ? lui dit-elle *Tu?* Nullement, elle s'exprime suivant le rituel du cérémonial de cour. Elle parle à la troisième personne, *Sire*.... Votre Majesté. Et M. de Belleval s'étonne *comment* elle avait pris le *ton* et les manières des femmes de Versailles sans y avoir été élevée. Il ajoute qu'elle savait son monde et qu'elle ne se donnait toute liberté que devant le roi, que cela amusait par la nouveauté.

Quant au sobriquet usuel dont elle se serait servie, l'examen des papiers de madame du Barry prouve qu'elle avait eu à son service pendant plusieurs années un domestique qui s'appelait *La France*.

Le mémoire de Carlier, tailleur à Paris, chargé particulièrement d'habiller les gens de la livrée, contient les mentions suivantes :

30 mai 1770, pour Augustin, *La France*, François et Etienne, (vol. n° 14), 4 frack de baracan bleu.

1er juin 1770, pour *La France*, Mathurin, Comtois (tome Ier, n° 26), quatre redingottes et huit douzaines de gros boutons à mille pointes, vestes du matin à bavaroise.

1. Lettre du 15 octobre 1771, t. Ier, p. 225.

3 janvier 1771, pour *La France*, veste de ratine.

Le 4 janvier, pour *La France* et Picard, redingottes de drap gris.

La France était valet de pied; il portait la livrée rouge aux grands jours, et à l'ordinaire, chamois bordée d'argent[1].

La malignité des courtisans a eu à faire peu de frais d'invention pour transporter au roi ce qui s'adressait au valet.

De ce fait ressort une autre conséquence, c'est qu'en supposant que madame du Barry eut la fantaisie de donner à son royal amant un petit nom dans l'intimité de leurs rapports, elle n'aurait jamais osé lui infliger l'appellation d'un laquais existant auprès d'elle. Il y aurait eu là une inconvenance grossière, une injure choquante que Louis XV n'aurait pas tolérées, il n'aurait pas souffert qu'on le mît sur la même ligne que Comtois ou la Rose, que Bourguignon ou la Jeunesse, collègues de La France.

Louis XV était toujours le petit-fils de Louis XIV, il avait dans ses veines du sang espagnol, il suivait les traditions du grand siècle, il pouvait mal jouer son rôle de roi, il restait gentilhomme; sa belle figure de médaille, qui lui avait mérité le surnom de *numismatin*, suffisait pour empêcher qu'on ne lui manquât de respect en face.

On se fait une très fausse idée de ce qu'était alors le roi, même dans sa dégradation, de ce qu'était l'étiquette

1. Les historiens, notamment M. Henri Martin, qui ont eu le tort d'accueillir cette anecdote sans examen, ont cru qu'il s'agissait d'un *surnom de comédie* imaginé par la favorite. On voit quelle est leur erreur.

toujours régnante et de l'espèce d'adoration pour le monarque, qu'elle imposait à ses serviteurs ; madame du Barry a pu, dans le secret de l'intimité, se montrer familière, hardie, enfant envers l'homme, mais en public elle a dû paraître respectueuse envers le roi, elle ne l'a pas appelé *La France* quand il y avait là un laquais portant la casaque d'ordonnance, qui pouvait prendre l'interpellation pour lui et faire la réponse.

Le juron qu'on prête à madame du Barry en cette circonstance n'est autre chose qu'une redite vieille et usée, à laquelle pourrait s'appliquer ce quatrain si connu que nous avons déjà cité [1].

Madame du Barry perd-elle au pharaon, elle s'écrie : Je suis f....

A propos d'un jugement du Conseil des Invalides, elle rapporte au roi que M. de Choiseul, consulté, a répondu « qu'il s'en f.... — Et moi aussi, dit le roi ; et vous, Madame ? — Moi aussi, répond la favorite. » Et tous de rire. Sans parler des vers obscènes dans lesquels intervient l'F obligé, le mot de la fin est un emprunt à cette spirituelle et inépuisable plaisanterie. « Ah ! le beau f.... règne qui commence par une lettre de cachet. »

Encore, si l'invention eût été neuve, mais elle datait de 1740, le roi ayant été chansonné sur ses amours avec les deux sœurs de Nesles, s'écrie : « Je m'en f... bien. » Voilà les nouveautés servies par les *Anecdotes* à leurs lecteurs en 1775 ! Passons.

Une dernière réflexion nous frappe. Est-il bien certain que Louis XV préparât lui-même son café ? M. Le Roi l'a dit, l'a cru..., sur la foi de quel document ? Nous

1. V. p. 65, note 1.

l'ignorons ; c'était une rumeur à la mode. On n'en demandait pas davantage alors pour écrire l'histoire ou la chronique ; on a raconté aussi de la grande Catherine de Russie un trait pareil. « Elle était fort matinale, dit madame Lebrun dans ses *Souvenirs*, elle se levait à cinq heures du matin, allumait son feu [1] et faisait elle-même son café. » On a oublié de nous dire aussi où elle allait acheter son lait. Ces racontars de concierge auraient besoin d'être prouvés, sans quoi ils ne méritent aucune croyance et ne vaudraient même pas la peine d'être refutés sérieusement, sans l'importance excessive qu'on leur a souvent attribuée et qui repose presque toujours sur un malentendu ; l'anecdote présente en est un exemple. Il y avait dans les petits appartements une pièce, connue de l'entourage sous le titre de *cabinet du Café du roi*. Les *registres des magasins* nous donnent une explication fort simple de cette appellation en ces termes. *Cabinet à pan où l'on fai le caffé du roy*, et non pas où le roi fait son café, ce qui est bien différent. Là est peut-être l'origine et l'explication de l'anecdote que nous combattons. Ajoutez-y l'équivoque sur le nom d'un laquais et le gros mot affecté à madame du Barry, il n'en a pas fallu davantage à de mauvais plaisants pour fabriquer une historiette amusante, qu'ils ont envoyée au prince Henri de Prusse, non moins railleur que son frère, le grand Frédéric. La lettre a été ensuite saisie sur du Mouriez [2], autre amateur de facéties du même

1. En Russie, on n'allume pas son feu comme à Paris. On se chauffe à l'aide de poêles, qui ne s'éteignent ni jour ni nuit.

2. Une de ces lettres, adressée au prince Henri de Prusse, lui racontait l'anecdote suivante : « Le roi fait ce qu'il peut de la du Barry, et, ne pouvant l'élever à lui, il est complètement descendu à elle. La plus parfaite égalité, telle que l'exige l'amour,

genre, admirateur déclaré de M. de Choiseul et faisant comme lui de la politique à coup de bons mots ou de couplets.

On voit à quoi se réduit une anecdote qui a fait tant de bruit, qui en mérite si peu et qui doit disparaître des pages de l'histoire où elle occupe une place usurpée.

est établie. Vous sentez, Monseigneur, qu'il n'y a pas de Majesté. Suivant la règle de tous les ménages, il est serviteur et on l'appelle *La France*. Voici le plus nouveau : un matin il préparait son café, qu'il négligea un instant pour les charmes de la belle. Il s'enfuit. « Tiens, prends donc garde, La France, ton café f.... le camp. » (*Le Dieu, le général du Mouriez et la Révolution française*, page 62, à la note.)

CHAPITRE XXII

LE DUC DE LAURAGUAIS A LONDRES.
CHASSÉ, CHANTEUR.
LES BARMÉCIDES. — L'ABBÉ DELILLE CHEZ MADAME DU BARRY.

On a parlé du procès singulier que s'était suscité à Londres M. le comte de Lauraguais, en laissant marier sa maîtresse, qu'il avait plaisamment qualifiée du titre de comtesse *du Tonneau*, avec son secrétaire, et en continuant de vivre avec elle. Celui-ci, après avoir paru se prêter sourdement à ce commerce infâme, a accusé son maître d'adultère et lui a fait un procès criminel, sans doute pour en tirer de l'argent. Le seigneur dont il est question, naturellement facétieux et qui aime à écrire, en a pris occasion de faire un mémoire intitulé : *Pour moi et par moi;* puis il détaille ses noms et ses surnoms. Rien de plus original que ce pamphlet où, se livrant à la folie la plus extrême, il dit tout ce qui lui passe par la tête avec cette tournure qui lui est propre. Dans le galimathias où le plonge son imagination vagabonde, on trouve des saillies charmantes. Il a dédié ce burlesque ouvrage au duc, son père. (*Mémoires secrets*, 7 juin 1773.)

— — —

Le sieur Chassé est un gentilhomme breton qui, par libertinage, par indigence ou par une passion effrénée pour le théâtre, s'était fait acteur et chanteur de l'Opéra. Sa belle figure, la noblesse de son jeu et la beauté de sa voix, qui était une basse-taille, l'avaient rendu un des coryphées de ce spectacle. Il y a brillé longtemps. Depuis plusieurs années il en est retiré. Il a aujourd'hui soixante-seize ans. Cependant on ne sait trop comment madame du Barry a voulu l'entendre. Il s'est refusé aux instances de ceux qui le sollicitaient pour cette dame et a déclaré qu'il ne chanterait que pour le roi ; d'abord par l'obéissance qu'il devait à son maître et ensuite par reconnaissance de ses bontés et des pensions dont il l'honorait. On lui a donc parlé au nom du roi et il a chanté à un petit souper devant S. M. et la favorite. Ils en ont été émerveillés. Le prince lui a dit qu'il le retenait pour les fêtes du mariage ; qu'il était question de remettre *Roland*, opéra dans lequel il excellait, et qu'il voulait que Chassé en fît le rôle. S. M. s'est expliquée ainsi vis-à-vis du maréchal de Richelieu et des intendants des Menus, et l'acteur est forcé de céder aux vœux du monarque. Mais comme il est bien différent de chanter en chambre ou sur le théâtre, les amis de l'acteur tremblent pour lui. Au surplus, il a reçu une boîte d'or de la valeur de cinquante louis, et pour ménager sa délicatesse, madame du Barry a bien voulu lui faire dire que c'était de la part du Roi. (*Mémoires secrets.*)

Pidansat a copié ce passage mot pour mot, p. 341, édit. 1776, sans dire qu'il prenait le fond et la forme aux *Mémoires secrets*, ce qui serait un plagiat complet s'il n'y avait ajouté quelques méchancetés de sa façon, suivant son usage.

Madame du Barry voulut entendre le fameux acteur Chassé, bien qu'il fût âgé de septante-six ans. La requête adressée au nom de Louis XV, Chassé consentit à dire quelques airs devant la favorite et son amant décrépit. Ils en furent émerveillés. Le prince lui dit qu'il le retenait pour les fêtes du mariage du comte d'Artois. On devait remettre en scène *Roland*, Sa Majesté désirait le revoir dans le rôle de ce paladin où tant de fois il avait triomphé. Chassé promit et ne put tenir sa parole, cette fatigue était au-dessus de ses forces. L'acteur vétéran reçut le lendemain une magnifique boîte en or, et madame du Barry, pour ménager la délicatesse du virtuose, lui fit dire que c'était de la part du Roi. (*Théâtre lyrique, Académie royale de musique*, par Castil-Blaze, t. I, p. 296.)

Chassé de Chinais, né à Rennes en 1699, mort le 25 octobre 1786, à Paris, rue Neuve-des-Petits-Champs, débuta à l'Opéra en août 1721 et prit sa retraite en 1756, il quitta l'Opéra avec une pension de 1,500 livres.

On trouvera une liste intéressante de ses rôles dans l'ouvrage de M. Campardon, *l'Opéra au* XVIIIe *siècle*, p. 105, avec plusieurs détails anecdotiques et biographiques sur Chassé.

Depuis longtemps on parle beaucoup d'une tragédie nouvelle du sieur de La Harpe, intitulée : *les Barmécides.*

Suivant son usage, il capte les suffrages des sociétés en la lisant lui-même dans diverses maisons. Il a eu l'honneur d'être admis chez madame la comtesse du Barry, qui a bien voulu l'entendre. Cependant cette dame, fatiguée dès le premier acte, en avouant que c'étoit très beau, bâilloit beaucoup. Elle a demandé le cahier de l'auteur : elle l'a parcouru des yeux; elle lui a dit de lui lire les dernières scènes et a fini par s'extasier en bâillant toujours. L'amour-propre du petit bonhomme a été très humilié, d'autant qu'il n'ose faire d'épigramme contre le mauvais goût de la comtesse. (*Mémoires secrets*, 27 juin 1773.)

Cette plaisanterie courait le monde. Alors elle faisait toujours rire, quoique surannée. Les *Barmécides* sont jetés dans le moule de la tragédie classique. Sous ce rapport ils manquent de vie mais non d'intérêt. Il y a eu effort pour sortir de l'ornière battue. On doit en tenir compte à La Harpe.

Comme je l'ai dit, on trouvait partout de ces présidentes (de bureaux d'esprit). C'était une madame Hénique dont je parlerai. Une madame Lecoulteux chez qui j'ai eu aussi le malheur d'être conduit, épouse d'un Turcaret, sachant par cœur le roman des *Incas* et rompant des lances pour les *Barmécides*, parce que l'auteur les avait récités chez elle après les avoir lus devant Louis XV, qui avait dit à la favorite : « Madame, cela vous a-t-il bien fait bâiller [1] ? »

A propos d'Académie, M. de Beauvau m'a mandé que M. Des Cars avait introduit l'abbé Delille chez madame la comtesse, et qu'en sa présence et celle de toute sa cour (excepté madame de Mirepoix), il avait récité sa traduction du quatrième chant de l'*Enéide*. L'assemblée a paru contente, ce qui est la valeur d'un bon point pour la première place de l'Académie. (*Lettre de madame du Deffant [à la duchesse de Choiseul*, Paris 16 août 1773.)

1. Les premières lectures des *Barmécides* ont été faites chez madame du Barry, qui bâilla dès le premier acte et s'obstina à admirer jusqu'au bout, toujours en bâillant. Mais Louis XV n'était pas présent ou du moins le mot cité par Brissot fut adressé à la comtesse d'Artois, nouvellement mariée et devant qui on venait de représenter *Isménor* à l'Opéra. Cette pièce avait été mise en scène à grands frais. Par les soins de madame du Barry qui voulait lui plaire, on avait intercalé beaucoup de vers à la louange de la jeune princesse, ce qui n'empêcha pas le vieux roi de lui dire en sortant : « Ma fille, avez-vous bien bâillé ? » (*Mémoires de Brissot*, 1er vol., p. 205.)

CHAPITRE XXIII

QUERELLE PRÉTENDUE DE MADAME DU BARRY AVEC SON BEAU-FRÈRE.
VERS SATIRIQUES ATTRIBUÉS A CELUI-CI.
MARIAGE D'ADOLPHE DU BARRY AVEC MADEMOISELLE DE TOURNON.
DONATION DE 200,000 LIVRES PAR MADAME DU BARRY.
SIGNATURE DU CONTRAT PAR LE ROI ET LA FAMILLE ROYALE.

Dès le mois de juin, madame du Deffant écrivait à madame de Choiseul :

On dit ici qu'il y a des chansons contre madame du Barry, faites par monsieur son beau-frère. Si je puis les avoir, je vous les enverrai.

Notons qu'à cette date, madame de Choiseul avait reçu sa pension de 50,000 livres qu'elle devait à l'intervention de madame du Barry. M. de Choiseul avait palpé l'énorme indemnité de 300,000 livres qu'il devait à la même personne. Ce qui ne les empêchait pas de se repaître de chansons propagées contre elle. Nobles âmes !

On prétend qu'il s'est élevé une querelle entre la comtesse du Barry et le comte Jean (le beau-frère); qu'elle a été si vive que ce dernier, dans ces accès d'humeur violente dont on se repent toujours, a exhalé sa bile et fait une chanson où il se permet de lui rappeler, de la façon la plus piquante, des choses qu'il aurait dû oublier. Peut-être aussi un plaisant a-t-il été bien aise de trouver cette occasion, en imputant au comte Jean la production licencieuse d'une plume très satirique. Telle qu'elle soit, voici cette chanson :

Sur un air : *De la Rosière.*

Drôlesse !
Où prends-tu donc ta fierté?
Princesse !
D'où te vient ta dignité ?
Si jamais ton teint se fane ou se pèle,
Au train
De Catin
Le cri du public te rappelle.
Drôlesse ! etc.
Lorsque tu vivois de la messe
Du moine, ton père, Gomard [1],
Que la Ranson [2] vendoit sa graisse
Pour joindre à ton morceau de lard,
Tu n'étois pas si fière,
Et n'en valois que mieux ;
Baisse ta tête altière
Du moins devant mes yeux.
Ecoute-moi, rentre en toi-même,
Pour éviter de plus grands maux :
Permets à qui t'aime, qui t'aime,
De t'offrir encor des sabots !
Drôlesse !
Mon esprit est-il baissé ?
Princesse !
Te souvient-il du passé ?

L'auteur des *Anecdotes* reproduit cette chanson page 336, mais il se garde bien de la faire suivre des obser-

1. Il y a *Guimard* (faute évidente).
2. *Voloit* ou *vendoit*, ce qui est au fond la même chose.

vations des *Mémoires secrets* qui montrent que la chanson n'est pas l'œuvre de Jean du Barry. Au contraire, il la lui impute expressément. Telle est sa méthode constante. Donner comme certain ce qui est douteux, comme prouvé ce qui n'est qu'allégué, et ici même l'allégation manque. Les *Mémoires secrets* ne disent nullement, n'insinuent même pas que Jean du Barry ait composé cette pièce satirique. Ils l'attribuent à la fantaisie d'un mauvais plaisant, d'un inconnu anonyme. Rien en effet n'est plus opposé au genre d'esprit connu du comte Jean. C'est un homme essentiellement plat et vil : il procède par la ruse, par la violence jamais. Aujourd'hui que nous possédons sa correspondance avec sa belle-sœur, nous pouvons affirmer qu'il n'a pas tenu envers elle un langage injurieux et menaçant. Il n'aurait pu d'ailleurs l'invectiver d'une manière aussi infamante sans se couvrir lui-même de boue. On peut encore juger du style de Roué par le mémoire qu'il a publié contre sa belle-fille, veuve de son fils. Il est offensé, il aurait droit de se montrer sévère envers cette femme qui refuse de porter le nom de du Barry, tout en gardant la dot qu'elle avait reçue de la favorite. Il reste doucereux et poli. C'est son naturel.

Quel que soit au reste l'auteur de ces couplets, on ne peut s'empêcher de les trouver remarquables; à la facture légère des chansons du XVIIIe siècle, ils joignent l'énergie de notre réalisme moderne. C'est la *Bourbonnaise* mise à nu, sans le voile de l'allégorie, et précisément à raison de cette verve vengeresse qui revêt toute la vigueur de la satire, nous estimons qu'elle est dirigée contre les du Barry et non émanée d'aucun d'eux.

On s'occupe ensuite à la cour d'un mariage qui devint un petit événement par les bruits auxquels il donna lieu, à peu près comme le mariage d'Alexandrine Poisson avec le comte du Luc. Il s'agit du mariage de Jean-Baptiste du Barry, fils du Roué, dont les prénoms vrais étaient Jean-Baptiste et le surnom Adolphe ou Lolo. Il prenait le titre de vicomte sans y avoir droit, comme nous l'avons dit.

A entendre l'auteur des *Anecdotes*, on aurait pensé d'abord à le marier avec une fille naturelle du roi, connue sous le nom de mademoiselle de Saint-André et élevée au couvent de la Présentation. Un monsieur de Saint-Yon, qui lui servait de curateur, s'y serait énergiquement opposé. Louis XV se serait rendu aux raisons que lui donnait ce serviteur dévoué, et il aurait fallu penser à une autre alliance pour Jean-Baptiste du Barry.

On jeta les yeux sur une jeune personne sans fortune et d'une grande naissance. Sa famille aurait été parente ou alliée de la maison de Soubise.

On lit dans les *Nouvelles à la main Penthièvre* : « On parle du mariage de M. le vicomte du Barry avec mademoiselle de Tournon ; on assure même qu'il ne tardera pas à se faire. » (27 juin 1773.)

Le *Nouvelliste* était bien informé. Un mois ne s'était pas écoulé que le mariage fut célébré à Paris, le 19 juillet 1773.

Dès le 18 juillet, le contrat, préparé par Garnier Deschênes, notaire du Roué, et Lepot d'Auteuil, notaire de madame du Barry, avait été signé par le roi et la famille royale[1]. La minute originale est déposée aujour-

1. *Gazette de France* du 27 juillet.

d'hui chez Me Demont, notaire, place de la Concorde. Il nous a été permis de la voir. L'acte est curieux sous plus d'un rapport.

Au commencement s'étale dans toute sa vanité incurable la ridicule importance du Roué. Il s'intitule très haut et très puissant seigneur, monseigneur Jean-Baptiste comte du Barry Céres, Vidame de Chaalons, comte de l'Isle Jourdain, seigneur de Bellegarde, Bretz, Garbée, Lassère, Seijaundas, Thil, Maubec en partie, Gray et autres lieux, gouverneur de Lévignac, demeurant en son hôtel, rue Richelieu, paroisse de Saint-Roch, et on voit par la suite de l'acte qu'il est encore dans les liens du mariage avec très haute et très puissante dame, Marie-Catherine-Ursule Dalmas, son épouse.

Comment le pauvre gentilhomme de Gascogne avait-il droit à tous les titres dont il s'affublait? Vidame de Chaalons, comte de l'Isle Jourdain, etc. Si nous en jugeons par son gouvernement de Lévignac, ces oripeaux ne cachaient que d'insignes mensonges, et sous ces formules hautaines de puissant seigneur et de monseigneur on voyait encore percer le pauvre diable jadis si besoigneux. Bretz, Garbée, Seijaundas, Thil, etc., ne sont que des villages obscurs.

Le futur marié prend le titre de très haut et très puissant seigneur, monseigneur Jean-Baptiste vicomte du Barry, mestre de camp de cavalerie, titre équivalent à celui de colonel, seigneur de (illisible); mineur. D'après l'état de services du ministre de la guerre, Jean-Baptiste du Barry avait le rang de mestre de camp de cavalerie depuis le 9 novembre 1772, c'est-à-dire depuis neuf mois. Il est indiqué dans le contrat de mariage comme mestre de camp, c'est-à-dire colonel en titre, mais était-il pourvu d'un régiment ou d'un commandement? Nous n'avons pu le savoir. L'énonciation du contrat est donc exacte, quoique incomplète. Mineur. Il était né le 17 septembre 1749. Il n'avait en effet que vingt-quatre ans; il était donc bien en état de minorité pour le mariage.

L'existence de la femme du Roué est attestée par l'acte même de mariage de son fils. On voit combien il est faux de dire qu'il aurait pu se marier avec Jeanne Bécu, au lieu de mettre Guillaume à sa place, et à quel degré M. Jal s'est trompé sur ce point. (A voir la rectification première de cet auteur.)

Madame du Barry intervint au contrat et fit donation aux deux époux d'une somme de 200,000 livres. C'était une libéralité magnifique, nous pourrions dire une prodigalité coupable si la somme avait été tirée du Trésor public pour enrichir les du Barry ou les Tournon. Mais ici comme toujours, on voit la pénurie réelle toucher la richesse apparente. Madame du Barry n'avait pas les 200,000 livres qu'elle donnait : ne pouvant fournir le capital, elle se borna à en servir les intérêts, ce qu'elle fit jusqu'au 25 novembre 1791. La donatrice agissait seule dans le contrat, sans l'autorisation de son mari. Elle se bornait seulement à promettre sa ratification, qui n'eut lieu que le 24 juin 1778.

Cette donation de madame du Barry au fils du Roué suffisait pour faire tomber la prétendue querelle survenue entre la comtesse et lui. Comment aurait-il injurié celle de qui dépendait la fortune et même l'établissement de son fils? Le passage des *Mémoires secrets* qui rappelle la chanson attribuée par Pidansat à Jean du Barry est du 20 juillet 1773, précisément au moment où s'est fait le mariage, à la même date du 20 juillet 1773. S'il était vrai que Jean du Barry eut composé une chanson aussi injurieuse contre sa belle-sœur, ce serait précisément au moment où elle allait faire au vicomte une donation considérable, où le roi devait être prié d'apposer sa signature sur le contrat. C'est ce qu'il est impossible d'admettre. Il faut plutôt dire que la chanson aurait pu être faite dans le but d'empêcher le mariage, mais alors ce ne serait pas par le Roué.

Le Roué, dans un mémoire qu'il dut composer plus tard contre sa belle-fille, devenue veuve, s'est vanté de cet honneur que lui aurait fait le roi de signer le contrat de son fils. Sa parole nous étant parfaitement suspecte, nous avons vérifié le fait et reconnu d'abord qu'il était prouvé par la *Gazette de France,* le journal officiel du temps, surtout pour les mouvements extérieurs de la cour. L'inspection de la minute est venue mettre le dernier sceau à cette certitude. On y trouve les signatures suivantes :

LOUIS (Louis XV).

LOUIS-AUGUSTE (le Dauphin. Celui qui sera bientôt Louis XVI).

MARIE-ANTOINETTE

STANISLAS-XAVIER (le comte de Provence, plus tard Louis XVIII); — MARIE-JOSÉPHINE-LOUISE (femme du précédent); — CHARLES-PHILIPPE (le comte d'Artois); — MARIE-ADÉLAÏDE, VICTOIRE-LOUISE, SOPHIE-PHILIPPE (mesdames de France). — Et immédiatement : Jeanne GOMARD VAUBERNIER (la comtesse du Barry); — le comte Jean DU BARRY (son beau-frère); — Jean-Baptiste vicomte DU BARRY (fils du précédent); — Françoise DU BARRY (sœur de Jean, connue sous le nom de *Chon* du Barry); — le chevalier DU BARRY (connu plus tard sous le nom de marquis d'Hargicourt).

Comte DE TOURNON ; — Souveraine DE TRELEMONT, contaice (*sic*) de Tournon ; — Rose-Marie-Hélène DE TOURNON (la future épouse) ; — Sophie DE TOURNON (sa sœur) ; — BEAUJON, etc., etc.

Le doute n'est plus possible en face de l'évidence matérielle ! Et le contrat n'a pas été signé seulement par le roi, il l'a été par toute la famille royale, le Dauphin, Marie-Antoinette, mesdames de France, dont l'écriture se trouve pour ainsi dire en contact avec la signature réprouvée de la favorite ! Il est vrai qu'ayant signé les premières, elles n'ont pu savoir ce qui a suivi, mais elles ne pouvaient ignorer ce qui devait arriver, et elles connaissaient l'acte renfermant la donation de la fausse et impure comtesse !

Elles ont signé pourtant !

Est-ce obéissance envers le chef de la famille, leur père, le roi ?

Est-ce faveur pour la famille de Tournon alliée aux Soubise ?

Est-ce aussi parce que le vicomte du Barry ne participait pas à leurs yeux à la réprobation qui pesait sur les siens ? Le vicomte avait été page de la chambre, il avait été élevé à la cour, il pouvait y être assez bien vu personnellement, y compter des amis, de ces souvenirs qui protègent ? Toutes ces raisons peuvent se combiner et, rassemblées, expliquer un fait étrange au premier abord et qui, nous l'avouons, avait provoqué d'abord notre étonnement, notre incrédulité. Il est établi que sur une même feuille de papier se trouvent réunies les signatures de Marie-Antoinette et de madame du Barry, comme on voyait jadis leurs noms côte à côte sur le registre aujourd'hui brûlé de la Conciergerie.

La présentation de la jeune et brillante vicomtesse a la cour ne se fit pas attendre longtemps après le mariage. Dès le 1er août suivant, elle a l'honneur d'être présentée, dit *la Gazette de France*, à Compiègne au roi et à la famille royale par *la comtesse du Barry* [1].

Ici l'auteur des *Anecdotes* reprend la parole et trouve à placer une de ces narrations perfides où il prétend que le Dauphin reçut fort mal la vicomtesse et sa conductrice, lorsque celles-ci furent annoncées par l'huissier de la chambre.

Le Prince aurait été auprès d'une fenêtre à jouer de l'épinette sur les vitres. En vain elles attendirent qu'il les regardât et remplit l'étiquette. Il ne leur dit pas un mot, il ne se dérangea point et les laissa ressortir comme elles étaient entrées. Les deux Belles méritaient pourtant bien un coup d'œil.

Soit. — Le Dauphin a pour madame du Barry le mépris le plus profond et il le lui témoigne. C'est son droit. Elle reçoit une mortification; tant pis pour elle et nous ne la plaignons pas, nous ne la défendons certes pas. Mais la jeune femme sacrifiée à cette alliance, est-ce qu'elle mérite ce traitement injurieux? Est-ce qu'elle a le droit de s'y attendre, lorsqu'elle sait que le Dauphin et la Dauphine ont apposé leur signature sur son contrat de mariage? Est-ce qu'enfin venir les remercier n'était pas pour elle un devoir impérieux? Si donc le Dauphin l'avait mal reçue, son action aurait été grossière, d'abord parce qu'il faut toujours être poli envers une femme, fût-on le roi lui-

1. *Gazette* du vendredi 6 août 1773, article Compiègne, du 5 août.

même, et ensuite injuste, parce qu'il aurait frappé ainsi sur une jeune fille soumise à la volonté de ses parents et fort innocente des torts de la favorite. Nous ne pouvons nous persuader que Louis XVI, si bon, se soit montré là si dur et si inique. Sa signature au pied du contrat nous en est un gage et un moyen de réfutation contre Pidansat de Mayrobert. C'est encore une de ces occasions où l'on sent la nécessité d'examiner les pièces elles-mêmes, rien ne rétablit mieux la vérité, rien ne confond mieux le mensonge.

Une lettre de Mercy a confirmé ces prévisions. Il dit : « Après-midi, à la suite du salut, la comtesse du Barry présenta sa nièce au roi, qui ne dit pas un mot; ensuite, la présentation se fit devant le Dauphin qui fit pareille contenance. »

La jeune vicomtesse du Barry était fort belle. Elle ressemblait, disait-on, *en beau*, à madame de Châteauroux, fort belle elle-même [1]. C'est ce qui fait extravaguer l'auteur des *Anecdotes* dans tous les sens. Tantôt il raconte que la tante aurait été jalouse de sa nièce à cause du roi (p. 335). Ce qui l'aurait déterminée à s'opposer au mariage. Tantôt il prétend qu'elle aurait pris son parti de cette rivalité et qu'elle aurait dit avec gaieté : « Tant mieux, au moins la place ne sortira pas de la famille » (p. 338). Pour se mettre d'accord avec lui-même, Pidansat imagine de grossières obscénités, et là il se retrouve (p. 339). Madame du Barry prostitue sa nièce à Louis XV (p. 340). Nous supprimons quelques enjolivements de haut goût qu'on pourra voir dans le recueil original de ces turpitudes. Enfin (p. 360), il se

1. Lettre de madame du Deffant à l'abbé Barthélemy, du 28 juillet 1773.

ravise et il veut décidément que madame du Barry ait été jalouse de sa nièce, au point d'empêcher qu'on ne chantât devant elle un couplet sur les charmes de cette jeune nymphe. Les *Mémoires secrets* ne disent rien de semblable ; ils se bornent à rapporter cette petite pièce, assez jolie, dont l'atticisme fait oublier la légèreté.

24 octobre 1773. On chante dans Paris le couplet suivant, fort à la mode : il a été fait en l'honneur de la jeune vicomtesse du Barry et a passé de la ville à la cour. Il est sur l'air : *Lison dormait*, etc., etc., tiré de *Julie :*

Est-il beauté plus accomplie.
Hébé, Vénus... oui, la voilà.
Voyez sur sa gorge jolie
Ce bouton-ci, ce bouton-là ;
Cette taille fine et légère,
Et plus bas, plus bas... Halte-là !
On n'voit pas ca, on n'touch' pas là :
C'est la cachette du mystère.
L'amour jaloux défend ce lieu ;
Un mortel y seroit un Dieu.

(*Mémoires secrets*, t. VII, p. 83.)

Ce mariage fut bientôt suivi d'un autre dans la même famille, celui du chevalier du Barry, le troisième frère, celui que nous avons appelé Nicolas, dit Elie du Barry et qui avait passé par l'Ecole militaire. Les *Nouvelles à la main de Penthièvre* disent, à la date du 5 août 1773 : M. le chevalier du Barry doit épouser mademoiselle de Fumel [1].

1. V. *Anecdotes*, p. 346 et 347.

Nous avons dit et démontré ci-dessus que nos du Barry n'avaient droit à aucun titre. Le père commun, Antoine du Barry, n'en portait pas dans les actes de l'état civil. Cependant nous voyons Jean et Guillaume s'arroger le titre de comte, et le dernier de la famille, qui n'avait signé que chevalier, devient *marquis* de son autorité privée.

Le régiment de la reine envoyé au devant de la comtesse d'Artois est commandé par le marquis du Barry (21 octobre 1773).

Madame la marquise du Barry est nommée par le Roi dame pour accompagner cette princesse (14 nov.).

CHAPITRE XXIV

OUVERTURE DU SALON DU LOUVRE.
LE ROI COUCHE A LOUVECIENNES.
VOLTAIRE ET MADAME DU BARRY. — STANCES CÉLÈBRES.
MADAME DU BARRY PROTÈGE LEDOUX.
MARIAGE DU COMTE D'ARTOIS. — PIÈCES DIVERSES.

Le mois de septembre ramenait l'ouverture de l'exposition du Louvre pour les œuvres de peinture, sculpture, etc., puisque, comme nous le savons déjà, ces expositions avaient lieu tous les deux ans. On trouve, dans le Salon de cette année 1773, les sujets suivants qui nous intéressent :

PEINTURE

Par M. Drouais, académicien, peintre de Monseigneur le comte de Provence.

. . . .

Le portrait de madame la comtesse du Barry (nº 80, p. 31).

SCULPTURE

Professeurs :

. . . .

Par M. Pajou.

Le portrait de madame la comtesse du Barry. — Buste en marbre (nº 197).

Voici le jugement que nous en trouvons dans une lettre imprimée sur le Sallon, disent *les Anecdotes :*

Le sieur Drouais a raté encore une fois le portrait de madame la comtesse du Barri, qu'il nous présente aujourd'hui sous les attributs d'une Flore flétrie et presque fanée ; il lui a donné un regard plus propre à exciter la compassion que le désir.

C'est pourtant avec ce seul secours que M. Pajou lutte contre le sieur Drouais et l'emporte de beaucoup au gré des divers connaisseurs. Rien de si beau que ce buste, d'une vérité, d'un charme, d'une expression unique. Il frappe les plus ineptes par un air de volupté répandu sur toute sa physionomie. Le regard et l'attitude secondent les intentions du peintre ; il n'est personne qui, en voyant cette figure céleste, ne lui décerne sans la connaître le rang qu'elle occupe et ne s'écrie avec M. de Voltaire :

L'original était fait pour les Dieux.

(*Les Anecdotes*, p. 357.)

Jeudi, 16 septembre 1773.

Le Roi a couché lundi à Saint-Oüen, mardi à *Luciennes* et s'est rendu mercredi à Choisy.

(*Nouvelles à la main* écrites pour le duc de Penthièvre. Bibliothèque Mazarine.)

Voici le seul passage, à ma connaissance, qui constate que Louis XV couchât à Louveciennes. Il semble qu'il aurait pu coucher à Marly, qui est à une très petite distance. Mais on voit par là qu'il ne se cachait pas pour passer la nuit chez sa maîtresse. On consignait le fait publiquement dans un recueil qui contraste par son honnêteté avec les pages moins édifiantes des *Mémoires secrets.*

On lit dans les *Nouvelles à la main* écrites pour le duc de Penthièvre :

M. de la Borde, premier valet de chambre du Roi, s'est acquitté en passant à Ferney d'une commission dont madame du Barry l'avait chargé auprès de M. de Voltaire et l'a embrassé deux fois de sa part. Ce poète vient d'envoyer à ce sujet ce quatrain à madame du Barry.

C'est cet envoi provoquant qui a donné lieu à la lettre si connue :

Madame,

M. de la Borde m'a dit que vous lui aviez ordonné de m'embrasser des deux côtés de votre part.

Quoi ! deux baisers sur la fin de ma vie !
Quel passeport vous daignez m'envoyer
Deux ! c'en est trop, adorable Egérie :
Je serais mort de plaisir au premier.

Il m'a montré votre portrait. Ne vous fâchez pas, Madame, si j'ai pris la liberté de lui rendre ces deux baisers.

Vous ne pouvez empêcher cet hommage,
Faible tribut de quiconque a des yeux :
C'est aux mortels d'adorer votre image;
L'original était fait pour les Dieux.

J'ai entendu plusieurs morceaux de *Pandore* de M. de la Borde; ils m'ont paru dignes de votre protection. La faveur donnée aux véritables talents est la seule chose qui puisse augmenter l'éclat dont vous brillez. Daignez, Madame, agréer les respects d'un vieux solitaire, dont le cœur ne connaît presque plus d'autre sentiment que celui de la reconnaissance.

Telle est la scène qui a mis en présence madame du Barry et le plus grand nom littéraire de son siècle. Elle ne s'est pas adressée au philosophe de Genève. Son austère figure l'aurait effrayée. Elle s'est sentie plus à l'aise avec le chantre par excellence de la beauté et des grâces. Elle était en famille chez lui. Déjà nous les avons vus en rapport et ils se retrouveront encore au moment du dernier voyage de Voltaire à Paris, où ils échangent un suprême adieu. Le patriarche de Ferney ne connaissait qu'un culte : celui de l'esprit. Il en était le grand-prêtre. Ses hommages étaient des oracles devant lesquels on s'inclinait. Ces stances charmantes ont été pour celle qui les avait inspirées une première réhabilitation ; elles ont volé partout et on les retrouve dans *les Nouvelles à la main* du duc de Penthièvre, dans l'*Almanach des Muses* de 1774, dans *la Correspondance* de Grimm, dans les vers de Marmontel, dans les papiers intimes de Vergniaud, très amateur et connaisseur en poésies légères. Elles font gronder madame de Choiseul, qui les envoie à madame de Deffant, en les estropiant. « Voltaire, dit-elle, a bien souillé sa plume dans sa vieillesse. » Metra, lui, nie l'authenticité de la lettre et le malheureux Pidansat se charge du coup de pied de la fable.

Il trouve mauvais que Voltaire ait voulu entendre la musique faite pour sa *Pandore*, faiblesse bien excusable chez l'auteur de *Zaïre* et de *Mérope*, et puis, il imagine une autre critique que nous voulons montrer dans toute sa tournure pédantesque.

On sait que la nymphe Egérie inspiroit Numa, le sage législateur des Romains et, par une adulation qui ne peut se qualifier, l'auteur donnoit à entendre que la divinité de Versailles avoit aussi inspiré Louis XV dans toutes les opérations qu'il veut faire sur la législation.

Le pauvre Pidansat disserte doctement sur un législateur des Romains qui n'a jamais existé, et il attribue à Voltaire des allusions auxquelles il n'a jamais pensé; qu'il relise donc l'épigraphe de son livre, il verra que c'est lui qui, le premier, a donné à madame du Barry le nom d'Egérie.

Illa... Egeria est, do nomen quod libet illi.

Mon Egérie c'est ma maîtresse. Voilà en bon français tout ce que veut dire son épigraphe; pourquoi vouloir interdire à Horace et à Voltaire le langage dont il a donné l'exemple? Il est vrai qu'ils ne sont pas des écrivains de sa force.

---

8 novembre 1773. — Le sieur Le Doux, jeune architecte, connu par plusieurs ouvrages qui annoncent du goût, de la noblesse, de l'imagination, mais auquel il manque quelquefois de la sagesse, vient d'être élu membre de l'Académie d'architecture, au préjudice de beaucoup de ses anciens. M. le contrôleur général a déclaré à Messieurs de l'Académie que madame du Barry et lui désiroient qu'on donnât la place vacante par le décès du sieur Charpentier au sieur Le Doux. C'est cet artiste qui a construit le nouveau pavillon de Luciennes. Il a fait aussi le temple de Terpsicore de mademoiselle Guimard et quantité d'autres monumens plus agréables que grands. (*Mémoires secrets*, VII, p. 89.)

Nul doute que madame du Barry ne fût très favorable à Ledoux. Il avait construit pour elle le pavillon de Louveciennes, elle lui avait en outre confié la réédification de son hôtel de l'avenue de Paris à Versailles. Les travaux étaient en plein cours d'exécution au moment même de la nomination de Ledoux à l'Académie de l'architecture. Il est donc très probable qu'elle a dû exercer à son profit toute l'influence dont elle pouvait disposer. L'abbé Terray était aux ordres de madame du Barry, une démarche de sa part pour l'architecte qu'elle protégeait se comprend donc très bien. Y eut-il une simple déclaration verbale du contrôleur général, comme le disent les *Mémoires secrets*, ou adressa-t-il une lettre à l'Académie, comme le soutient Pidansat? La première hypothèse nous paraît beaucoup plus admissible que la seconde. Il est des choses qui ne s'écrivent pas; les membres de l'Académie devaient bien connaître la situation, personne n'ignorait que Ledoux était le protégé de madame du Barry, l'abbé Terray n'aurait rien appris de nouveau aux académiciens et se serait exposé en pure perte à beaucoup d'inconvénients. Il est donc à croire que les auteurs des *Mémoires secrets contemporains* étaient mieux informés que l'auteur des *Anecdotes*, écrivant plusieurs années après les événements.

Pidansat a copié servilement les *Mémoires secrets*, sans en avertir par des guillemets comme on doit le faire quand on cite honnêtement; il s'est permis seulement une petite altération que nous relevons pour faire apprécier de plus en plus sa bonne foi.

Les *Mémoires secrets* avaient dit en parlant de Ledoux : « Il manque *quelquefois* de sagesse. » A cette appréciation fort juste, il substitue celle-ci : « Il manque presque toujours de la sagesse et du jugement. » Ledoux est certainement arrivé à la fin de sa carrière à une aberration d'esprit qui touchait à la folie, mais à cette époque il était dans la plénitude de son bon sens et toute la maturité de son talent.

14 septembre 1773. — Certifions que le roi, voulant traiter favorablement le sieur Le Doux, Sa Majesté l'a nommé pour remplir dans la 2e classe de son Académie d'architecture la place vacante par la nomination du sieur Rubion à la 1re classe de ladite Académie.

MARIAGE DU COMTE D'ARTOIS. — LE BANQUET ROYAL. PRÉSENCE DE MADAME DU BARRY.

20 novembre 1773. — On ne peut décrire les beautés du coup d'œil du banquet royal. L'Olympe, tel qu'on nous le dépeint dans le jour le plus brillant, peut seul en donner une idée. Le sieur Arnoux, machiniste plein d'imagination, a inventé un surtout d'une mécanique admirable. Le milieu en étoit une rivière qui a coulé pendant tout le repas avec une abondance intarissable. Son cours était orné de petits batteaux et autres décorations du mouvement d'une rivière et les bords représentoient tout ce qui peut les rendre agréables. Le jeu des diamans, dont on ne peut calculer la richesse, faisoit croire qu'on étoit dans un palais de fées. On sait qu'à ce banquet la seule famille Royale et les princes sont admis (le Roi étoit au milieu). En face de Sa Majesté se remarquoit madame la comtesse du Barry, radieuse comme le soleil, et ayant à elle seule pour cinq millions de pierreries sur sa personne. Pendant tout le repas elle n'étoit en contemplation que de Sa Majesté et le Roi ramenoit sans cesse sur elle des yeux de complaisance et lui faisoit des mines remarquables. On a cru que Sa Majesté étoit très aise de démentir ainsi publiquement les bruits de défaveur qu'on faisoit courir sur le compte de cette dame, dont la reconnoissance et le profond respect n'éclatoient pas moins sensiblement.

Mardi, jour du mariage de M. le comte d'Artois. Sa Majesté a joué ce jour-là au lansquenet avec M. le Dauphin, madame la Dauphine, M. le comte et madame la comtesse de Provence, M. le comte et madame la comtesse d'Artois, Mesdames, M. le prince de Condé, M. le prince de Soubise, M. le duc de La Vallière, M. le marquis de Laverdy. Madame du Barry étoit présente à ce jeu, pendant lequel des filous, richement habillés, ont enlevé avec beaucoup d'adresse des montres, des tabatières, des bourses pleines d'argent. (*Nouvelles à la main* de la maison d'Harcourt.)

MORT DU MARQUIS DE CHAUVELIN DANS L'APPARTEMENT DE MADAME DU BARRY.

24 novembre 1773. — Le Roi a soupé hier dans les petits appartemens, chez madame la comtesse du Barry. Sa Majesté avoit dit au marquis de Chauvelin, un de ses favoris intimes, que madame du Barry l'invitoit d'en être ; ce seigneur, en acceptant, a supplié Sa Majesté de permettre qu'il ne soupât point parce qu'il se sentoit un peu incommodé. Cependant il avoit commencé un whisk avec Sa Majesté. Il s'est mis à table ensuite et n'a mangé que deux pommes cuites. Il a repris le jeu. La partie finie, il est allé s'adosser à la chaise de madame la maréchale de Mirepoix, qui jouoit à une autre table. Il a plaisanté avec cette dame. Le Roi, qui étoit du côté opposé au marquis, ayant remarqué de l'altération sur son visage, lui a demandé s'il ne se trouvoit pas mal ! Il est à l'instant tombé roide mort. En vain lui a-t-on donné tous les secours les plus prompts. Le Roi et toute l'assemblée n'ont pu qu'être vivement frappés d'un pareil spectacle.

M. de Chauvelin n'avoit que 57 ans. C'étoit un homme de beaucoup d'esprit, cultivant les lettres. On a de lui de jolies choses. (*Mémoires secrets.*)

---

28 novembre 1773. — *Isménor* étoit très protégé par madame la comtesse du Barry qui, n'étant pas contente des premières paroles, a fait faire les secondes par M. Desfontaines, sur la musique de Rodolphe. Son objet ayant été de faire sa cour au comte et à la comtesse d'Artois, en y faisant insérer tout ce qu'on pouvoit dire de plus direct et de plus flatteur à leur louange. Toute cette faveur n'a point eu de succès comme on a dit, et, malgré les efforts de la protectrice qui applaudissoit beaucoup, le Roi, à la fin de l'opéra, est venu dire à madame la comtesse d'Artois : « Ma fille, avez-vous bien bâillé ? » (*Mémoires secrets.*)

Toujours la même plaisanterie, immuable et consolidée.

En 1773, une femme qui jouissait du plus grand crédit en France [1], se trouvant dans la bibliothèque de M. le duc de la Vallière avec une nombreuse suite de grands seigneurs, dit au comparant, en se détournant vers lui et lui parlant à part, qu'elle désirait de se l'attacher pour un objet semblable à celui pour lequel il travaillait chez M. le duc de la Vallière ; le comparant la remercie de ses bontés. Il n'y a pas là, sans doute, un document d'une bien grande importance, cependant on ne peut concilier ce trait avec l'abjecte stupidité qu'il était d'usage d'attribuer à madame du Barry. Elle essaie de s'attacher l'abbé Rive. Comment avait-elle pu apprécier son mérite ? Par l'opinion publique ou par M. le duc de la Vallière ? Il n'importe,

1. On lit en note : la comtesse du Barry.

Le comparant était l'abbé Rive (Jean-Joseph), un des plus érudits bibliographes du XVIIIe siècle.

Revue des Documents historiques, par E. Charavay, année 1881, février et mars, p. 34. Documents fournis par M. Campardon.

l'essentiel est qu'il y a là une intention louable. La bibliothèque de madame du Barry n'était pas aussi frivole qu'on l'a dit, elle voulait en confier le soin à un homme qui la dirige, la relève par l'éclat d'un nom distingué dans les sciences. En tout cas, il est à croire qu'elle se serait montrée plus généreuse que le duc de la Vallière qui eut avec l'abbé Rive des torts à peine concevables. (V. le surplus de sa lettre *loc. cit.*)

Mon beau-frère vient de me mandée de Toulouze que des personnes mal intentionnées, viennent de troubler le repos du comte du Barry, en luy écrivant que s'il ne portoie à un endroit qu'on lui indique. cinq cent loüis, un tel jour, sa vie étoit en dangée. Il n'a pas obéi comme vous sentés bien à cette sommation, ce qui lui a attiré une seconde lettre plus menaçente avec sommation de mettre toujours à l'endroit indiqué cinq cens cinq louis d'or à cause du retard ; on s'est donné beaucoup de mouvemens pour découvrir les auteurs de ces lettres, mais cela a été en vain ; cette avanture a tellement effrayé ce pauvre comte qu'il est parti *incognito* pour Paris, sans emmener un seul de ses domestiques, dont il craint d'être trahy. DUCHEMIN.

1773. — Acrostiche par un poète qui ne recevait pas de récompense des vers qu'il avait faits pour madame du Barry au roi :

L'univers est rempli de ce nom glorieux
Objet de votre amour, aux peuples précieux.
Un Français est heureux quand il en approche,
Il est dans tous les cœurs, on le voit en tous lieux,
Son image est partout, excepté dans ma poche.

CHAPITRE XXV

(1774)

L'ALMANACH DE FLORE POUR 1774.
PORTRAIT DE PROFIL DE MADAME DU BARRY.
LES IDYLLES DE GESSNER.
LES PENDANTS D'OREILLE DE LA DAUPHINE.
MANŒUVRES CONTRE MADAME DU BARRY.

L'année 1774 devait être la dernière de la faveur de madame du Barry, puisqu'elle fut la dernière de la vie de Louis XV; elle ne s'annonça pourtant d'abord que sous les auspices les plus riants. Point de difficultés d'étiquette ; point de tracasseries entre la famille royale et la favorite. M. de Mercy ne nous apprend pas que celle-ci eût été mal reçue par la Dauphine. Le ciel était serein pour madame du Barry ; aucun point noir ne se montrait à l'horizon, les poésies en son honneur affluaient et les poètes couleur de rose, comme Dorat, n'avaient garde de laisser présager que *le Ténare alloit prochainement s'entr'ouvrir* sous le velours doré du trône.

Voici en première ligne l'*Almanach de Flore* pour 1774, composition insipide d'un sieur Douin [1], capitaine

1. *Douin et Drouin*, ce sont les gémeaux du Théâtre-Français (Rivarol, *petit Almanach des grands hommes*). Le texte a été gravé par un nommé Drouet, ancien soldat d'infanterie.

d'infanterie, rachetée heureusement par les figures, au nombre de cinquante, qui représentent autant de fleurs coloriées; au-dessous de chaque fleur se trouve une devise et un horoscope ; la partie graphique est d'un sieur Chevalier, lieutenant d'infanterie, ancien ingénieur des camps et armées du roi.

Après le titre viennent deux dessins à l'encre violette; l'un représente un tournesol regardant le soleil avec cette devise galante :

L'Astre est constant,
La Fleur fidelle ;

l'autre offre le portrait de madame du Barry, portrait d'autant plus curieux qu'il est de profil et qu'on n'en connaît jusqu'ici aucun autre dans cette attitude ; au-dessous sont deux flèches entre-croisées avec un cœur enflammé au milieu. Ce délicat frontispice nous a paru si joli que nous avons essayé de le reproduire en tête de notre ouvrage.

Au bas de cette image est la dédicace suivante :

A LA PLUS BELLE.

Je dormois..., le maître des Dieux
Me dit : « Je sais ce que tu veux.
« Choisis ou déesse ou mortelle,
« Pour lui consacrer tes couplets. »
Quoi ? lui dis-je, une bagatelle?
Ne crains rien, je te le permets.....
— Je choisirai donc la plus belle !

Ce volume a passé de la bibliothèque de Louveciennes dans celle de Versailles (E. 643, C.[b]); il paraît, à certains signes, être relié de la main de Derosme, en maroquin du Levant poli, rouge, orné de riches dorures, les armes de madame du Barry avec sa devise sur les plats, les gardes en tabis bleu. Ce bijou est évidemment un hommage fait à madame du Barry par les gémeaux du Parnasse. Le faux titre, écrit à la main, en petites capitales, porte ces mots : ALMANACH DES TROIS RÈGNES, en 8 parties; 1re partie, *Almanach de Flore*[1]. (Chez Blaizot, au Cabinet littéraire, in-24 [2].)

La poésie ne vaut pas la reliure, un exemple permettra d'en juger :

La Rose est la reine des fleurs ;
Ma Rose est la reine des cœurs.

Vient ensuite l'*Almanach des Muses de* 1774, avec la pièce suivante :

A MADAME LA COMTESSE DU B***,

En lui envoyant la traduction des *Nouvelles Idylles* de M. Gessner.

La muse de Gessner méritoit, Madame, de parler votre langue. Si les Grâces l'ont souvent inspirée, elle vous doit un hommage, et le bonheur de vous plaire sera sa plus douce récompense.

De la Beauté les Talens et les Arts
Chérissent tous l'aimable empire,

1. Un emblème, destiné à produire bientôt une révolution dans la politique, fait ici sa première apparition sous forme de madrigal :

LE TRICOLOR.

Trois couleurs dans le Tricolor,
Trois grâces dans Eléonor.

2. Le successeur de Blaizot est aujourd'ui M. Bernard, éditeur du présent ouvrage.

Que l'Eglogue au naïf sourire
Arrête un instant vos regards !
Comme vous belle sans parure,
Elle doit tout aux mains de la Nature.
Comme vous, elle a quelquefois,
Sous l'air d'une simple bergère,
Charmé les Héros et les Rois,
Même les Dieux. Apollon pour lui plaire
Vint oublier l'Olimpe (*sic*) à l'ombre de ce bois.
Quel Dieu pour vous ne l'oubliroit de même,
Si de l'Amour la puissance suprême
Vous permettoit encore un choix ?

Par M. MEISTER (p. 62).

Cette traduction des *Nouvelles Idylles de Gessner* parut d'abord sans nom d'auteur. Elle était anonyme aussi bien que la dédicace insérée dans l'*Almanach des Muses*. Meister, qui en était l'auteur, se nomma dans une épître dédicatoire manuscrite qu'il adressa à madame du Barry et qu'il signa. La pièce est jointe à l'exemplaire qui se trouvait dans la bibliothèque de madame du Barry et qui a passé de là dans la bibliothèque de Versailles. C'est ainsi qu'on a appris successivement le nom de l'auteur et celui de la personne à laquelle il avait dédié son ouvrage.

Jacques-Henri Meister, né le 6 août 1744, à Zurich, vint à Paris, en 1770, pour faire une éducation particulière. Son goût pour la culture des lettres l'avait rapproché de plusieurs écrivains distingués. Il s'était lié successivement avec Diderot et le baron d'Holbach et avait fourni à la Correspondance de Grimm un grand nombre d'articles piquants et instructifs (*Biogr. Didot*). Grimm l'appelle toujours M. de Meister. Il est présenté par M. Le Roi comme étant le secrétaire de Grimm.

A côté de ces étrennes littéraires, qui pouvaient flatter sa vanité, madame du Barry éprouva un petit déboire formant contraste avec les sucreries des adulateurs de cour. Il parut dans l'*Almanach de Liége* une prédiction qui pouvait s'adresser à elle ; elle s'appliquait au mois d'avril et était ainsi conçue :

« *Une Dame des plus favorisées..... jouera son dernier rôle.* »

Il n'est pas facile de se procurer l'*Almanach de Liége* de cette époque. En France, la recherche est impossible ; mais en Belgique, un *littérateur* du pays (*sic*), nous dirions ici homme de lettres, M. Faber, que nous avons l'honneur de connaître, a bien voulu faire la vérification et nous attester que la citation est textuellement exacte [1].

« Elle avoit eu, se hâte de dire Pidansat, la modestie de s'attribuer cette allusion. » Si l'almanach avait dit une des plus *grandes*, des plus *brillantes* dames de la cour, la critique de Pidansat se comprendrait, mais *une des plus favorisées*, il n'y avait nulle immodestie à se reconnaître dans un passage semblable, elle qui était la favorite en titre du roi.

Aussi les *Mémoires secrets*, où l'auteur des *Anecdotes* a copié ce passage, ne contenaient-ils aucun blâme contre madame du Barry. Ils se bornent à dire :

On a beaucoup de peine à trouver ici des exemplaires du véritable *Almanach de Liégè*, par le soin qu'avait eu madame du Barry d'en faire retirer tous les exemplaires qu'il a été possible de trouver. (27 mai 1774, VII, p. 194.)

1. Lettre du 8 déc. 1880.

MERCY A MARIE-THÉRÈSE.

19 janvier 1774.

..... Le comte d'Artois n'a de ménagement pour personne, il n'en observe aucun non plus à l'égard de la favorite et de tout le parti dominant. Il a exigé de la princesse son épouse qu'elle ne parlât ni à la comtesse du Barry, ni à aucune femme de sa société. Il dit hautement qu'on a composé sa maison d'un assemblage d'*espèces* dont il se délivrera au premier moment où il en aura le pouvoir. De pareils propos, que l'on n'a pas manqué de rapporter au Roi, l'ont fort indisposé contre le jeune prince, qui est traité en conséquence avec froideur.

M. de Mercy dit un peu plus bas, dans la même lettre :

..... J'ai mis sous les yeux de madame la Dauphine une suite de faits qui prouvent combien les ministres et le parti dominant désirent se concilier les bonnes grâces de S. A. R. Je dois à ce sujet rapporter ici une démarche assez singulière de la favorite.

Un joaillier de Paris possède des pendants d'oreille formés de quatre brillants d'une grosseur et d'une beauté extraordinaires; ils sont estimés sept cent mille livres.

La comtesse du Barry, sachant que madame la Dauphine aime les pierreries, persuada le comte de Noailles de lui faire voir les diamants en question et d'ajouter que si S. A. R. les trouvoit à son gré et vouloit les garder, elle ne devoit point en être embarrassée ni du prix, ni du paiement, parce que l'on trouveroit le moyen de lui en faire faire un cadeau par le Roi.

Madame l'Archiduchesse répondit simplement qu'elle avoit assez de diamants et qu'elle ne se proposoit point d'en augmenter le nombre.

Quoique cette démarche soit à bien des égards déplacée, peu convenable et maladroite de la part de la favorite, il n'en résulte pas moins une preuve de son grand désir de s'insinuer dans les grâces de la Dauphine. J'observerai encore que cette tentative doit être partie du propre mouvement de la comtesse du Barry, parce que, si la démarche avoit été plus réfléchie ou dictée par des conseils, il étoit certain que j'aurois été des premiers consultés. J'observerai de plus que cette conduite de prévenance et de respect de la part de la favorite n'est encouragée par aucun changement dans la façon dont la traite madame la Dauphine. Il est vrai que depuis très longtemps S. A. R. s'est abstenue de tout propos mortifiant et même de toute démonstration qui pût indiquer de l'aversion ou de la haine, et ce meilleur traitement n'étant que négatif, il faut que j'aie une attention continuelle à trouver des moyens à faire valoir et à l'interpréter dans un sens dont il n'est pas toujours susceptible.

Quoique toutes les femmes présentées et dansantes soient admises aux bals de madame la Dauphine, elle n'a cependant jamais voulu consentir à ce que sa dame d'honneur y appelât la vicomtesse du Barry ; cette mortification a beaucoup chagriné ce parti et j'ai eu assez de peine à le tranquilliser là-dessus.

Marie-Thérèse répond, le 3 février :

..... Le refus de ma fille d'accepter un présent en bijoux par l'entremise de la favorite est bien à sa place ; c'est un point sur lequel je suis délicate et je ne saurois pardonner à l'Impératrice de Russie la complaisance qu'elle a eue d'agréer le présent que son sujet Orloff lui a fait d'un superbe diamant et d'en avoir fait parade. Au reste, la persévérance de ma fille dans sa conduite vis-à-vis de la favorite fait connoître son attachement à ses volontés.....

Marie-Antoinette aimait effectivement beaucoup les

pierreries et en particulier les diamants; on en trouve la preuve dans le carnet des dépenses de Louis XVI, qui, étant roi, fut souvent obligé de venir à son aide pour acquitter les dettes que ce goût lui avait fait contracter, notamment envers Bœhmer, Allemand qui ne parlait pas le français et qu'elle protégeait peut-être comme un compatriote, quoi qu'elle en dise. Elle n'avait pas cependant beaucoup de diamants.

On a beaucoup cité et on a beaucoup abusé des carnets de Louis XVI; ils forment cinq volumes distincts : un pour les chasses, un pour les aumônes, un pour les dépenses, un pour les promenades. Ils sont tenus fort exactement. Il n'y a donc rien à conclure du silence du carnet des chasses, s'il n'y a pas eu chasse, gibier abattu. Il faut chercher dans les autres et examiner s'il n'a pas placé ce que l'on cherche sous un titre différent.

On lit dans les Nouvelles à la main conservées à l'état de manuscrit à la bibliothèque Mazarine :

14 may 1770.

Le Roy et toute la famille Royale a fait son présent de noce à madame la Dauphine; ce sont tous des bijoux de diamans, ils montent à trois millions de livres. Ces diamans sont indépendans des diamans de la couronne, qui servent à la magnificence de l'habillé de la maison royalle.

Marie-Antoinette avait eu raison de ne pas accepter l'offre du comte de Noailles. Il eût été à désirer qu'elle eût toujours la même sagesse.

La conduite de madame du Barry en cette circonstance nous paraît parfaitement appréciée et justement censurée par M. de Mercy. Nous relevons seulement cette note sur la vanité du personnage : « Si la démarche avait été plus réfléchie ou dictée par des conseils, j'aurais été consulté en première ligne. » De ce qu'il ne l'a point été, M. de Mercy conclut que la tentative faite auprès de madame la Dauphine doit être l'œuvre de la favorite. Nous serions complètement de son avis si nous ne voyions figurer dans cette affaire le comte de Noailles. C'est lui qui fait voir les diamants à la Dauphine. Avait-il agi à la sollicitation de madame du Barry et persuadé par elle? M. de Mercy ne nous dit pas d'où lui vient ce renseignement, quelles sont ses autorités. La chose en valait pourtant la peine. Le comte de Noailles était alors ministre du roi auprès des Etats généraux de Hollande. Comment était-il à Paris ou à Versailles? Il affirme seulement qu'on ne peut voir dans la conduite de la favorite qu'un témoignage de *prévenance et de respect* envers madame la Dauphine. Réponse péremptoire à toutes les fables qu'on a débitées sur la prétendue hostilité de madame du Barry contre Marie-Antoinette. Un excès de zèle ne saurait être confondu avec un excès d'insolence. Madame du Barry a péché par envie de plaire, non par dessein d'offenser. Le Dauphin, au reste, se montre inflexible envers madame du Barry et les siens. La vicomtesse, innocente des torts de sa famille, n'est pas mieux traitée que les autres; elle n'obtient même pas la faveur d'une invitation à la soirée ou au bal, quoiqu'elle soit femme *présentée* et *dansante.* Bien plus, la même proscription s'étend à madame du Barry, née de Fumel, tante de la précédente. « Une des deux nièces de la favorite, dit M. de Mercy, c'est-à-dire la marquise du Barry, quoique attachée au service de madame la comtesse d'Artois en qualité de dame de compagnie, a toujours été traitée avec les mêmes rigueurs qu'éprouvent tous ceux qui portent le nom de du Barry. Personne de la famille royale ne lui parle, et cette femme, quoique née de condition et placée à la cour, n'en est que plus malheureuse..... »

Rectifions ici une légère erreur échappée à M. de Mercy. Madame du Barry, née de Fumel, n'était point la nièce de madame du Barry, la favorite ; elle était sa belle-sœur, comme ayant épousé le frère de son mari. Guillaume du Barry, mari de Jeanne Bécu, et Nicolas du Barry, étaient frères. Il y a donc là une première rectification à faire au passage de Mercy. En voici une autre : — « La *marquise* du Barry, dit M. de Mercy, attachée au service de madame la comtesse d'Artois. » Il est possible qu'elle prît le titre de *marquise*, mais à coup sûr Nicolas du Barry n'était pas marquis. Il ne pouvait pas l'être, puisque son frère aîné Jean aurait été seulement comte et il ne l'était même pas. Tous ces titres, de pure fantaisie, étaient usurpés et présentaient entre eux une discordance choquante. Sous ce rapport seul les du Barry auraient mérité le dégoût profond qu'ils inspiraient à la famille royale. Peut-être, toutefois, mademoiselle de Tournon, mademoiselle de Fumel, victimes de la pression exercée sur elles par leurs parents, n'auraient pas dû être traitées comme des coupables, elles méritaient quelque indulgence.

C'est ce que Mercy soumit à Marie-Antoinette : observations qu'elle eut le mérite de comprendre, tandis que Mesdames restèrent inflexibles dans leur dédain. « Madame la Dauphine, dit-il, a très bien senti les motifs de justice que je lui ai représentés à ce sujet, et, malgré l'opposition de Mesdames, S. A. R. a bien voulu, en quelques occasions, marquer moins de froideur et de dédain à la marquise du Barry et dont je n'ai pas manqué de faire un bon usage vis-à-vis de la favorite. » Et il ajoute cette autre remarque : « Ce n'est que par des petits moyens semblables que j'ai réussi jusqu'à présent à calmer les dégoûts et les plaintes. »

M. de Mercy écrit, le 19 février 1774, à Marie-Thérèse :

Quoique la comtesse du Barry vienne de donner des preuves d'un crédit très affermi et malgré que le Roi paraisse plongé à son égard dans un aveuglement aussi décidé que déplorable, il règne cependant dans tout le parti de la favorite des craintes et des doutes sur le moment où ce monarque pourroit rentrer en lui-même.

Aussitôt que je me suis aperçu des plus légers indices de ces craintes, j'ai senti de quelle importance il étoit de redoubler d'attention pour tâcher d'en pénétrer les motifs. A force de soins, j'ai découvert qu'ils étoient fondés en partie sur des propos que le Roi commence à tenir de temps en temps sur son âge, sur l'état de sa santé et sur le compte effrayant qu'il s'agira de rendre un jour à l'Être suprême de l'emploi de la vie qu'il nous a accordée en ce monde. Ces réflexions, occasionnées par le trépas de quelques personnes de l'âge du Roi et mortes presque sous ses yeux, ont fort alarmé les gens qui retiennent ce monarque dans ses erreurs actuelles, et, dès ce moment, un chacun a cru devoir songer aux moyens de trouver un abri selon les événements possibles (II. p. 110).

Quelles sont ces preuves de crédit auxquelles M. de Mercy fait allusion, comme étant récentes au 19 février 1774? A cette même époque on voit qu'il est question, dans les *Mémoires secrets*, des agents de la police française envoyés en Angleterre pour faire enlever de Londres le sieur T. de Morande, auteur du *Gazetier cui-*

rassé. Ce misérable, alléché par le succès de sa première spéculation, en aurait tenté une nouvelle du même genre.

Il a écrit, disent les *Mémoires secrets*, à quelques particuliers riches de ce pays-ci, qu'il avoit sur leur compte des anecdotes très scandaleuses, mais qu'il croyoit de son honnêteté de les en prévenir et de savoir s'ils ne seroient pas fâchés de les voir ainsi révéler au grand jour; que, moyennant telle somme, il leur épargneroit ce désagrément. Plusieurs y ont aquiescé, entr'autres M. de Marigny (le frère de madame de Pompadour).

L'audace du sieur Morande a été jusqu'à lui faire écrire à madame la comtesse du Barry, pour la rançonner de la même manière. Elle en a porté plainte à M. le duc d'Aiguillon. Ce ministre s'est abouché avec l'ambassadeur d'Angleterre, qui en a écrit à sa cour, et S. M. Britannique a répondu qu'elle ne s'opposeroit point à ce qu'on vînt enlever dans ses états, noyer dans la Tamise ou étouffer ce monstre, peste de la société, fléau de ses semblables, pourvu que cela se conduisît dans le plus grand mystère et sans blesser à l'extérieur les droits de la nation.

---

19 avril. — Il devoit y avoir ce printemps un séjour de la cour à Marly. La favorite, qui décide de ces sortes d'arrangements, s'étoit flattée qu'il en résulteroit pour elle un traitement plus favorable de la part de la famille Royale, et, sur cet espoir, le voyage avoit été fixé et annoncé pour le mois de mai; mais il vient d'être résolu de nouveau que ce voyage n'aura point lieu, et j'en suis d'autant plus aise que ces voyages à Marly ont toujours été des occasions de tracasseries presque inévitables, parce que la famille Royale y passant les soirées avec la société particulière du Roi, il survenoit sans cesse des remarques et des dégoûts qui

n'aboutissent qu'à aigrir les esprits. Depuis fort longtems la comtesse du Barry n'a point formé de plaintes sur le traitement qu'elle éprouve de la part de madame la Dauphine.

MERCY A MARIE-THÉRÈSE.

22 mars.

Dans ces derniers temps, j'ai eu des lueurs de quelques manœuvres sourdes contre la favorite, mais je ne puis encore débrouiller cet objet ni en juger les ressorts, le duc d'Aiguillon doit toute son existence à la comtesse du Barry, mais il n'est pas content d'elle dans les détails de sa conduite. Il trouve sans cesse dans l'ineptie de cette femme des difficultés à la diriger et à la faire agir. Elle est d'ailleurs exigeante, inconsidérée, et tout cela pourroit donner lieu à des combinaisons et des événemens nouveaux, bien essentiels à prévoir, soit pour le bien général, soit pour autant qu'ils pourroient influer sur la position de M. le Dauphin et de madame la Dauphine.

Mercy est le premier qui, à notre connaissance du moins, ait parlé de ces *lueurs* de dissentiments entre M. le duc d'Aiguillon et madame du Barry, ni les *Mémoires secrets* ni aucun autre *Recueil de nouvelles à la main* n'en parlent, pas même l'auteur des *Anecdotes*. Mercy lui-même ne s'explique qu'avec beaucoup de réserve sur ce point. Il est plus explicite sur le caractère de madame du Barry, inepte, exigeante, inconsidérée dans ses rapports avec ceux de son parti. Il est moins sévère lorsqu'il s'agit d'apprécier sa tenue envers lui-même (de Mercy Argenteau). Il la trouve au contraire intelligente, obéissante et parfaitement raisonnable. On voit la différence des deux situations; M. d'Aiguillon était pour elle un ami, un obligé, elle se croyait sans doute le droit de montrer plus d'exigence envers lui qu'avec M. de Mercy, le représentant de la Dauphine. C'est du moins ainsi que nous interprétons ce passage isolé dans la Correspondance de M. de Mercy.

C'est en conséquence de cet accord qu'ont été dépêchés les suppôts dont on a parlé, qui, s'étant indiscrètement confiés à madame de Godeville, française, femme perdue d'honneur et de débauches, réfugiée dans ce pays-là, ont été découverts et obligés de se cacher jusqu'au moment favorable pour leur évasion.

L'auteur des *Anecdotes* reproduit presque littéralement ce récit, seulement il le paraphrase et y ajoute quelques détails de son cru, par exemple les noms des agents de police employés, qui auraient été un sieur Bellanger, accompagné des sieurs Receveur, Cambert, Finet. Ce qui donnerait déjà à croire qu'il y aurait eu quelque chose d'officiel dans cette expédition. Ce qui suit serait encore plus décisif et montrerait encore davantage l'intervention du gouvernement.

Madame du Barry, d'après Pidansat de Mayrobert, auroit fait donner par M. le duc d'Aiguillon, à tous nos ambassadeurs dans les cours étrangères, ordre d'arrêter la vente du libelle de Morande, en tout ce qui dépendroit d'eux. M. le comte de Noailles, qui résidoit à La Haye, reçut surtout injonction de faire une réquisition auprès des Etats généraux, dont le résultat fut que leurs Hautes-Puissances donnèrent des ordres très sévères en conséquence. Il courut chez tous les libraires d'Amsterdam le billet suivant dont voici la traduction :

« En vertu des Ordres donnés par Nosseigneurs les Bour-

« guemestres de cette Ville, les Chefs de la Communauté « des Libraires font savoir à leurs confrères qu'ils aient à « s'abstenir de la contrefaction et du débit du Livre suivant :

« *Mémoires secrets d'une femme publique ou Essai sur les* « *Avantures de madame la comtesse du B..., depuis son berceau* « *jusqu'au lit d'honneur. In-8°, Londres, 4 volumes.*

« *Amsterdam, 12 mars 1774.* »

CHAPITRE XXVI

MADAME DU BARRY ET CAZOTTE
ÉPITRE A MARGOT.
MADAME DU BARRY ET CHAUDERLOS DE LACLOS.

L'auteur du *Diable amoureux,* l'aimable et infortuné Cazotte, est au nombre des littérateurs auxquels madame du Barry a prêté son appui. Voici dans quelles circonstances :

En 1741, Jacques Cazotte avait été agréé par M. de Maurepas *pour servir le roi dans ce qu'on appelait la plume de la marine.* Après vingt ans de services, trois campagnes de mer et des actions d'éclat (à la Martinique, à la Guadeloupe), il était rentré en France en 1761, atteint par le scorbut, presque aveugle, ruiné par la catastrophe du Père Lavalette, auquel il avait confié 130,000 livres, toute sa fortune. Dans cette position, il avait le choix et on lui offrait ou de se retirer et de faire liquider sa pension qui aurait été de 1,000 livres par an, ou de rester en activité avec le titre de commissaire général de la marine. Il opta pour ce dernier parti, c'était le grade dû à son ancienneté. Au bout d'un an, sa santé était rétablie, sa vue était reposée, il vint solliciter du service. «M. le duc de Choiseul le renvoya avec les plus belles espérances, à la condition de ne se montrer que quand on l'avertiroit. » Il le tint ainsi longtemps dans l'inaction, sans vouloir rien décider. A la fin, il prit une décision ainsi conçue :

Quand M. Cazot *(sic)* est revenu de la Martinique comme contrôleur, le ministre de la marine lui offrit ou une retraite en argent ou le brevet de commissaire général ; le sieur Cazot choisit le dernier, il a opté, il n'y a plus rien à demander pour luy.

Une note indique que ces lignes sont de la main de M. de Choiseul ; elles accusent chez le célèbre homme d'Etat aussi peu d'équité que de clairvoyance. Il est évident qu'en optant pour le brevet de commissaire général, Cazotte n'entendait pas se contenter d'un titre tout nu purement honorifique. Il renonçait à la pension dérisoire qu'on lui offrait pour conserver ses droits à un traitement d'activité. Seulement, pour que ce traitement pût lui être alloué, il fallait qu'il rentrât au service, qu'il eût un emploi quelconque. C'est précisément ce qu'il sollicitait ; il avait, contrairement à ce que dit le ministre, *quelque chose à demander* et il y avait quelque chose à lui accorder. Cela est si vrai que les bureaux proposaient de lui accorder une pension de 3,000 livres, ou tout au moins une de 2,400 livres, moitié sur le fonds des invalides, moitié sur le fonds des colonies ; mais M. de Choïseul, très superficiel de sa nature et chargé de trois ministères, ne prit sans doute pas le temps de lire jusqu'au bout le travail qui lui était soumis, il rejeta durement la demande d'un des serviteurs les plus dévoués qu'ait pu avoir la monarchie, puisque, malgré l'injustice flagrante dont il avait été victime, Cazotte mourut martyr de son royalisme exalté.

Nous ne voulons pas dire que M. de Choiseul pût deviner en 1770 le dévouement de Cazotte en 1792. Nous disons seulement qu'il a méconnu injustement le caractère, le mérite, les succès de Cazotte.

C'est pendant les loisirs forcés de cette longue attente que Cazotte publia son poème d'*Ollivier*, en 1763; *le Lord impromptu*, en 1771; *le Diable amoureux*, son chef-d'œuvre, en 1772. — Lors donc qu'en 1774 madame du Barry intervint en sa faveur, il avait le double mérite de l'homme de mer et de l'homme de lettres. La recommandation de la favorite est ainsi conçue :

LETTRE DE MADAME DU BARRY

Madame la comtesse du Barry verra avec un sensible plaisir que M. de Boynes, à sa recommandation, détermine le sort de M. Cazotte dont le mémoire est cy joint; elle compte en cela sur sa bonne volonté et le cas qu'il fera en cette occasion de l'intérest qu'elle y prend, et de vouloir bien l'instruire sitost qu'il aura pourvu ledit sieur Cazotte qu'elle protège d'une manière non équivoque pour les témoignages qu'on donne de lui.

Madame la comtesse sçaura donc un gré infini à M. de Boynes de ce qu'il fera pour son protégé[1].

1. Cette lettre avait été précédée d'une autre de Jean du Barry :

« M. Soliva, Monsieur, m'a fait part de la bonne volonté dans laquelle vous êtes de faciliter l'arrangement de l'affaire de M. Cazotte, auquel je m'intéresse. Je vous saurai un gré infini de ce que vous obtiendrés pour lui et je vous prie même, s'il est besoin, de faire connoître à M. de Boynes toute la satisfaction que j'aurai qu'en cette occasion il ait égard à ma recommandation.

« Vous connoissés, Monsieur, la sincérité des sentimens que je vous ai voüés et qui sont invariables.

« Le comte JEAN DU BARRY. »

M. Jal, qui est peu favorable à madame du Barry, se hâte de faire remarquer que la lettre n'est pas de son écriture et qu'elle n'est même pas signée, mais il oublie d'ajouter que les deux dernières lignes sont de sa main.

---

4 février 1774. — Il court une *Epître à Margot* qui fait grand bruit dans cette capitale, à raison des allusions qu'on croit y trouver, relativement à madame la comtesse du Barry, quoi qu'elles ne roulent en général que sur mille exemples que l'on voit tous les jours de courtisanes parvenues ; mais la malignité du public s'exerce et donne beaucoup de vogue à cet ouvrage, bien fait d'ailleurs, mais dont l'auteur est obligé par la raison ci-dessus de garder l'incognito. (*Mémoires secrets*, t. VII, p. 136.)

8 février. — *L'Epître à Margot* est tellement dans le style, la manière et le genre de M. Dorat, qu'on la lui attribuoit assez généralement. Le scandale que cette bagatelle a occasionné lui a paru mériter un désaveu pour se mettre à l'abri du ressentiment de la femme puissante, dont les ennemis de celle-ci ont voulu reconnoître le portrait dans *Margot*. Mais il a cru en même temps n'y devoir mettre aucune importance et il s'est contenté de faire une autre épître, où il se défend de l'imputation, en décriant beaucoup la première pièce, qui valoit pourtant mieux que la sienne. (*Mémoires secrets*, VII, 138).

16 février 1774. — Il paraît que l'on a fait lire à madame la comtesse du Barry l'*Epître à Margot*, qu'elle n'a point plu à cette dame et que le sieur Dorat a été obligé de brocher bien vite une rétractation poétique.

Au commencement de 1774, il parut une *Epître à Margot*, elle était bien faite, remplie de vers agréables, faciles, enrichie d'images naïves et heureuses.

Elle ne tarda pas à faire grand bruit, moins à raison de son mérite que des allusions qu'on crut y trouver, relativement à madame du Barry, quoique ne roulant en général que sur mille exemples qu'on a tous les jours de courtisanes parvenues ; mais la malignité du public s'exerçoit et donnoit une vogue extraordinaire à cet ouvrage. On va en juger par quelques fragments (*Anecdotes*, p. 382) :

EPITRE A MARGOT

Pourquoi craindrois-je de le dire ?
C'est Margot qui fixe mon goût.
Oui, Margot, cela vous fait rire....
Que fait le nom ? La chose est tout.
Je sais que son humble naissance
N'offre point à l'orgueil flatté
La chimérique jouissance
Dont s'énivre la vanité ;
Que, née au sein de l'indigence,
Jamais un éclat fastueux,
Sous le voile de l'opulence,
N'a pu dérober ses aïeux ;
Que sans esprit, sans connoissance,
A ses discours fastidieux
Succède un stupide silence.
Mais Margot a de si beaux yeux
Qu'un seul de ses regards vaut mieux
Que fortune, esprit et naissance.
Quoi ! dans ce monde singulier,
Triste jouet d'une chimère,
Pour apprendre qui doit me plaire
Irai-je consulter d'Hozier ?
Non, l'aimable enfant de Cythère
Craint peu de se mésallier :
Souvent, pour l'amoureux mystère,
Ce Dieu, dans ses goûts roturiers,
Donne le pas à la Bergère,

En dépit de seize quartiers.
Et qui sait ce qu'à ma maîtresse
Garde l'avenir incertain?
Margot, encor dans sa jeunesse,
N'est qu'à sa première foiblesse.
Laissez-la devenir *Catin,*
Bientôt peut-être le destin
La fera marquise ou comtesse [1].
Joli minois, cœur libertin
Sont bien des titres de noblesse.
Margot est pauvre, j'en conviens,
Qu'a-t-elle besoin de richesse?
Doux appas et vive tendresse,
Ne sont-ce pas d'assez grands biens?
Ne sait-on pas que toute belle
Porte son trésor avec elle?
Doux trésor, objet des désirs
De l'étourdi, comme du sage,
Où la nature d'âge en âge
A su conserver nos plaisirs!
Des autres biens qu'a-t-elle à faire?
Source de peine et d'embarras,
Qui veut en jouir les altère,
Qui les garde n'en jouit pas.
    De son temps faire un bon usage,
Voilà la richesse du sage,
Et celle dont Margot fait cas.
Margot, en ménagère habile,
Mêlant l'agréable à l'utile,
Peut aisément suffire à tout.
Le travail est fort de son goût;
Toute la journée elle file,
Et toute la nuit elle.... coud.

1. Les *Anecdotes* arrêtent leur citation à ce vers.
On trouve la pièce entière dans les *Fastes de Louis XV*, t. II, p. 732.

Ainsi, malgré l'erreur commune,
Margot me prouve chaque jour
Que sans naissance et sans fortune
On peut être heureux en amour.
   Reste l'esprit ; j'entends d'avance
Nos beaux diseurs, docteurs subtils,
Se récrier : Quoi! disent-ils,
Point d'esprit! quelle jouissance!
Que deviendront les doux propos,
Les bons contes, les jeux de mots,
Dont un amant avec adresse
Se sert auprès de sa maîtresse,
Pour charmer l'ennui du repos?
Si l'on est réduit à se taire,
Quand tout est fait, que peut-on faire?
Ah! les beaux esprits ne sont pas
Grands docteurs en cette science.
Mais voyez le bel embarras,
Quand tout est fait, on recommence,
Et même sans recommencer,
Il est un plaisir plus facile
Et que l'on goûte sans penser,
C'est le sommeil, repos utile,
Et pour les sens et pour le cœur
Et préférable à la langueur
De cette tendresse importune
Qui, n'abondant qu'en beaux discours,
Jure cent fois d'aimer toujours
Et ne le pense jamais une.
   O toi, dont je porte les fers,
Doux objet d'un tendre délire,
Le temps que j'emploie à l'écrire
Est sans doute un temps que je perds.
Jamais tu ne liras ces vers,
Margot, car tu ne sais pas lire.
Mais pardonne un ancien travers ;

De penser la triste habitude
M'obsède encore malgré moi,
Et je fais mon unique étude,
Au moins de ne penser qu'à toi.
A mes côtés viens prendre place,
Le plaisir attend ton retour.
Viens, et je troque dans ce jour
Les lauriers ingrats du Parnasse
Contre les myrthes de l'Amour [1].

L'ingénieux M. Dorat est réellement l'auteur de cette épître. Il craignit la Bastille et fit une réfutation qui ne valait pas l'original. La voici, d'après les *Fastes de Louis XV*, t. II, p. 735.

AUX BIEN INTENTIONNÉS
Qui m'attribuent d'être l'auteur de l'Epitre à Margot.

A Margot l'on me fait écrire!
Fort bien mes honnêtes amis!
Je le vois, vous aimez à rire,
Et cela doit être permis:
Mais sous le voile heureux des ris
Est caché le trait qui déchire:
Et m'imputer de tels écrits
C'est rafiner sur la satire.
Autrefois trop gaiement, etc.

Ces huit premiers vers ne se trouvent pas dans l'édition de Dorat: *Mes nouveaux torts.*

1. Les *Anecdotes* disent aussi: — « Le scandale que causoit cette épître contint l'amour-propre de l'auteur; et quoiqu'elle fût tellement dans le style, la manière et le genre du sieur Dorat qu'on la lui attribuoit partout, il crut devoir la désavouer pour se mettre à l'abri du ressentiment de la femme puissante, que les ennemis de celle-ci vouloient reconnoître dans Margot. Il poussa la dissimulation jusqu'à faire une seconde bagatelle en vers où il décrioit fort la première qui étoit pourtant la meilleure de beaucoup; mais il étoit question d'éviter la Bastille (p. 384). »

Il y a aussi quelques variantes : ainsi le 16e vers :

Se heurtant dans leur tourbillon,

ne se trouve pas non plus dans la même édition de Dorat, qui commence seulement ici :

A CEUX QUI M'ATTRIBUOIENT L'EPITRE A MARGOT

Autrefois trop gaîment, dit-on,
Dans mes scandaleux opuscules,
J'ai chanté Rosire *(sic)* et Clairon ;
Alors j'avais peu de scrupules.
J'ai frondé sur un autre ton
Le philosophique jargon,
Et nos amours-propres crédules
Et tous nos charmans ridicules,
Dans ce siècle de la raison.
J'ai même, au gré de ma folie,
D'encens présenté quelques grains
A d'assez profanes lutins,
Connoissant l'emploi de la vie
Et, presque bonne compagnie,
A force de goûts libertins !
J'ai narré leurs historiettes :
Dans les annales des boudoirs
J'ai consigné leurs amourettes.
J'ai conté dans des vers bien noirs
Les jolis tours de nos coquettes ;
J'ai peint plus d'un illustre sot,
Tout fier du succès des toilettes,
Mais le vilain nom de Margot
Ne fut jamais sur mes tablettes.
    Sans doute, aux immenses atours
De quelque altesse douairière,
Ainsi que Bernard on préfère
L'étroit corset, les jupons courts

D'une agile et simple bergère,
Croissant sous l'aile des amours,
N'ayant pour dot que l'art de plaire,
Et la fraîcheur de ses beaux jours :
Mais de Margot que peut-on faire ?
Par qui ce nom fut-il cité,
Et dans quel bosquet de Cythère
Sera-t-il jamais répété ?
Loin de moi les goûts qu'il faut taire.
Je veux pouvoir avec fierté
Avouer celle qui m'est chère,
L'offrir en déesse à la terre,
Dresser un trône à sa beauté
Et semer de fleurs la fougère
Où lui sourit la volupté.
Mais, dis-tu, Margot est divine,
L'amour même arrangea ses traits.
Eh ! nomme-la Flore ou Corine,
Puis nous croirons à tes portraits.

(*Mes nouveaux torts*, ou nouveau mélange de poésies pour servir de suite aux *Fantaisies*. — Amsterdam et Paris. — Delalain, MDCCLXXV, p. 200-202).

Les *Fastes de Louis XV* donnent à la fin dix-huit vers qui ne sont pas dans Dorat. — Voici ces vers, ils se placent après : *Puis nous croirons à tes portraits*.

Pourquoi flétris-tu ses attraits,
En persifflant son origine ?
Du législateur de Paphos
Apprends, apprends cet art suprême
D'alléger encor ses pinceaux
Quand on veut peindre ce qu'on aime.
Que dis-je ? ris de mes leçons ;
Applaudis-toi de ton délire,
Ma maîtresse ne sait pas lire,
C'est un bonheur pour tes chansons.

Quoi qu'il en soit, bel anonyme,
Ta roturière Déité,
Malgré tes chants et ton estime
Flatte fort peu ma vanité.
Jouis en paix de ta victoire;
Heureux amant, garde ton lot,
De grand cœur je te rends ta gloire,
Tes vers, ta muse et ta Margot.

On lit dans le discours sur M. de Pezay, mis en tête de ses œuvres.

Parce qu'il, c'est de Dorat qu'il s'agit, excelloit dans la poësie légère et qu'il étoit le désespoir de ceux qui envioient ses talents, on lui fit sottement un crime de son heureuse abondance, c'est pourquoi il intitula malignement son second recueil de ce genre : *Mes nouveaux torts*.

Enfin, désespérés de sa persévérance, le dernier effort de ses antagonistes fut d'imaginer de jeter dans le monde une pièce assez médiocre adressée à madame du Barry, dont le ton ni les choses ne devoient point flatter sa vanité. Elle fut très répandue en manuscrit sous le titre d'*Epître à Margot*, dans l'espoir que son effet seroit de faire embastiller Dorat; mais l'on ne s'y méprit point, quoique ce poëte y fit une jolie réponse, pour détromper à son égard.

(*Œuvres agréables et morales du marquis de Pezay*, t. I. — Liége, chez Lemaire. — 1791, in-18. Grimm et Laharpe.)

On a attribué cette épître à Choderlos de Laclos, qui aurait aussi couru le danger d'être mis à la Bastille.

On se demande d'abord pourquoi on aurait mis à la Bastille l'auteur d'une chanson, satirique sans doute, mais la moins offensante et la moins ordurière de toutes celles qui avaient couru sur madame du Barry, à commencer par *la Belle Bourbonnaise*.

Puis Laclos était bien jeune.

Enfin, on reconnaît la manière de Dorat, sa touche fine mais fade, sa manière ingénieuse mais longue et traînante.

MADAME DU BARRY ET CHODERLOS DE LACLOS

Depuis plusieurs années il n'a encore paru de roman dont le succès ait été aussi brillant que celui des *Liaisons dangereuses*, par M. C. de L. — M. C. de L. est M. Chauderlos de Laclos, officier d'artillerie ; il n'était connu jusqu'ici que par quelques pièces fugitives insérées dans l'*Almanach des Muses* et plus particulièrement par une certaine *Epître à Margot*, qui manqua lui faire une tracasserie assez sérieuse à cause d'une allusion peu obligeante pour madame du Barry, dont la faveur, alors au comble, vouloit être respectée. (*Grimm*, avril 1782, 3e partie, I, 373.)

CHAPITRE XXVII

SERMON DE LA CÈNE. — M. DE BEAUVAIS.
LE QUES-A-CO. — GLUCK ET PICCINI.

L'abbé de Beauvais avait mis la franchise évangélique à la mode. L'abbé Rousseau, qui devait prêcher le carême devant le roi, avait ouvert sa station le jour de la Chandeleur par un sermon qui avait fait grand bruit. Sa hardiesse avait paru sainte aux yeux des dévots, cynique aux yeux des courtisans[1].

4 avril. — On s'imaginoit que M. l'abbé de Beauvais, ayant réussi au-delà de ses espérances dans la station de l'année dernière à Versailles, puisqu'elle l'a conduit à être évêque de Senez, deviendroit courtisan. Depuis qu'il est parvenu à cette dignité, il a bien trompé ceux qui l'avoient ainsi jugé ; il a prêché le Jeudi Saint pour la Cène, devant le Roi, un sermon extraordinaire, et il a tonné avec une éloquence toujours foudroyante ; il a dit des vérités que le lieu seul pouvoit autoriser et faire passer. On parle beaucoup de ce discours. (*Mémoires secrets*, VII, p. 171.)

J.-B.-CH.-M. BEAUVAIS, NÉ EN 1731.

L'abbé de Beauvais, fils d'un chapelier de Cherbourg, s'était fait connaître comme un prédicateur

1. *Mémoires secrets*, vol. VII, p. 138.

donnant les plus grandes espérances. Il avait prêché le carême en 1773 dans l'église Notre-Dame de Versailles et prononcé dans cette église la panégyrique de saint Vincent de Paul. L'évêché de Senez étant devenu vacant, il avait été demandé pour lui par les filles du roi et nommé en décembre 1773. Sa nomination est annoncée en ces termes par la *Gazette de France* du 31 décembre :

De Versailles, le 30 décembre. — Le roi a accordé l'évêché de Senez à l'abbé de Beauvais, prédicateur de Sa Majesté et vicaire général de Noyon.

Sacré le 25 mars à Saint-André-des-Arts, dès le 31 suivant et le Jeudi Saint, 3 avril, il fit entendre à la paroisse Notre-Dame un sermon sur la Cène, remarquable par sa hardiesse : « Il a tonné avec une éloquence toujours foudroyante ; il a dit des vérités que le lieu seul pouvoit autoriser et faire passer. On parle beaucoup de ce discours ». On a publié le sermon de l'abbé de Beauvais.

Nous y avons eu recours pour connaître le texte de ce fameux sermon de la Cène, mais l'orateur nous avertit que l'éditeur, par une fausse délicatesse, n'insére pas le morceau qui avait produit un si grand effet. Un autre biographe, M. de Boulogne, dit aussi :

Nous ne savons pas trop pourquoi l'éditeur de ses sermons n'y a pas inséré celui sur la Cène. Mais on ne se rappelle pas moins l'impression que l'orateur fit en cette occasion, où, pour émouvoir le monarque par le spectacle de sa fin dernière et, paraphrasant le passage de l'Ecriture (encore quarante jours et Ninive sera détruite), il parut lui prédire une mort qui semblait encore éloignée et néanmoins justifia si littéralement la menace de l'orateur.

Ce récit est très exact. Nous en avons la preuve de la bouche même de Beauvais dans l'éloge funèbre de Louis XV qu'il prononça dans l'abbaye de Saint-Denis, le 24 juillet 1774 :

« Quand j'annonçois, il y a peu de temps (quatre mois) la divine parole à votre auguste aïeul, etc. »

Ce dicton provençal (ques-à-co? marino) qui veut dire qu'est-ce que cela? a plu si fort à madame la Dauphine, lorsqu'elle a lu ce mémoire, qu'elle l'a adopté, le répète souvent et qu'il est devenu un quolibet de cour. Une marchande de modes a imaginé de profiter de la circonstance, elle a inventé une coëffure, qu'elle a appelée un *quesaco* : c'est un panache en plume, que les jeunes femmes, les élégantes portent sur le derrière de la tête et qui, ayant été goûté par les princesses et surtout par madame la comtesse du Barry, acquiert une faveur singulière et perpétue l'opprobre du MARIN bafoué jusqu'aux toilettes. (*Mémoires secrets,* 26 mars 1774, t. VII, p. 166.)

Peut-être doit-on voir ici un trait d'adulation de madame du Barry envers Marie-Antoinette? La Dauphine s'amuse de ce dicton provençal, elle le répète souvent, au point qu'il passe en usage à la cour, la mode s'en empare, et madame du Barry se hâte d'adopter une coiffure qui a plu à madame la Dauphine.

---

3 avril 1774. — Les partisans de madame la comtesse Dubarry lui ont fait entendre qu'elle ne pouvait

mieux s'illustrer que par une protection éclatante envers les arts. Ils l'ont excitée à se piquer de rivalité à cet égard envers madame la Dauphine, et comme cette princesse protège hautement le sieur Gluck et a favorisé son arrivée en France, ils l'ont engagée à opposer un émule à ce dernier en la personne du sieur Piccini, qu'elle fait venir d'Italie. On connaît déjà ici un opéra-comique de cet auteur intitulé la : *Buona figliola,* qui a eu beaucoup de succès à Paris [1].

Gluck était encore à Vienne en 1773 à la fin d'octobre (26). Son *Iphigénie en Aulide* n'aurait été représentée à l'Opéra de Paris que le 19 avril 1774.

Le roi tombait malade de l'affection qui devait le conduire à la mort le 27 avril. C'est donc dans cet intervalle de dix jours que madame du Barry aurait entrepris des démarches pour faire venir Piccini d'Italie.

Ainsi madame du Barry se serait proposé de lutter contre madame la Dauphine, et d'opposer Piccini à Gluck.

Nous savons déjà ce qu'il faut penser de cette prétendue rivalité de la favorite contre la Dauphine. Mais ici, il existe un moyen de réfutation encore bien autrement péremptoire. Ouvrons la notice consacrée par Ginguené à Piccini. Nous lisons, page 25 :

> Piccini arriva à Paris dans les derniers jours de 1776, avec sa femme, son fils aîné alors âgé de 19 ans, et un jeune Anglais, son élève.

Il est vrai que le même auteur dit à l'endroit de cet ouvrage :

1. *Mém. secr.*, t. VII, p. 170.

Ce fut dans ces circonstances qu'on renouvela auprès de Piccini les propositions qui lui avaient été faites pour l'attirer en France. La Borde, valet de chambre de Louis XV et auteur de l'*Essai sur la Musique,* avait été chargé de cette première négociation, qui était près de se terminer lorsque le Roi mourut (p. 24).

C'est ce que dit en effet l'auteur des *Mémoires secrets.* Mais Ginguené continue :

Dès que la nouvelle Cour put s'occuper de cet objet, le marquis Carracciolo, ambassadeur de Naples (en France), *obtint de la Reine* la permission de renouer cette affaire. Il écrivit à Piccini qu'il aimoit beaucoup et qu'il détermina facilement en lui faisant envisager un établissement fixe et un sort avantageux pour lui et pour sa nombreuse famille (p. 44).

Voilà donc Piccini introduit en France de l'agrément de Marie-Antoinette elle-même. Madame du Barry était alors au couvent de Pont-aux-Dames. Mais il est resté acquis qu'elle était la protectrice de Piccini et qu'elle l'avait soutenu contre Marie-Antoinette et contre Gluck !

On n'a pu détruire cette erreur, qui a toujours été en s'aggravant. Il était impossible de prouver que madame du Barry, déchue depuis la mort de Louis XV, en 1774, eût cherché à faire venir Piccini en 1776, alors qu'elle était encore en prison à Pont-aux-Dames ou en exil à Saint-Vrain. Un Allemand n'a imaginé rien de mieux que de transformer madame du Barry en ancienne maîtresse de Nicolo Piccini [1] !

1. Piccini n'avait jamais mis le pied en France avant son arrivée en 1776.

Nous ne nous arrêterons pas à réfuter une pareille bévue. Nous ferons seulement remarquer que pour certaines gens madame du Barry est un personnage de convention à laquelle on attribue, comme dans les fables, les choses les plus fantastiques, sans même qu'il y eût besoin de justification.

D'ailleurs quelle rivalité possible avec Gluck qui a fait entendre ces nobles paroles :

Cela seroit une tyrannie en musique que de vouloir prétendre que les autres auteurs ne puissent pas faire exécuter leurs productions. M. Gluck n'entre en aucune concurrence avec personne, et il aura toujours plaisir d'entendre de la musique autre que la sienne. Il faut avoir seulement pour but la progression de l'art (p. 73).

Sa lettre au bailly du Rollet prouve qu'il appliquait ces principes à Piccini et n'éprouvait contre lui aucun sentiment de jalousie.

On sait de quelle protection éclatante madame du Barry couvre le sieur Dauberval. On a excité les regrets de cette dame sur la perte d'un tel danseur, abîmé de dettes et obligé de passer en Russie pour mettre ordre à ses affaires et profiter de la fortune considérable que lui fait promettre la souveraine de ces contrées éloignées. En effet, la comtesse s'est mis en tête de ne point perdre un tel sujet : elle a fait calculer la somme dont il avoit besoin pour faire face à ses affaires : on a trouvé qu'elle se montoit à 50,000 livres. En conséquence, elle a fait dresser un autre état de cotisation de la Cour ; elle a fait elle-même la quête proportionnément aux facultés de chacun : on ne pouvoit donner moins de cinq louis; mais elle en exigeoit quelquefois dix, quinze, vingt, vingt-cinq, etc. Au moyen de cette tournure, la somme a été bientôt complète, et les regrets des amateurs commencent à se calmer. (*Mémoires secrets*, 11 avril 1774, VII, p. 175.)

Madame de Pompadour avait organisé une *lotterie (sic)* en faveur du fameux Jelyotte, de l'Opéra, son maître à chanter. Madame du Barry, suivant son système d'imitation, fit une quête pour Dauberval, le danseur. On sait quelle était alors l'importance qu'on attachait à la danse. C'était presque une institution, un culte, dont les danseurs auraient été les grands-prêtres. Un journal anglais de cette époque disait :

Here (in France) life is a dance, and awkwardness of step a great disgrace... Tyranny may grind the face, but not the countenance of a Frenchman; his feet are made to dance in wooden shoes. (*The London Chronicle*, n° 1881. january 3, 1769 [1].)

1. En France, la vie est une danse et l'inhabileté des jambes est le plus grand des malheurs... La tyrannie peut impressionner la physionomie d'un Français sans altérer sa contenance. Ses pieds sont faits de telle sorte qu'il pourrait danser avec des sabots. (*La Chronique de Londres*, 3 janvier 1769, n° 1881.)

CHAPITRE XXVIII

DERNIÈRE MALADIE DE LOUIS XV. — SA MORT.
MADAME DU BARRY RELÉGUÉE A RUEIL.

Louis XV, dans les dernières années de sa vie, était devenu obèse et presque impotent. Au rapport d'un témoin oculaire, c'était une affaire d'état de le monter sur son cheval ou de le tirer de sa voiture[1]. A la chasse, il tombait fréquemment de cheval et éprouvait des évanouissements. Les fonctions de l'estomac ne se faisaient plus bien. Il avait des indigestions continuelles, il avait été obligé de se mettre à l'eau de Vichy, de changer l'heure de ses repas, puis de ne plus souper. Ce n'est pas cependant à une maladie organique qu'il devait succomber. A cette époque la petite vérole exerçait de grands ravages à Paris, dans les environs et jusqu'à Versailles. La cour n'était pas plus épargnée que la ville. Ses plus hauts personnages n'en étaient pas exempts. A peine mariée, la comtesse de Provence avait été attaquée par l'épidémie régnante. L'âge n'y faisait rien. Le 2 janvier 1774, M. Doublet, chancelier de la reine d'Espagne, oncle de la marquise de Montesquieu et de la comtesse de Voisenon, était mort de la petite vérole à l'âge de 78 ans.

1. *New'Montly Review*, vol. 47.

Il n'y avait donc rien d'étonnant que le roi subît la loi commune. C'est ce qui arriva.

La variole commence ordinairement à exercer ses ravages au printemps. Louis XV était allé passer quelques jours à Trianon, séjour délicieux à cette époque de l'année. Il y fut pris d'un malaise qui paraissait d'abord sans gravité et qui persista cependant, malgré tous les efforts de la Faculté. On fut obligé de le ramener à Versailles, où la petite vérole se déclara avec violence. Après avoir lutté pendant dix jours contre le mal, il finit par succomber le 10 mai 1774.

Ces faits, très simples en eux-mêmes, ont donné lieu à une foule de commentaires où madame du Barry n'est pas épargnée.

On a d'abord plaisanté sur la nature de la dernière maladie de Louis XV. On a rappelé le mot de Saint-Simon sur le duc de Duras, pendant la campagne de Flandres : « Il seroit mort, a dit le grand écrivain, de la petite vérole et *de beaucoup d'autres.* » On a répété aussi « qu'il n'y a rien de petit chez les grands. » Il est bien avéré aujourd'hui que Louis XV a été emporté par une variole confluente de l'espèce la plus dangereuse. Où l'avait-il contractée? On a raconté à cet égard une fable diversifiée à l'infini. Commençons par la version de Voltaire :

Sur la fin d'avril 1774, Louis XV, allant à la chasse, rencontre le convoi d'une personne que l'on portoit en terre ; la curiosité naturelle qu'il avoit pour les choses lugubres le fait approcher du cercueil ; il demande qui on va enterrer ? On lui dit que c'est une jeune fille morte de la petite vérole. Dès ce moment, il est frappé à mort sans s'en apercevoir. (*Précis du siècle de Louis XV,* chap. XLI, p. 382, édit. de Kehl.)

On lit dans les *Mémoires secrets* :

De la mort de Louis XV et de la fatalité. — Suivant M. de Voltaire, le Roi avoit rencontré un enterrement à la chasse : il demanda ce que c'étoit? On lui dit que c'étoit une jeune fille morte de la petite vérole. Il ne fit paroître aucune émotion. Mais dès lors son teint changea... Personne ne savoit ici cette anecdote et il est plaisant que le philosophe de Ferney nous l'apprenne du fond de sa solitude. Il y a apparence que, n'osant conter le fait comme il s'est passé, il a substitué celui-ci au véritable. (13 juin 1774., t. VII, p. 200.)

Cette prévision était juste. Voltaire n'avait pas dit toute la vérité. La preuve se trouve dans Hardy, qui nous a transmis la première édition de ce bruit :

Du lundi 9 mai 1774. — On racontoit, à l'occasion de la maladie du Roi et sur ce qui pouvoit y avoir donné lieu, une affreuse anecdote que ma plume refuse presque de transcrire, savoir : que la petite vérole dont S. M. étoit attaquée ne provenoit que du plaisir immodéré qu'elle avoit goûté à Trianon, dans une partie de débauche, avec une jeune personne *de 16 ans*, fort jolie, que la comtesse du Barri lui avoit procurée et qui, sans qu'on le sçût, portoit déjà dans son sein le germe cruel de cette fatale maladie qu'elle lui avoit communiquée, dont elle avoit été frappée le lendemain que le Roi étoit malade et qui l'avoit emportée elle-même en trois jours.

Dans ce système, Louis XV n'est plus frappé à distance, mystérieusement; il est puni d'un acte de débauche auquel madame du Barry a eu le tort de se prêter par une complaisance ou, pour mieux dire, par une complicité infâme.

Un écrivain moderne, à qui on doit une Vie de madame du Barry, a su un fait qui était resté ignoré des contemporains. Il a appris, nous ne savons comment, que madame du Barry avait dépêché Le Bel, pourvoyeur des débauches de S. M., auprès des parents de la jeune fille avec lesquels il avait traité moyennant une somme raisonnable. Ni Voltaire, ni Hardy, n'avaient parlé de cette circonstance. Il y a peut-être une raison, ils auraient craint qu'on ne se moquât ou qu'on ne leur reprochât de vouloir se moquer du public, Le Bel étant mort le 17 août 1768, cinq ans auparavant. Il y a là une difficulté assez grave que nous soumettons à notre nouveau Suétone[1].

L'abbé Baudeau, dans sa *Chronique secrète de Paris*, raconte cette historiette, sans paraître y croire :

On a fait, dit-il, un bon conte sur la maladie du Roi. Je le crois un peu arrangé après coup ; mais enfin le voici :

Les derniers jours d'avril, il étoit à Trianon avec la du Barry. En se promenant, ils virent une petite vachère qui cueilloit de l'herbe pour sa vache. On lui trouve de très beaux yeux : on approche. On lui relève la coiffe et les cheveux ; on la débarbouille et on décide qu'elle seroit *sarmante* si elle étoit habillée en belle dame (car on ne pourroit pas dire *charmante*). — Eh bien ! voilà leur petite paysanne habillée en marquise avec du rouge et des mouches ; — elle est vraiment *sarmante !* — Faisons-la souper avec nous, son embarras nous amusera. On soupe, on rit, on l'enivre. La petite est mise dans un bain (après souper?), puis dans un lit et...... Cependant son frère se mouroit de la petite-vérole ; elle l'eut le lendemain et en mourut, dit-on, samedi. Et voilà le conte ou l'histoire. Le vrai, c'est qu'elle court Paris, et jugez les commentaires !

Dans une note mise au bas de la page, l'abbé Baudeau ajoute :

1. Voy. Ier vol., p. 118 et la note.

D'autres disent que c'est la fille d'un boulanger de Versailles et qu'elle n'est pas morte, mais malade. Si le *conte* est plus vrai de cette manière, il n'est pas si *joli*. Une troisième version dit qu'elle est fille d'un meunier. Une quatrième, qu'elle l'est du nommé *Montvallier*, secrétaire et intendant de la du Barry. (*Revue rétrospective de 1834,* série I, vol. III, p. 31.)

Hardy laissait déjà entrevoir qu'il ne croyait pas à ce qu'il appelait une affreuse *anecdote* que sa plume tremble de retracer. L'abbé Baudeau est plus explicite encore; c'est, dit-il, un *bon conte*, arrangé peut-être après coup, et qui court la ville avec des commentaires dignes du reste. Là-dessus il entre dans tous les détails d'une mise en scène où la comtesse joue son rôle du zézaiement traditionnel. L'abbé ne s'arrête pudiquement qu'au bord du lit et il tire le rideau sur ce qui a pu s'y passer. Il reste cependant un doute : s'agit-il d'une jeune vachère ou d'une boulangère ou d'une meunière ou de la petite Montvallier? Il n'importe, le conte peut être plus ou moins joli. Mais voici venir Pidansat de Mayrobert avec son cortège habituel d'obscénités et d'impostures.

Le comité de la favorite décida qu'il falloit redoubler d'efforts pour retirer S. M. de cet état d'accablement où l'auroit plongé le sermon de M. de Senez, même par des orgies vives et qui pussent donner une secousse à la machine. Il fut arrêté, en conséquence, de proposer un voyage de Trianon où l'on se livreroit plus à l'aise à tout ce que la liberté du lieu inspireroit. On s'apperçut que le Roi avoit vû avec admiration et concupiscence une petite fille d'un *menuisier*. On fit venir cet enfant; on la *décrassa;* on la parfuma; on l'introduisit dans le lit de ce paillard auguste. Ce morceau auroit été de dure digestion pour lui, si l'on ne l'eût aidé par des confortatifs violens...... On ignoroit alors qu'elle eut le germe de la petite vérole, qui ne tarda pas à se développer chez elle, de la manière la plus cruelle, puisqu'elle en mourut promptement. Le venin s'étoit communiqué au Roi et, dès le lendemain, S. M. se trouva incommodée[1] (p. 404).

Pidansat de Mayrobert supprime avec soin, du récit de ses devanciers, tout ce qui peut indiquer un doute, une origine fabuleuse; il ajoute des circonstances de son invention, telles que le « *comité de la favorite*, les aphrodisiaques et la métamorphose de la petite vachère en petite menuisière, » ce qui complète la série des corps d'état (*sic*) auxquels aurait appartenu la victime.

L'auteur des *Anecdotes* prépare ainsi la transformation d'un simple racontar de salon ou de café en récit historique et son introduction dans la *Biographie authentique de Louis XV*[2].

L'école des déclamateurs s'en emparera, et nous entendrons M. Lacretelle s'écrier :

La comtesse du Barri et ses infâmes confidens jugèrent que de nouveaux excès pouvoient seuls effacer les tristes et salutaires impressions. Une jeune fille, à peine à l'âge de puberté et née de parens obscurs, fut amenée au Roi. Elle portoit le germe de la petite vérole. Louis au bout de *deux jours* eut des symptômes de cette maladie. Personne n'osoit l'en avertir[3].

1. D'après M. le comte d'Hézeques, la *jeune enfant* que madame du Barry aurait *prostituée* à Louis XV serait la fille du jardinier de Luciennes. (*Souvenir d'un page*, p. 108.)

2. Voy. Mouffle d'Angerville, *Vie privée*, vol. IV, p. 269, Paris.

3. *Histoire de France pendant le* XVIIIe *siècle, etc.* — Paris, Buisson, 1810, vol. VII, p. 341.

L'historien se plaint d'être forcé de répéter un fait qu'on voudrait faire passer pour une invention de libellistes, mais, dit-il, les témoignages des contemporains m'y condamnent!

Voilà donc M. de Mayrobert érigé en témoin, ou, pour parler plus exactement, en juge. Nous ne savons s'il mérite l'un ou l'autre de ces titres, ou si ce n'est pas le dernier des diffamateurs! Oublions ses méfaits passés et supposons qu'il soit digne d'être discuté.

Nous ne nous arrêterons point à cette multiplicité singulière de professions des parents de la jeune fille, quoi qu'en général la vérité ne varie pas ainsi et soit une; nos objections seront les mêmes, qu'il s'agisse de la petite vachère de l'abbé Baudeau ou de la jardinière de M. d'Hézeques, d'après les *Anecdotes*, d'une boulangère ou de la petite Montvallier, d'une paysanne ou d'une bourgeoise, quelle qu'elle soit. Si la jeune fille est morte, il a fallu l'ensevelir et les registres mortuaires vont devenir des moyens de vérification irréfutables. Consultons-les donc. A Versailles, à Louveciennes, nous avons les actes de décès complets et même en double, pendant toute la période critique, c'est-à-dire du 26 avril, jour de l'arrivée de Louis XV à Trianon, jusqu'au 10 mai, jour de sa mort, et même plus tard; on ne trouve sur les registres le décès d'aucun enfant dans les conditions voulues [1].

Isolées ou réunies, toutes ces fables ridicules, qui ne supportent pas l'examen, tombent d'un seul coup devant le silence des actes mortuaires.

Peut-être dira-t-on que d'après la note de l'abbé Baudeau, la fille du boulanger ne serait pas morte et que

1. Voir aux Pièces justificatives.

pour ce cas notre raisonnement ne porterait point. Nous le reconnaissons ; mais on devra reconnaître aussi que si l'enfant n'est pas morte, il est bien difficile d'affirmer qu'elle eût transmis la maladie et qu'elle fût ainsi la cause certaine de la mort du roi. Il ne faut pas oublier de quelles précautions ces sacrifices humains étaient environnés. On ne s'adressait qu'aux enfants venant de faire leur première communion pour être plus sûr de leur santé, et lorsque le redoutable fléau de la variole était épidémique, on n'aurait pris aucune précaution ? Dans la période d'incubation, si la maladie n'est pas apparente, elle n'est pas contagieuse, et dans sa période d'éruption elle s'annonce par des symptômes qu'on ne peut cacher, vomissements, saignement de nez, douleurs dans les reins et enfin apparition de pustules. Ces considérations sont plutôt du domaine des médecins que du nôtre. Nous n'y insisterons pas. La raison dominante pour nous est ailleurs et d'une autre nature.

Madame du Barry n'a jamais été accusée sérieusement d'avoir favorisé les infidélités que le roi lui aurait faites. L'imagination fertile de Pidansat (toujours Pidansat) a essayé une tentative de ce genre pour mademoiselle Raucourt, pour mademoiselle de Tournon, nous avons vu avec quel succès ! Et cette accusation, il ne l'a pas même nettement formulée, il l'a à peine balbutiée d'une manière confuse. Il faudrait donc ici des preuves comme celles que l'on a contre madame de Pompadour ! et qui résultent des Mémoires de d'Argenson ou de ceux de madame du Hausset [1]. Encore madame de Pompadour ne s'est-elle réduite à ce rôle que forcée par l'état de sa santé et ne pouvant mieux faire

1. Voy. vol. Ier, Introduction, p. XVII.

pour retenir un lambeau de sa faveur expirante. Madame du Barry n'avait ni la même raison pathologique ni la même ambition; la maison du Parc-aux-Cerfs était vendue, elle ne fut pas réouverte. Elle est donc protégée en cette circonstance par cette présomption, tirée de la jalousie naturelle à toutes les femmes, du soin de sa défense personnelle, tâche déjà assez difficile, sans qu'elle allât elle-même au-devant des occasions de se faire supplanter.

L'aventure doit donc rester à l'état de conte arrangé à plaisir, ayant couru à Paris ; condamnée par les registres de Versailles, elle doit disparaître des histoires sérieuses. M. Henri Martin, M. Jobez, etc... l'ont accueillie avec trop de facilité, ils feraient bien de la rejeter, à l'imitation de MM. de Goncourt.

Le second reproche encouru par la favorite est celui-ci : elle aurait retenu Louis XV malade loin du château de Versailles et l'aurait en quelque sorte sequestré à Trianon. M. de la Rochefoucault le lui a adressé avec une extrême violence en ces termes :

La bassesse de M. le duc d'Aumont la servit parfaitement en cette circonstance. Ce plat gentilhomme de la chambre, au mépris de son devoir, renonça au droit qu'il avoit d'entrer chez le Roi, d'en savoir des nouvelles lui-même, de le servir, pour empêcher d'entrer ceux qui avoient le même droit que lui et pour laisser le Roi, malade, passer honteusement la journée à un quart de lieue de ses enfans, entre sa maîtresse et son valet de chambre...

Par ce moyen elle passoit plus de temps seule auprès de lui et plus que tout encore elle satisfaisoit son aversion contre M. le Dauphin, madame la Dauphine et Mesdames, en écartant le Roi d'eux, et rendoit vis-à-vis de lui leur conduite embarrassante. L'incertitude où étoit Lemonnier de la suite de cette incommodité, l'embarras dont étoit dans une chambre si petite le service du Roi, le scandale et l'indécence dont ce séjour prolongé devoit être, rien ne pouvoit déranger madame du Barry de ce projet déraisonnable et indécent conçu pour narguer la famille Royale. M. d'Aumont s'y prêtoit de toute sa bassesse.

On ne peut être plus amer ni, comme nous allons le montrer, plus inique.

Louis XV a éprouvé les premiers symptômes d'une incommodité le mardi 27 avril à 5 heures du soir. Le lendemain, mercredi 28, il fut conduit au château de Versailles, dans son carrosse, à 4 heures de l'après-midi.

Il s'était écoulé moins de 24 heures depuis l'invasion de la maladie.

On était au printemps, Trianon était le séjour de prédilection de Louis XV [1] et dans cette saison il n'y a pas de site plus délicieux, plus sain. Au contraire, sa chambre du château de Versailles est sombre, sans aération possible, sans autre horizon que la cour de Marbre.

Il n'est pas besoin de supposer l'intervention de la favorite pour s'expliquer la répugnance que pouvait éprouver le roi à s'aller enfermer dans cette espèce de tombeau. Les hommes de l'art eux-mêmes pouvaient

1. V. le marquis d'Argenson, 16 mai 1750 :

« Le Roi prend grand goût à Trianon plus qu'à aucune autre maison qu'il ait encore habitée... Il dit que son appartement de Trianon, comme on l'a accommodé, est le seul qu'il ait encore trouvé à sa fantaisie ; il communique de plain pied avec celui de la marquise qu'il voit par là à tous moments comme il souhaite. De Trianon, il va à Versailles aux jours et heures de représentation, le dimanche au grand concert, aux conseils ; s'il veut, ses ministres viennent travailler avec lui, les affaires s'y suivent. Tout cela me paraît fort bien. »

hésiter sur le parti à prendre au point de vue médical.

Trianon avait encore un autre avantage sur Versailles, c'était de soustraire le roi malade aux sujétions de l'étiquette, aux prétentions des *entrées*, aux mille bruits du château, habité par quinze cents ou deux mille personnes [1].

Lemonnier, premier médecin ordinaire du roi, avait été prévenu régulièrement ; il trouva le roi tellement affaibli qu'il ne crut pas devoir le faire transporter à son appartement du château de Versailles. Ce ne fut que le jeudi qu'il s'y décida, lorsqu'il s'aperçut que le roi avait la fièvre (Hardy).

Suivant M. de la Rochefoucault, cette résolution serait due à l'initiative énergique de la Martinière, premier chirurgien du roi.

Nous demandons où est le scandale, où est l'indécence dont se plaint M. de la Rochefoucault ? Il semble en vérité que ce soit le langage d'un homme hors de sens ; tantôt il prétend que madame du Barry voulait accaparer la personne du roi ; tantôt qu'elle se proposait de *narguer* la famille royale qu'elle détestait. Qu'elle en fût détestée, nous l'accordons, mais qu'elle eût de l'animosité contre M. le Dauphin ou madame la Dauphine, nous le nions. Madame du Barry a pu pécher par bassesse envers le Dauphin et la Dauphine, elle n'a jamais songé à se déclarer en hostilité contre eux. Elle a encore moins voulu narguer des princes dont elle mendiait si obstinément les moindres marques de fa-

1. Qu'auriez-vous prescrit en pareille circonstance ? avons-nous demandé à M. Le Roi, habile praticien, adversaire déclaré de madame du Barry. « Je n'aurais pas hésité, dit-il. Je lui aurais conseillé de rester à Trianon et peut-être Louis XV aurait-il été sauvé. »

veur, dont elle avait tout à craindre pour l'avenir. Autre accusation : elle a imposé au roi un médecin qu'elle honorait de sa confiance personnelle, elle le demande à peu près comme un enfant qui veut satisfaire un caprice : « Je ne veux pas de Bouvard, moi, je veux Bordeu ! » (Hardy), et tous les adversaires de madame du Barry de se récrier de tant d'audace. Elle a exigé impérieusement Bordeu ! en vérité ! Eh bien ! elle a raison ! car c'est notre plus grand nom médical de la France à cette époque. Comme médecin, il est le maître de notre illustre Bichat, qui procède de lui. Comme homme d'esprit, on le met sur la ligne de Voltaire et de Montesquieu et ce jugement est emprunté textuellement à un de nos plus profonds physiologistes, M. Flourens, qui a consacré un livre presque entier à Bordeu [1]. Bordeu a été le premier qui, dès 1739, ait conçu dans son *génie* et embrassé dans sa pensée l'influence de la sensibilité sur les différentes opérations de l'économie vivante [2]...

C'est un tel homme que M. de la Rochefoucault ne craint pas de présenter comme le vil complaisant d'une favorite. Le duc débite même à ce sujet une théorie curieuse sur le crédit des médecins auprès des filles, à ce point qu'on se demande si le noble écrivain n'a pas dû suivre de très près la clinique de ces demoiselles, pour parler si doctement de leurs habitudes intimes.

Bordeu est donc aux ordres de madame du Barry. Il

1. Voy. *De la vie et de l'intelligence.* — Paris, Garnier, 1868, chap. IV : de Bordeu et de sa Théorie de la Sensibilité, p. 46 à la p. 122.

2. V. le duc de Lévis, *Souvenirs et Portraits.* Nouvelles à la main de la Mazarine, 24 décembre, mort de Bordeu, célèbre par son talent.

faudrait *trois* saignées au roi, mais la favorite serait contrariée, on n'en fera que deux, sauf à tuer le malade. Madame du Barry a intérêt à empêcher ou à retarder l'administration des sacrements, ce qui sera le signal de son exil loin de la cour. Bordeu s'y prête sans résistance et non au nom de la science. Nous repoussons ces imputations aussi odieuses qu'absurdes, d'où qu'elles viennent ! Ceci nous amène à un nouveau grief articulé contre madame du Barry.

« *Enragée* du retour du roi à Versailles, dit M. de la Rochefoucault, elle voulait se renfermer avec lui autant qu'il serait possible et en exclure ses enfants. »

Viennent ensuite de longs récits d'intrigues entre le parti des dévots ou Barriens et le parti des philosophes ou des Anti-Barriens. Les premiers, malgré leur dévotion, veulent empêcher que le roi ne se confesse et ne soit administré, parce qu'ils sentent que, madame du Barry éloignée de la cour, leur existence est compromise, ainsi que celle de M. d'Aiguillon qui doit tomber du même coup. Les seconds, malgré leur incrédulité affichée, crient au scandale et demandent que par décence le roi reçoive les sacrements auxquels ils ne croient pas. Ce chassé-croisé d'opinions paraît avoir amusé beaucoup les contemporains qui se réjouissent fort de ce pêle-mêle d'intérêts opposés. Les bons mots, les petits vers, les anecdotes pleuvent. Survient à Versailles l'archevêque de Paris, M. Christophe de Beaumont. Entrera-t-il, n'entrera-t-il pas ? Le maréchal de Richelieu lui aurait proposé de se confesser à la place du roi et lui aurait promis de lui faire entendre la confession la plus réjouissante, les péchés les plus mignons (plaisanterie qui se trouve déjà dans les *Mémoires de Maurepas*).

Voyons les dates :

Du 27 au 29. La petite vérole n'étant ni déclarée, ni même soupçonnée, la famille royale a été admise auprès du roi, et la communication n'a cessé qu'après l'éruption constatée. Le Dauphin, qui n'avait point eu la petite vérole, n'entre plus chez le roi. Mesdames Adélaïde, Victoire et Sophie s'enfermèrent courageusement chez leur père, ainsi que M. le duc d'Orléans, M. le prince de Condé et le comte de La Marche. Ils ne quittaient pas la chambre du roi.

Que devint madame du Barry et quel fut son rôle ? Besenval rapporte que, le soir, la Borde, premier valet de chambre, allait chercher la favorite et l'amenait au lit du malade, qui montrait peu d'empressement et de plaisir à la voir [1].

Ceci n'a rien d'impossible, rien que de fort probable. La position n'en était pas moins fausse, intolérable. Rester pour se cacher ainsi, c'était décheoir misérablement.

Partir, c'était s'exposer au reproche d'indifférence ou de lâcheté.

Madame du Barry dut attendre dans une anxiété facile à comprendre, suivant les cruelles variations auxquelles on est exposé dans ce fléau du genre humain, pour parler le langage des *Nouvelles contemporaines* (8 mai). Elle fut telle que, pour la première fois depuis sa faveur, elle fit venir Jean du Barry, sans doute pour tenir conseil au sujet du roi[2]. On dirait, à entendre ceux qui se sont donné la tâche d'écrire la mort de Louis XV,

1. Il était dans un état d'affaiblissement pendant les premiers jours. (Madame du Deffand à Horace Walpole, 8 mai, II, 409.)

2. V. lettre du Roué à M. de Malesherbes.

que dès le premier jour tout a désespéré et qu'un concert unanime de haine, de mépris, de réprobation s'est élevé dans le public contre le roi mourant [1].

Il n'en est rien. Il y a eu des alternatives de crainte et d'espoir, des manifestations en sens divers. En voici un exemple que nous lisons dans un des recueils de *Nouvelles à la main* de la Mazarine :

Le Roi alloit le lundi soir à huit heures aussi bien qu'on pouvoit le désirer. L'éruption paroissoit complète et *Sa Majesté étoit fort tranquille.* Elle eut sur l'assemblée prochaine de l'Académie françoise, avec un seigneur de la Cour, une conversation très nette et érudite. Ce qui prouve qu'elle n'est pas accablée de sa maladie.

Les premiers boutons commencent à blanchir.

La famille Royale a donné le plus bel exemple à l'Europe, par ses veux, son zèle et ses démarches relatives à la santé du Roi. On a observé avec admiration que madame la Dauphine avoit fait approcher le peuple de la terrasse (probablement du château de Versailles ou des Tuileries), où elle se promenoit pour lui faire partager sa joie d'une lecture d'un bulletin satisfaisant sur l'état de Sa Majesté. Les applaudissemens ont suivi ce bel acte de piété filiale et de popularité respectable. Ils ont été consacrés par les cris de : Vive le Roi ! et par ce tribut de larmes qu'a donné madame la Dauphine à ce spectacle attendrissant.

Le commencement de ce passage est parfaitement d'accord avec le bulletin officiel du lundi 2 mai, qui porte :

La fiebvre a été beaucoup moindre aujourd'hui, les boutons commencent à blanchir, la tête et la respiration sont libres. *Sa Majesté a beaucoup de part à la conversation de...* (Hardy).

1. V. la lettre de madame de Boufflers.

Ainsi, le lundi soir 2 mai, cinquième jour de la maladie, le roi avait encore la tête et la parole libres, il prenait part à la conversation générale, il s'occupait de la prochaine élection de l'Académie française; d'où le narrateur conclut avec justesse qu'il n'était ni accablé ni inquiet. On peut aussi induire de là qu'il n'avait pas encore été parlé de confession lors de l'entrevue du matin du roi avec l'archevêque de Paris, sans quoi le malade aurait été probablement moins tranquille, ce qui confirmerait la tradition conservée sur ce point.

Hardy, qui s'était trop pressé d'annoncer le départ de madame du Barry, orné de circonstances fabuleuses, se ravise et il écrit dans son journal :

On assuroit que la comtesse du Barry, loin d'avoir quitté Versailles, y étoit toujours environnée d'un grand nombre de seigneurs qui continuoient à lui faire la cour et qu'elle étoit même introduite de temps en temps dans l'appartement du Roi, quoique les Dames de France et M. le duc d'Orléans s'y montrassent fort assidûment. (Journal sous la date du mardi 3 may — nécessairement pour les jours antérieurs.)

Remarquons ici deux choses :

La présence simultanée à la cour de Mesdames et de la favorite, ce qui expliquerait ces bulletins où l'on exaltait la Dauphine, preuve qu'il n'y avait pas d'hostilité déclarée contre elle. La sécurité du roi est encore entière, cependant il va survenir un incident décisif.

Le mercredi, malgré une amélioration apparente dans la position du malade, il s'était révélé des symptômes alarmants. Jusque-là on avait trompé le roi sur a nature de sa maladie en lui faisant accroire qu'il n'avait qu'un *érésipèle boutonné* [1]. A ce moment l'erreur cesse [2]. Le cardinal de la Roche-Aymon, comme grand aumônier de France et de la cour, déclare au roi la vérité, il lui dit spontanément que la maladie dont il était attaqué n'était autre chose que la petite *vérole.*

Le roi réplique :

« On ne revient point à mon âge de cette maladie. » Ensuite il demande le duc d'Orléans, s'entretient assez longtemps avec lui, puis il fait venir la comtesse du Barry et lui adresse la parole en ces termes : « Il est temps, Madame, que nous nous quittions, » ou, suivant une autre version : « Madame, comme je pense à demander les sacrements, il ne convient pas que vous restiez ici, attendu que je ne veux pas qu'il arrive la même chose qu'à Metz, arrangez votre retraite avec le duc d'Aiguillon, je lui ai donné mes ordres pour que vous ne manquiez de rien [3].

Ceci se passait le mercredi dans la matinée ; peut-être le mardi soir [4].

« Madame du Barry obéit immédiatement au roi, sans résistance, sans violence simulée, ni cris, ni scène de femme, seulement elle pleuroit » (Hardy).

Avant de s'éloigner, elle avait adressé une lettre à Mesdames de France pour implorer leur protection. On dit que celles-ci avaient eu la bonté de la lui promettre.

1. De Mercy, *Lettre à Marie-Thérèse*, II, 144.

2. Ce que M. de Mercy appelle des symptômes alarmants, ce que la *Gazette de France* appelle un redoublement plus fort que les précédents, beaucoup de chaleur et même quelques moments de délire. (Vers. 8 mai 1774, n° du 9, p. 331.)

3. Sur les péripéties de la maladie de Louis XV à Metz, voyez A. Jobez : *la France sous Louis XV*, t. III, p. 372.

4. Madame du Deffand.

Le départ de la favorite, dit M. de Mercy, fut également résolu et s'effectua mercredi, à 4 heures après midi, la duchesse d'Aiguillon la prit dans sa voiture et la conduisit à une maison de campagne à trois lieues de Versailles, nommée Ruel[1] et appartenant au duc d'Aiguillon (II, p. 14, Paris, 17 mai). Au rapport de madame du Deffant, la vicomtesse du Barry et mademoiselle du Barry accompagnèrent la favorite déchue.

Le roi resté seul ne songea pas immédiatement à se préparer à la mort, il ne croyait donc pas toucher à une fin prochaine. Il resta deux jours entiers, le mercredi et le jeudi, sans faire venir un confesseur. Il ne le demanda que le vendredi, 7, à sept heures du matin.

La nuit suivante, celle du 6, dit la *Gazette de France*..., Sa Majesté fit appeler de son propre mouvement l'abbé Maudoux[2], son confesseur et demanda, sur les sept heures du matin, à recevoir le saint Viatique qui lui fut apporté par le cardinal de la Roche-Aymond, grand aumônier de France et de la chapelle du château.

M. de Mercy, de son côté, donne des détails fort intéressants sur l'épisode de la confession.

Il paroît certain que c'est le Roi qui, de son propre mouvement et sans qu'on s'y attendît, a demandé son confesseur à deux heures et demie du matin. Les princes avoient la montre en main et ont compté seize minutes pendant lesquelles le confesseur a été avec le Roi qui, depuis ce moment jusqu'aux sacremens, l'a fait rappeler trois fois.

1. Voy. *Histoire des environs de Paris*, par Dulaure.

2. L'abbé Maudoux, confesseur de la Chapelle depuis 1734. Voy. *Almanach royal.*

Après la confession, à cinq heures du matin, le Roi a fait venir le duc d'Aiguillon et lui a parlé bas. On a dit que c'étoient des ordres pour éloigner davantage la comtesse du Barry ; mais dans ces derniers temps on a pu voir que le Roi tenoit à cette favorite beaucoup plus qu'on ne l'auroit imaginé, et si le monarque revient de sa maladie, il est à présumer et encore plus à craindre que cette femme soit rappelée à la Cour. (Lettre du 8 mai 1773, II, p. 137.)

Hardy rapporte aussi que le roi avoit donné des ordres pour que la comtesse du Barry se retirât en Touraine (à Chinon) dans une terre appartenant au duc d'Aiguillon ; mais il ajoute en marge que ce bruit qui avait couru était faux, il est donc nécessaire de rectifier sur ce point le récit de Besenval qui avait sans doute puisé ses renseignements à la même source (I, p. 80).

Il est également bon de rectifier le petit discours[1] attribué au cardinal de la Roche-Aymon après l'administration du viatique au roi [2] à l'aide de la *Gazette de France*, de la relation du duc de Penthièvre et de Besenvel lui-même. Le cardinal de la Roche-Aymon aurait dit seulement, suivant la *Gazette* :

Qu'il étoit chargé d'annoncer au nom du Roi, que si Dieu lui accordoit encore des jours, c'étoit pour les employer à la gloire de la religion et au bonheur de son peuple.

Le duc de Penthièvre est moins laconique, il dit :

1. « Quoique le Roi ne doive compte de sa conduite qu'à Dieu seul, il déclare qu'il se repent d'avoir causé du scandale à ses sujets et qu'il ne désire vivre encore que pour le soutien de la religion et le bonheur de ses peuples. »

2. V. *Mém. hist.*, vol. 1, p. 159.

M. le cardinal de la Roche-Aymon, grand aumosnier, qui administroit Sa Majesté, a fait un petit discours avant de la communier et après l'avoir communiée, il a déclaré de la part du Roy *(sic)*, qu'il avoit peine à s'énoncer lui-mesme, quelques mots d'édification sur le scandale que SA MAJESTÉ avoit pû donner et sur ses dispositions relativement à la RELIGION et à ses peuples.

On remarquera que le prêtre officiant était ici le même qu'on a toujours représenté comme un des adulateurs les plus vils de la favorite, celui qui lui aurait présenté sa pantoufle en compagnie du Nonce, etc. Il est le premier à annoncer au roi qu'il avait la petite vérole et il prononce enfin cette parole qui était un engagement pour l'avenir et pouvait être considérée comme visant madame du Barry : le regret du scandale qu'il avait causé et l'engagement *d'employer les jours que Dieu pourrait lui accorder à la gloire de la religion*. M. le cardinal de la Roche-Aymon n'était donc pas l'instrument servile des volontés de madame du Barry. Les journées du vendredi 7 et du samedi 8 avaient été calmes. Les exercices de piété dont le roi avait dû s'occuper n'avaient point causé chez lui la moindre révolution [1]. Mais pendant la nuit du 8 au 9, l'état du malade empira. On perdit tout espoir de guérison et le roi lui-même, sentant le danger où il se trouvait, demanda l'extrême-onction, qui lui fut administrée le dimanche 9, à neuf heures du soir, par l'évêque de Senlis, son premier aumônier [2].

Il passa la nuit la plus douloureuse, les boutons

1. *Gazette de France.*
2. Ibid.

ayant envahi la bouche et la gorge et il expira le lendemain lundi 10, à trois heures un quart, ayant conservé sa connaissance jusqu'au dernier moment.....

Ce n'est pas à nous qu'il appartient d'apprécier la vie ni la mort de Louis XV.

Ce règne, long comme un siècle, a été, suivant la loi des choses humaines, un mélange de bien et de mal, victoires et défaites, Fontenoy, etc. et Rosbach, conquêtes et pertes de territoire, la Lorraine et la Corse contre l'Inde et le Canada, réformes et préjugés, honte et gloire, élégance et corruption de mœurs, jamais, peut-être, alliage ne fut plus complet. Mais en admettant même que la part du mal l'ait emporté, et de beaucoup, nous ne serons jamais de ceux qui frappent un homme au moment où il est renversé à terre, qui insultent aux souffrances d'un agonisant. C'est pourtant dans ce déplorable esprit qu'ont été conçues toutes les relations qui ont été écrites sur cet événement. La plus odieuse de toutes est sans conteste celle du duc de Liancourt, parce qu'il était duc à brevet, grand maître de la garde-robe, et qu'ayant assisté aux derniers moments du roi, en sa qualité de haut dignitaire de la couronne, il ne pouvait révéler ce qui s'était passé sous ses yeux sans manquer à tous ses devoirs, *Proditio domestica.* Il n'a pas seulement raconté ce qu'il avait vu, ce qui serait déjà un tort grave, il y a joint l'outrage, la caricature, la calomnie contre son maître.

D'autres, s'emparant de l'espèce de prédiction de l'évêque de Senez, ont pris un ton biblique et ont montré le roi frappé de la main divine, voyant se creuser autour de lui un abîme de feu, tandis que ses chairs se putréfient, que les marques de la virilité tombent en lambeaux, jusqu'à ce que, suivant l'expression de Dorat (un singulier prédicateur), *la fosse funèbre s'ouvre et le trône fait place au cercueil.*

Les obsèques de Louis XV ont été un autre thème de déclamation largement exploité par les historiens dévoués au parti Choiseul. La vérité est que les funérailles ont été très sommaires et très simples, il en devait être ainsi, et par une double raison :

Le roi était mort d'une maladie contagieuse ; ce cas était prévu, il fallait dans un intérêt général supprimer toutes les longues formalités observées ordinairement lors de la mort des rois, l'autopsie, l'embaumement, etc. C'est ce que les feuilles anglaises du temps expriment d'un mot pratique. Louis XV, disaient-elles, a été inhumé *privately*, c'est-à-dire en simple particulier, comme il est d'usage quand les princes meurent de la petite vérole [1].

Le roi avait en outre ordonné, par un testament de 1770[2], que son corps fût porté à Saint-Denis sans aucune cérémonie. Il fut d'abord gardé par les feuillants Saint-Bernard de Paris, jusqu'au 12 mai, sept heures du soir, puis transféré au lieu de la sépulture royale. Les deux paroisses et les récollets de Versailles le suivirent jusqu'au bout de la place d'Armes, trois carrosses et cinquante gardes du corps avec quelques gens de livrée composaient tout le cortège [3]. Ces gardes du corps étaient de la garde écossaise, d'après l'abbé Baudeau.

1. *Gentleman's Magazine*, mai 1774.

2. TESTAMENT DE LOUIS XV, DU 6 JANVIER 1770.

Je défends toutes les grandes cérémonies à mes funérailles et j'ordonne que mon corps soit porté à Saint-Denis dans le plus simple appareil que faire se pourra.

3. *Nouv. à la main* de la Mazarine.

A Versailles, dans les cours du château, la foule était silencieuse, dans les avenues elle faisait entendre les cris ironiques de taïaut; à Saint-Denis elle se répandait en murmures et en couplets injurieux. Lorsque le corps de Louis XV arriva, on chantait : « Voilà le plaisir des dames, voilà le plaisir. » Le vulgus est le même dans tous les temps; qu'il s'agisse de la plèbe romaine ou de la populace française, de Séjan ou de Louis XV, d'une victime du despotisme ou d'un monarque, ces vers du grand poète seront éternellement vrais :

..... *Sed quid*
Turba Remi? Sequitur fortunam ut semper et odit
Damnatos.....

Le curé de Notre-Dame de Versailles inscrivit sur son registre mortuaire l'acte suivant, comme s'il s'était agi du plus humble de ses paroissiens :

LOUIS XV. — L'an mil sept cent soixante-quatorze, le douze may, le corps de très haut, très puissant, et très excellent Prince, LOUIS XV, Roi de France et de Navarre, décédé d'avant-hier, a été transféré à l'Abbaye Royale des Bénédictins de Saint-Denis, lieu ordinaire de sépulture des Rois de France, en présence et par nous soussigné, curé.

ALLART, *curé*. VINCENOT, *prêtre*.

(Paroisse de Notre-Dame de Versailles, année 1774, sépulture, folio trente, registre n° 308. Mairie de Versailles, bureau des actes de l'état civil.)

Qu'était devenue pendant ce temps madame du Barry? Elle s'était retirée à Rueil, conduite dans le carrosse de madame d'Aiguillon. Là existait encore le domaine et le château du cardinal de Richelieu, avec leurs tragiques souvenirs[1]. Madame du Barry y resta du 5 au 9 ou 10 mai 1774 environ[2]. On comprend quelles pouvaient être ses préoccupations. Pidansat de Mayrobert cite un fait que tout le monde assure, c'est que la du Barry n'a trouvé aucun des lits assez bon pour elle, elle a envoyé chercher celui où elle couchait à Marly (sans doute pour Louveciennes). Le concierge l'avait refusé, mais il a eu deux heures après ordre de le donner. Il le fallait le lundi dernier. La Chronique secrète de l'abbé Baudeau, du 11 mai, p. 36, s'est empressée de se faire l'écho de cette rumeur idiote.

Que dans l'affliction profonde où elle auroit dû être, son goût pour le luxe et la vie molle ne la quittât pas un instant et que, ne trouvant pas les lits du château du duc d'Aiguillon assez douillets, elle envoyât chercher son coucher de Luciennes.

Cette puérilité ne mériterait pas de réponse. M. le duc d'Aiguillon était apparemment à Versailles ; elle aurait donc pu occuper le lit de la duchesse, si tant est que dans cette demeure princière, portant encore l'empreinte du puissant cardinal, il n'y eût pas un lit digne d'être offert à un étranger ! Mais nous possédons une pièce fort curieuse que nous reproduisons dans son

1. C'est dans sa maison de Rueil que le cardinal avait assemblé la commission qui condamna le maréchal Louis de Marillac à mort. Il fut exécuté, ou pour mieux dire assassiné judiciairement en place de Grève le 10 mai 1632, 42 ans jour pour jour avant la mort de Louis XV. On a toujours dit qu'il existait dans ce château des oubliettes où Richelieu faisait disparaître les victimes de sa politique ou de ses vengeances.

2. Les inventions des libelles la poursuivirent dans cette retraite.

entier[1] et qui répond victorieusement à l'auteur des *Anecdotes.* C'est un état dressé avec luxe et contenant « l'inventaire des *meubles* de madame du Barry, transportés à *Rueil,* à Pont-aux-Dames et à Luciennes depuis le 13 mai jusqu'au 23 juin 1774. » Il en résulte bien qu'une partie du mobilier de madame du Barry a été apportée à Rueil, mais ce fut après le 13 mai, c'est-à-dire lorsque déjà la favorite disgraciée était reléguée à Pont-aux-Dames, et non pas pendant son rapide passage chez M. le duc d'Aiguillon.

On fit courir un autre bruit. On dit que madame du Barry était partie et qu'elle était réfugiée dans la principauté de Deux-Ponts, et ce du consentement du roi (Hardy).

Hardy ajoute qu'il ne garantissait pas ce bruit : il avait raison.

Il faut sortir de ces rumeurs et en venir aux actes, aux pièces sérieuses.

Voici la copie littérale et figurative du REGISTRE DES ORDRES DU ROY, qui était alors conservé aux archives de la Préfecture de police[2] :

1. Voy. aux Pièces justificatives.

2. Un érudit connu par l'immensité et l'exactitude de ses recherches a retrouvé depuis 1871, à la Préfecture de police, le registre que nous croyions brûlé. Malheureusement, M. Léon Labat n'a pu remettre la main dessus et il a quitté la Préfecture, par suite de mise à la retraite pour échéance d'âge, avant d'avoir retrouvé ce précieux volume. L'important pour l'histoire est que le document existe et que nous puissions en faire usage avec la certitude d'être un jour contredit, nous voulons dire contrôlé.

DU 9 *(sic)* DU MOIS DE MAY 1774.

Notte du Ministre.

Le sieur comte DU BARRY	Conduit au château de Vincennes.
La dame comtesse DU BARRY	Conduite à l'abbaye du Pont-aux-Dames.

Du 15, M. de Sartine.

Le nommé GOMMARD	Relégué à Langres le 20 novembre 1774, conduit à Bicestre pour vol faute de preuves.

Ce registre est malheureusement égaré aujourd'hui. C'est sur ses feuillets que l'on transcrivait les ordres donnés par le roi au ministre et transmis par lui au lieutenant général de police, chargé de les exécuter.

De ce registre, il résulte que la lettre de cachet contre Jean du Barry et la comtesse avait été délivrée dès le 9 mai.

Or, le 9 mai, Louis XV n'était pas mort; ses yeux ne se sont fermés que le 10, à trois heures de l'après-midi.

La conséquence serait donc que l'ordre d'arrestation aurait été donné par le roi mourant, non par son successeur.

Cette induction, nous le reconnaissons, est directement contraire à la tradition constante qui attribue la lettre de cachet à Louis XVI. L'énonciation du registre est précise. Elle avait été prise par nous longtemps avant l'incendie de la Préfecture de police et bien souvent vérifiée justement à cause de son importance.

Nous avons dû rechercher s'il y aurait eu une erreur possible. Nous ne le pensons pas.

Les ordres étaient transcrits jour par jour, à la suite les uns des autres. Il n'y a donc pas à craindre qu'il y eût eu là une erreur de date, parce qu'elle se trouverait rectifiée par ce qui précède ou ce qui suit.

La lettre de cachet, attribuée à Louis XVI, serait du 12. — Comment l'employé, chargé de ce registre, très régulièrement tenu, aurait-il écrit le 9? — Trois jours entiers s'étaient déjà écoulés. Une erreur rétrospective ne se comprendrait pas.

Il est encore plus difficile d'admettre une inscription par anticipation.

Il faudrait que le Dauphin, prévoyant la mort prochaine du roi, eût pris sur lui de faire arrêter madame du Barry et Jean du Barry, alors que le malade pouvait se rétablir, redemander la favorite, etc., etc. Il aurait fallu la connivence de M. de La Vrillère, ministre de la maison du roi, et jamais il n'aurait voulu encourir une pareille éventualité. Le Dauphin lui-même, si timide, n'était pas capable d'une telle initiative. On doit se rappeler à cet égard les conseils de M. de Mercy à Marie-Antoinette : « Si le monarque revient de sa maladie, il est à présumer et encore plus à craindre que cette femme fût rappelée à la cour [1]. »

Le registre à lui seul résisterait à ces diverses suppositions et suffirait pour les repousser.

Mais voici un passage de la Chronique de l'abbé Baudeau qui coïncide singulièrement avec les énonciations de ce registre. L'abbé Baudeau ajoute, en effet :

1. Voy. p. 328 ci-dessus.

Quelqu'un d'assez instruit m'a dit que le duc d'Aiguillon avoit fait investir la du Barry de maréchaussée à Rueil ; qu'il avoit fait dire à madame Adélaïde qu'elle n'échapperoit pas et qu'il avoit mandé au nouveau Roi que l'intention du *défunt* étoit qu'elle fût mise *dans un couvent*, parce qu'elle avoit le secret de l'Etat.

Ainsi l'intention du roi aurait été qu'elle fût mise dans un couvent, et précisément nous lisons sur le registre des mots qui répondent à cette volonté : *la comtesse du Barry conduite à l'abbaye de Pont-aux-Dames.* Il devient donc excessivement probable que c'est bien Louis XV qui, avant de mourir, a dicté la lettre de cachet.

Il faut se rappeler le mot du comte de Creutz : « La passion du roi pour madame du Barry se soutiendra tant que sa santé sera inaltérable ; mais s'il venoit à tomber malade, il y a toute apparence que la dévotion succéderoit à l'amour. »

Le 8, il y avait eu une amélioration dans la santé du roi, après qu'il avait reçu le viatique; le 9, elle ne se soutint pas ; il crut peut-être qu'en sacrifiant plus complètement sa maîtresse et ceux qui avaient participé à ce scandale, il désarmerait le courroux du ciel et échapperait à la mort prête à l'atteindre. Louis XV était d'une religion fort étroite et fort singulière, comparable à celle de Louis XI. Il croyait à l'efficacité de certaines pratiques de dévotion : les Quarante-Heures, la châsse de sainte Geneviève, plus ou moins découverte, descendue plus ou moins[1].

Ceci expliquerait encore très bien le colloque de

1. On sait que la nuit, étant couché auprès de madame de

Louis XV à voix basse avec le duc d'Aiguillon et le discours du cardinal de La Roche-Aymon [1].

L'auteur des *Anecdotes* dit aussi : « Les ennemis de la comtesse firent courir le bruit qu'elle s'était évadée de Rueil, ce qui était faux et impossible [2]... » *Evadée* — ce mot implique une sorte de surveillance. Ce qui suit concorde avec le passage de l'abbé Baudeau.

Si notre interprétation est vraie, madame du Barry a reçu la lettre de cachet à Rueil, le 9 ou le 10 mai 1774. Le coup a dû lui être d'autant plus sensible qu'il partait du vieux roi et non de son successeur. Si elle avait eu à faire entendre un blasphème, c'est contre lui qu'il aurait été dirigé. Elle n'eût pas parlé du nouveau règne inauguré par une lettre de cachet. Il est probable qu'elle se soumit et partit immédiatement pour l'abbaye de Pont-aux-Dames, où nous la verrons bientôt arriver. Quoi qu'il en soit, sa faveur était finie, les jours d'épreuve allaient commencer pour elle. La plus dure

Mailly, il se relevait pour dire des actes de contrition, sauf à se recoucher près d'elle.

Il fait dire des prières à l'église de Versailles pour obtenir le salut de madame de La Tournelle. Le duc de Luynes trouve la chose tellement extraordinaire qu'il s'en informe auprès du curé, lequel confirme la nouvelle.

Le 31 septembre 1770, le roi fait retirer un morceau de la vraie croix et des reliques de saint Louis et il les fait porter à l'église construite par lui à Choisy.

Il faut dire que ces croyances étaient généralement celles du temps. Ainsi le roi Georges, de l'avis du conseil privé, ordonne un jour de *jeûne* et d'humiliation publique pour que le Dieu tout-puissant répande ses bénédictions sur les armées des colonies, lors des désastres éprouvés dans l'Amérique septentrionale. (*Annales de Linguet*, vol. III, p. 232.)

1. Si Dieu accorde quelques jours au Roi, ce sera pour les employer à la gloire de la religion.

2. *Anecdotes*, p. 408.

fut sans doute la transition subite des lambris dorés de Versailles dans la cellule d'un couvent austère. Comment a-t-elle supporté ce brusque changement d'existence, le silence mortel d'un cloître succédant aux mille bruits de la cour? C'est ce que nous aurons bientôt à examiner. Nous n'avons ici qu'à clore une période de sa vie. Retirée des bruits du monde, au prix de sa liberté, elle ne fut pas à l'abri des quolibets et des huées qui vinrent s'amonceler contre les portes du couvent. Nous avons vu qu'au temps de sa fortune, madame du Barry avait le bon esprit de mépriser les chansons faites contre elle et au besoin de les chanter[1], impassible sous l'outrage. Enfermée à Pont-aux-Dames, elle ne dut pas connaître les facéties que provoqua la mort de Louis XV. Mais l'auteur des *Anecdotes* les recueillait religieusement et, tout en les déclarant détestables, il en fit publier le recueil. Nous transcrivons la moins ignoble.

Complainte de madame du Barry.

LES CINQ PONTS

Les *Ponts* ont fait époque dans ma vie,
Dit l'Ange en pleurs dans sa cellule en Brie.
Fille d'un moine et de Manon Giroux,
J'ai pris naissance au sein du *Pont-aux-Choux*.
A peine a lui l'aurore de mes charmes
Que le *Pont-Neuf* vit mes premières armes.
Au *Pont-au-Change* à plaisir je fêtois
Le tiers, le quart, soit noble, soit bourgeois.
L'art libertin de rallumer les flammes
Au *Pont-Royal* me mit le sceptre en main.
Un si haut fait me loge au *Pont-aux-Dames*
Où j'ai bien peur de finir mon destin.

1. Voy. t. Ier, p. 304.

Dans cette plaisanterie, empruntée au vocabulaire des ponts et chaussées, il ne manque que le Pont-Saint-Esprit, le surplus tombant à faux et à plat. L'auteur des *Anecdotes* finit comme il a commencé, par une calomnie digne de lui.

CHAPITRE XXIX

MADAME DU BARRY EXILÉE ET ENFERMÉE A L'ABBAYE DE PONT-AUX-DAMES, EN BRIE

L'Abbaye royale de *Nostre-Dame-lez-Crécy* fut appelée d'abord *Notre-Dame-du-Pont* (*Abbatia Pontis*), puis par corruptions successives, abbaye du *Pont-Notre-Dame* et enfin abbaye DU PONT-AUX-DAMES, *Pons-Dominarum* [1]. Elle devait ces différentes dénominations à sa situation sur un ru ou petite rivière qui traversait toute l'étendue de ses jardins. Sur le ru était un pont dont les arches étaient jadis fermées par des grilles en fer; on en voit encore les attaches, et sur le pont on avait érigé une statue de la Vierge portant l'Enfant Jésus dans ses bras. C'est ce qu'expliquaient très bien les armes de l'abbaye qui étaient ici véritablement des armes *parlantes,* on pourrait ajouter et étymologiques. Nous les trouvons ainsi décrites dans l'*Armorial général*, manuscrit de la Bibliothèque nationale.

La communauté des religieuses de l'abbaye de Pont-aux-Dames porte : d'azur à un pont de trois arches et demies *(sic)* d'argent, sur une rivière du même et sur ce pont une Vierge

1. Voy. *Gallia Christiana*, vol. III, p. 916, et *Histoire de l'abbaye de Meaux*, par dom Toussaint Duplessis, 1731, 2 vol. in-4°.

aussi d'argent ayant en son bras senestre, le petit Jésus qui tient une palme du même. (*Armorial général*, Paris, vol. IV, p. 184; Biblioth. nat., dép. des Manuscrits.)

L'abbaye de Pont-aux-Dames était sise entre le bourg de Couilly et celui de Crécy, dans la Brie champenoise, à deux lieues S. S. O. de Meaux et dépendait de ce diocèse ; elle était de l'ordre de Cîteaux, c'est-à-dire des bénédictines, suivant la réforme de saint Bernard. Fondée vers 1226, par Hugues de Châtillon, fils d'un comte de Saint-Pol, elle avait eu longtemps des abbesses illustres et avait été richement dotée. Cependant au dix-huitième siècle ses vastes bâtiments, qui n'avaient pas moins de six cents ans d'existence, se trouvaient dans un état de vétusté menaçante : quelques-uns tombaient en ruine [1].

Les religieuses étaient au nombre de 50, dont 30 dames de chœur ou professes et 20 sœurs converses. Leur costume était celui des bernardines [2] : guimpe et robe de laine blanche, voile noir, long scapulaire de même couleur, descendant jusqu'aux pieds.

L'abbesse était de noble maison. Cette maison est, dit Lainé, une des plus illustres du royaume, elle tenait place dans l'ancienne chevalerie de Guyenne. Plusieurs de ses membres ont pris part aux croisades, etc. Ses armes étaient d'azur à trois rocs d'échiquier d'or

1. Voy. Correspondance entre l'abbesse de Pont-aux-Dames et le ministre de la maison du Roy. (Arch. nationales.)

Aujourd'hui, le hameau, formé des restes de l'abbaye et des maisons groupées autour d'elle, dépend administrativement de la commune de Couilly et du canton de Crécy.

M. Berthault, anc. magistrat, a publié l'histoire détaillée de l'abbaye de Pont-aux-Dames, 1 vol. in-8°, Paris, Dumoulin, 1878.

2. Voy. l'*Histoire générale des abbayes*, qui en donne le dessin.

avec cette devise : *Deo duce, ferro comite*[1]. La révérende dame Gabrielle de la Roche de Fontenille était parente du marquis de Rambures et de l'évêque de Meaux, premier aumônier de madame Adélaïde.

La tradition, d'accord avec ses lettres, la représente comme austère, pénétrée de ses devoirs et de la gravité de ses fonctions. Pont-aux-Dames, en effet, n'était pas seulement un couvent, c'était aussi parfois une prison d'Etat où le roi envoyait les femmes placées sous le coup de lettres de cachet [2]. Elle ressortissait, sous ce rapport, des lieutenants de police, et c'est pour cette raison que la correspondance entre les abbesses et les agents du roi, remontant jusqu'à 1720, était conservée dans les archives de la Préfecture de police, si déplorablement brûlée en 1871.

Etre conduite à l'abbaye de Pont-aux-Dames, ce n'était pas seulement subir une disgrâce, c'était encourir une prise de corps suivie d'un emprisonnement plus ou moins long. Aussi les *Nouvelles à la main* du temps [3]

1. *Dictionnaire héraldique*, mémoire inséré dans la partie qui traite de la noblesse d'Armagnac.

2. Voy. l'ouvrage de M. Berthault, p. 175.

3. *Journal de Hardy* du vendredi 13 mai 1774. — On apprend que la comtesse du Barry étoit partie la veille du village de Ruel en vertu d'une lettre de cachet, pour se rendre à l'abbaye de Pont-aux-Dames.... avec les défenses les plus sévères d'y voir qui que ce fût..., d'écrire à personne. On l'avoit vue dans son carrosse à six chevaux, accompagnée d'une seule femme de chambre, suivie d'une seconde voiture dans laquelle étoient deux particuliers, dont l'un étoit un exempt.

M. Berthault reconnaît que son livre était déjà livré à l'impression lorsque je lui indiquai le caractère pénitentiaire qu'avaient les détentions à l'abbaye de Pont-aux-Dames. Il s'adressa à M. Léon Labat, l'archiviste de la Préfecture de police, pour s'assurer d'un fait qui lui paraissait encore douteux. M. Labat confirma les détails que je lui avais donnés et lui en donna

nous représentent-elles madame du Barry partant seule dans son carrosse à six chevaux, et elles ajoutent : « Derrière étoit une autre voiture qui renfermoit un exempt. » (On dirait aujourd'hui un inspecteur de police.) Une estampe satirique d'alors, intitulée : *la France sauvée*, montrait « madame du Barry qui frappe à la porte d'un couvent, tandis que Louis XVI apparoît à l'opposite, rayonnant de gloire [1] ».

C'était la réalisation exacte du mot de Marie-Antoinette : « La *créature* est mise au couvent et tout ce qui portoit ce nom de scandale a été chassé de la cour [2]. »

Il ne faudrait pas croire cependant qu'une détention de ce genre eût rien d'infamant ni même d'humiliant, au contraire : le premier venu n'était pas logé *ès tours de la Bastille* ou de Vincennes. Il fallait être gentilhomme, écrivain, notable ou tout au moins considéré comme prisonnier d'Etat. Jean du Barry, malgré ses hautes prétentions nobiliaires, déclina l'honneur d'être enfermé dans une forteresse sanctifiée pourtant par M. de Saint-Cyran et illustrée par la captivité du grand Condé ; il prit la fuite comme un simple vilain. Madame du Barry, elle, se soumit à la décision du roi, quoique le duc de Deux-Ponts lui eût offert un asile dans ses Etats [3]. Etait-ce par respect pour les ordres du souverain, son nouveau maître, ou par crainte pour ses biens, qu'il était si facile de confisquer ou de mettre sous le

d'autres que M. Berthault a recueillis et développés dans son ouvrage. Il a joint lui-même des exemples curieux dans ce sens; il a montré notamment que l'abbé de Chaulis, au xve siècle, et Huguette Duhamel, abbesse de Port-Royal-des-Champs, avaient été enfermés dans la prison conventuelle de N.-D. des Champs.

1. Voy. *Mémoires secrets*, 5 nov. 1774, vol. VII.

2. Lettre à Marie-Thérèse du 14 mai 1774.

3. Voy. *Mémoires secrets*, 10 novembre 1775.

séquestre? On l'ignore. Madame du Barry accepta ou subit la peine qui lui était infligée. Madame Campan a écrit que « cet *exil* était plus de nécessité que de rigueur[1] »: elle s'est trompée. Il s'agissait non pas d'un exil, mais d'une véritable incarcération. Madame du Barry ne pouvait ni sortir, ni communiquer avec personne, pas même avec sa famille, pas même avec sa mère! Nous allons en voir bientôt de nombreuses preuves écrites. Où donc était la nécessité de la détenir si étroitement? N'est-ce pas plutôt par vengeance que par politique qu'on a sévi contre elle? « La créature est mise au couvent, s'écrie Marie-Antoinette avec joie... » Et Hardy nous apprend qu'elle est tenue *au secret le plus sévère*. Enfin les chansons populaires font chorus.

Les *Ponts* ont fait époque dans ma vie,
Dit l'ange en pleurs dans sa *cellule en Brie*.

Il y avait plus de vérité dans ce refrain des rues que dans la phrase prétentieuse de madame Campan.

De Rueil à Pont-aux-Dames il y a, à vol d'oiseau, quinze lieues communes, et, avec les sinuosités des chemins et la nécessité de tourner Paris, on peut évaluer à une vingtaine de lieues de distance qu'il fallait parcourir. C'était une journée de marche environ. Madame du Barry dut arriver le soir à sa destination, à moins que le transport n'ait eu lieu de nuit pour éviter les regards des curieux ou du public.

La tradition à Pont-aux-Dames est qu'au moment où elle allait franchir les portes du monastère, madame du Barry versait d'abondantes larmes et qu'elle san-

1. *Mémoires*, chap. IV.

glotait[1]. Nous reproduisons l'image de ce portail d'après un dessin conservé dans le pays. Il marque une étape dans la vie de celle dont nous avons entrepris de retracer les destinées. L'abbaye-aux-Dames n'existe plus : vendue nationalement en l'an IV, elle a été divisée, détruite, et il n'en reste plus que des vestiges à peine reconnaissables. Un plan même, qui avait été dressé pour la vente nationale[2] par un sieur Etienne Clicquot, architecte à Meaux, est perdu. Voici la reconstruction que nous avons essayé de faire d'après les procès-verbaux d'expertise et d'estimation qui ont précédé l'adjudication, le cadastre et les témoignages recueillis sur place.

L'abbaye de Pont-aux-Dames se composait d'un groupe considérable de constructions affectées à différents services. Les unes, quoique renfermées dans l'enceinte du couvent, appartenaient encore à la vie du monde. Les autres portaient le titre de *Bâtiments intérieurs* composant la maison *conventuelle*.

Les premières étaient rangées autour d'une cour, dite cour d'entrée ou avant-cour. Elle s'ouvrait derrière le grand portail que nous avons vu tout à l'heure donner accès au carrosse de madame du Barry. D'un côté, à droite, étaient des granges, le pressoir, les bûchers, les chambres des domestiques, ceux-ci au nombre de vingt. De l'autre, à gauche, le logement de l'intendant, la maison dite des *moines*, parce qu'elle était habitée par trois religieux que nommait M. l'abbé de Cîteaux, pour la direction spirituelle de l'abbaye, la célébration des offices, etc....

1. Un souvenir s'en est peut-être conservé dans la chanson populaire que nous avons citée plus haut.

2. Archives de Seine-et-Marne, I, 58.

Enfin l'église formée de voûtes en *augives* (sic), dit le procès-verbal peu correct du citoyen Clicquot. Eglise qu'on nous affirme avoir été fort belle et qui a été entièrement rasée.

« C'est dans l'avant-cour, disait une brave centenaire[1] que nous avons consultée, que se faisait la *donnée*.

« — Et qu'était-ce que la *donnée?*

« — C'était, Monsieur, la distribution de pain et de soupe qui avait lieu à l'abbaye, tous les jeudis de chaque semaine. J'y ai été bien souvent, c'était la dîme des pauvres. Madame l'abbesse était très bonne pour nous : à sa fête, elle faisait donner un bal à la jeunesse sous les marronniers. »

Les secondes constructions, c'est-à-dire les constructions conventuelles, s'étageaient autour d'une autre cour, placée sur la gauche de la précédente et se dirigeant vers le levant. On y trouvait le bâtiment abbatial, les cloîtres, les dortoirs, la salle du chapitre, la sacristie, la pharmacie avec ses accessoires et les chambres des dames pensionnaires.

Au-delà s'étendaient les jardins, lavoirs, bergeries, colombiers, laiteries, et au bord du ru une boucherie. Une abbaye était toute une cité !

Entre les deux cours, la cour d'entrée et la cour abbatiale, il existait une communication fermée par une porte en fer ; de chaque côté de la porte et s'unissant au-dessus d'elle étaient deux pavillons destinés aux

1. Marie-Françoise Blot, femme Grondar, née à la Chapelle-lès-Crécy, le 15 avril 1778, demeurant au hameau de Montbarbin, près de Pont-aux-Dames. C'est de cette excellente femme, encore valide, malgré son âge, que nous avons recueilli ces détails et cette expression si remarquable dont elle ne comprenait pas même la portée : *la dime des pauvres.*

tourières. C'est là que fut confinée madame du Barry. Nous aurions pensé qu'elle aurait été dans le bâtiment des *pensionnaires*. Il n'en fut rien. Elle était censée posséder le secret d'Etat ! et sous ce prétexte, elle fut rigoureusement séquestrée. Notre preuve est dans le procès-verbal d'expertise de Clicquot. On y lit sous ce titre : *bâtimens intérieurs* de la maison conventuelle :

Article 19. — Deux pavillons d'avant-corps occupés ci-devant par la condamnée Dubarril *(sic)*, séparés l'un de l'autre par la porte d'entrée et le bâtiment au-dessus de la dite porte, élevée d'un rez-de-chaussée, premier étage et chambre lambrissée au-dessus, et celuy à droite dont partie servoit au logement des portières, estimés, eu égard à leurs dégradations généralles à quarante livres, cy. . . 40 liv.

On comprend qu'à l'aspect de ces murs délabrés, de ces chambres de tourières, la favorite déchue, habituée aux splendeurs de Versailles, se soit écriée douloureusement : « Oh ! que c'est triste ! et c'est ici qu'on m'envoie ! » Cette parole a été conservée dans le pays et elle nous a été transmise par une personne grave, digne de toute confiance [1]. Le mot nous paraît très vraisemblable et tout à fait en situation. Il n'y a pas là d'apprêt déclamatoire, c'est bien le cri simple qui peut échapper à la surprise du premier moment.

Madame de la Roche Fontenille était loin d'être prévenue en faveur de madame du Barry.

1. Madame Goujet, âgée de 92 ans, demeurant dans une partie de l'abbaye encore subsistante et consacrée jadis au logement des étrangers. Nous devons à M. et madame Guébin, de Paris, l'honneur d'avoir été présenté à madame Goujet, leur tante, et l'avantage d'avoir pu visiter les restes de l'abbaye dans tous leurs détails, avec des guides aussi intelligents qu'aimables.

L'abbesse se tint donc d'abord sur la réserve et reçut froidement la nouvelle arrivante. Mademoiselle de la Neuville racontait que les autres sœurs, désireuses et effrayées tout ensemble de voir une personne si fameuse, s'étaient rendues au parloir. N'osant l'envisager en face, elles la regardaient dans une glace et croyaient voir apparaître les traits du démon. Mais en apercevant une physionomie douce et avenante, elles se ravisèrent et conçurent bientôt pour elle une sorte de sympathie, qui devint plus tard une durable amitié. Jeanne Bécu, on se le rappelle, avait été élevée au couvent de Sainte-Aure, et selon nous, elle conserva toujours une empreinte de cette éducation première de son enfance. Elle put donc s'habituer facilement à une existence qu'elle avait déjà connue et au bout de quinze jours, l'abbé Baudeau écrivait dans sa *Chronique secrète* :

La du Barry est fort contente dans son couvent, les religieuses en sont enchantées ; elle les comble de petits présens et finira peut-être par leur apprendre bien des choses plus égrillardes. (Lundi, 25 may 1774. — *Revue rétrospective*, t. III.)

A part le trait final qui sent son dix-huitième siècle et son abbé galant, la note sur la recluse lui est favorable et conforme aux documents qui vont suivre.

Nous ne mentionnerons que pour ordre une lettre de madame du Deffand à la duchesse de Choiseul. On y voit la joie vindicative de ce parti prêt à relever la tête :

Je pourrois vous raconter de petites anecdotes de l'illustre reléguée au Pont-aux-Dames, mais en vérité c'est du temps et du papier perdu que d'écrire ou de parler d'elle....

Nous ne pouvons partager l'avis de la spirituelle aveugle. Le papier noirci de sa main ou sous sa dictée n'a jamais été considéré comme perdu. Ses chroniques sont toujours intéressantes, et puis n'aurait-elle pas dû se souvenir qu'au jour où *l'illustre relégué de Chanteloup* tendait la main, madame du Barry y avait déposé l'obole de Bélisaire, sous forme de plusieurs centaines de mille livres[1] ? M. de Choiseul eut, grâce à madame du Barry, trois cent mille livres d'argent comptant et une pension de soixante mille livres. Il ne lui était absolument rien dû.

Tel était l'usage alors. Service de roturier n'obligeait à rien, pas même à la plus vulgaire reconnaissance. C'était le principe de M. de Choiseul et de ses amis ; il le professait et le pratiquait hautement[2], on pourrait dire cyniquement.

Le 12 mai 1774, M. le duc de la Vrillère adressait au vicomte du Barry (Jean-Baptiste, fils du Roué), la lettre ci-dessous[3] :

1. Voy. ci-dessus la négociation suivie par M. du Châtelet, pour la place de colonel des Suisses, p. 95.

2. Voy. *Mémoires*, vol. II, p. 122.

3. Monsieur le vicomte du Barri,

C'est avec beaucoup de peine, Monsieur, que je m'acquitte des ordres que le Roi vient de me faire passer. Sa Majesté m'a chargé de vous marquer que vous ne paroissiés point à la Cour jusqu'à nouvel ordre de Sa Majesté. Vous voudrés bien m'accuser la réception de ma lettre par celui qui vous la remettra, affin que je puisse justiffier à Sa Majesté de l'exécution de ses ordres.

J'ai l'honneur d'être bien parfaitement, Monsieur, etc., etc.

Du dit jour

Id. à M. le marquis du Barri.

(Arch. nat. — O[1], 416. Depesches, 1774, p. 317.)

Et en même temps, il écrivait à la femme du précédent par dépêche séparée, dans ces termes :

Madame la vicomtesse du Barri *(sic)*,

J'espère, Madame, que vous ne douterés pas de toute la peine que je ressens d'être obligé de vous annoncer une deffense de paroître à la cour, mais je suis obligé d'exécuter les ordres du Roy qui me charge de vous marquer que son intention est que vous n'y veniés pas jusqu'à nouvel ordre de sa part. Sa Majesté, en même temps, veut bien vous permettre d'aller voir madame votre tante à l'abbaye du Pont-aux-Dames et je vais écrire en conséquence à madame l'abbesse affin que vous n'éprouviés aucune difficulté. Vous voudrés bien m'accuser la réception de cette lettre par celui qui vous la remettra, affin que je puisse justiffier à Sa Majesté de l'exécution de ses ordres.

J'ai l'honneur d'être...

Id. à madame la marquise du Barri [1].

(Arch. nat. — O[1], 416, p. 317.)

On voit par cette lettre qu'il avait dû y avoir primitivement une défense absolue à l'abbesse de Pont-aux-

1. M. Jules? de Goncourt a publié une nouvelle édition de la *du Barry*. Non seulement il n'a pas corrigé l'erreur que nous venons de signaler, mais il l'a aggravée. En effet, il donne, p. 197, à la note, le texte de la lettre de M. de la Vrillère au vicomte Adolphe du Barry, empruntée, dit-il, aux *Lettres* missives de la maison du roi. — Archives nat., O[1], 416. — M. de Goncourt a donc connu nécessairement la lettre adressée à la vicomtesse du Barry, qui se trouve à la même page, au-dessous de celle écrite au vicomte. Dès lors il n'y avait plus de méprise possible pour lui. Cependant il a maintenu dans cette seconde édition la déclaration évidemment erronée de M. Leber.

Une erreur involontaire se conçoit et s'excuse. Qui n'en est pas coupable? On ne comprend pas qu'un écrivain, qui peut aspirer au titre d'historien, contribue sciemment à égarer le public.

Dames de laisser communiquer madame du Barry avec qui que ce fût, puisqu'il fallait une autorisation expresse pour permettre l'entrée du couvent à la nièce et à la belle-sœur de la prisonnière. Celles-ci étaient personnellement bannies de la cour ainsi que leurs maris. C'était bien l'œuvre du nouveau règne et l'accomplissement du mot reproché par Marie-Thérèse à Marie-Antoinette [1].

L'original de cette lettre était passé entre les mains de M. Leber, dont les belles collections d'estampes et d'autographes ont été acquises par la Bibliothèque municipale de Rouen. M. Leber, faute de connaissances spéciales suffisantes, ou par inattention, ou encore par gloriole d'amateur, s'imagina avoir en sa possession la lettre de cachet délivrée contre la comtesse du Barry et il rédigea cette notice collée sur la garde du volume (in-4°, relié en maroquin plein) conservé dans la Bibliothèque de Rouen.

LETTRE DE CACHET ORIGINALE

Datée du 12 mai 1774, surlendemain de la mort de Louis XV.

Cette lettre, vraiment curieuse, a fait du bruit dans le temps, bien que tout annonce qu'elle n'a pas été divulguée. On voit en effet que les auteurs des écrits relatifs à madame du Barry, publiés l'année suivante, en ignoraient complètement les termes et que l'opinion publique n'était pas fixée sur ce sujet. C'est au porteur de cette même lettre que la favorite déchue répondit sur un ton qui lui était familier : Le beau f..... règne qui commence par une lettre de cachet.

MM. Edmond et Jules de Goncourt, ne s'apercevant

1. Voy. ci-dessus, p. 344.

pas de la méprise de M. Leber, reproduisirent les termes de cette erreur triomphale, ils dirent à leur tour dans une note :

Nous donnons ici, pour la *première fois,* la lettre de cachet qui exila madame du Barry à Pont-aux-Dames, d'après la lettre signée du duc de la Vrillière, possédée par la Bibliothèque de Rouen, collection Leber, n° 2278. Toutes les autres lettres de cachet données jusqu'ici dans les biographies anciennes comme dans les biographies récentes sont absolument fausses. — La tante de madame du Barry, retirée au Pont-aux-Dames, dont il est parlé dans cette lettre, est sans doute madame Quantigny, sœur de sa mère. (*Les Maîtresses de Louis XV*, vol. II, p. 223.)

L'impossibilité d'une pareille interprétation saute aux yeux ! Le roi ne pouvait permettre à madame du Barry d'aller à Pont-aux-Dames, alors qu'elle était d'ores et déjà cloîtrée dans ce couvent. Par la même raison et *à fortiori*, il n'avait pas besoin de lui défendre l'entrée de la cour, puisqu'elle était sous les verrous à quinze lieues de Versailles; enfin madame du Barry n'a jamais eu de tante demeurant dans cette abbaye, soit comme religieuse, soit comme pensionnaire [1]. L'erreur était déjà manifeste par elle-même : elle n'est pas discutable en présence du double de la minute conservé dans les registres des Dépêches, au secrétariat de la maison du roi. C'est à madame la *vicomtesse* du Barry que la lettre de M. le duc de la Vrillière a été adressée. La tante qu'on lui permet d'aller voir à l'Abbaye-aux-Dames est non pas une dame Cantigny purement imaginaire, c'est

1. Voy. le n° 8 des Pièces justificatives du Ier vol. (Tableau généalogique des enfants de Fabien Bécu).

madame du Barry en personne, qui était en effet tante par alliance de la vicomtesse[1].

Enfin, la lettre était écrite en double, l'une pour la vicomtesse Adolphe, l'autre pour la marquise du Barry, née de Fumel. Comment imaginer une lettre de cachet en triple original?

Il faut encore remarquer que l'autorisation donnée à la vicomtesse du Barry était uniquement de *voir* la recluse de Pont-aux-Dames, et nullement de *demeurer* avec elle. MM. de Goncourt se sont donc trompés lorsqu'ils ont annoncé le contraire. « Bientôt, ont-ils dit, mademoiselle du Barry et mademoiselle de Tournon, la femme du vicomte du Barry, obtinrent de venir *demeurer* à Pont-aux-Dames, et apportaient à l'exilée la ressource de leur compagnie, l'entrain de leur gaieté, le courage et la patience » (p. 227).

Rien de tout cela n'est justifié; *demeurer* est de trop. La lettre de cachet de la Vrillière dit seulement *voir*. Nous n'avons pas non plus trouvé d'autorisation au nom de mademoiselle du Barry, la belle-sœur de la captive. Claire-Françoise du Barry, celle qu'on appelait vulgairement *Chon du Barry*, avait probablement pris la fuite avec son frère, le Roué, ou s'était tout au moins cachée. Elle fut autorisée plus tard à venir à Pont-aux-Dames; on a même une lettre datée de cette résidence. Il serait intéressant de savoir si la vicomtesse Adolphe, dont madame du Barry était la bienfaitrice, fit usage de la faculté qui lui était donnée, en d'autres termes, si elle alla voir sa tante dans sa prison; sa conduite ultérieure qui fut très condamnable, comme nous le verrons, envers celle qui l'avait enrichie, en ferait douter. Quant

1. Voy. ci-dessus le mariage d'Adolphe du Barry, p. 257.

à la prétendue marquise du Barry (née mademoiselle de Fumel), nous oserions garantir qu'elle ne se risqua pas à aller visiter une personne en disgrâce, encore bien que la permission lui en fût accordée. En effet, dès avant le 26 juillet 1774, elle et son mari avaient obtenu des lettres patentes qui leur permettaient de quitter le nom et les armes de du Barry et de prendre les titres de Conty d'Hargicourt, oncle de mademoiselle de Fumel[1].

26 juillet 1774. — M. du Barry, mestre de camp du régiment de la reine, qui a épousé mademoiselle de Fumel, vient d'obtenir des lettres patentes qui lui permettent de prendre le nom et les armes de Conty d'Hargicourt, oncle de sa femme. (X^{1a}, 8808. — 6 août 1774.)

Cette précipitation, injurieuse pour madame du Barry, exclut toute velléité de prendre part à ses malheurs.

Tout le monde n'eut pas la même dureté.

REGISTRES DU PARLEMENT.

Lettres patentes qui permettent au sieur Jean-Baptiste-Nicolas-Guillaume du Barry et à la dame Louise-Marie-Michelle de Fumel, son épouse, de prendre et porter le nom et armes de Conty d'Hargicourt.

Louis, etc.... Nos bien-amés J.-B.-Nicolas Guillaume du Barry, mestre de camp du régiment de la Reine cavalerie et Louise-Marie-Michelle de Fumel, son épouse, nous ont très humblement fait exposer qu'ils désiroient prendre le nom de

1. *Nouvelles à la main* de la Mazarine. — Les *Nouvelles à la main* étaient bien informées. Nous avons trouvé dans les registres du Parlement l'enregistrement de ces lettres patentes à la date du 6 août 1774; elles étaient elles-mêmes du mois de juillet précédent. On voit avec quel empressement l'affaire a dû être conduite.

Conty d'Hargicourt, à la place de celui de du Barry. Que le sieur Jacques-Timoléon de Conty, seigneur d'Hargicourt, seroit dans l'intention de faire à l'exposante, sa nièce, donnation de sa terre et seigneurie d'Hargicourt, mais à la condition que l'exposant et l'exposante et leurs descendants porteront ses nom, armes et livrées; consentement qui auroit été donné pareillement par le sieur Marie-Joseph Conty d'Hargicourt, prêtre chanoine de la Sainte-Chapelle et vicaire général de l'évêque de Lodève, etc.... A ces causes, avons octroyé et octroyons aux exposans la permission de prendre le nom de Conty d'Hargicourt, au lieu et place de celui de Dubarry, et ce, dans tous actes, tant judiciaires qu'extrajudiciaires qu'ils pourront faire et passer, ainsi que les livrées et armes de la maison de Conty d'Hargicourt, tant pour eux que pour leurs descendants à perpétuité, etc.

Si donnons en mandement à nos amés et féaux conseillers tenant notre cour de Parlement de Paris, etc.

Donné à Marly, au mois de juillet 1774, de notre règne le premier.

Signé : Louis.

Par le Roy : Philippeaux.

Visa : de Maupeou.

Dès le 20 mai, dix jours après son entrée au couvent, madame du Barry reçut à Pont-aux-Dames une lettre fort longue qui lui était écrite par un sieur Desfontaines, secrétaire de Montvallier, lequel était, comme on sait, intendant de la comtesse.

Desfontaines lui dit :

J'ai été rendre mes devoirs à madame votre mère : je l'ai trouvée bien triste. Elle vous prie de lui donner de vos nouvelles le plus souvent possible. Elle désire très vivement aller à Pont-aux-Dames.

Rappelons que la mère de madame du Barry était Anne Bécu, mariée à Nicolas Ranson, devenue non pas marquise de Montrable, comme le dit Favrolle par erreur, mais seulement, et c'était déjà beaucoup trop, madame de *Montrabé*. Logée au couvent de Sainte-Elisabeth, à Paris, elle n'avait pu suivre sa fille au lieu de son emprisonnement. L'accès ne lui en était pas encore permis. Les mesures prises contre madame du Barry étaient donc réellement rigoureuses. On se demande où aurait été l'inconvénient de permettre à la mère d'aller consoler sa fille et de lui tenir compagnie? N'y avait-il pas dans cette séparation une véritable cruauté et une cruauté bien inutile?

Desfontaines parle ensuite à sa maîtresse de M. Jean-Benjamin de la Borde, « dont l'attachement pour elle n'est pas diminué. M. de la Borde espère en donner des preuves à la comtesse dès qu'il le pourra », c'est-à-dire probablement dès qu'il aura repris son service de premier valet de chambre auprès de Louis XVI, service qui devait être momentanément interrompu par suite de la mort de Louis XV.

Le secrétaire termine sa missive en passant en revue divers objets de moindre importance, pour lesquels nous renvoyons à la lettre elle-même [1]. Nous ne citerons que le mot de la fin :

J'ai assez travaillé dans tous les genres pour embrasser celui qui pourra vous convenir : l'envie que j'ai de vous être utile me rendra capable de tout.

Desfontaines pourrait bien être François-Guillaume

1. Voy. aux Pièces justificatives.

Fougues-Deshayes, plus connu sous le nom de Desfontaines de La Vallée, devenu plus tard un de nos plus féconds auteurs dramatiques. Il avait d'abord été secrétaire des commandements du duc de Deux-Ponts, et il devint ensuite secrétaire ordinaire et bibliothécaire du comte de Provence. On comprend très bien que dans l'intervalle il eût trouvé un asile temporaire chez madame du Barry, qui pouvait servir de trait d'union entre le duc de Deux-Ponts et Monsieur, puisqu'elle était notoirement protégée par ces deux princes. La tournure du style atteste une plume exercée. Il ne serait donc pas étonnant que l'auteur de la lettre à madame du Barry fût de Desfontaines, le dramaturge auteur de *la Cinquantaine* (1771), *la Fête de Village, Isménor* (1773), *la Bergère des Alpes*, etc., etc.

Tandis que madame du Barry était enfermée dans un couvent, les amis qu'elle avait laissés derrière elle à Versailles étaient frappés tour à tour, disgraciés, exilés... Maupeou, d'Aiguillon, Terray... Le contrecoup de leur chute devait se faire sentir à Pont-aux-Dames. Que de causes de tristesses, d'appréhensions ! Les austères figures de Turgot, de Malesherbes, de Vergennes annonçaient de prochaines réformes ; malheur aux abus et à ceux qui en vivaient. Une menace effrayante, quoique muette, planait au-dessus des favoris et des favorites de l'ancien règne !

Une seule consolation pouvait alléger les maux de madame du Barry. M. de Maurepas était le chef du ministère et il était l'oncle de madame la duchesse d'Aiguillon. Il était le conseiller intime du roi Louis XVI. Pour être toujours en communication avec lui, il avait voulu qu'il occupât l'appartement disponible le plus voisin de la chambre royale. Or, cet appartement n'était autre que celui de madame du Barry, directement au-dessus du plafond de Louis XV. M. de Maurepas fut le successeur d'abord et ensuite le libérateur de la favorite.

Un autre spectacle vint attirer ses regards; la maladie pestilentielle à laquelle le feu roi avait succombé avait empêché de lui rendre immédiatement les devoirs funèbres d'usage. Louis XVI voulut cependant que les funérailles de son grand-père, quoique différées, fussent célébrées avec une pompe royale. En conséquence, les services se succédèrent dans toutes les cathédrales, les églises, les moindres chapelles, et avec les services, les oraisons funèbres[1]. On vit bien alors que la France était toujours le pays des Bossuet, des Fléchier, des Massillon. Les orateurs sacrés firent assaut d'éloquence et aussi d'adulations et de bassesses, pour montrer que Louis XV était un grand prince, mort au comble de la gloire.

La prose ne suffisant pas, on eut recours à la poésie. La poésie française elle-même appela à son aide les vers latins, langue qui a toujours eu le privilège de braver l'honnêteté. M. de Senez rivalisa avec l'abbé de Boismont, un prélat de l'Académie française. M. de Beauvais se donna le plaisir de rappeler sa fameuse prédiction biblique, ce qui lui valut une verte semonce

1. V. *Bibliothèque nationale*, Lb., 38 ; *Histoire de France*, vol. II. — Oraison funèbre du feu Roi Louis XV, par de Baptendier, M. de Beauvais, de Boismont, Bourlet de Vauxcelles, Brochier, Coger, de Fumel, de Gery, Guyot, J. Kiener, La Cour, de La Fosse, de La Luzerne, Maihol, de Marnesia, Marquez, Mouchet de Villedieu, Mathieu Poncet de La Rivière, de Richery, Royer-Sigorgnes, M. de Voltaire (sous le nom de Torné), M. Sue, chirurgien, l'abbé Talbert.

de Voltaire, le grand justicier de toutes les petitesses.

L'abbaye de Pont-aux-Dames dut se conformer au deuil de toute la France, et madame du Barry put entendre célébrer dans la chapelle les vertus du roi bien aimé, vertus qu'elle connaissait mieux que personne, puisqu'elle en avait été la complice. Contraste étrange! fait pour confondre! Louis XV guindé au Panthéon de la religion et de l'histoire en face de Jeanne Vaubernier, sa dernière maîtresse, subissant, pour les mêmes faits, la pénitence publique d'une réclusion dans un cloître!

En dehors de ces grandes circonstances, quelle fut la conduite de madame du Barry dans la retraite à laquelle elle était condamnée? « Elle ne sortait pas; on ne la voyait pas, disent les gens de la contrée, c'était du monde au-dessus de nous [1] », et cette tradition doit être vraie, car elle est conforme aux lettres de M. de La Vrillère, qui nous montrent à quel point la clôture était sévèrement maintenue autour d'elle. Il semble donc que ce ne soit pas par les personnes du dehors qu'on pourrait la juger en ce moment de sa vie.

Cependant, nous a dit un témoin autorisé [2], « elle a laissé d'excellents souvenirs de bonté et de bienfaisance. Elle a été regrettée, c'est le sentiment resté dans le pays. » On entrevoit déjà là quelques charités, quelques bonnes œuvres habituelles à madame du Barry, source de cette reconnaissance populaire.

Nous allons trouver un détail de plus dans une autre déclaration [3]. « Il y avait ici un homme qui nous a

1. Madame Grondar (V. ci-dessus, p. 347, la note).
2. M. Coquerel, desservant de Couilly.
3. M. La Chambre, demeurant à Couilly.

raconté bien des fois qu'étant jeune madame du Barry l'avait embrassé. Il était enfant de chœur à l'église de l'abbaye et allait y répondre la messe. Un jour, après le service divin auquel elle avait assisté, madame du Barry, qui avait remarqué cet enfant parce qu'il était d'une jolie figure, l'attira vers elle, l'embrassa et lui mit un écu de trois livres dans la main[1] ».

« Elle n'était pas très grande, disait-il, assez grasse, fraîche de teint, les dents très blanches, un sourire bien aimable. » On ne s'attendait guère à trouver à Pont-aux-Dames un portrait de madame du Barry et, il faut le dire, assez ressemblant. Pour aller plus loin, pour connaître l'opinion de l'abbesse et des religieuses sur leur prisonnière, il aurait fallu les interroger elles-mêmes en temps utile. Aujourd'hui un siècle s'est écoulé, les derniers échos de ces années reculées se sont éteints, et pourtant nous pouvons encore évoquer d'une manière indirecte le jugement de l'abbesse sur madame du Barry.

L'abbesse de Pont-aux-Dames avait, suivant l'usage d'alors, réuni autour d'elle dans la communauté, plusieurs personnes de sa famille : une nièce, Joséphine-Charlotte de la Roche-Fontenille, sa future coadjutrice (elle l'était en 1790); un neveu, l'abbé Antoine de la Roche-Fontenille, qui avait accès dans l'abbaye.

Traduit plus tard devant le tribunal révolutionnaire, il a déclaré lui-même « avoir connu madame du Barry au couvent où elle avait été mise après sa disgrâce[2] ».

1. Cet enfant était Jean-Baptiste Lebobe, père de M. Lebobe, président du Tribunal de commerce de la Seine, de 1832 à 1841, magistrat distingué, dont le souvenir s'est conservé au premier rang dans les fastes de la juridiction consulaire. Il a été député de l'arrondissement de Meaux en 1842.

2. Arch. nat., série IV, dossier 292, n° 201.

Le couvent, c'était celui de Pont-aux-Dames. En 1792, le serment à la Constitution du clergé ayant soulevé la tempête contre les prêtres, l'abbé de Fontenille, qui n'avait pas prêté ce serment, dut songer à chercher un asile lointain. Il était alors grand vicaire à Agen, et c'est encore lui-même qui parle : « Il vint se réfugier à Louveciennes chez madame du Barry, où il demeura pendant quatre mois comme simple particulier » (même dossier). Après les massacres de septembre, il fallut quitter la France et se munir d'un passeport. C'est à la municipalité de Louveciennes qu'il s'adressa pour l'obtenir.

Il n'y avait pas moins de dix-huit ans que madame du Barry était sortie de Pont-aux-Dames. Les relations avec l'abbesse et sa famille s'étaient donc continuées, étroites et durables. Cette induction est d'autant plus forte qu'au moment de la Révolution madame de Fontenille vivait toujours.

Madame du Barry, de son côté, libérée de sa captivité temporaire, aimait à revenir à l'abbaye. Nous en trouvons la preuve écrite dans la correspondance qu'elle entretenait avec ses hommes d'affaires, en 1775 et années suivantes. Tantôt ils lui disent : « A votre retour de Pont-aux-Dames, telle chose sera faite... » (Lettres de Noël et Nicolaï); et tantôt elle leur répond : « Depuis plusieurs mois, je veux aller à Pont-aux-Dames, ce qui m'en empêche, c'est le manque d'argent, je n'ai pas le sou...[1] »

Ces indices et d'autres qui viendront s'y joindre donnent une idée de ce que put être la conduite de madame du Barry envers l'abbesse et les religieuses.

1. Lettres de madame du Barry, aux Pièces justificatives.

Comment avait-elle fait cette conquête d'une nouvelle espèce? Par la décence de ses manières, ont dit les uns. — Par son hypocrisie, suivant les autres, et en jouant la dévotion [1].

Les écrivains qui s'expliquent sur ce point délicat avec le plus d'assurance n'ont pas été admis dans l'intérieur du couvent. Leurs assertions se réduisent donc à de pures suppositions au point de vue de l'éloge ou du blâme. Il est surtout une question intéressante, que nul ne saurait éclaircir et que nous ne pouvons que poser. Madame du Barry vivait à Pont-aux-Dames au milieu d'un monde où l'accomplissement des devoirs religieux était de rigueur. Les a-t-elle tous remplis? Si l'ancienne pécheresse était restée impénitente, elle n'aurait pas gagné les bonnes grâces de l'abbesse, à moins qu'en matière d'Etat, il ne fût d'usage de respecter le secret du roi jusqu'à la confession inclusivement. C'est ce qui avait lieu à la Bastille [2]. Ce que nous savons de sa première éducation monastique, de la soumission de sa nature débonnaire, nous ferait penser qu'elle a dû certainement rentrer dans la règle et qu'elle était sincère en agissant ainsi. Seulement il faut ajouter que ses résolutions ne furent pas très solides, et qu'au premier vent du monde elle retomba dans toutes ses faiblesses passées : d'où l'accusation d'hypocrisie.

Quoi qu'il en soit, que le repentir de madame du Barry fût plus ou moins profond, elle dut tout au moins sauver les apparences. C'est ce qui nous empêche d'ajouter foi à l'anecdote suivante que nous trouvons dans les Mémoires du prince de Ligne :

1. *Biographie des Contemporains*, MM. de Goncourt, Mie; *Atlas historique*, etc.

2. Voy. l'affaire de l'Homme au masque de fer.

Le prince n'était pas né cruel. Quand le Roi fut mort, il se laissa aller comme on le voit à ce qu'il faut bien appeler la moins excusable de ses faiblesses. Madame du Barry avait été enfermée au couvent de Pont-aux-Dames.

Il en escalada les murs.

Cette esclandre le mit fort mal avec la fille de son impératrice, la jeune et brillante Marie-Antoinette. Heureusement la Reine ne lui en voulut pas longtemps. Louis XVI lui-même finit par lui pardonner son attachement à la seule personne de son royaume, je crois, qu'il fut capable de haïr.... (*Revue nouvelle,* Paris, 1845, in-8°, t. VI; p. 656 et suiv.)

Ce n'est pas le prince de Ligne lui-même qui parle, c'est l'auteur de l'article publié par la *Revue nouvelle,* sur la publication future des Mémoires. Il faudrait donc, avant de s'expliquer sur ce passage, attendre la publication promise, lorsqu'il n'y aura plus un seul personnage vivant.

Jusque-là nous demanderons la permission de ne pas croire l'auteur de l'article sur parole. A l'entendre, le prince de Ligne aurait franchi par escalade les *murs du couvent*, mais à Pont-aux-Dames, madame du Barry n'était pas seulement enfermée par des *murs;* elle logeait au milieu d'un quadrilatère de bâtiments fort élevés. Il n'est pas facile de franchir de pareils obstacles, même lorsqu'on a été commandant des trabans de la garde impériale, en Autriche, nos mousquetaires à nous.

Puis, l'enceinte franchie, il fallait encore parvenir auprès de la belle et avoir obtenu à l'avance son assentiment. L'équipée du prince de Ligne n'était possible qu'avec la complicité de madame du Barry. On devine quelle eût été l'indignation de l'abbesse en apprenant un pareil scandale. Elle aurait vraisemblablement rompu toute relation avec la prisonnière et elle aurait fait part de l'événement au ministre de la maison du roi. C'est ce qui résulte du récit lui-même, puisque la reine, le roi, auraient été prévenus de l'aventure. Eh bien! c'est le contraire qui arrive!

Madame de Fontenille écrit à M. de La Vrillière (nous en aurons bientôt la preuve), mais elle le sollicite en faveur de madame du Barry, ce qu'elle n'aurait certainement pas fait, si elle avait été jouée par elle et pour quelle cause? Pour une amourette de roman! N'y allait-il pas de sa propre responsabilité, de l'honneur de sa maison?

Nous douterons donc, tant que les *Mémoires du prince de Ligne* n'auront pas paru et que nous n'en connaîtrons point le texte. (Ils n'ont pas encore été publiés en 1883.)

Ajoutons que la prétendue anecdote n'est confirmée ni même mentionnée dans aucun des écrits du temps : de Mercy Argenteau [1], madame du Deffant, Pidansat de Mayrobert, qui eussent été si heureux, si empressés de la répandre, d'en triompher, de s'en réjouir.

Nous avons eu recours à un autre tribunal : l'opinion publique, la tradition...

1. Non seulement la correspondance de Mercy ne mentionne pas cette aventure, mais elle contient des détails sur le prince de Ligne, qui suffiraient à en démontrer l'impossibilité. En effet le prince de Ligne désirait établir son second fils en France. L'autorisation de Marie-Thérèse lui était nécessaire et pour l'obtenir il s'était adressé à Marie-Antoinette. « Le prince de Ligne, écrit celle-ci à sa mère, le 26 juillet 1776, m'a présenté une supplique dont je n'ai pu refuser de parler à ma chère maman... » (vol. II, p. 471). Comment admettre qu'en vue de cette éventualité, le prince de Ligne, qui présentait une supplique à Marie-Antoinette, eût en même temps provoqué sa colère par une aventure aussi inconvenante et aussi impolitique que l'anecdote à laquelle on voudrait nous faire croire.

Les braves gens que nous avons interrogés nous ont tous répondu uniformément : « Nous n'avons jamais entendu parler d'une chose semblable... » Spécialement l'un d'eux, M. Victor Gaillardon, de Couilly, nous disait : « Ma mère était assez curieuse de ces souvenirs, souvent elle en parlait avec ses voisines. Une aventure pareille aurait fait du bruit, on en aurait jasé ; ma mère ne m'en a jamais entretenu. »

Nous admettons plus volontiers cet autre passage des mêmes Mémoires où le prince de Ligne prend lui-même la parole et nous raconte ce qui suit :

Le jeune roi (Louis XVI) apprit que j'avois donné une lettre de madame du Barry à la reine, pour l'engager à arranger les affaires que son étourderie et son désintéressement avoient laissées très mauvaises à la mort du Roi et il me dit : « Voilà une belle ambassade dont vous vous êtes chargé ! — Je lui dis que c'étoit parce que certainement personne autre que moi ne l'auroit osé. » (*Ibid*, p. 106.)

Il est certain qu'un bruit analogue a couru, la lettre était-elle adressée à Mesdames de France, comme le prétend Hardy, ou bien à la reine, suivant le prince de Ligne ? Nous ne savons au juste ; nous voulons bien que ce dernier ait eu le courage de se charger de cette *belle ambassade*. Il est malheureusement aussi trop sûr que les affaires de madame du Barry étaient dans un grand désordre à la mort de Louis XV. Décidément le métier de maîtresse *déclarée* ou maîtresse en titre n'était pas bon. Nous connaissons les embarras pécuniaires de madame de Pompadour, forcée de vendre ses bijoux, de les mettre en gage, d'emprunter pendant sa dernière maladie[1]. Cette existence de cour était excessivement dispendieuse. On parle des prodigalités des maîtresses... L'économie leur était-elle possible? Nous allons voir madame du Barry aux prises avec ses hommes d'affaires, flattée par les uns, trahie par les autres, compromise par presque tous: Montvallier, son intendant; Buffaut, son bailleur de fonds; Aubert, joaillier de la couronne, obtinrent successivement l'autorisation d'entrer dans l'abbaye pour régler avec la comtesse des comptes d'intérêt considérables. Il leur faut à tous des permissions de M. de La Vrillière; elles leur sont expédiées par lui[2].

Nous ne citerons que la pièce suivante qui rentre dans le même ordre d'idées :

Je soussignée consens et autorise le sieur Aubert, à qui j'ai donné pouvoir, par ces présentes, de conclure la vente de ma parure de grand corps en diamans montés à jour, composée de la pièce de corps, des épaulettes, des quatre tailles et du nœud appelé trousse-queue et ce, pour la somme de 450,000 livres, payable à raison de 50,000 livres tous les six mois.

Plus, je l'autorise et lui donne le même pouvoir que ci-dessus pour conclure la vente de ma parure de rubis et diamans composée d'un collier avec nœud et pendeloque et les boutons de côté; d'une paire de boucles d'oreilles avec nœuds et pendeloques; de quatre pompons et d'une guirlande pour la tête, ladite parure pour la somme de 150,000 livres, à quoi je consens les vendre aux conditions que cette somme

1. Autre fait incroyable lâché par Colin. Pendant sa maladie, il fut obligé d'emprunter 70,000 livres pour faire face à sa dépense.... et elle s'est trouvée après sa mort devoir la somme de un million sept cent mille livres. (Etat des dépenses de madame de Pompadour. Archives préfectorales de Versailles.)

2. Voy. Arch. nat. — Dépesches du roi, lettres du 13 juillet, 29 juillet, 6 aoust 1774. O. 416, p. 418.

me sera payée dans l'espace de trois mois, à compter du jour de la vente, dont le sieur Aubert me donnera tout aussitôt, me réservant de faire du montant de l'une et l'autre somme tel usage qu'il me plaira, comme m'appartenant, ne doutant pas que le sieur Aubert fera tout son possible pour ménager mes intérêts et pour me procurer le plus grand avantage des objets dont je le charge.

Fait à Pont-aux-Dames, le 22 septembre 1774.

Deux choses urgentes se présentaient à faire.

D'abord se rendre compte de la situation active et passive et en dresser le bilan. C'est ce qui eut lieu par les soins de Montvallier. Nous avons un des originaux de ce curieux travail qui fut expédié en plusieurs doubles. Il a été souvent publié en tout ou partie. Nous en donnons une nouvelle édition plus complète que les précédentes et annotée [1].

Il était en outre nécessaire de pourvoir aux réclamations les plus pressantes. Il y avait les gens à gage : madame du Barry ne voulut en renvoyer aucun ; les petits fournisseurs nécessiteux dont parle Desfontaines et qui ne pouvaient attendre [2]. Il y avait aussi les gros créanciers qui ne voulaient pas accorder de délais et menaçaient de poursuites immédiates. Pour les apaiser, il fallait réaliser des valeurs, vendre des immeubles, des meubles précieux ou des bijoux et personne ne se pressait d'acheter. Il dut y avoir là un temps fort difficile à passer pour madame du Barry. Ces sortes de liquidations exigent toujours la présence des parties intéressées, elles en ont du moins la conviction, et ici, elle pouvait être fondée. Madame du Barry ignorait

1. Voy. aux Pièces justificatives.
2. *Id.*

ce que le nouveau roi, si mal disposé, lui laisserait de son ancienne fortune. Après avoir sévi contre sa personne, on pouvait procéder contre ses biens par voie de confiscation. Louveciennes, les Loges de Nantes, les rentes sur l'Hôtel-de-Ville ne lui donnaient droit qu'à des ressources viagères. Un mot de Louis XVI pouvait les tarir, et il était dominé par Mesdames. Elle désirait donc naturellement être libre pour connaître son sort, et en cas de péril, *solliciter* ses affaires, suivant le terme reçu alors et aujourd'hui.

On la voit donc préparer de loin sa sortie du couvent; elle invoquera la raison habituelle, classique en pareille circonstance : l'état de sa santé. Nous ne connaissons pas sa lettre, mais nous la devinons facilement par la réponse de M. de La Vrillière :

6 aoust 1774.

Madame la comtesse,

. . . .

J'apprends avec peine que votre santé n'est pas parfaitement bonne. Je vous prie d'être bien persuadée du véritable intérêt que j'y prends et il sera toujours comme dans tous les temps.

J'espère que cette indisposition n'aura point de suites et je le désire sincèrement.

J'ai l'honneur d'être, etc...

A madame du Barry.

(Arch. gén. Dépêche du secrétariat. O, 416.)

La tournure de cette lettre montre l'habileté du vieux courtisan. La Vrillière parle de son *intérêt* de tous les temps, allusion évidente à l'époque de la faveur de madame du Barry, cependant il ne s'engage pas et il se borne à exprimer des espérances banales, des vœux stériles.

Plusieurs mois s'écoulent ; madame de Fontenille revient à la charge, elle intercède pour celle qui est sous sa garde. On ne connaît pas non plus sa lettre, mais il est facile d'y suppléer par la réponse de M. de la Vrillière :

Du 16 décembre 1774.

Madame l'abbesse de Pont-aux-Dames.

J'ai, Madame, mis sous les yeux du Roi, la lettre que vous m'avés écrite au sujet de la santé de madame du Barry.

Sa Majesté, après l'avoir lue, m'a fait l'honneur de me dire qu'elle me rendroit une réponse positive dans quelques jours. Vous m'obligerés de continuer à me donner des nouvelles de la santé de madame la comtesse, à laquelle je m'intéresse infiniment et je vous prie de l'en assurer.

J'ai l'honneur d'être, Madame, etc...

Il y avait encore là une fin de non-recevoir évidente. Le roi ne répondit pas et la captivité continua pour madame du Barry. L'irritation contre elle n'était pas calmée et l'un de ses agents les plus connus [1], s'étant avisé de demander à la voir, reçut de M. de la Vrillière ce refus sèchement formulé :

M. Nallet, intéressé dans les affaires du roi,
rue Saint-Marc, à Paris.

31 décembre 1774.

J'ignore, Monsieur, les affaires d'intérêt que vous pouvés avoir à régler avec madame la comtesse du Barry. Il y a apparence que si elle a besoin de votre présence elle me le marquera.

Je vous suis, Monsieur, etc...

(Arch. nat., O. 416, p. 747.)

1. Voy. ci-dessus, p. 69.

Il était cependant de notoriété publique que le sieur Nallet était l'un des hommes d'affaires habituels de la comtesse. Il fallut qu'il renonçât à la voir.

Dans les mois qui suivent, nous perdons de vue madame du Barry, nous voyons seulement par l'*Amateur d'autographes*, de M. Etienne Charavay, qu'en 1843, il a passé en vente une lettre de madame du Barry, signée d'elle et écrite à *Pont-aux-Dames*, le 13..., le surplus de la date manque. Cette lettre provenait de la collection Dolomieu, n° 99.

On a prétendu que madame du Barry, se trouvant trop à l'étroit dans l'abbaye de Pont-aux-Dames, avait imaginé de faire construire pour elle-même une aile tout entière où elle retrouvait un souvenir de son cher Louveciennes. Ledoux, son architecte ordinaire, avait été chargé de l'exécution du projet [1].

Puis, la légende faisant toujours son chemin, on a été jusqu'à dire qu'elle s'était fait construire un *diminutif* de Luciennes [2].

Nous avons donné, d'après les registres des dépêches du secrétariat, la liste des personnes admises à conférer avec madame du Barry, pendant les huit premiers mois de sa détention. Ces permissions n'étaient pas accordées à la légère, au premier venu. L'exemple de Nallet en est une preuve. Si Ledoux avait reçu une autorisation du ministre, nous aurions trouvé copie de la minute aux Archives. Il ne s'est rien rencontré de semblable. Nous sommes donc autorisé à penser que ce récit n'est qu'une fable ajoutée à tant d'autres et une invention malveillante. On voulait par là montrer ma-

1. MM. de Goncourt. *Les Maîtresses de Louis XV*, t. II, p. 227.
2. E. Cantrel, p. 343.

dame du Barry fastueuse, prodigue, même dans une prison, se donnant une importance ridicule, ne trouvant rien à la hauteur de ses exigences. Nous pouvons donc affirmer sans crainte d'erreur que, jusqu'au 31 décembre 1774, aucun bâtiment accessoire n'a été construit par Ledoux à Pont-aux-Dames.

Le procès-verbal d'expertise de Clicquot est une seconde preuve qui confirme la première.

Si le nom de *la condamnée du Barril* avait été rattaché à une aile du monastère, l'expert l'aurait su, il l'aurait dit, il aurait agi ici comme pour le logement de la prisonnière. « Le n° 19, dit-il, se compose de deux pavillons d'avant-corps, occupés cy-devant par elle. » Pourquoi cette désignation restrictive si elle avait fait élever toute une aile à son usage ou même tout un second Louveciennes !

Voilà ce qui est acquis jusqu'au 1er janvier 1775. Imaginer ensuite que madame du Barry eût fait commencer des constructions, alors qu'elle demandait à sortir du couvent, c'est la supposer par trop inintelligente. C'était dire en effet : je m'attends à rester longtemps ici, et, alors qu'elle cherchait à recouvrer sa liberté, c'était sceller sur elle-même la pierre d'un *in pace* indéfini !

Mais ce que nous admettons très bien, c'est que madame du Barry ait fait exécuter quelques travaux, sous ses yeux, dans l'intérieur de l'abbaye, à l'église ou ailleurs. Une source belle et abondante qui se trouve au milieu de l'ancien jardin porte son nom. On l'appelle encore la *fontaine du Barry*. L'eau qui s'échappe est reçue dans un vaste bassin carré, revêtu de pierres de taille, orné de larges bordures sur les rives. La construction paraît assez moderne. Elle pourrait remonter à madame du Barry et avoir été exécutée sous ses ordres et à ses frais par l'architecte de l'abbaye, un sieur Daviler qui, lui, n'avait pas besoin de permis pour entrer. Les bâtiments de l'abbaye menaçaient ruine; nous le savons par l'abbesse elle-même, dont les demandes de secours avaient été rejetées par le ministre [1]. Il n'est donc pas croyable que ce moment ait été choisi par madame de Fontenille pour faire exécuter des ouvrages de luxe et créer ou réparer le bassin d'une fontaine. Il serait possible aussi que cette source portât le nom de madame du Barry tout simplement parce qu'elle aimait à se promener dans cette partie du jardin de l'abbaye. Les grandes avenues d'ormes, les couverts de tilleuls et de marronniers, rafraîchis par des canaux, formaient un véritable parc qui n'avait pas moins de onze arpents [2].

Le temps s'écoula, et le 24 mars 1775 les *Nouvelles à la main* [3] annonçaient cet évènement : « Madame du Barry a permission de sortir du couvent de Pont-aux-Dames. Elle se promène aux environs; mais elle y revient toujours coucher : on parle pour elle de l'acquisition d'une terre [4]. »

Du Pont-aux-Dames, le 17.

J'ai reçu votre lettre Monsieur et je suis très sensible à tout ce quelle contient dobligant je prie M. du Fauga qui vous remetrà ma lettre de vouloir bien a charcher de retirer tous les mois la some que vous me mandez devoir me revenir, que j'enverrai ensuite retirer chez lui lorss qu'il ne sera plus

1. Voy. ci-dessus, p. 342 et la note.
2. Procès-verbal de Clicquot.
3. Collection de Penthièvre, à la Mazarine.
4. K. 2803, à la date.

a Paris j'enverrai tout bonnement, ches vous, ou come vous le dites — je tirerai des mandats sy j'en et besoin je vous renvoyes le modele de votre quitance que j'ai copiée exactement.

Jai lhoneur detre avec une parfaite estime Monsieur votre tres humble et obéissante servante. DUBARY.

(*Isographie des hommes célèbres*, p. 521, vol. III. — Collection de M. le marquis de Dolomieu).

L'*Isographie* attribue par erreur cette lettre à madame la comtesse du Barry. Elle est de sa belle-sœur, Chon du Barry, la sœur de Guillaume et de Jean dit le Roué.

M. le duc de Brissac écrit, le 5 septembre 1789, à madame du Barry, une lettre datée de Brissac et dans laquelle il dit :

Notre froment est un des plus beaux de la France, sans vouloir néanmoins attaquer et celui *de Brie* et le bienfait aimable et charmant de vos amies du *Pont*. Elles vous aiment pour vous-même, parce qu'elles vous connaissent bien et qu'alors il est difficile de vous refuser le tribut qu'arrache et bontés et beautés et douceures, et cette aimable et parfaite égalité d'humeures qui font le charme d'une société habituelle. Aussi auraient-elles voulu vous garder, aussi vous y voudraient-elles; et moi, je voudrais aussi partager avec vous retraite et solitude, le tout bien tranquille...

A ces deux traits : le froment de Brie et les amies du Pont, il est facile de reconnaître Pont-aux-Dames. Les mots *retraite* et *solitude* compléteraient, s'il en était besoin, la démonstration. Restent les compliments qui ont leur valeur en tant qu'ils viennent des religieuses : « Elles vous aiment pour vous-même, parce qu'elles vous connaissent; elles auraient voulu vous garder; elles voudraient vous avoir. » La bonté, la douceur, la parfaite égalité de caractère expliquent cette affection des religieuses qui a survécu à une séparation de près de quinze années.

L'envoi de petits cadeaux à cette distance en dit plus encore peut-être que tout le reste, et ce qui n'est pas le moins piquant, c'est à M. le duc de Brissac que nous devons cette révélation.

Cette annonce était exacte sur tous les points : nous en trouvons la preuve dans un acte du 9 avril 1775, contenant vente du château de Saint-Vrain par un sieur Sauvage à madame la comtesse du Barry [1].

Cet acte est reçu par Mes Roüen et Lepot d'Auteuil, notaires au Châtelet de Paris, lesquels déclarent « être à Pont-aux-Dames, où ils se sont transportés pour la passation des présentes. »

Madame du Barry résidait donc encore au couvent, et comme le disait très bien l'auteur du *Bulletin Penthièvre*, elle pouvait en sortir, mais à la condition de ne pas s'éloigner et d'y revenir chaque soir. C'est pour cela que, comme Paris lui était encore défendu, les notaires du Châtelet étaient obligés de venir à Pont-aux-Dames. L'achat de Saint-Vrain prouve qu'elle allait bientôt franchir définitivement les grilles du monastère.

Nous verrons ultérieurement comment le nouveau régime, qui allait commencer pour elle, serait réglé et à quelles conditions elle obtint un premier adoucissement à sa captivité.

Avant de clore ce chapitre, nous signalerons encore un fait qui tend à démontrer l'étroite intelligence qui s'était établie entre madame du Barry et ses gardiennes devenues ses amies.

1. Voy. aux Pièces justificatives.

Les religieuses avaient toujours eu pour notaire Me Berthault, exerçant à Couilly. Une inscription qui se voit dans la charmante église de ce village nous apprend que la possession du tabellionage dans la famille Berthault remontait au XIIe siècle, sans interruption. Il y avait donc là une clientèle justement acquise par de longs services. Cependant les bonnes religieuses font infidélité à leur vieux notaire et elles lui donnent pour successeur. Qui? Me Lepot, surnommé d'Auteuil, c'est-à-dire le notaire de confiance de madame du Barry. C'est ce qui résulte d'un acte du 22 janvier 1775, passé en l'abbaye de Pont-aux-Dames, où le notaire de Paris constate qu'il s'est transporté. Nous donnons aux Pièces justificatives la fin de cet acte, parce qu'il contient les signatures de toutes les religieuses, et que l'on connaît ainsi celles avec qui madame du Barry a vécu.

La captivité de madame du Barry allait toujours en s'adoucissant. Par un acte des registres curiaux de Couilly, on apprend qu'à la date du 22 novembre 1774, Nicolas Tranchant, qualifié d'officier chez madame du Barry, et Thérèse Lamaux, veuve Lejeune, sa femme de chambre, étaient parrain et marraine d'un enfant, né en cette paroisse et baptisé sous les noms de Charles-Romain Lenoir. Le cercle des permissions s'était donc étendu peu à peu. Madame du Barry, qui ne pouvait naguère communiquer avec son intendant Nallet, avait près d'elle cuisinier et femme de chambre.

Elle avait résidé à l'abbaye du 10 mai 1774 au 25 mars 1775, et elle avait subi par conséquent de dix à onze mois de claustration véritable.

CHAPITRE XXX

(1775)

LE CHATEAU DE SAINT-VRAIN.
MADAME DU BARRY Y EST EXILÉE DE 1775 A 1776.

Madame du Barry était sortie du couvent; elle n'était pas encore libre. Le séjour de Versailles et celui de Paris lui étaient interdits; il lui était même défendu de s'approcher à moins de dix lieues de la capitale et de la cour. Le bannissement succédait à la réclusion. Cette mesure était cette fois l'œuvre du nouveau règne; elle s'y soumit sans hésitation ni murmure. Aujourd'hui, l'arbitraire soulève les consciences et irrite les âmes. A cette époque, les plus grands s'y soumettaient, les Maurepas, les Chauvelin, les Choiseul. L'idée de la résistance ne venait à personne. Elle serait venue à madame du Barry moins qu'à tout autre, tant à cause de son caractère, naturellement docile, que par les raisons que déjà nous avons déduites ci-dessus.

Elle eut donc à chercher une résidence qui satisfît aux conditions imposées à son exil.

Saint-Vrain, paroisse du doyenné de Montlhéry [1], se recommandait à ses souvenirs d'enfance.

1. Abbé Le Bœuf, vol. XI, p. 33.

M. Dedelay de La Garde, François-Pierre, secrétaire du roi honoraire [1], fils puîné du fermier général, avait possédé par sa femme, mademoiselle Duval de Lépinay, la terre de Saint-Vrain. Il en avait porté le titre [2]. Il est probable que Jeanne Bécu avait dû venir au château lorsqu'elle était encore jeune fille. Saint-Vrain est un village situé à trois lieues et demie sud-sud-ouest de Corbeil, à deux lieues d'Arpajon, à deux lieues et demie de Villiers-sur-Orge, au milieu des plaines du Hurepoix. « Il se trouvait donc à peu près à la distance où l'exilée devait être de Paris et de la cour [3]. »

Il existait à Saint-Vrain un château assez considérable, possédé successivement par les familles de Carnazet, de Carvoisin, etc. La seigneurie avait été érigée en baronnie, puis en marquisat, et elle était tombée dans les derniers temps entre les mains de gens de robe ou de finance. L'un d'eux, un sieur Jacques Sauvage, secrétaire du roi, traita avec madame du Barry, moyennant 200,000 livres payées comptant.

Le domaine comprenait un château avec sa chapelle, avant-cour, écuries et autres dépendances étant dans l'enceinte ; le périmètre des fossés plus en dehors de leur enceinte, des allées d'entrée, intérieures et extérieures. Enfin un parc de 165 arpents enclos de murs et des bâtiments rehaussés du colombier seigneurial.

Un plan des parc, bois et avenues de Saint-Vrain, conservé aux Archives nationales [4], donne une idée du

1. *Almanach royal* de 1775, p. 236.
2. *Almanach royal* de 1751.
3. *Mémoires secrets*, vol. VIII, 24 avril 1775.
4. Col. 733 de l'inventaire.

château, style Henri IV ou Louis XIII, flanqué d'une tourelle à chaque angle et entouré de fossés, avec ponts-levis, des eaux de source (la source Saint-Blaise, très belle), toujours jaillissantes et très abondantes, forment une véritable rivière et de grandes pièces d'eau, dont l'une appelée le *Lac*, mériterait presque ce nom.

Madame du Barry achetait en outre au sieur Sauvage les meubles meublants garnissant le château, moyennant quinze mille livres [1]. On comprend qu'elle était aussi pressée de jouir de sa liberté que désireuse de la recouvrer, et qu'elle ne prit pas le temps de faire apporter son mobilier de Louveciennes. Ses femmes de chambre et son nombreux personnel vinrent s'établir à Saint-Vrain [2] et bientôt les demoiselles du Barry et dames suivirent leur belle-sœur dans sa nouvelle résidence [3].

Alors commence pour madame du Barry l'existence qui sera toujours la sienne, largesse et prodigalité pour elle-même comme pour les autres. Son premier soin est de pourvoir la chapelle d'un prêtre desservant et de fournir les ornements du chapelain [4]. Elle dépense beaucoup, mais, circonstance qui l'excuse, elle donne beaucoup.

1. Même contrat du 9 avril.

2. Actes de l'état civil de Saint-Vrain et Mémoires du chevalier de Langle.

3. Madame Lemaire, âgée de 82 ans et qui tenait ces traditions de sa mère, bouchère alors à Saint-Vrain.

4. Acte du 30 août 1784, minutes de Lepot d'Auteuil : « 120 liv. pour le remboursement de pareille somme payée par le duc d'Aiguillon en l'acquit de la comtesse du Barry au sieur Gourlade, par quittance du 26 janvier 1778, pour montant de l'estimation des ornements que madame la comtesse du Barry devait fournir au prêtre chapelain de Saint-Vrain. »

On faisoit grande chère au château, nous a dit un témoin de seconde main. Il y avoit de belles sociétés, des réceptions, des soirées...

En même temps, madame du Barry faisoit faire des distributions de pain, de viande, de bois ; tous les malheureux étoient secourus ou plutôt il n'y avoit plus de malheureux. A l'un, elle envoyoit un pot-au-feu ; à une autre, si c'étoit une femme en couches, par exemple, c'étoit du bouillon, du linge, des bonnets d'enfant, etc. Ses femmes de charge apportoient à Saint-Vrain les restes de sa toilette et alors on habilloit toutes les petites filles. Souvent elle faisoit danser les gens du village dans son parc.

On l'a bien regrettée.

Sur sa figure, je ne pourrois rien vous en dire. Tout le monde sait que c'étoit une belle femme. Je ne me souviens que d'une chose que ma mère me racontoit. Elle avoit un perroquet noir et feu magnifique, qui parloit très bien et qui étoit dressé à lui dire quand il la voyoit : « La voilà la belle comtesse. »

Ces paroles semblent calquées sur celles que nous avons recueillies à Pont-aux-Dames. Les mots, les traits importants sont identiques. Pourtant les localités sont bien distantes ; les témoins sont différents. Ils sont unanimes, leur langage est celui de madame Vigée-Le Brun dans ses Mémoires ; des habitants de Louveciennes, dans l'enquête devant le comité de sûreté générale. Madame du Barry donnait, mais les riches ont donné de tout temps leur superflu. On connaît cet axiome d'autrefois : « Il y a toujours du pain au château. » Pourquoi cette réputation de bienfaisance s'est-elle attachée particulièrement à madame du Barry ? A-t-elle fait plus que d'autres, ou a-t-elle fait autrement ? Sans doute il y avait dans ses libéralités quelque chose qui la distinguait, qui la faisait aimer des gens pauvres. Ainsi, elle s'attachait à pourvoir aux besoins des familles chargées de nombreux enfants; elle s'occupait beaucoup des petits enfants eux-mêmes. Peut-être était-ce son secret pour se rendre populaire. Madame de Pompadour, elle aussi, donnait beaucoup. Il reste même plus de traces de ses dons que de ceux de madame du Barry [1]. Il semble pourtant que le souvenir de ses bienfaits ait moins protégé sa mémoire. Elle ne distribuait pas elle-même ses aumônes, elle les répandait par les mains d'ecclésiastiques ou de religieuses, et puis si elle avait ses pauvres, ses infirmes, ses protégés étaient de *petits gentilshommes*, de *vieilles baronnes*, etc. [2].

Sans doute, madame du Barry payait moins de sa bourse et plus de sa personne.

Sa réputation de bienfaisance ne s'est pas faite lorsqu'elle était à Versailles. Elle date du jour où elle s'est rapprochée des habitants des campagnes, à Pont-aux-Dames, à Saint-Vrain, à Louveciennes.

L'installation de madame du Barry se place entre les mois d'avril et de mai, avril au plus tôt, mai au plus tard.

Le 9 avril 1775, le contrat d'acquisition de Saint-Vrain est signé à Pont-aux-Dames.

Le 30 mai de la même année, M. de Belleval écrivait dans ses Souvenirs.

M. le duc d'Aiguillon m'a dit que quelques jours avant, allant faire sa cour à la Reine et prendre ses ordres avant la revue générale, il en avoit été reçu de manière à lui faire

1. Voy. Etat des dépenses de madame de Pompadour.
2. Voy. même Etat.

bien voir toute la haine qu'elle lui portoit et qu'elle s'étoit même *emportée* jusqu'à lui dire *qu'il feroit mieux d'aller prendre à Saint-Vrain les ordres de madame du Barry, que de venir à Versailles prendre les siens.*

Il paraît étrange de voir Marie-Antoinette si bien instruite du lieu où résidait la *créature*. Que lui importait ce qu'elle pouvait devenir? Elle était châtiée, chassée, elle n'était plus sous ses yeux..... Ces paroles violentes, colères, marquent bien de la passion chez cette malheureuse princesse. Viendra le 4 août, le 6 octobre, où le fils de M. d'Aiguillon vengera la mémoire de son père, injustement malmené par la reine et insulté par ses favoris, les Besenval et tout le parti Choiseul.

Paris, 20 avril 1776. — Madame la comtesse du Barry a été volée *à sa terre*. Trois quidams assez bien vêtus se sont présentés chez elle ; un d'eux, qui étoit décoré d'une croix de Saint-Louis, demanda à parler à madame ; introduit et seul avec elle dans son cabinet, il lui présenta un pistolet et lui dit qu'elle eût à lui donner à l'instant tout ce qu'elle avoit d'argent et de bijoux, et que le moindre mouvement qu'elle feroit pour appeler du secours lui coûteroit la vie. Madame du Barry a cédé à la nécessité, elle a donné ce qu'elle n'a pu sauver et les trois fripons se sont évadés. (*Correspondance secrète* de Metra, 1787.)

A sa terre. Ces mots désignent évidemment pour nous Saint-Vrain, mais peut-être les écrivains du temps ne savaient-ils pas aussi exactement que nous les dates des acquisitions de madame du Barry et de ses divers séjours ; peut-être les écrivains qui rédigeaient la Correspondance publiée sous le couvert de Metra ne connaissaient pas d'une manière très précise la chronologie de ses habitations, aussi se sont-ils abstenus de désigner Saint-Vrain. La position fort isolée de ce château justifie très bien cette anecdote. Ce n'est pas la seule fois que madame du Barry ait été volée.

Madame du Barry était donc déjà à Saint Vrain depuis plusieurs jours. C'est ce qui résulte d'un registre de la paroisse en date du 18 octobre 1775 [1], dans lequel le curé énonce que madame du Baril (*sic*) était sa paroissienne depuis plus de six mois, ce qui reporte précisément au mois de mai précédent. Une des premières visites qu'elle reçut dans sa nouvelle résidence fut celle de sa nièce, la femme d'Adolphe du Barry. Ce détail nous est transmis par le Roué [2] !

En 1775, dit-il, j'étois malade à Aix-la-Chapelle, je désirai que mon fils vînt m'y voir..., il me quitta au bout d'un mois. Ma belle-fille, en attendant le retour de son mari, fut s'établir à Saint-Vrain, chez la comtesse du Barry, ma belle-sœur..., mais elle revint bientôt à Paris pour se rendre sur la terre du comte de Tournon, son père.

Une des grandes préoccupations de madame du Barry, à Saint-Vrain comme à Pont-aux-Dames, dut être l'arrangement de ses affaires. Nous possédons à ce sujet toute une correspondance entre elle et ses hommes de confiance, un sieur Noël, avocat au Parlement, et un sieur Nicolaï, ancien secrétaire d'ambassade.

On sait que l'on doit à M. de Sartine, l'ancien lieutenant général de police de Paris, plusieurs créations utiles : la halle aux blés, l'établissement des réverbères

1. Voy. aux Pièces justificatives.

2. Mémoire à consulter pour le comte du Barry-Céres, p. 8, MDCCLXXXI. Amsterdam.

et aussi la fondation d'une école gratuite de dessin pour des ouvriers qui se destinent aux métiers tenant des arts. Très belle pensée, neuve à cette époque.

Les *Nouvelles à la main* du temps parlent souvent de cette école, des loteries organisées par M. de Sartine pour la soutenir, etc [1]...

Madame du Barry s'était probablement intéressée à cette bonne œuvre, au temps de sa faveur : quoique déchue et fort obérée, elle voulut continuer à s'y associer encore. On la voit, à la date du 21 septembre 1775, fonder deux bourses pour autant de places d'élèves, de six ans, à cette école, moyennant soixante livres de rente annuelle chacune [2].

Quel pouvait être son but? Se ménager la bienveillance de M. de Sartine? Mais il n'était plus lieutenant de police; il était devenu secrétaire d'Etat au département de la marine. Par la même raison, elle ne pouvait vouloir le remercier des égards qu'il aurait eus pour elle, lorsqu'elle était entre les mains de la police. Ce n'était plus lui qui présidait à ces fonctions depuis la mort de Louis XV; c'était M. Lenoir. On n'aperçoit aucun mobile intéressé à cette libéralité, qui lui aurait été dictée par une sympathie spontanée pour l'œuvre très louable de M. de Sartine. On a toujours dit que Jeanne Bécu avait eu quelques notions de dessin qu'elle devait aux religieuses de Sainte-Aure, ou à « madame Labille, qui donnait des leçons à celles de ses apprenties auxquelles elle reconnaissait des dispositions[3].» L'école de M. de Sartine n'était pas autre chose que la mise

1. Voy. Recueils de la Mazarine.
2. Minutes de Lepot d'Auteuil.
3. *Anecdotes*, p. 36, édition de 1776.

en œuvre de cette pratique. Il pourrait y avoir dans la fondation des deux bourses un souvenir ou une imitation, peut-être l'un et l'autre.

Autre bonne action à la même date, le même jour.

Madame Ranson, la mère de madame du Barry, avait quitté son couvent de Sainte-Elisabeth, après le 10 mai 1774, et était allée demeurer à Paris, rue Saint-Sébastien et à sa maison de campagne de Sarcelles. Cette habitation n'appartenait pas aux époux Ranson, ils n'en étaient que locataires. Des difficultés s'étaient élevées sur le paiement des loyers. Un sieur Gouffé, prétendant avoir fait des avances aux époux Ranson pour le paiement de leurs loyers de Sarcelles, les avait assignés devant le Châtelet. Il avait même obtenu contre eux un interrogatoire sur faits et articles dont le procès-verbal s'est retrouvé aux Archives générales [1]. Ils avaient subi cette humiliation, qui certainement leur aurait été épargnée au moment de la faveur de leur fille. Pour éviter le renouvellement de tracasseries de ce genre, madame du Barry prend le parti d'acheter un immeuble qui leur sera affecté en propre, et où les deux époux pourront vivre réunis. En conséquence, elle achète de son ami Buffault une maison de campagne, située à Villiers-sur-Orge; elle les y installe dès avant la vente et le 21 septembre, M. Lepot d'Auteuil s'étant transporté à Saint-Vrain, le contrat est signé entre les parties. La maison provenait du marquis d'Aligre : elle avait passé par les mains opulentes de Buffault, elle en porte les traces. On voit par la description du contrat que l'édifice est grand, qu'il se compose de plusieurs bâtiments, basse-cour, caves, écuries, remises, chapelle, colombier,

1. Voy. Section judiciaire, Y, 12679 et les Pièces justificatives.

parterre, jardin avec bassins, statues de pierre, orangerie, réservoirs, jets d'eau, canal, cascades, potagers, le tout d'une contenance de trente-cinq arpens, enclos de murs.

Telle est la consistance de ce qu'on appelait le pavillon de la *Maison Rouge de Long-Pont.*

Il y avait en outre la *Maison Blanche* qui en dépendait, ainsi que des terres labourables, prés, vignes, etc.

On voit qu'il n'aurait tenu qu'au rédacteur de prononcer le mot de château, puisque la villa du gros financier en avait toutes les apparences, la chapelle, le colombier seigneurial, le luxe des jets d'eau et cascades, etc.

Il fallait aussi des meubles aux époux Ranson. Madame du Barry paya le tout cinquante-trois mille livres, savoir : quarante-cinq mille livres pour le bien-fonds et huit mille livres pour le mobilier.

Il faut ajouter que M. Buffault, quoique ami particulier de madame du Barry, restant toujours homme d'argent, se fit remettre de la main à la main un *pot de vin*, ainsi qualifié et stipulé en dehors du contrat, espèce de vilenie assez étrange de la part d'un homme qui aurait dû l'avancement de sa fortune à la favorite.

Un état du mobilier donne une idée de ce que pouvait être l'intérieur des époux Ranson. Déjà les interrogatoires sur faits et articles nous avaient appris qu'ils avaient chevaux et voitures [1]. Nous verrons plus tard qu'ils avaient une vaisselle plate [2].

Madame du Barry faisait bien les choses, pour les autres comme pour elle-même. Ici ses largesses sont

1. Voy. ci-dessus, p. 385.
2. Voy. année 1781.

louables puisqu'elles avaient pour objet l'acquit d'un devoir filial ; elle était d'ailleurs autorisée par un acte qui, sans être encore exécuté, allait bientôt s'accomplir. Nous voulons parler de la vente de son hôtel de l'avenue de Paris au comte de Provence. On a dit qu'avec l'argent de cette maison elle avait acheté Saint-Vrain [1]. L'erreur est évidente. Saint-Vrain a été payé comptant de deniers empruntés le 9 avril 1775, au sieur Binet de Beaupré et la vente de l'hôtel de l'avenue de Paris n'a eu lieu que six mois plus tard. Voici comment cette vente s'est faite : on pense qu'un frère du roi n'allait pas traiter face à face avec une favorite et surtout une favorite déchue ! Aussi il commence par rendre un rescrit ainsi conçu : nous le copions d'après l'expédition sur parchemin jointe à l'acte de vente [2].

Louis-Stanislas-Xavier, fils de France, frère du Roy, duc d'Anjou et d'Alençon, comte du Maine, du Perche, Senonches et autres lieux ;

Salut.

Ayant jugé important au bien de notre service d'acquérir une maison pour y établir l'écurie de nos chevaux de carosses, qui jusqu'à ce jour avoit été placée dans des maisons tenues à loyer, ce qui étoit sujet à une infinité d'inconvéniens !

Nous avons accepté les offres qui nous avoient été faites par la dame comtesse du Barry, de nous vendre les pavillon, maison, écurie, jardin et terrain qui lui appartiennent à Versailles, dans l'avenue de Paris, et nous avons cru devoir nommer des commissaires de notre conseil pour signer les actes nécessaires.

A ces causes, commettons le sieur Cromot du Bourg, con-

1. MM. de Goncourt, p. 228.
2. Minute de Garnier-Deschênes, aujourd'hui Me Allorge.

seiller d'Etat, sous-intendant de nos finances, et les sieurs Geoffroy de Limon et Gamard, conseiller du Roy et intendant de nos maisons, domaines et finances.

Signé : L.-S. XAVIER.

Vient ensuite l'acte qui se passe, bien entendu, entre les mandataires du prince et le représentant de madame du Barry, Me Noël. Il n'offre aucune autre particularité.

Nous avions espéré trouver dans la description de l'immeuble l'indication des travaux d'art que madame du Barry avait fait exécuter à la façade. Mais l'acte est muet sur ces détails, il s'en réfère à des procès-verbaux de visite de 1765, antérieurs, par conséquent, à l'acquisition de madame du Barry et aux embellissements exécutés par elle.

Quelques jours avant cet acte, le 18 octobre 1775, Jean-Baptiste-Nicolas-Romain Tranchant, ancien officier chez Monsieur et chef de cuisine chez madame la comtesse du Barry, épousait une de ses femmes de chambre, Elisabeth-Thérèse Lhameau. Le mariage devait se célébrer à Saint-Sulpice de Paris. Le desservant de Saint-Vrain n'eut qu'à donner une autorisation, parce que Tranchant résidait depuis plus de six mois sur sa paroisse et le fit en ces termes qu'il ajoute sur les registres curiaux.

Déclarant que j'ignore s'ils ont satisfait l'un et autre au sacrement de la pénitence et s'ils sont en règle du côté de leurs papiers dont je n'ai vu aucun.

CHAPITRE XXXI

PASSAGE DE MADAME DU BARRY A LOUVECIENNES.
MORT DU DUC DE DEUX-PONTS. — MORT DE L'ABBÉ DE VOISENON.
PUBLICATION DU LIVRE DES ANECDOTES.
« L'OMBRE DE LOUIS XV DEVANT LE TRIBUNAL DE MINOS. »

6 novembre 1775. — Madame la comtesse du Barri a eu permission de revenir à Lucienne *(sic)* pendant l'éloignement de la Cour. Elle y a passé quelques jours. Tous ces adoucissemens donnent lieu d'espérer qu'elle rentrera bientôt dans la capitale. *(Mémoires secrets,* tome VIII, p. 263.)

Cette nouvelle, quoique assez étonnante, est confirmée par l'acte de vente devant Garnier-Deschênes, du 23 octobre précédent. Cet acte portait d'abord : *fait et passé au château de Saint-Vrain*, où les notaires se *sont transportés*, etc. Ces mots ont été effacés sur la minute, puis on a écrit en marge avec renvoi : « à Luciennes, 23 octobre 1775. »

Peut-être faut-il voir là le véritable motif de la présence de madame du Barry à Louveciennes. La cour était à Fontainebleau dès le 11 octobre. Madame du Barry se serait empressée d'user de la possibilité qui lui était offerte de se rendre près de Versailles sans rencontrer aucune personne royale, elle aurait passé quelques jours à sa maison de Louveciennes. Ses notaires auraient profité de sa présence pour lui faire signer l'acte de vente de son hôtel de Versailles, sans se rendre de leur personne à Saint-Vrain, ce qui était alors un véritable voyage.

Malgré cet adoucissement au sort de madame du Barry et les améliorations qu'elle laissait entrevoir pour l'avenir, la fin de l'année 1775 ne fut pas exempte d'ennuis pour madame du Barry.

Nous allons les énumérer :

Le 11 octobre, le duc de Choiseul revient de Chanteloup et affecte de se montrer en public.

D'un autre côté, dès le 4 novembre, J. du Barry cherche à reparaître. Il adresse de Bruxelles une lettre suppliante à M. de Malesherbes, comme ministre de la maison du roi. Il demande la permission de rentrer en France, de revenir passer quelque temps à Paris. Sa présence ne devait être qu'une source d'embarras et de crainte pour madame du Barry. Ses appréhensions pouvaient être d'autant plus vives, que, d'après les *Nouvelles à la main* qui couraient le monde, le ministre avait répondu à du Barry, après avoir pris les ordres du roi :

> Que Sa Majesté ne daignoit pas s'occuper de sa personne, qu'il n'étoit pas un être assez important pour cela et qu'il eût à s'adresser au lieutenant de police, ce magistrat étant le seul sous l'inspection duquel il pût et dût être.

Le Roué, disait-on, trop satisfait d'une permission si humiliante pour tout autre, est arrivé ces jours-ci à Paris [1].

1. *Mémoires secrets*, 3 déc. 1775, et aux Pièces justificatives, le texte de la lettre du Roué, 1er volume, Pièce XII.

Le 11 novembre, les mêmes *Nouvelles à la main* annoncent la mort, arrivée par accident, du duc de Deux-Ponts.

Il étoit surtout connu par son attachement pour le feu Roi et par son zèle pour la comtesse du Barri, à laquelle il avoit promis un asyle chez lui, en cas qu'elle voulût quitter la France ou fût *obligée de se soustraire à des persécutions trop violentes.*

Expressions à retenir et qui prouvent à quel point la haine, l'exaspération des ennemis de madame du Barry était parvenue. Nous avons transcrit ci-dessus une lettre adressée par le duc de Deux-Ponts à madame du Barry, pour lui demander son intervention dans une affaire qui intéressait particulièrement ses états. On voit qu'il y avait entre eux échange de services. Madame du Barry perdait en lui un appui et un protecteur. Cette mort dut lui être d'autant plus pénible que le duc de Deux-Ponts était jeune et n'avait péri que par un événement imprévu survenu à la chasse.

Le 25 novembre, l'abbé de Voisenon meurt. Il devait être nécessairement un des plus intimes amis de madame du Barry, à en juger par les scènes de théâtre qu'il avait composées pour elle, où nous avons vu précédemment[1] comment il l'avait chantée et célébrée; c'était donc une perte pour elle.

Mais des soucis bien plus cuisants vinrent assaillir l'exilée. Nous voulons parler des écrits qui commencèrent à paraître contre elle. Tandis qu'elle était toute puissante, elle avait eu peine à se défendre contre ces

1. P. 219 et 224.

attaques des pamphlétaires, qu'allait-elle devenir si les mêmes calomnies la poursuivaient, alors qu'elle avait les mains liées et ne pouvait se faire entendre ?

Dès le 6 octobre, les *Nouvelles à la main* parlaient d'une brochure venant de l'étranger, ayant pour titre : *Anecdotes sur madame la comtesse du Barry*. On n'en dit pas davantage, ajoutaient ces *Nouvelles*, d'un ouvrage que la cupidité des saisissants fera bientôt connaître[1].

Le ministre de la maison du roi écrit à M. Albert, lieutenant de police :

Il y a déjà du temps, Monsieur, que j'ay connoissance du très mauvais livre sur madame la comtesse du Barry ; il est effectivement intéressant d'en empêcher la publicité et vous ne pouvés prendre trop de précautions pour y parvenir. (Dépêches, O^{I}, 417, Arch. nat., 28 octobre 1775.)

Le 7 novembre, les mêmes *Nouvelles* reviennent à la charge, elles donnent l'extrait d'une lettre d'Amsterdam, du 1er novembre et qui serait ainsi conçue : « Il se répand ici des exemplaires d'un livre intitulé : *Anecdotes sur madame la comtesse du Barry*, avec cette épigraphe : *hæc ubi*, etc. »

Cet ouvrage est si scandaleux et si piquant que, malgré la liberté du commerce de la librairie, on ne le vend que furtivement. Il n'y a cependant aucune apparence que ce soit le pamphlet du sieur Morande, puisque le sieur Beaumarchais a acheté le manuscrit. D'ailleurs on dit qu'il n'y a ni obscénité ni calomnie, que c'est une histoire suivie de la vie de l'héroïne, depuis sa naissance jusqu'à la mort de

1. *Mém. secrets*, t. VIII, p. 220.

Louis XV, mais très détaillée, remplie d'anecdotes et compromettant nécessairement beaucoup de gens de la Cour et les anciens ministres les plus distingués. (*Mémoires secrets*, tome VIII, p. 264.)

Les *Anecdotes*, quoi qu'en disent les *Mémoires secrets*, sont un livre des plus obscènes, tantôt par des peintures licencieuses leur appartenant en propre, tantôt par des citations de pièces où les mots déshonnêtes sont prononcés crûment : qu'on lise par exemple les discours de la Gourdan [1], ou la seconde chanson de *la Bourbonnaise* [2], et quant aux calomnies, nous nous en rapportons aux personnes qui ont bien voulu nous suivre : notre livre n'est qu'une longue réfutation de cette perpétuelle calomnie qu'on appelle les *Anecdotes*.

Le 12 novembre :

.... Il est très vrai que deux cents exemplaires des *Anecdotes sur madame la comtesse du Barry* ayant été surpris en route et portés, suivant le règlement, à la Chambre syndicale, ont été remis à l'hôtel de la Police, où le magistrat tient renfermé avec soin cet *ouvrage dangereux*.

20 novembre 1775. — Extrait d'une lettre de Versailles, du 10 novembre 1775 :

Il a percé ici quelques exemplaires des *Anecdotes sur madame la comtesse du Barri*, mais en si petit nombre qu'on se les arrache à la Cour. On n'auroit pas cru que, la scène et les acteurs étant entièrement renouvelés, cette nouveauté pût exciter une sensation aussi vive. C'est que l'auteur, comme il le dit dans sa préface, a traité le sujet le plus heureux, joignant *les agrémens du roman* à l'intérêt de l'his-

1. Pages 12-91, édit. 1775.
2. Page 80.

toire, fécond en faits et en anecdotes et que la diversité de la fortune de l'héroïne offre un contraste piquant, une variété d'événemens qui réveille et repose sans cesse l'attention du lecteur, le charme en un mot[1] de pareils ouvrages *(sic)*. Celui-ci, assez étendu, a 350 pages et porte : *Londres*. Cette ville étant aujourd'hui la seule où l'on puisse imprimer avec sécurité ces écrits furtifs et allarmans pour ceux qui y figurent.

Ces détails sont très exacts; en effet on lit dans la préface :

L'auteur a trouvé un sujet qui réunit à l'intérêt de l'histoire tous les agrémens du roman, qui peut convenir et au philosophe austère et à l'homme frivole, nourrir les reflexions de l'un, amuser l'oisiveté de l'autre et plaire ainsi aux diverses espèces de lecteurs.

Cet ouvrage n'a, comme il est dit ici, que 350 pages bien comptées et est censé imprimé à Londres, MDCCLXXV.

Enfin, le 2 décembre, il paraît un nouvel article, toujours sous l'apparence d'une lettre étrangère.

Extrait d'une lettre d'Amsterdam du 27 novembre. — Il faut bien que les *Anecdotes sur madame la comtesse du Barry* aient percé dans votre capitale; voici une notice qui a été envoyée de chez vous, insérée dans une Gazette en langue hollandaise, dont la traduction littérale est :

De Paris, 17 novembre 1775. — Un livre qui a pour titre: *Anecdotes sur madame la comtesse du Barri*, sous la signa-

1. Il doit y avoir ici un mot passé : le sens de la phrase n'est pas complet.

ture *(sic)* de Londres, fait ici beaucoup de bruit, quoiqu'il s'y trouve beaucoup de particularités de cette fameuse amie du défunt Roi, qui paroissent un peu supposées, il est cependant certain que la plupart de ses aventures sont décrites avec beaucoup d'exactitude et que jusqu'à présent on n'a rien lu d'aussi circonstancié à son sujet. L'auteur qui semble sçavoir les secrets de la Cour de bien près, ne manque pas de nommer sans ménagement tous ceux qui ont eu quelque relation avec ladite Dame.

Comme cet écrit ne peut être souffert publiquement, l'on en vend les exemplaires fort cher.

Les auteurs des *Nouvelles à la main* ignorent ou feignent d'ignorer que les *Anecdotes* ne sont qu'une compilation de leurs propres bulletins. Peut-être ces articles sont-ils de Pidansat de Mayrobert, l'auteur des *Anecdotes;* il avait intérêt à se cacher parce que son libelle attaquait autant et plus Louis XV que madame du Barry. Il pouvait donc être mis à la Bastille qu'il avait déjà habitée et dont il paraissait avoir une grande crainte. On s'expliquerait ainsi ces extraits prétendus de lettres d'Amsterdam, ou traduits de gazette hollandaise, ou venant mystérieusement de Versailles. N'y avait-il pas là autant de précautions ou de réclames déguisées? On a aujourd'hui la certitude que ce livre fameux était de Pidansat de Mayrobert. Il n'avait, il ne pouvait avoir aucune raison de haine contre madame du Barry, mais il était un des séides du parti Choiseul, il avait défendu avec fanatisme la cause du Parlement contre M. de Maupeou. Il a donc agi par ressentiment ou par spéculation. Quel qu'ait été le motif qui lui ait mis la plume à la main, il faut reconnaître qu'il a réussi dans son œuvre d'infernale méchanceté. Il s'attaquait à une femme sans défense, puisque madame du Barry était encore dans les liens d'une lettre de cachet. Il était d'ailleurs protégé par le voile de l'anonyme. Il en a profité pour lui porter des coups mortels dont elle ne s'est jamais relevée et ne se relèvera pas, malgré tous nos efforts pour rétablir la vérité ! Elle restera toujours l'Egérie des *Anecdotes*.

Elle dut être avertie de la publication de cet ouvrage; elle en ressentit profondément la portée ; elle n'était pas capable de répondre. Une réponse fut faite probablement par ses soins ou avec sa connivence. De là le livre de Sarah Goudar.

Il parut à la même époque un autre livre qui ne devait pas être indifférent à madame du Barry. C'était un ouvrage intitulé : *l'Ombre de Louis XV devant le tribunal de Minos*. On l'imprimait furtivement à Bordeaux ou dans les environs de cette ville. Les *Nouvelles à la main* du 13 novembre annoncent que le sieur Goupil est chargé d'enlever le manuscrit[1]. Puis le 25 novembre, ces *Nouvelles* se rectifient et assurent que l'éditeur était de Toulouse et que, n'ayant pu arrêter l'auteur, on fait le procès à l'éditeur du livre[2].

19 janvier 1776. — Il a été scellé mercredi 17, au sceau, un arrêt du Conseil revêtu de lettres patentes, qui éclaircit les bruits répandus sur une brochure satyrique dont on a parlé. D'abord son titre véritable y est énoncé sous le nom de *l'Ombre de Louis XV au tribunal de Minos*. On y apprend ensuite que c'est à Bordeaux qu'on avoit saisi les exemplaires de cet ouvrage au nombre de deux mille, et qu'en

1. *Mémoires secrets*, t. VIII p. 275.
2. *Mém. secrets*, tome VIII p. 295.

conséquence le parlement de cette ville avoit fait arrêter plusieurs personnes soupçonnées d'être auteurs, fauteurs, complices, adhérens de ce crime de lèze majesté; mais qu'un imprimeur de Cahors, se trouvant accusé aussi comme éditeur de ce libelle, le parlement de Toulouse, dans le ressort duquel est cette ville, avoit voulu en connoître de son côté et commencer une procédure dont il étoit résulté un conflit de jurisdiction entre les deux cours. C'est pour le terminer que le Roi, par l'arrêt susdit, attribue exclusivement la connoissance du délit au parlement de Toulouse. (*Mém. secrets,* vol. IX, p. 24).

CHAPITRE XXXII

(1776)

HIVER DE 1776. — CHON DU BARRY A SAINT-VRAIN.
LE VICOMTE FLEURIOT DE LANGLE.
GAINS CONSIDÉRABLES FAITS PAR LUI. — ÉTAIENT-ILS SÉRIEUX ?
LE COMTE D'ARTOIS ET MADAME DU BARRY.

L'hiver de 1776 fut exceptionnellement rigoureux, le thermomètre descendit plus bas qu'en 1709 [1]. Cette saison dut paraître longue à une femme de plaisir, habituée aux réunions du monde, aux distractions de la cour, les soirées, le jeu, le théâtre, les bals masqués de l'Opéra. Elle pouvait sans doute recevoir quelques personnes du voisinage, quelques amis restés fidèles à sa mauvaise fortune. Mais Saint-Vrain en lui-même est un bourg de sept à huit cents âmes, sans aucune ressource pour la société : aux alentours le village le plus prochain est Marolles, localité encore plus petite que Saint-Vrain. Dans cet isolement, nous avons dit que les demoiselles du Barry n'avaient pas abandonné leur belle-sœur. Nous allons en trouver la preuve dans les re-

1. *Mémoires secrets,* tome IX, p. 37.

gistres de la paroisse. On y lit l'acte suivant à la date du 12 février 1776.

Mariage de Augustin Michel Baudouin, palfernier *(sic)*, chez madame DU BARIL *(sic)*, avec Marie-Louise Moreau, couturière de cette paroisse, en presence de demoiselle Françoise-Claire DU BARIL de Toulouze, etc.

Signatures : F.-C. DU BARRY, — Pierre LEFEBVRE, — L.-F. SALANAVE, — ANGO, etc.

ALLOUIN, curé de Guigneville.

Chon du Barry (Françoise du Barry) était donc venue s'établir à Saint-Vrain et y passer même l'hiver.

Auprès de son nom figure celui de L.-F. Salanave, celui qui fut l'un des délateurs de madame du Barry et son accusateur le plus acharné devant le tribunal révolutionnaire. On voit cependant que, depuis vingt ans au moins, il était à son service.

Le 12 mars 1776, autre acte sur les mêmes registres.

Baptême suppléé par ondoiement de Jean-Charlemagne, fils de Médard Quequet, domestique de madame la comtesse du Barry, et de Marie Lemaire.

Le parrain a été messire Charlemagne FLEURIOT, vicomte de Langle, major de cavalerie, et la marraine Puissante Dame Benedicte-Jeanne comtesse du Barry, les témoins soussignés *(sic)* avec nous, etc.

FLEURIOT DE LANGLE.
Jeanne-Benoît, la comtesse DU BARRY.

BESANÇON, vicaire.

Qu'était-ce que ce vicomte de Langle qui se trouvait à Saint-Vrain et comment avait-il madame du Barry pour commère ?

Le vicomte de Langle est fort connu par l'éclat de ses désordres, de ses services militaires et de ses ouvrages.

Né le 13 octobre 1716 à Quimper-Quezennec, en Bretagne, il était entré page du roi en 1732, enseigne de la colonelle du régiment de Lorraine infanterie, en 1733, mousquetaire de la 2e compagnie, en 1739, et capitaine de cavalerie dans Penthièvre, en 1744; il avait été couvert de blessures à Rosbach et pensionné à raison de sa belle conduite dans cette honorable défaite. En 1771, il avait reçu le brevet de major pour sa retraite. Il a publié un grand nombre d'ouvrages. *Le voyage de Figaro en Espagne* est le plus célèbre ou le moins oublié. Sa jeunesse, dit la *Biographie de Rabbe*, avait été très licencieuse et il en avait passé une grande partie dans les châteaux forts. On le compara plus tard à Mirabeau avec lequel il avait encore d'autres traits de ressemblance : même genre de laideur, de physionomie et d'esprit, même exaltation d'idées, même immoralité, seulement il était plus gai, plus vif et aussi plus superficiel, moins savant. — Il avait en 1775 cinquante-neuf ans.

Une pièce fort curieuse que l'on trouve aux Archives générales (K. 138, n° 11) contribue encore à nous le faire mieux connaître; c'est un mémoire écrit par ce personnage, pour sa justification.

Voici le début. On trouvera la copie entière aux Pièces justificatives.

Avoir demandé à madame du Barry quatre-vingt-dix mille livres que je lui avois gagnées au jeu;

Avoir été amoureux et jaloux de madame du Barry;

Avoir cherché à me raccomoder avec le duc de Choiseul.

(pour me venger d'elle et lui rendre compte de sa conduite);

Sont trois fausses imputations dont je dois me justifier vis-à-vis de mes amis.

J'ai vu pour la première fois madame la comtesse du Barry à Saint-Vrain ; l'acquisition de cette terre fut mon prétexte. Je dois les honnêtetés que j'ai reçues aux liaisons que je lui dis avoir avec Monsieur et Madame la duchesse de[1].... Je demandai et l'on m'accorda la permission d'y faire ma cour ; on me pria même d'y passer quelque temps.

Plus je connus madame la comtesse du Barry et plus je m'intéressai à son sort.

Je trouvois affreux de la voir condamnée à passer sa vie dans cette abominable campagne ; c'étoit le plus souvent l'objet de nos conversations, sans imaginer ni l'un ni l'autre que je trouverois le moyen de l'en faire sortir.

Elle vivoit au jour la journée sans s'embarrasser de l'avenir.

La promenade et de très petits jeux faisoient notre occupation à Saint-Vrain. Le Trou-Madame[2] avoit souvent la préférence. La grande habitude où elle étoit de ce jeu lui faisoit croire qu'elle y étoit plus adroite que personne et en conséquence elle perdoit souvent ses paris.

Est-il bien sûr que le major de cavalerie fut aussi peu amoureux de la belle exilée qu'il veut bien le dire ? Nous en doutons. Il s'associe trop vivement à ses peines, il exagère même un peu l'horreur de sa position ; la campagne de Saint-Vrain n'est pas si *abominable*, et d'ailleurs madame du Barry n'était plus tenue, comme à Pont-aux-Dames, à une résidence claustrale ; si le

1. D'Aiguillon ? Le nom est resté en blanc.

2. Furetière et le *Dictionnaire de Trévoux* définissent ainsi ce jeu aujourd'hui oublié : « On y jouoit avec de petites balles de plomb et d'ivoire qui entrent dans des trous directement marqués pour le gain ou la perte.... »

séjour des champs lui causait une telle répugnance, elle pouvait aller dans une grande ville, voyager, etc. Elle n'était nullement internée pour la vie dans le Hurepoix.

Madame du Barry était dans tout l'éclat de sa beauté, puisqu'elle n'avait en 1776 que trente-deux ans et demi; elle avait le double attrait de la célébrité, de la disgrâce tempérée par cent mille livres de rente. Le vicomte de Langle nous paraît avoir pris son rôle de consolateur trop au sérieux pour qu'il ne fût pas mêlé à ce mouvement primitif des sentiments d'une autre espèce. Sa démonstration va contre le but qu'il se proposait d'atteindre. Si l'on y joint les documents que nous ont révélé les registres de Saint-Vrain, on voit qu'il y avait déjà des rapports assez intimes établis en mars 1776 et il était encore au château huit mois plus tard, au moment du départ pour Louveciennes [1].

Il avait eu le temps de faire sa cour à la dame du lieu, de se livrer à des promenades et à de petits jeux avec elle. Ceci nous amène au second épisode raconté par le vicomte.

Quelquefois, dit-il, madame du Barry s'entêtoit au jeu. Un jour elle voulut doubler son enjeu pour s'acquitter dans un seul coup et elle se trouva me devoir 1,500,000 livres; elle fut la seule à être inquiète. Les spectateurs étoient aussi persuadés que moi que je continuerois à jouer jusqu'à ce qu'elle se fût acquittée, c'est ce qui arriva enfin....

Une autre fois, la veille du départ pour Louveciennes, le vicomte était encore à Saint-Vrain.

1. Voy. aux Pièces justificatives, Mémoire cité ci-dessus, *in fine*, p. 400.

Dans un moment d'ennui, au milieu des embarras d'un *démeublement* général (ce qui nous paraît un peu contradictoire), madame du Barry propose au major de parier 12 sols qu'elle mettra neuf boules de dix-neuf le premier coup, et, de revanches en revanches malheureuses, elle arrive à perdre quatre-vingt dix mille livres.

Généreusement le vicomte lui fait remise de cette perte et se contente d'une légère gratification de cinquante louis au profit d'une de ses protégées qu'il voulait faire entrer chez madame du Barry comme femme de chambre.

A notre avis, de pareilles parties ne sont pas sérieuses, surtout entre une jolie femme et un galant officier ; elles ne prouvent qu'une grande familiarité réciproque et une confiance significative de la part de celle qui se met ainsi à la discrétion de son adversaire. Là encore la justification nous paraît malheureuse, elle tournerait plutôt contre celui qui l'invoque.

Le troisième grief concerne M. de Choiseul. Il faisait encore à madame du Barry l'honneur de s'occuper d'elle, et même, chose étrange, de s'intéresser à l'arrangement de ses affaires. Un jour il rencontra le vicomte de Langle :

Vous êtes souvent, lui dit-il, chez madame du Barry.... Le vicomte en convient. — Elle a conservé tout son monde ? — Oui, M. le duc. — Ses domestiques jouent la comédie ? — Oui, M. le duc. — Mais a-t-elle une assez grande fortune pour soutenir cette dépense ? — Je crois que oui, M. le duc. — Adieu, M. de Langle. — Votre serviteur, M. le duc.

M. de Choiseul parlant économie ! et oubliant sa vieille haine pour prendre en pitié sa victime ! La plaisanterie est charmante et elle me ferait soupçonner que sous ces airs protecteurs le bon apôtre pût cacher quelque méchanceté que le brave major n'aura pas entrevue, d'autant que le duc lui avait fait, dit-il, la galanterie d'un veau mâle et d'une femelle. Il voulait donc gagner sa confiance ?

On comprend par le mémoire que d'autres, avant nous, avaient eu la même pensée, puisqu'il avait à repousser le reproche d'avoir voulu se venger de madame du Barry en rendant compte de sa conduite au plus cruel de ses ennemis.

Se venger d'elle, et pourquoi ? Est-ce parce qu'il n'avait pas été son amant heureux ou parce qu'il avait cessé de l'être ?

Le style du mémoire annonce un homme fort intelligent; il avait soixante ans révolus. Nous connaissons son grade dans l'armée par le baptême où il figure. L'*Armorial de France* parle de Mathieu de Langle, premier du nom, sieur de Mosny et de Dardez, receveur des tailles à l'élection d'Evreux, anobli par lettres du mois de juillet 1661, données en faveur de la paix conclue entre la France et l'Espagne. (Tome II, p. 11.)

Le mémoire en question renferme encore beaucoup d'autres détails intéressants sur madame du Barry, nous les utiliserons à mesure que nous avancerons dans notre travail.

Le 12 mai, les registres curiaux de Saint-Vrain nous apprennent le

Baptême de Joseph-François-Soulange-Trophime, fils légitime de Louis-Valentin Lefort, attaché au service de madame du Barry et de Marie-Magdeleine Magirost.

Le parrein a été messire Joseph-Honoré de Vares de Fauga,

du diocèze de Toulouse, et la marraine demoiselle Françoise-Claire du Barry, de la paroisse de Lévignac, aussi diocèze de Toulouse.

Signatures : Marquis DE FAUGA.
F.-C. DU BARRY.

BESANÇON, vicaire.

Ce M. de Fauga était ou passait pour être l'amant avéré de Chon du Barry ; on en verrait ici un indice. Ses prénoms ni ses titres ne nous étaient pas connus. Ils sont ici exprimés avec détail et précision. Il s'intitulait marquis peut-être avec autant de droit que la belle-sœur de madame du Barry. Il y a là une note sur l'entourage qui avait suivi madame du Barry à Saint-Vrain.

On a dit [1] que pendant son séjour à Saint-Vrain, madame du Barry, effrayée de l'insolence grandissante de ses fournisseurs, avait essayé de négocier la vente des Loges de Nantes.

D'abord il ne faut pas oublier que madame du Barry avait cent mille livres de rentes sur la ville, sans compter les Loges de Nantes et Louveciennes. Elle ne pouvait donc pas craindre d'être poursuivie, et en fait on ne trouve contre elle aucune trace de poursuites, d'assignations, etc.

Et puis un acte va répondre :

Le 1er juin 1776, par-devant Lepot d'Auteuil, qui s'est transporté au château de Saint-Vrain, madame du Barry, comme engagiste de ses contrescarpes de Nantes, traite avec un sieur Guyot, greffier de la maîtrise de cette ville. Ce dernier offrait de demander une nouvelle concession de 13 toises de face sur 9 de profondeur, pour

1. MM. de Goncourt, t. II, p. 229.

faire partie des précédents terrains et y construire une maison de 60,000 livres, à la charge d'en faire profiter ladite dame engagiste (madame du Barry) et de payer un cens de cent livres à Sa Majesté.

Madame du Barry donne, bien entendu, son consentement à un marché si avantageux et le contrat est passé en présence d'Alexandre Nicolaï et de Pierre d'Hercourt de Visigny, demeurant rue de Verneuil, paroisse Saint-Sulpice, tous deux anciens secrétaires d'ambassade.

L'affaire des boutiques et baraques était donc en pleine prospérité ! Pourquoi madame du Barry l'aurait-elle vendue ?

On remarque ces deux diplomates servant de témoins instrumentaires. Seraient-ils des agents de M. d'Aiguillon, révoqués après sa disgrâce ?

Le 22 septembre, naissance et baptême de Cantien Michot, fils d'un maçon de Saint-Vrain. Le parrain est Pierre Déliant, domestique chez madame la comtesse du Barry.

Nous verrons à quelle destinée tragique le malheureux était réservé. Nous constatons seulement pour le moment que, dès 1776, il était au service de l'ancienne favorite, comme presque tous ses autres domestiques qui ne quittèrent point sa maison.

Tranchant, le chef de cuisine qui, en octobre 1775, épousait Elisabeth Lameau, une des femmes de chambre du château, devint père en septembre 1776. Sa femme accoucha de *trois* enfants ! L'un d'eux mourut en naissant. Madame du Barry voulut être la marraine des deux autres. Le parrain devait être son neveu, Adolphe du Barry ; mais comme il y avait une urgence extrême à administrer le baptême aux deux jumeaux, l'acte porte que M. Jean-Baptiste, vicomte du Barry, fut représenté par messire Joseph de Saint-Joire, prêtre du diocèse de Toul, qui administra lui-même le sacrement aux nouveaux-nés, servant tout à la fois de parrain et de prêtre officiant. L'abbé de Saint-Joire jouera un rôle dans la période de la vie de madame du Barry, qui se rapporte au temps de la Révolution. Nous sommes donc heureux de trouver ici, écrits de sa propre main, ses noms et qualités. C'était encore un compatriote et il deviendra le commensal de Louveciennes.

Le vicomte du Barry prend le titre de *colonel*, équivalent à celui de mestre de camp qu'il porte dans d'autres actes.

La marraine est qualifiée « de comtesse du Barry, Jeanne Gomard de Vaubernier, dame du château et du principal fief de Saint-Vrain. »

Nous doutons que madame du Barry se soit montrée souvent dans cet appareil féodal. Elle vendit bientôt Saint-Vrain à M. de Gourlade et perdit probablement avec joie le droit de s'intituler dame de ce fief. Peu de jours après, on lisait dans les *Nouvelles à la main*, 15 novembre 1776 :

15 novembre 1776. — Madame Dubarri va et vient librement à Paris et à Luciennes. On prétend que M. le comte d'Artois a eu l'envie de tâter d'un morceau si friand pour son grand papa et que c'est le sieur Radix de Sainte-Foy, ancien ami de cette beauté, qui a négocié l'entrevue ; qu'elle a eu lieu dans sa belle maison de Neuilly, sur la route de Luciennes, et que c'est cette qualité d'ami du prince qui a engagé Son Altesse Royale à l'approcher de sa personne en le faisant surintendant de ses finances. (*Mémoires secrets*, à la date ci-dessus).

De ce bulletin il ne faut retenir que la première ligne.

Madame du Barry est libre et l'exil de Saint-Vrain a cessé ! Quant au surplus, nous préférons l'autorité autrement grave de M. de Mercy. Nous avons cité (p. 281), le passage qui concerne les rapports de M. le comte d'Artois et la comtesse. Il s'était prononcé trop énergiquement et trop récemment (19 janvier 1774) contre la favorite, pour songer à une entrevue avec elle et pour qu'elle pût l'accepter honnêtement. D'ailleurs il est faux que la place de surintendant des finances eût été donnée à Sainte-Foy pour le récompenser du honteux métier qu'il aurait fait en cette circonstance.

Cette charge avait été achetée par Sainte-Foy, moyennant 300,000 livres, longtemps avant que madame du Barry ne sortît de Saint-Vrain [1].

Cette prétendue anecdote n'est qu'une fable, les pièces authentiques le prouvent. Au contraire, ces mêmes actes nous montrent la protection accordée à madame du Barry par le comte de Provence.

MM. de Goncourt, qui ont parlé les premiers de ce mémoire, n'ont pas dit ce que c'était que ce chevalier de Langle. Grâce à l'acte de l'état civil de Saint-Vrain, nous serons plus heureux. Les noms et prénoms donnés plus amplement dans cet acte, la qualification de *major* de cavalerie nous ont permis de faire des recherches aux Archives du ministère de la guerre, et voici ce que nous avons trouvé, grâce à l'obligeance de notre ami, M. A. Turpin, ancien archiviste adjoint à ce ministère.

1. Voyez dans les minutes de Lepot d'Auteuil, du 22 septembre 1776 au 1er novembre 1778, les emprunts, constitutions de rentes par Sainte-Foy, pour payer cette charge. — Dossier de Sainte-Foy.

COPIE DE LA FEUILLE CONTENANT L'ÉTAT DE SERVICES DE CHARLEMAGNE FLEURIOT DE LANGLE.

Né le 13 octobre 1716 à Quimper-Guezennec, en Bretagne.

Entré page du Roi en 1732.

Enseigne de la colonelle du régiment de Lorraine infanterie en 1733.

Mousquetaire de la 2e compagnie en 1739.

Capitaine de cavalerie de Penthièvre en 1744.

En 1766, gratification annuelle de 400 livres pour les blessures reçues à Rosbach.

En 1771, 600 livres d'appointemens et le brevet de major pour sa retraite.

Total : 1,000 livres.

CHAPITRE XXXIII

(1777)

RETOUR DE LA DISGRACIÉE A LOUVECIENNES. — APERÇU DE SON AVOIR.
VISITE DE JOSEPH II A LOUVECIENNES.
SON OPINION SUR MADAME DU BARRY.
MÉCONTENTEMENT DE MARIE-ANTOINETTE ET DE MARIE-THÉRÈSE.
L'ESPION ANGLAIS. — L'EXPOSITION DE 1777.
LA « DIANE » D'ALLEGRAIN. — LA « CRUCHE CASSÉE » DE GREUZE.

Vers la fin d'octobre 1776, la liberté plénière fut rendue à madame du Barry, elle put aller à Paris et revenir demeurer à Louveciennes. Nous ne savons si elle eut le pouvoir de se rendre à Versailles. Un passage de madame Campan en ferait douter.

Cette pénitence avait duré trente mois, chiffre exact, ou deux ans et demi. C'est ce que M. Geffroy a appelé très improprement « un court exil à Pont-aux-Dames. » Pont-aux-Dames, nous le savons, était non pas un exil, mais une clôture rigoureuse, et il faut y joindre Saint-Vrain, qui était bien un exil de dix-huit mois.

La peine était entachée d'arbitraire, mais elle avait été subie avec tant de soumission que madame du Barry conserva ses usufruits, ses rentes viagères et ses biens personnels. On a dit qu'elle avait dû ce traitement à l'influence de M. de Maurepas. Ce qui le ferait croire, c'est le passage du mémoire rédigé par le vicomte de Langle.

Le petit château de Louveciennes n'avait jamais été habité d'une manière continue par madame du Barry, elle dut consacrer ses premiers moments à une installation définitive.

Obligée de suivre Louis XV dans ses voyages perpétuels de résidence en résidence royale, elle n'avait pas le temps de séjourner dans l'habitation qui était sa villa personnelle. Ce n'était donc pas, comme on l'a dit par inadvertance, son *cher* Louveciennes qu'elle retrouvait, elle ne pouvait rencontrer que les restes des fêtes passées et les traces de l'existence de cour à laquelle elle avait été associée. Une autre vie allait commencer pour elle ; c'est cette vie nouvelle qu'il s'agissait d'organiser. Il eût été souverainement inconvenant de l'ouvrir par un étalage de fêtes, de soupers, de bals. Versailles était trop voisin de Louveciennes pour que le moindre excès n'eût été remarqué, exploité par des ennemis irréconciliables dont la haine veillait toujours sur l'ancienne favorite. Aucune critique ne s'éleva contre la conduite que tint madame du Barry en cette circonstance ; on doit croire qu'elle fut convenable et conforme à ses habitudes constantes : soumission et silence, leçons qu'elle avait apprises à Sainte-Aure, dont elle se ressouvint toujours plus ou moins, quoi qu'on en ait dit. Se faire oublier, art du diplomate ou du moine, de Machiavel ou de l'*Imitation*.

C'est peut-être le moment de placer ici le bilan de la fortune de la favorite. Jusque-là elle n'avait eu d'autre budget que celui du Trésor public, maintenant il fallait qu'elle comptât avec elle-même et qu'elle alignât les chiffres de ses dépenses et de ses recettes.

Ses revenus consistaient en :

40,000 livres, produit donné par les baraques de Nantes ;
105,000 livres de rentes viagères sur l'Hôtel-de-Ville ;
L'usufruit de Louveciennes ;
Le capital de ses trésors en valeurs métalliques d'or et d'argent, diamants et bijoux, évalués à 2,000,000.

Et le trésor plus précieux pour nous de ses richesses artistiques :

La jeune fille à la cruche cassée, de Greuze,
Ses Vernet,
Ses Fragonard,
Le buste de Pajou,
Les *Diane* d'Allegrain et autres sculptures de Vassé, de Lecomte.

Le temps amena, par le seul effet de son cours, une vengeance insigne et en même temps une justification sur lesquelles madame du Barry ne pouvait compter. L'empereur d'Allemagne, Joseph II, vint en France sous le nom de comte de Falckenstein, pour rendre visite à sa sœur Marie-Antoinette. Il séjourna à Paris du 18 avril au 30 juin. Les premières journées furent consacrées naturellement aux grands établissements, depuis le Cabinet d'histoire naturelle jusqu'aux Académies, sans oublier les casernes très exactement observées; après quoi, dès le 14 mai, il se faisait conduire de Versailles à Louveciennes et rendait publiquement une visite à madame du Barry. Le fait ne peut être révoqué en doute, il est constaté dans les rapports de Mercy à Marie-Thérèse et les réponses de celle-ci [1].

1. Tome III, p. 66 et même vol., p. 88.

Les *Nouvelles à la main* s'emparèrent d'un événement qui formait anecdote et dont on causait diversement dans les salons. Voici d'abord la version des *Mémoires secrets*, continuation de Bachaumont ; on sait que cette publication est la première et la plus importante des entreprises de ce genre.

21 mai 1777. — M. le comte de Falckenstein, curieux de voir madame la comtesse du Barry, mais voulant le faire sans affectation, a pris le prétexte d'aller visiter son pavillon de Luciennes, un jour *où il savoit qu'elle y étoit*. Il est resté seul avec elle pendant deux heures et a déclaré qu'il en avoit été fort content, mais qu'il la croyoit mieux de figure.

Ce prince est aussi allé voir le *Palais* de Terpsychore et la divinité qui l'habite, qu'on sait être mademoiselle Guimard.

En mai 1777, madame du Barry avait trente-quatre ans neuf mois, âge vrai. Elle n'était donc plus de première jeunesse, et d'ailleurs nous avons dit que, pour nous, ses charmes consistaient moins dans la perfection des traits du visage que dans l'ensemble de sa personne. Ce qui nous importe, avant tout, c'est le jugement de Joseph II sur la manière d'être de l'ancienne favorite. Il en est fort content et, ce qui le prouve, c'est qu'il reste seul avec elle pendant deux heures. Or, Joseph II ne pèche pas par un excès de flatterie, il aurait plutôt un défaut contraire ; il est franc et même rude dans ses appréciations [1]. Il trouve que la comtesse n'est pas d'une beauté égale à sa réputation, il le dit : dès lors on peut le croire quand il se déclare satisfait de sa conversation après

1. Voy. Mercy, *passim.*

une longue séance pendant laquelle il a pu l'étudier à fond.

Ce n'est pas tout : les *Mémoires secrets* reviennent sur le même sujet quelques jours plus tard. Ils complètent leur premier récit en y ajoutant un détail piquant :

26 mai 1777. — Quoique M. le comte de Falckenstein soit de mœurs austères et n'ait pas l'habitude des galanteries fades de nos petits-maîtres de Cour, il n'ignore point l'art de dire des choses agréables et spirituelles aux dames.

On peut en juger par son propos à madame du Barry.

Le jour où il fut la voir, comme il étoit question de se promener et de visiter les beautés extérieures du pavillon de Luciennes, ce prince offrit le bras à la comtesse qui sembla honteuse de cet excès d'honneur et s'en avoua indigne : « Ne faites point de difficulté, lui dit l'empereur, la Beauté est toujours Reine. »

Le mot est charmant, mais est-il bien authentique ? Nous lui trouvons une saveur toute française. Joseph II ne se piquait nullement de galanterie. Il affectait de se poser en paysan du Danube [1], il exagérait même les duretés du rôle. On sait ses impardonnables rudesses envers les dames de Bordeaux, cette Athènes du Midi, célèbre par la beauté et l'esprit de ses femmes. C'est ce qui rend le mot prêté à Joseph II quelque peu suspect ; s'il a été dit réellement, c'est à coup sûr un des hommages les plus sympathiques qu'ait pu recueillir madame du Barry déchue.

1. Dans ce pays, écrit-il à son frère Léopold, il faut être charlatan. Moi, je le suis de raison, de modestie, j'outre un peu le dessus en paraissant simple, naturel, réfléchi même à l'excès. (Lettre écrite de Lyon, le 11 juillet 1777. V. *Maria-Theresia, und Joseph II*, p. 148.)

Voici maintenant un compte rendu du même événement fait par un autre nouvelliste. Après avoir parlé de différentes petites altercations survenues entre Marie-Antoinette et son auguste frère, le narrateur continue ainsi :

L'autre jour cette princesse a encore boudé et en voici la cause : l'Empereur étoit allé à pied d'ici visiter seul la machine de Marly ; il aperçut une belle maison qui en est tout proche[1] et demanda à qui c'étoit. On lui dit que c'étoit le pavillon de Louveciennes ; il souhaita d'y entrer. On vint lui dire que les portes lui étoient ouvertes. Le prince parcourut les appartemens et descendit au jardin où, voyant une belle dame qui se promenoit seule, il demanda qui elle étoit : sur ce qu'on lui dit que c'étoit à madame du Barry, maîtresse de cette jolie habitation, l'Empereur courut à elle et lui dit les choses les plus agréables, se promena et causa assez longtemps avec elle, s'en revint à Versailles, fort content de sa rencontre et badinant beaucoup, donnant même quelques éloges à la belle *recluse*. Une des bouderies de la Reine a eu une cause plus frivole [2].

Les deux récits ne diffèrent pas sensiblement. Ils sont d'accord sur le point essentiel : la courtoisie de M. le

1. On ne peut dire que le château de Louveciennes soit tout proche de la machine de Marly. Il y a bien un kilomètre et un escarpement à pic, mais, d'après les *Mémoires secrets*, Joseph II s'était assuré à l'avance que madame du Barry était chez elle. La rencontre n'aurait donc pas été l'effet du hasard.

2. *Correspondance secrète* inédite sur Louis XVI, 24 mai 1777, page 38. — Madame Campan ne parle pas dans ses *Mémoires* de la visite de l'Empereur à madame du Barry, quoiqu'elle consacre un long chapitre au voyage de Joseph II en France, V. ch. VIII. Ce silence est significatif et prouve quel fut le mécontentement éprouvé par Marie-Antoinette.

comte de Falckenstein envers la favorite *recluse*, d'où le mécontentement de la reine contre son frère.

M. de Mercy, visiblement embarrassé, se borne à ces simples lignes, adressées à Marie-Thérèse.

Le 14 (mai) l'Empereur avoit passé la nuit à Versailles et alla voir le matin la grande et la petite écurie, la machine de Marly et le pavillon de Louveciennes. La comtesse du Barry, qui a conservé cette possession, s'y trouvoit alors ; l'Empereur la rencontra dans les jardins et fit, avec elle, quelques momens la conversation ; Sa Majesté trouva ladite comtesse telle que j'ai été dans le cas de la dépeindre.

Mais comment l'a-t-il dépeinte ? En général en termes favorables.

L'ambassadeur est donc d'accord avec les gazettes.

Il ne parle pas de Marie-Antoinette qui boude, toujours irritée contre madame du Barry, en véritable adepte du parti Choiseul. On peut facilement suppléer à cette omission par la lettre de Marie-Thérèse, du 31 juillet, à Mercy.

Elle dit[1] :

J'aurois été plus contente si l'Empereur s'étoit dispensé de voir cette méprisable du Barry... (III, p. 88).

On sent percer sa colère dans cette phrase courte et brusque. Madame du Barry, au couvent, paraissait digne de pitié à Marie-Thérèse, mais elle n'aurait pas voulu qu'elle fût honorée d'une visite par l'empereur d'Allemagne, son fils, et l'injure suit de près la nouvelle. Il est facile de comprendre qu'à Versailles le ressenti-

1. Mercy à Marie-Thérèse, t. III, p. 66.

ment contre Joseph II ne devait pas être moindre qu'à Schœnbrunn, la démarche du comte de Falckenstein était plus qu'un témoignage de galanterie ou de curiosité.

C'était toute une amnistie, et Marie-Antoinette n'a jamais su oublier même les blessures qu'elle avait faites de sa propre main. La malheureuse princesse paya cher cette nature vindicative aux jours de ses revers.

Ce mécontentement ne fut pas le seul que Joseph II fit éprouver à sa sœur. La duchesse de Gramont et le duc de Choiseul auraient voulu profiter de la présence de l'Empereur pour tenter de rentrer au pouvoir. Ils avaient fait des démarches significatives en ce sens. Joseph II les avait éconduits ; il fit plus : peu de jours avant son départ, il s'entretenait avec Louis XVI et Marie-Antoinette.

Il amena le discours, dit Mercy, sur le bonheur du Roi d'avoir eu au commencement de son règne un ministère sage et tranquille. L'Empereur ajouta : « Si le duc de Choiseul avoit été en place, sa tête inquiète et turbulente auroit pu jeter le royaume dans de grands embarras. » (Rapport de Mercy, du 15 juin 1777, tome III, p. 69.) Le Roi applaudit fort à cette observation qui, au contraire, déplut à la Reine. Plus tard elle fit des reproches à son frère de ce qu'en présence du Roi, il avoit parlé si peu favorablement du duc de Choiseul; elle a voulu soutenir qu'en effet si le comte de Maurepas venoit à manquer, il n'y avoit que le duc de Choiseul ou le duc d'Aiguillon qui eussent les *talens* nécessaires à le remplacer. Cette idée de la Reine est neuve et lui aura été suggérée par le duc de Coigny ou le comte Esterhazy... (*Ibid.*, p. 69.)

Ainsi le ressentiment de Marie-Antoinette était durable; il survivait à la conversation qui l'avait causé et, longtemps après cette causerie, elle faisait entendre des reproches contre son frère. Sous l'empire de cette préoccupation, elle allait jusqu'à risquer un éloge inattendu du duc d'Aiguillon. La favorite, elle, n'avait jamais parlé de M. le duc de Choiseul qu'avec une respectueuse déférence[1]. Cependant elle fut poursuivie jusqu'au bout par les rigueurs inexorables de Marie-Antoinette, comme si elle eût tenu le langage qu'il avait fallu entendre et subir de la part de l'empereur.

Le refus de Joseph II de passer par la Touraine dut mettre le comble à la mauvaise humeur de la reine, d'autant plus qu'en regard de Chanteloup dédaigné, il y avait la visite à Louveciennes.

En chroniqueur, ou plutôt en témoin fidèle, nous devons parler aussi bien à charge qu'à décharge. Voici un bruit qui circula alors et qu'on trouve relaté dans les recueils du temps :

Je vous confierai pour nouvelle assez plaisante, dit-on dans un de ces recueils, que madame du Barry est accouchée d'un garçon. La nature a quelquefois une surabondance bien blâmable la reproduction des plantes vénéneuses. 21 juin 1777. (*Correspondance secrète sur la Cour de Louis XVI.*)

M. d'Allonville prétend au contraire que madame du Barry

Avoit une fille sans savoir qui en étoit le père. Elle se contenta de lui donner cent mille francs de dot en la mariant à un pauvre gentilhomme sans fortune, dont le fils est aujourd'hui en Russie sous le nom de marquis de Boissaison. (*Mémoires secrets*, par d'Allonville, tome Ier, c. XII.)

1. Voy. vol. I, p. 396; vol. II, c. IX, ci-dessus.

Madame du Barry n'a eu ni garçon ni fille, les deux écrivains se trompent l'un et l'autre, mais ce n'est pas encore le moment de discuter ni démontrer leur erreur, quoiqu'elle soit avérée et complète.

Les *Mémoires secrets* pour servir à l'histoire de la république des lettres, etc.... annoncent, à la date du 2 juillet 1777, un nouvel ouvrage en deux volumes, ayant pour titre :

L'*Espion*[1] *anglais*, ou Correspondance secrète entre milord All'Eye (tout œil) et milord All'Ear (tout oreille), etc.

Quelques jours après le 15 juillet, ils reviennent sur cette annonce. L'ouvrage, d'après eux, avoit paru en 1773, sous le titre de l'*Observateur hollandais à Paris*. Il étoit en deux volumes et contenoit une peinture aussi vraie que curieuse de l'état de la France jusqu'à la mort de Louis XV. Le ministère d'alors en arrêta la publication en France.

L'*Espion (sic) anglais* n'est que la suite de l'*Observateur hollandais*, il est par lettres. On assure (disent les *Mémoires*), qu'une grande impartialité est le caractère distinctif des deux écrivains, ou du même, changeant de nom, de hollandais devenu anglais.

Suivant nous, cet ouvrage n'est pas autre chose qu'une compilation des *Mémoires secrets* eux-mêmes.

Le deuxième volume (p. 202) consacre une page à madame du Barry et reproduit en quelques lignes violentes les accusations banales que nous avons combattues en ce qu'elles ont d'injuste.

1. Le titre vrai est l'*Observateur anglais*, et c'est ce que les *Mémoires secrets* reconnaissent à la date du 14 septembre. Cependant il existe bien un recueil en dix volumes, intitulé l'*Espion anglais,* sous ce titre : Londres, chez John Adamson, 1779.

Ces éloges nous paraissent excessifs, nous ne pouvons nous les expliquer qu'en supposant que les auteurs de l'*Espion anglais* n'étaient autres que ceux des *Mémoires secrets*. Il y avait donc là une spéculation de librairie tendant à ranimer l'attention du public et aussi une réclame d'un livre par l'autre. L'*Observateur anglais* a dix (?) volumes, il va jusqu'en 1778. Commencé assez convenablement, il finit par être un écrit obscène et dans la dernière catégorie du genre.

Une exposition de peinture et sculpture eut lieu en 1777, elle fut brillante et donna lieu à de nombreux écrits ; elle ramena l'attention sur madame du Barry, parce qu'elle fit exhibition à cette époque de divers tableaux ou statues qui lui appartenaient.

Les *Mémoires secrets* prennent les premiers la parole ; ils nous donnent un échantillon de la critique artistique d'alors.

31 août 1777. — M. Allegrain, sculpteur de l'Académie, n'ayant pu transporter au sallon une statue, son ouvrage, la montre chez lui et les curieux y courent en foule. C'est *Diane surprise au bain par Actéon*. Il seroit difficile de voir une figure mieux dessinée, d'un ciseau plus doux, plus moëlleux. Elle est prise dans le point où elle sort de l'eau, et, dans son embarras, cherche à soustraire au profane tant de beautés. Mais, tandis qu'elle les cache d'un côté, elle les découvre de l'autre. Son attitude est d'être un peu courbée, ce qui rapproche cette figure, au-dessus de la stature de nos femmes, c'est-à-dire de cinq pieds dix pouces de haut, des proportions ordinaires. Il y a un art infini dans les développemens du corps. Quelques amateurs en trouvent les membres trop forts pour son sexe ; mais une *Diane* ne doit pas avoir la délicatesse du corps de Vénus. La tête n'est pas

moins séduisante que le reste et c'est le défaut qu'on reproche à l'auteur. On trouve que c'est un contre-sens dans le moment de l'action qu'il annonce, puisque l'expression, loin d'être celle d'une femme coquette jouant la surprise, dont elle n'est pas fâchée intérieurement, devroit être celle d'une déesse pudique indignée de se voir en proie aux regards sacrilèges d'un mortel.

Cette Diane doit être placée à Luciennes chez madame du Barry.

Le groupe reçut sans doute cette destination.

En 1787, Dulaure en fait mention dans sa *Nouvelle Description des environs de Paris,* p. 44 (Lk 7759). Il était porté sous le n° 49, dans l'inventaire dressé par suite de la confiscation qui suivit la mort de madame du Barry, « une Diane descendant au bain, » par Allegrin (*sic*), grandeur naturelle. De là, cette statue est passée dans les collections du Louvre, où l'on peut l'admirer aujourd'hui. (Sculpteurs français, n° 277.) On lit sur le socle : *fecit C. B. Allegrain*, 1768, *Parisiensis.*

Cette date explique comment la Diane était encore chez Allegrain en 1777, et aussi comment il pouvait l'exposer au public dans son atelier.

L'*Observateur anglais* nous apprend que l'œuvre avait été terminée l'année même (vol. VII, p. 125), reproduit littéralement l'article des *Mémoires secrets* en l'abrégeant. Cet article est bien fait, il a peut-être été écrit par un praticien ; mais les réflexions de la fin auraient pu être supprimées sans inconvénient : elles sont trop subtiles et trop recherchées.

On a dit que la *Diane* d'Allegrain était un portrait de madame du Barry. On l'avait dit aussi de la *Baigneuse*, du même, mais à tort, puisque cette statue a été exposée en 1767. Voir le livret du salon un an avant que la faveur de Jeanne Vaubernier ne commençât. La tête de *Diane* est d'une beauté plastique idéale; c'est peut-être pour ce motif qu'elle ne devrait pas être considérée comme reproduisant les traits de madame du Barry, qui n'était pas, selon nous, un modèle d'esthétique. Le silence des contemporains confirmerait notre opinion; quant aux formes du corps, ce serait différent, madame du Barry pouvait ressembler à la *Diane* par ce côté seulement.

Voici la description très exacte du musée du Louvre :

Diane est nue, le front orné d'un croissant, debout, le haut du corps incliné, la main droite appuyée sur un tronc d'arbre qui supporte une draperie, la gauche ramenée vers un des seins qu'elle cache au moyen d'un linge. On lit sur le socle : *Fecit C.-G.* (c'est-à-dire Christophorus-Gabriel) *Allegrain, 1768, Parisiensis.*

Statue en marbre. — Hauteur, 1,600.

Allegrain n'avait pu faire transporter sa *Diane* au Salon, à cause, disent naïvement les journaux du temps, de la *masse de la machine*, ce qui ne serait qu'un jeu aujourd'hui pour l'industrie moderne.

Greuze (J.-B.) n'exposait pas par une autre raison. Irrité par les dégoûts qu'il avait éprouvés à ses débuts, il avait pris la résolution de ne plus rien envoyer au Salon; il tint parole jusqu'à la Révolution. Cependant il ouvrait son atelier au public, lorsqu'il voulait faire connaître quelqu'une de ses productions. C'est ce qui eut lieu en 1777. On lit dans les *Mémoires secrets*, à la date du 10 octobre de cette année :

On voit encore chez M. Greuze le tableau d'une fille qui a cassé sa cruche, symbole expressif d'un bien plus précieux qu'elle a perdu. Des fleurs qu'elle tient dans son tablier représentent non moins ingénieusement la légère et futile récompense qu'elle en a reçue. Sa figure est pleine de la douleur naïve que ce premier échec cause à toute personne honnête. Quant au faire, il est supérieur; les chairs ont cette fermeté d'une villageoise robuste, les bras sont charnus et animés du sang qui y circule.

Ce tableau est merveilleusement empâté et la santé, la fraîcheur respirent sur la physionomie de cette fille.

La jeune fille à la cruche cassée, dit un autre critique, est d'une beauté et d'une naïveté ravissantes; les teintes sont fraîches et d'une belle union, soutenues, d'une exécution ferme et aimable. Ne reprochons plus la négligence de certaines parties, il ne se l'est peut-être permise que pour faire valoir les objets principaux. Mais le public ne lui pardonnera pas de le priver de la vue de ses chefs-d'œuvre. *(La Prêtresse, etc.* Rome, 1777, p. 22.)

Dans un état dressé le 30 juillet 1774, contenant le catalogue authentique des tableaux, statues, appartenant à madame du Barry, figure à l'article peinture *la Cruche cassée*, par Greuze.

Madame du Barry possédait donc cette toile dès 1774 et même auparavant.

Le même tableau est encore inscrit dans l'inventaire de l'an II, après l'exécution de madame du Barry et la confiscation de ses biens au profit de la République, en ces termes : « N° 59. — *La Cruche cassée*, par Greuze, la bordure fracturée. »

Ainsi la toile originale a dû passer entre les mains de l'Etat, avec les biens de madame du Barry. Cependant dans le musée du Louvre, ce tableau est indiqué comme appartenant à l'ancienne collection, et acheté à la vente du marquis de Verri, en 1785, moyennant 3,000 livres.

Il y aurait donc eu une répétition exécutée par Greuze,

comme cela se voit souvent. Mais alors l'Etat devrait posséder deux fois *la Cruche cassée*, l'une, par suite de l'acquisition Verri, l'autre, par l'effet de la confiscation révolutionnaire, à moins qu'on ne suppose que les commissaires, sachant que déjà ce même sujet était au Louvre, n'aient pas cru devoir *l'extraire* suivant leur langage, c'est-à-dire l'excepter de la vente nationale qui aura eu lieu. L'article ne porte pas, en effet, le signe affecté aux objets réservés.

Il serait intéressant de savoir ce qu'est devenue cette toile qui, suivant nous, doit être la première sortie du pinceau du maître.

Tout le monde connaît *la Cruche cassée*, soit par le tableau peint qui est exposé au Louvre, soit par la belle gravure de Massard. Voici la description du catalogue du musée, préférable aux interprétations risquées et pédantesques des *Mémoires secrets*.

N° 263. — H. 1,10, — L. 0,85, — Forme ovale. — T. — Fig. jusqu'aux genoux, de grandeur naturelle.

Une jeune fille vue de face, avec un ruban violet et des fleurs blanches dans les cheveux, un fichu de gaze passant sur sa poitrine, à moitié découverte, une rose effeuillée au corsage, est debout, vêtue de blanc, retenant des fleurs dans sa robe et portant au bras gauche une cruche fêlée ; à droite une fontaine ornée d'un lion accroupi, qui lance de l'eau. (P. 163.)

On a dit aussi que la jeune fille de Greuze était un portrait de madame du Barry. Il n'y a pas entre elles la moindre ressemblance. Il est probable que le tableau de *la Cruche cassée* est antérieur à la faveur de madame du Barry.

FIN DU DEUXIÈME VOLUME.

PIÈCES JUSTIFICATIVES

PIÈCES JUSTIFICATIVES

PIÈCE N° I.

APPROBATION DONNÉE PAR LOUIS XVI, ENCORE DAUPHIN A L'ÉDIT DE NOVEMBRE 1770.

Cela est très beau, voilà notre vrai droit public... Je suis enchanté de monsieur le Chancelier.

PIÈCE N° II.

PAPIERS DE MAUPEOU.

Monsieur, dans le grand malheur qui m'accable, j'ai encore celui de ne voir personne ; j'ai toujours vu avec le plus grand plaisir le zèle et l'attachement que vous avez marqués pour les interest *(sic)* du Roy et de la Monarchie, je ne doute pas que vous me soyez aussi attaché ; en attendant que je puisse vous voir, s'il arrivoit quelque affaire, écrivez-le-moi et je vous ferai réponse tout de suite.

LOUIS-AUGUSTE.

A Monsieur le Chancelier.

PIÈCE N° III.

ACTE DE DE BAPTÊME. — PARRAINAGE DU ROI ET DE LA FAVORITE.

Nous devons la connaissance de cet acte à M. Haguenot, directeur de l'État civil de Versailles. Ce baptême diffère de ceux que nous avons publiés par la qualité des personnes; il ne s'agit pas d'un domestique comme dans le cas de Gérard et de Zamor : c'est une personne de haute naissance pour laquelle madame du Barry est marraine avec le Roi. On voit la nuance.

L'an 1772, le 2 décembre, Louis-Benoist, fils de François Fouques-Dupac, écuyer, valet de chambre du Roi, et de Philippe-Charlotte Fortin, son épouse, né le 5 et ondoyé le 16 may de la présente année, a reçu ce jourd'huy le supplément de cérémonie du baptême, dans la chapelle royale de Trianon, de nous, soussigné curé. Le parrain, très haut et très puissant monarque, prince Louis, Roi de France et de Navarre, représenté par très haut, très puissant seigneur, Monseigneur André-Hercule de Rosset, duc de Fleury, pair de France, premier gentilhomme de la chambre du Roi, chevalier des ordres de ses armées, gouverneur et lieutenant général de la Lorraine et du Barrois, et la marreine, haute et puissante dame Benedict, comtesse du Barry et ont signé avec les parrain et marreine :

Le duc de Fleury.
La comtesse du Barry.
F. Fouques-Dupac.
P.-C. Fortin.
1772, f° 63. Allaire, curé.

PIÈCE N° IV.

EXTRAIT DU MÉMOIRE DE DIVERS MODÈLES
ET EXÉCUTION D'OUVRAGES DE BRONZE, CIZELURE ET DORURE
FAITS POUR LE SERVICE DE MADAME LA COMTESSE DU BARRY
PAR GOUTHIÈRE
CIZELEUR ET DOREUR DES MENUS PLAISIRS DU ROY.

Messieurs de Goncourt ont donné aux pièces justificatives de leur Notice sur madame Dubarry les premières feuilles de l'état de Gouthière, qui fait double avec celui-ci, et que nous avons remis à la bibliothèque de la ville de Versailles, avec tous les autres documents que nous possédions sur madame du Barry.

Nous avons préféré prendre les motifs les plus importants de chaque pièce et nous nous réservons de publier plus tard cet intéressant mémoire *in extenso*.

SALON OVAL.

Esquisses et modèles des bras à roses.

Pour tous les divers modèles des roses et boutons de roses de différentes grosseurs et variétés, avec leurs feuilles et branchages, tant de roses que de mirthe, et nœuds de rubans, tous lesquels modèles ont été faits en cire, et finis chacun séparément, avec la plus grande sujettion, estimés ensemble à la somme de. . . . .

Modèles de la cheminée.

Pour les modèles de la moulure du dessus de la tablette, avoir poussé cette moulure en bois de deux pieds de longueur sur laquelle on a modelé en cire des feuilles d'ornements et feuilles d'eau, le tout estimé à la somme de. . .

Modèles en dedans de la cheminée.

Pour le modèle du trépied décoré de deux têtes de bouc, d'une guirlande de vignes et deux chûtes, d'un bandeau avec des cœurs entrelassés, d'un vaze, isolé dans le trépied, le vaze décoré d'une flamme et d'une moulure sur laquelle la flamme est posée, laditte moulure taillée en rez-de-cœur de graines.

Plus une seconde moulure sur la gorge, taillée en oves et dards, une branche de vignes tournant dans la gorge du vase, un culot en feuilles d'eau et coque d'ornement, d'où sort une tige portant une fleur, un bouton à graine d'où sort le tyrse, une pomme de pin et au milieu un serpent.

Plus un montant du trépied fait en bois.

Tous lesquels modèles en moulure estimés en totalité à la somme de . . . .

Modèle du bouton de la croisée.

Pour avoir fait un bouton en bois, avoir modelé en cire une couronne de roses, ornée du chiffre de *Madame*, d'un chapelet et d'une fleur de soleil, qui sert de rosette pour le bouton, une plaque et des graines sur quoi le soleil est posé, le tout estimé à la somme de . . . .

Modèles de l'espagnolette

Pour une poignée en bois évuidé à jour en forme de lyre, sur laquelle on a fait des graines de chapelet des deux côtés. Pour un autre modèle en bois pour le bouton de la poignée; avoir modelé sur les boutons une branche de roses faisant tout le tour du dessin; lequel bouton est décoré au chiffre de Madame au milieu.

Plus pour avoir modelé une branche de fleur de lys pour le milieu de la poignée. Pour deux rosettes dont l'une sert à arrêter le bouton sur la poignée et l'autre à l'arrêter sur l'espagnolette, tous lesquels modèles, tant en bois qu'en cire, sont estimés ensemble à la somme de . . .

GRAND SALON QUARRÉ.

Modèles des ornements posés sur la serrure d'une porte.

Pour avoir fait pousser un bout de moulure en bois d'un pied de longueur, l'avoir moulé en sable, fondu en cuivre et limé un rond entre deux quarrés, une doucine de chaque côté; sur les doucines avoir pris sur pièce des rez-de-cœur et sur le rond des cœurs entrelassés, avec des petites feuilles sur les plattes-bandes unies ; le tout fait avec grande sujettion et estimé à la somme de . . . .

Pour un autre modèle pour le verroüil posé au bout de la même moulure, ce morceau de cinq pouces de hauteur sur deux de largeur avec un ruban en saillie où se répètent les rez-de-cœur, et au bas pour cacher le joint des deux moulures, une bande avec des canneaux et graines, ledit morceau porté à celle de . . . .

Pour le bas de ladite moulure, avoir fait un bout d'ornement qui pose sur la serrure, lequel porte environ deux pouces de longueur et est décoré d'une petite graine de canneaux, et le bas est orné des mêmes rez-de-cœur que ceux qui sont sur la monture, tous ces ornements pris sur pièce sur un morceau de cuivre, évalué à la somme de

Pour avoir fait modeler en cire pour la serrure une arabesque décorée du chiffre de Madame au milieu ; cet ornement portant cinq pouces six lignes de longueur sur deux pouces six lignes de hauteur, estimé à celle de. .

Pour avoir moulé en plate ledit ornement, l'avoir fondu en étain et l'avoir bien cizelé, celle de . . . . . .

Pour avoir fait mouler un pareil arabesque, décoré de semblables ornements pour la serrure posée à la porte de la salle à manger, ledit arabesque portant trois pouces six lignes de longueur sur deux pouces six lignes de hauteur, estimé en totalité à la somme. . . . .

Pour avoir moulé en plate ces arabesques, l'avoir fondu en étain et l'avoir cizelé, celle de. . . . .

Pour avoir fait pour la serrure un cadre en bois, cintré des deux bouts, les quatre angles quarrés; pour l'avoir fait fondre en cuivre, l'avoir bien limé et avoir pris sur la moulure des rez-de-cœur, et sur les angles des chapelets avec une petite branche de mirthe pour l'angle, tous lesdits ornemens pris sur pièce et estimés ensemble à celle de. . .

Pour avoir tourné en bois un bouton sur lequel on a modelé en cire une tête de soleil avec des rayons et à l'entour des narcelles, le tout évalué à celle de . . . . . .

Pour avoir monté les boutons et avoir tiré les cires d'épaisseur, la somme de. . . . .

Pour un second modèle du petit bouton pour ouvrir la serrure. Ce modèle est à (fleurs) *rayé au crayon*, feuilles de soleil et est estimé à celle de . . . .

SALON A CUL-DE-FOUR.

Exécution de six boutons avec leurs plaques et soleils.

Pour avoir fondu en cuivre six boutons avec leurs plaques et soleils; pour cizelure de chaque bouton orné du chiffre de Madame, couronne de myrthe et baguettes à rubans; tous lesdits ornements évidés à jour avec sujettion, les fonds des boutons évidés avec chaque plaque à chapelets et leurs soleils, le tout bien cizelé, chaque bouton avec les plaques évalué à. . .   fait pour les six boutons la somme de.

Salle à manger.

Pour avoir fait un modèle de demi lustre à quatre bobèches, en avoir exécuté quatre en bronze sur le même modele avec tous les suports de cristaux soudés en soudure forte et tarodés à visses avec écroux, toutes le carcasses bien montées, chacun de ces demi lustres estimé, y compris modèles, bronze, monture, limure, argenture, fourniture de cristaux et tous les frais des coupures desdits cristaux pour les demis vases, pendeloques, autres pièces bien repolies et posage des cristaux, à la somme de. . . . . .

Ce qui revient pour les quatre demi lustres à celle de

SUPPLÉMENT.

Pour les anciens apartemens du château.

Avoir fourni une paire de bras composé de trois branches de lys, autres fleurs et nœuds de rubans, deux des branches de lys servant de bobèches, estimé en totalité, y compris bronze, cizelure, monture et dorure en or matte, à la somme de . . . .

Pour la salle à manger avoir fourni un feu à enfants estimé, y compris les fers, à celle de . . . .

Pour deux garnitures de fortes pelles, pincettes et tenailles garnies de leurs boutons en bronze cizelé et doré d'or moulu, chaque garniture évaluée à la somme de. . . . .

Les deux reviennent à celle de . . . .

Frais extraordinaires.

Pour dépenses faittes en journées et nourriture d'ouvriers, employés avant et après le premier souper qui a été donné au pavillon de Louveciennes, le 4 septembre 1771.

SAVOIR :

Au sieur Verheym	23 journées à	5 l.	115 l.	266 l.
Au sieur Francfort	8 —	5 l.	40 l.	
A deux autres ouvriers	37 —	3 l.	111 l.	

Pour 37 voyages de brancart de transport d'ouvrages, à 12 livres par chacun. . . . . 444 livres.

Plus pour 95 voyages, à commencer des premiers ouvrages que *Gouthière* a eu l'honneur de faire pour le service de *Madame*, dont l'époque est du 29 juillet 1770, jusqu'au 30 septembre 1772, à raison de 12 livres par chaque voyage, ce qui revient pour les 95 voyages à la somme de 1,140 liv.

DÉCOMPOSITION DU MÉMOIRE DE GOUTHIÈRE.

Salon ovale.	
Parties considérées comme mobilier.....	27.300 livres.
non mobilier.....	13.708
Salon quarré.	
Partie considérée comme mobilier......	32.600
non mobilier......	12.706
Salon cul-de-four.	
Partie considérée comme mobilier......	9.900
non mobilier......	2.424
Salle à manger.	
Partie considérée comme mobilier.......	1.340
non mobilier.......	454
Vestibule qui rend à la salle à manger...	698
Cabinet de garde-robe.................	726
Passage de l'antichambre.............	9
Antichambre de garde-robe...........	392
Supplément à l'ancien château.........	3.192
Pour ouvrages des modèles d'orfévrerie suivant le mémoire..................	8.200
Frais extraordinaires..................	2.159
Total..............	115.808 livres.

Enfin nous donnons le mémoire et la lettre de requête adressés par M. Gouthière à madame du Barry et nous faisons suivre ces deux pièces d'une autre non moins intéressante : une facture de MM. Roettiers père et fils, orfèvres du roi.

LE SIEUR GOUTHIÈRE, CISELEUR DOREUR DES MENUS-PLAISIRS DU ROI.

Son premier mémoire, qui comprend tous les ouvrages de bronze, cizelure et dorure par lui faits dans le nouveau pavillon de Luciennes, monte à 134,218 livres 8 sols 4 deniers et a été réglé par M. Roettiers père à..... 99.298 livres.

L'autre qui comprend différens modèles et orfèvreries faites pour l'usage particulier de madame la Comtesse, et aussi pour argenture, réparations et reposage dans les pièces dudit pavillon, montant à 14,006 liv. 10 sols, réglé de même à................ 13.200

Plus il demande une indemnité à cause des intérêts des grosses avances qu'il a faites................................ Mémoire.

Total...... 112.498 livres.

Sur quoi il a reçu jusques et compris le 16 août 1773........................ 98.000 livres.

Reste dû...... 14.498 livres.

Indépendamment de l'indemnité ci-dessus demandée.............................. Mémoire.

Le 29 décembre 1773, il a été expédié un mandement sur M. Beaujon de 14,498 livres, pour solde, et remis le 31 dudit à M. Gouthière.

Le sieur Gouthière suplie très humblement madame la Comtesse de lui faire expédier un mandement pour ce qui lui reste dû des mémoires réglés par M. Roettiers, qui monte à 14,498 livres, aïant en même tems égard à l'indemnité qui lui est due par les deux considérations ci-après :

La première est que ses ouvrages n'ont été estimés que comme s'ils eussent été livrés dans Paris, et aux prix les plus stricts, en laissant à madame à arbitrer ce qu'Elle voudrait accorder pour les courses très fréquentes de l'artiste, tant à Versailles qu'à Luciennes, pour les séjours dispendieux que lui et ses garçons ont dû faire dans ce dernier lieu et pour le transport des ouvrages, comme M. Roettiers n'a pas manqué de l'observer à Madame en lui remettant ses réglemens.

La seconde est l'intérêt des avances qu'il a faites pour

l'achat de l'or dès le commencement de ses travaux ; quoique ses ouvrages aïent été livrés en 1771, il n'avait reçu que trente mille livres à la fin de cette année, il a touché vingt-huit mille livres dans le courant de 1772, et enfin on lui a compté vingt mille livres en juin 1773, vingt autres mille livres en août, et il lui reste encore dû 14,498 livres. L'objet seul de ces intérêts monte à plus de huit mille francs.

Il serait bien malheureux pour le sieur Gouthière, après avoir travaillé à la satisfaction de Madame, de suporter une perte aussi considérable, et il ne peut pas croire que ce soit son intention.

Il serait encore plus malheureux pour lui, sa fortune ne lui permettant pas de fournir à de pareilles pertes, de se trouver hors d'état de continuer à faire les avances nécessaires pour l'exécution des ordres de Madame.

Le sieur Gouthière va présenter à Madame le mémoire de ses ouvrages fournis en 1773, qui montera au-delà de vingt-cinq mille livres.

Il est obligé de faire de nouvelles avances pour les ouvrages que Madame lui a commandé, et ces avances lui coûtent à lui huit pour cent.

MM. ROETTIERS PÈRE ET FILS, ORFÉVRES DU ROI.

Fournitures par eux faites à madame la comtesse du Barry à commencer du 7 septembre 1771 jusques et y compris le 11 décembre 1773.

NOTA. — Les fournitures antérieures sont comprises dans les deux premiers mémoires soldés.

Le 3e *Mémoire*, qui comprend depuis le 7 septembre 1771, jusques au 29 mai 1772, monte à	55,657 liv. 8 s.	
Dont il convient déduire les différentes vieilles pièces d'or et d'argent qui ont été données pour comptant............	518 5	55.139 liv. 3 s.
	A reporter.......	55.139 liv. 3 s.

Report.........		55.139 l. 3 s.
Le 4e Mémoire, qui comprend depuis le 12 juin 1772 jusques au 3 novembre 1773, monte à	93,606 l. 13 s. 4 d.	
Dont il convient déduire pour les pièces d'or et d'argent qui ont été rendues pour comptant....	3,464 l. 14 s. 4 d.	
Reste pour.........		90.141 l. 19 s.
Le 5e Mémoire, qui comprend les fournitures faites le 11 décembre 1773, monte à..		6.008 l. 15 s. 7 d.
		151.289 l. 17 s. 7 d.
Sur quoi déduisant la diminution consentie par la dame Roettiers de.................		7.000 l.
Le total des fournitures restera pour...		144.289 l. 17 s. 7 d.

Paiemens faits à MM. Roettiers :

Suivant la vérification faite par M. Demontvallier des deux premiers Mémoires et des sommes qui leur avaient été païées jusques et compris le 8 octobre 1771, il paraît que MM. Roettiers ont reçu de trop		637 l. 12 s.	92.637 l. 12 s.
Leurs reçus au bas des mandats de madame la comtesse du Barry sur M. Beaujon,	liv.		
Le 1er du 26 fév. 1772 de	10,000		
Le 2e du 26 mars 1772	10,000		
Le 3e du 3 août 1772	10,000		
Le 4e du 1er oct. 1772	10,000	92,000 liv.	
Le 5e du 16 janv. 1773	12,000		
Le 6e du 3 avril 1773	20,000		
Le 7e du 14 juin 1773	20,000		
Partant, resterait dû...			51.652 l. 5 s. 7 d.

Sur quoi il a été déduit.....	1,652 liv.
et payé en deux mandements de M. Beaujon de 25,000 livres chacun, l'un à la fin de décembre et l'autre en fin de mars 1774, cy.................	50,000
Somme pareille....	51,652 liv.

Déclarant MM. Roettiers, qu'ils n'approuvent point l'imputation en l'autre part des 637 livres.

Dont la vérification sera faitte d'ici à quinze jours, pour leur être remboursé s'il i a lieu et tous les reçus précédens, montant à 313,328 livres 4 sols, ont été remis à M. Roettiers comme nuls.

Fait et aresté double à Paris, le 29 décembre 1773.

Le présent avec les mémoires quittancés, ne faisant qu'une seule et même chose.

Roettiers, Delatour et Cie,
Demontvallier.

PIÈCE N° V.

AFFAIRES DE POLOGNE

Le partage de la Pologne a été longtemps couvert par un profond mystère. Les faiseurs de mémoires historiques ou prétendus tels en ont profité pour interpréter ce secret d'Etat au gré de leurs intérêts ou de leurs fantaisies, chacun prétendant avoir pénétré les vues des cabinets avant ses adversaires et rejetant sur eux la responsabilité du démembrement de la malheureuse Pologne.

Nous publions ici le texte même des dépêches qui ont été échangées et qui apparaissent pour la première fois dans toute leur vérité. Nous laissons à nos lecteurs le soin de se prononcer entre d'Aiguillon et Rohan, entre Georgel et Saint-Priest. Nous ne signalerons qu'un point non encore entrevu.

Frédéric II a voulu voir Joseph II en personne, les entrevues ont eu lieu à Neisse, à Neustadt. Le vieux tentateur a circonvenu le jeune Prince, il lui a montré du doigt l'Alsace et la Lorraine et lui a dit : « Si cette conquête vous tente, j'ai 130,000 hommes à vos ordres et je mettrai de plus mes vieux os à votre service... » Un plan est dressé par le général hongrois Nadasty et communiqué au maréchal de Lasci. Une tentative est faite par le partisan Menzel. Joseph II, sentant que la question n'est pas mûre, recule et déclare que les bords du Rhin nous ont coûté assez de sang pour que nous en restions possesseurs tranquilles... Il faudra un siècle pour montrer quelle solidarité unissait la Pologne à la France et accomplir au profit de la Prusse le mot de Frédéric.

LE PRINCE LOUIS DE ROHAN, AU DUC D'AIGUILLON.

Vienne, le 18 avril 1772.

On vient de me communiquer deux états des troupes autrichiennes qui ont eu ordre d'entrer en Pologne, et je me hâte de les faire passer. Nous ne devons pas tarder à connoître le plan concerté entre les trois puissances par les opérations prochaines de leurs armées. Les confédérés doivent maintenant se persuader qu'il n'est plus pour eux de ressource à attendre de la Cour de Vienne.....

Je désire pour le repos de l'Europe que les mesures prises par les puissances unies ne mettent point les autres Cours dans le cas de s'opposer à des arrangements qui pourroient annoncer une altération notable dans le système actuel de l'Europe.

La Cour de Vienne vient encore d'emprunter six cent mille florins à la banque de Milan. On nous promet une pacification et l'on n'entend parler que d'emprunts, de mouvemens de troupes et de préparatifs de guerre. L'on comprend que les trois Cours de Vienne, de Pétersbourg et de Berlin ne paroissent avec tant d'éclat en Pologne que pour forcer les Polonois à se soumettre aux lois qu'on leur imposera. Nous verrons enfin l'issue de ce secret si obstinément gardé. Il paroît que la Russie jouera le beau rôle et qu'on aura contribué à son triomphe au moment où ses ressources sembloient épuisées.

LE PRINCE L. DE ROHAN AU DUC D'AIGUILLON.

A Vienne, le 20 avril 1772.

Il y avoit bien appartement, Monsieur le Duc, je m'y suis rendu pour faire ma cour à l'Impératrice. Après m'avoir accueilli avec ses bontés ordinaires, elle m'a dit qu'on faisoit partir aujourd'hui un courrier pour instruire ma Cour de la position des choses, et elle m'ajouta sur le champ qu'elle étoit sensiblement touchée et affectée qu'elles n'eussent pas pris une tournure plus favorable et que les circonstances étoient bien malheureuses ; que du reste elle se consoloit en pensant qu'elle n'avoit rien à se reprocher et qu'elle avoit fait tout ce qui étoit en elle. Le local et la discrétion m'ont empêché de développer davantage le sens de ces paroles.

Je me suis rendu le même soir chez le prince de Kaunitz.

Il m'a dit aussi qu'il vous expédioit un courrier, Monsieur le Duc, pour vous *donner connoissance de tout ce qu'il lui étoit possible de vous communiquer dans le moment présent.*

J'ai crû nécessaire de vous rendre compte de la douleur que l'Impératrice m'a marquée : quelquefois une nuance pareille peut être utile à l'ensemble des choses. Cette lettre vous sera remise par le même courrier qui porte les dépêches à M. de Mercy. J'ai voulu profiter de cette occasion pour montrer qu'elle vous parvint en même tems.

LE DUC D'AIGUILLON AU PRINCE L. DE ROHAN.

A Versailles, le 27 avril 1772.

Ma lettre précédente, Monsieur, étoit écrite lorsque votre courrier m'a remis celle n° 22, que vous m'avez fait l'honneur de m'écrire le 13 et le 15 de ce mois.

Les aveux que M. le prince de Kaunitz vous a FT (*sic*) dans le dernier entretien que vous vous êtes procuré avec luy, indiquent assés, quoiqu'ils soient bien vagues, l'espèce de la révolution (*sic*) qui s'est opérée dans les idées de la Cour de Vienne, et la nature des arrangemens qui vont terminer la crise où elle s'est trouvée. De tous les dénouemens possibles, celui qui est au moment de se manifester étoit assurément le moins probable après les démonstrations de la Cour de Vienne et après les sentimens qu'elle avoit si hautement témoignés, soit sur l'accroissement des Puissances Prussiennes et Moscovites et sur l'affaiblissement de l'Empire Ottoman, soit sur le sort de la Pologne. Il est bien difficile qu'un parti aussi visiblement dicté par la foiblesse n'ait des suites fâcheuses pour une Cour à laquelle la réputation de fermeté est nécessaire et qui ne peut ni sauver son honneur, dans les circonstances où elle se trouve, ni maintenir la balance par la portion quelconque des dépouilles de la Pologne et de la Turquie qu'elle se fera assigner pour prix de son accession au sistème des deux puissances que les circonstances devoient lui faire envisager comme ennemies.

Ces réflexions, Monsieur, ne sont que pour vous seul. La Cour de Vienne ayant séparé ses intérêts de ceux de l'alliance, il ne convient pas au Roy de s'expliquer en aucune manière sur l'annonce qu'on ne vous a faite pour ainsi dire que par hazard *(sic)*. La résolution déterminée de demeurer dans le silence sur l'objet et l'étendue de l'arrangement dont on vous a parlé mistérieusement *(sic)* m'impose une loi égale. Le Roy ne pourra donc qu'attendre le moment où il sera instruit avec le public des conditions convenues avec les trois Cours.

L'unique résultat, Monsieur, auquel nous ayons à nous arrêter, dans ce moment cy, c'est l'impossibilité de nous occuper désormais avec fruit et avec honneur des affaires de Pologne en général et de celles des confédérés en particulier.

. . . .

Le Roy désormais étranger aux résolutions des Magnats. — Rappel de M. de Vioménil. — Avances autorisées pour son retour et pour lui seul. -- Les officiers envoyés sont maintenus pour seconder les confédérés, conformément aux intérêts de Leurs Majestés Impériales.

Tel est, Monsieur, le seul parti que le Roy puisse prendre dans une conjoncture aussi extraordinaire et aussi inattendue. *En gémissant* sur le sort de la Pologne, Sa Majesté ne peut que laisser un libre cours aux événemens qu'il n'est pas en son pouvoir de diriger.

LE DUC D'AIGUILLON AU PRINCE L. DE ROHAN.

Versailles, le 30 avril 1772.

Réception des états des troupes autrichiennes.

Les mesures que cette Cour (Autriche) et celles de Berlin et Pétersbourg semblent exécuter de concert développeront sans doute bientôt, ainsi que vous le remarquez, l'objet de leur intelligence ; au surplus, les vues de la Cour de Berlin sont trop à découvert pour pouvoir douter que celles des deux autres Cours n'y soient analogues et ce n'est plus guère que sur les détails qu'il peut rester de l'incertitude.

Nouvelles sur le sort des malheureux confédérés attendues avec impatience. — Sur les infortunes qui vont fondre sur eux et sur leur patrie. — Nouvel emprunt de trois millions ouvert récemment à Bruxelles et retour prochain dans les Pays-Bas des régiments qui en avaient été tirés et dont le nombre doit même être augmenté. — Contraste apparent entre le langage de la Cour de Vienne et les mesures qu'elle prend.

LE PRINCE L. DE ROHAN AU DUC D'AIGUILLON.

A Vienne, le 2 may 1772.

... J'avois pour garans de mes conjectures nouvelles, les expressions mêmes de l'Impératrice Reine et la parole de son ministre dont je ne soupçonnois point alors l'ambiguïté. Mon dernier courier *(sic)* et celui de la Cour impériale vous auront mis au fait de la position du moment.

Les trois Cours unies et qui devroient, je crois, être bien étonnées de leur union, n'attendent plus, sans doute, que la proclamation de l'armistice pour commencer leur opération en Pologne.

LE DUC D'AIGUILLON AU PRINCE L. DE ROHAN.

A Versailles, le 5 may 1772.

Instructions envoyées par l'Impératrice reine et dont le prince de Kaunitz vous avoit prévenu, arrivées à M. le comte de Mercy.

Dépêche très étendue apportée mardi dernier par cet ambassadeur et communiquée à M. d'Aiguillon. Je vais en résumer ici l'essentiel.

Ce ministre détaille d'abord le malheur des circonstances de tout genre et des événemens qui ont trompé l'attente et la politique de sa Cour. Le résultat de cet exposé est qu'il ne lui restoit qu'à choisir entre trois partis :

1° De soutenir une guerre contre les forces réunies de la Russie et du Roi de Prusse ;

2° De voir avec indifférence et tranquillité les succès des Russes et leurs accroissemens ainsi que ceux du Roi de Prusse ;

Et 3° de se concerter avec ces deux puissances et de s'assurer au moins d'un accroissement de puissance qui maintînt la balance dans le même équilibre où elle se trouvoit entre elles avant la guerre actuelle.

Quant au premier de ces partis, c'est-à-dire la guerre, le ministre autrichien semble se plaindre de n'avoir eu aucune assistance à espérer des puissances qu'un intérêt commun auroit dû réunir à la Cour de Vienne et il établit qu'il eût été imprudent et dangereux de vouloir mesurer ses forces contre celles de la Russie et du Roy de Prusse.

Le second parti eût été aussi humiliant qu'onéreux, après les efforts que Leurs Majestés Impériales ont faites *(sic)* pour en imposer, et les dépenses immenses que l'espérance de contenir la Russie et le Roi *(sic)* de Prusse leur a coûté, il étoit impossible qu'elles laissassent leurs voisins s'aggrandir à leur gré et donner la Loi, surtout après qu'elles eurent fait la découverte d'un Traité secret qui assuroit au Roi de Prusse l'acquisition de la Prusse Polonoise.

Il ne restoit donc, selon M. de Kaunitz, que le parti auquel sa Cour s'est déterminée, quoique avec les plus grands regrets et une répugnance extrême, et ce parti consiste à s'assurer des acquisitions proportionnelles à celles que la Cour de Berlin fera elle-même et qui soyent suffisantes pour conserver à la puissance Autrichienne la prépondérance dont elle est en possession, à l'effet de quoi Leurs Majestés Impériales feroient valoir les prétensions *(sic)* qu'elles pouvoient avoir sur différens districts de la Pologne, ainsi que la Cour de Berlin feroit valoir les siennes.

Quelque fâcheux que cet expédient soit en lui-même, la Cour de Vienne le présente comme étant le plus avantageux à l'alliance, dont il maintient les forces et la considération sur le pied actuel et elle paroit avoir présumé que le Roi, en fidel *(sic)* allié, envisageroit cet événement comme le plus favorable que les circonstances permissent d'espérer.

Je ne vous parlerai pas, Monsieur, des motifs sur lesquels M. le prince de Kaunitz et de Mercy ont fondé l'apologie de leur Cour, relativement au mistère *(sic)* qu'on a fait au Roi, des négociations qui, au dire même de cet ambassadeur, ont amené cet arrangement, car il prétend que Leurs Majestés Impériales ont frappé alternativement à toutes les portes et que ce n'est que l'impossibilité de désunir la Russie et la Cour de Berlin qui a déterminé leur résolution. Vous êtes suffisamment instruit à cet égard par les discours de l'Impératrice Reine et de son ministre et vous présumerez d'ailleurs aisément les observations que j'ai pu faire à M. de Mercy sur tant de négociations si constamment dérobées à notre connoissance, malgré la manière pleine de confiance et d'intérêt dont nous nous étions livrés à tout ce qui concernoit ces grands objets, mais une circonstance très remarquable, c'est, Monsieur, que la confidence de la Cour de Vienne ne s'est point étendue jusqu'aux particularités du partage concerté entre les trois puissances ni aux lots qu'elles s'adjugent respectivement. Il sembleroit même aux propos de M. de Mercy que celui de la Cour de Vienne n'est pas encore déterminé et que son ajournement demeure encore en suspens et sera l'objet d'un concert ultérieur. Nous savons cependant par d'autres canaux, et je ne l'ai point laissé ignorer à M. de Mercy, que le lot de la Cour de Berlin sera composé de toute la Prusse Polonoise, à l'exception des villes de Thorn, de Dantzick et de son territoire.

Je n'ai point dissimulé, Monsieur, à cet ambassadeur l'étonnement où nous jettoit un arrangement aussi important à l'équilibre de l'Europe et à l'alliance fait et pour ainsi dire consommé sans notre participation et dont on ne faisoit part au Roi qu'à l'instant même de l'entrée des troupes autrichiennes en Pologne, je ne lui ai pas non plus caché que la détermination de sa Cour paroissoit s'exposer à des inconvénients actuels et à des inconvénients futurs, que l'équivalent des acquisitions du roi de Prusse ne seroit jamais formé par aucun des arrondissements qui pouvoient être destinés à la monarchie autrichienne. Je lui fis sentir *quoique légèrement* que l'équilibre général ne seroit point maintenu par l'accroissement même proportionnel des trois Cours puisqu'il faudroit pour l'opérer que la France participât au bénéfice de cet arrangement, au moins par des arrondissemens à sa convenance.

Au surplus je témoignai que la Cour de Vienne, gémissant elle-même sur la triste nécessité où elle se voyoit réduite de donner les mains à un semblable arrangement, le Roi ne pourroit sans doute que gémir avec elle sur le malheur des conjonctures et partager les peines de LEURS MAJESTÉS IMPÉRIALES en proportion de la sincérité des liens qui unissent les deux Cours, mais un des points essentiels auquel je m'arrêtai, Monsieur, fut d'observer à M. le comte de Mercy que les acquisitions nouvelles que la Cour de Vienne alloit faire ne pouvoient point être comprises dans la garantie réciproque stipulée par le traité de Versailles.

Cette façon de penser, Monsieur, n'étant encore alors que mon sentiment particulier, je prévins M. le comte de Mercy que je prenois les ordres du Roi sur l'exposé qu'il venoit d'en faire, et Sa Majesté, sur le compte que j'ai eu l'honneur de lui en rendre dans son conseil, ayant approuvé et adopté les réflexions dont je viens de vous exposer le précis, m'a chargé de les réitérer en son nom à cet ambassadeur lors de notre première conférence.

Je crois donc devoir vous en prévenir pour vous mettre à portée d'en parler à M. le prince de Kaunitz avant l'arrivée de la relation que M. le comte de Mercy pourra lui adresser.

L'intention de S. M. est donc que vous déclariez à ce ministre qu'elle est trop sincèrement attachée à LEURS MAJESTÉS IMPÉRIALES pour se permettre aucune réflexion sur un parti qu'elles ont sans doute pris après les plus mûres délibérations et sur un calcul réfléchi de leurs intérêts, quoique SA MAJESTÉ n'ait pu qu'être sensible à la manière pleine de réticence dont toute cette affaire a été et continue à être traitée ; que Sa Majesté est bien éloignée de mettre obstacle à l'arrangement qui paroît définitivement arrêté ; mais qu'en considérant les choses en elles-mêmes et les dangers futurs d'un pareil accord, elle ne peut que témoigner à la Cour de Vienne qu'elle ne croit pas que les obligations de la garantie réciproque s'étendent à des acquisitions faites sous de tels auspices ni aux querelles qui peuvent en résulter. Vous assaisonnerés, Monsieur, cette déclaration de tous les témoignages d'amitié possibles.

LE PRINCE L. DE ROHAN AU DUC D'AIGUILLON.

A Vienne, le 9 may 1772.

La Cour de Vienne doit faire paroître bientôt un manifeste pour justifier sa conduite. Sans doute que pour éloigner toute idée d'usurpation, elle fera valoir des prétentions fort anciennes qu'elle dit avoir sur les territoires qui doivent tomber dans son lot et si la Russie conquérante, pour prix des complaisances du ministre autrichien, ajoute d'autres possessions, le nouvel arrangement sera annoncé comme une suite de négociations nécessaires entre les puissances intéressées pour maintenir l'équilibre et la tranquillité du Nord.

En conséquence des ordres du Roi, j'ai été chés le prince de Kaunitz. J'ai demandé que les officiers français faits prisonniers par la Russie et le roi de Prusse fussent renvoyés sur parole.

Je lui ai encore rappelé que les secours donnés aux confédérés n'avoient été accordés que sur le désir que la Cour de Vienne en avoit témoigné au Roi et sur l'utilité qu'elle étoit convenue elle-même que pouvoit être pour la suite une pareille diversion.

M. de Kaunitz répond qu'il craint que Leurs Majestés Impériales ne se compromissent..... Etonnemment et insistance de l'ambassadeur.

CONVERSATION AVEC KAUNITZ (*chiffrée*).

Je lui ai ajouté qu'il m'étoit difficile de trouver l'épithète juste pour déterminer cet accord étonnant.

Le ministre m'a répété ce qu'il m'avoit déjà dit du malheur des circonstances et de la nécessité où sa Cour s'étoit trouvée de se concerter pour éloigner les fléaux qui alloient fondre sur la monarchie autrichienne et lui attirer les plus grands désagrémens et que, quoique les choses ne fussent pas de nature à leur plaire, il avoit cependant fallu beaucoup de fermeté et d'adresse pour les amener au point où elles sont ; que nous en serions convaincus quand il lui seroit permis de nous dire toute la suite de la négociation.

LE PRINCE L. DE ROHAN AU DUC D'AIGUILLON (*chiffrée*).

Vienne, le 13 may 1772.

Un nouvel entretien, Monsieur le Duc, avec M. le prince de Kaunitz, que j'ai fait naître sans le provoquer, m'a donné des détails très suivis sur l'origine, les progrès et les suites des démarches de la Cour de Vienne pour se réunir, dans les circonstances présentes, aux deux Cours de Pétersbourg et de Berlin.

Il y a deux mois, m'a répété le ministre, que je ne me doutois pas ni de ce qui existe, ni de ce qui doit arriver incessamment. Nous n'étions alors occupés qu'à imaginer tous les moyens possibles pour éloigner le fléau de la guerre. Les vues que le Roi de Prusse manifestoit sur la Prusse Polonoise nous donnoient de l'ombrage et de l'inquiétude. Ce fut pour en empêcher l'effet que nous redoublâmes nos sollicitations auprès de la Czarine, pour lui montrer tout le danger que couroit même la Russie, en laissant de telles possessions entre les mains d'un voisin toujours avide et insatiable. On convint de la vérité de nos réflexions, mais on nous fit entendre qu'il étoit des liens qu'on ne pouvoit plus rompre; que les liaisons de la Cour de Vienne avec La Porte avoient forcé à écouter les propositions du Roi de Prusse et qu'on étoit très déterminé à donner à cette union toute l'étendue possible, si la Maison d'Autriche continuoit à favoriser les Turcs. Nous soupçonnâmes alors un traité entre les deux Cours. Dès que nous fûmes assurés de ce fait, il fallut s'intriguer pour en connoître les conditions.

Russie résolue à étendre ses conquêtes. — Roi de Prusse se chargeant d'empêcher les Autrichiens de mettre aucun obstacle à ce dessein. — Pacification avec la Porte. — Que de là les deux puissances se réuniraient en Pologne et devaient nous faire repentir de notre intelligence avec Constantinople.

Ce fut alors que, prévoyant toutes les suites de cet accord, nous pressâmes l'Angleterre de parler à la Russie. Elle ne voulut dire mot. Nous savions déjà que la France avoit annoncé clairement qu'elle s'en tiendroit littéralement au traité d'alliance, ce qui avoit fait présumer au Roi de Prusse qu'il auroit peu à craindre de notre alliance. Nous fîmes jouer à Constantinople tous les ressorts que peuvent inspirer l'intérêt et un danger imminent. Il n'y eut pas moyen d'arracher le Turc à son inertie.

Dans ces momens de crise, la disette et la mortalité désoloient la Bohême et l'Autriche. Cependant la guerre sembloit inévitable; il falloit nous décider à en soutenir seuls tout le poids, et si les événemens toujours incertains se tournoient contre nous, tout étoit à craindre pour la monarchie autrichienne. Nos menaces et la présence d'une armée en

Hongrie n'ayant point intimidé, il a fallu avoir recours à la négociation. Nous avons demandé communication du traité entre les Cours de Pétersbourg et de Berlin. On nous l'a d'abord refusée ; sur nos instances, on nous a d'abord promis de nous en faire part, si nous voulions nous engager au secret, même vis-à-vis de nos alliés. La connoissance de ce traité nous paroissoit trop importante pour ne pas accepter ces conditions, bien qu'on nous eût certifié que nos alliés n'étoient pas compromis.

Nous vîmes par ce traité....

Que la Russie s'acheminoit à grands pas vers Constantinople ; que la Pologne alloit devenir la proye des deux Cours unies ; que l'équilibre du Nord alloit être rompu ; que la maison d'Autriche perdroit nécessairement la prépondérance en Allemagne, que même elle pourroit être écrasée (ce sont ses termes) et que les puissances unies étoient résolues à courir tous les risques pour l'exécution pleine et entière de leur dangereuse convention. Quel parti prendre ? Il falloit ou s'opposer à main armée à l'exécution de ce traité, ou négocier pour en diminuer le danger et s'assurer qu'il n'y auroit aucun aggrandissement tel que la balance politique actuelle pût être altérée. Nous ne pouvions choisir qu'entre deux grands maux ; nous avons cru devoir préférer le moindre. Nous avons pensé qu'en nous concertant nous ferions plus aisément contrepoids et que nous serions plus à portée d'arrêter la révolution qui alloit s'opérer et que rien n'auroit pu empêcher. C'est alors que nous avons interposé nos bons offices pour un armistice et pour un congrès.

Quant à la Pologne, il falloit en pacifier les troubles et ne pouvant plus douter des projets des deux Cours unies pour s'en approprier des territoires, tout ce que nous avons pu faire a été d'exiger que leurs prétentions fussent modérées et que nos justes réclamations sur certains points fussent admises. Voilà, a-t-il ajouté, l'état des choses, et, pour ainsi dire la généalogie de notre conduite. J'attends avec une sorte d'impatience le moment de pouvoir vous en dire plus sur les effets qui doivent résulter de notre concert. Je sais qu'on dira qu'en cette occasion notre rôle n'est pas le plus beau, mais on verra que les circonstances nous ont forcé. M. le prince de Kaunitz m'a dit ensuite avec un air peiné : « Ceux qui m'aiment comme homme doivent me plaindre comme ministre, je ne croyois pas que mon ministère finiroit ainsi. » Tel est, Monsieur le duc, le résultat d'une très longue conversation. Le ministre ne sembloit la prolonger que pour soulager son âme oppressée et pour justifier une conduite qu'il sait bien n'être pas approuvée.

... Il m'a assuré que l'Impératrice avoit redemandé les officiers françois faits prisonniers par la Russie, mais il m'a répété qu'il craignoit un refus, tant l'animosité est grande, dit-il, à Saint-Pétersbourg contre tout ce qui porte le nom de François.

LE PRINCE L. DE ROHAN AU DUC D'AIGUILLON.

A Vienne, le 23 may 1772.

. . . .

Il m'a répété ses anciennes complaintes sur la dure nécessité qui forçoit sa souveraine à un concert auquel elle n'acquiesçoit qu'avec la plus grande répugnance.

Observation de Rohan que ces nécessités ne justifioient pas, dans son esprit, le silence trop obstiné que la Cour de Vienne continuoit à garder sur les suites de ce concert et sur ce qui devoit en résulter. « Eh ! que voulés-vous que nous vous disions ? a repris aussitôt M. le prince de Kaunitz, à l'instant même que je vous parle, nous ignorons encore les dernières résolutions des Cours de Pétersbourg et de Berlin et quel sera le lot que nous aurons en Pologne.

LE DUC D'AIGUILLON AU PRINCE L. DE ROHAN (*chiffrée*).

A Versailles, le 26 may 1772.

Réponse de M. de Kaunitz avec tout l'art dont la vérité des faits les rendoit susceptibles. Cependant ils fixeront difficilement le jugement de ceux qui ont été à portée de voir l'origine et les progrès de la crise actuelle, de connoître les moyens multipliés et faciles que la Cour de Vienne avoit de la prévenir et de l'instruire de sa position et de sa liaison vis-à-vis des Turcs. — Je ne parlerai pas de l'injustice qu'on a fait éprouver à la Pologne, ni des procédés dus à ses alliés. Au surplus, Monsieur, il reste encore à développer les modifications que la Cour de Vienne a obtenues de celles de Saint-Pétersbourg et Berlin, ce qu'elle entend par les mesures prises pour le maintien de l'équilibre et quelle paix elle jugera raisonnable pour les Turcs, dans la triste position où M. de Kaunitz les envisage.

Notre réponse au Roi de Prusse, Monsieur, fut que notre garantie ne comprenoit littéralement que les possessions de la maison d'Autriche et leur aggression directe; mais nous fîmes entendre que si les affaires de Pologne occasionnoient une rupture où la Cour de Vienne, notre alliée, seroit impliquée, nous prendrions conseil des circonstances et que nous ne pourrions nous expliquer à l'avance sur cet objet.

Le ministre autrichien parut satisfait de cette démarche dont il avoit eu une connoissance d'autant plus particulière, qu'ainsi qu'il nous l'a déclaré lui-même, le Roi de Prusse lui faisoit part de tout ce qui se passoit entre lui et nous.

Il y a plus encore, Monsieur, c'est que ce fut dans cette conjoncture que le prince nous fit entendre qu'il avoit des vues arrêtées sur une portion de la Pologne et qu'il désiroit devoir cette acquisition au Roi, de préférence à toute autre puissance. Une ouverture aussi caractérisée nous donnoit sans doute beau jeu, mais nous n'en fîmes d'autre usage que de la confier à notre alliée. Nous espérions que sa confiance seroit enfin le fruit de nos procédés et qu'après avoir reçu avec indifférence toutes nos avances précédentes, elle entreroit avec nous en matière.

. . . .

Enfin, Monsieur, nous ne voyons pas encore comment tout ce qui se fait tend à pacifier les troubles de la Pologne, si ce n'est en abandonnant le cadavre de la République au ressentiment des Russes et de la Cour de Varsovie. Au reste M. de Kaunitz nous ayant annoncé qu'il soupiroit après le moment de s'expliquer avec moins de réserve, il faut convenir, en attendant, que sa justification aura en effet de quoi surprendre, si elle détruit, comme il paroît se le promettre, le préjugé qui semble s'être enraciné dans les esprits, par rapport à la conduite de sa Cour.

LE PRINCE L. DE ROHAN AU DUC D'AIGUILLON.

Vienne, le 27 may 1772.

. . . .

Belle conduite des officiers français. — Regrets qu'ils laissent. — Ils ont fait honneur à la nation par leur conduite et leurs talens.

28 may.

Les troupes autrichiennes s'avancent en Pologne.

C'est donc une affaire dite et finie, la malheureuse Pologne va devenir la proie du plus fort. La postérité aura peine à croire la graduation pour ainsi dire et la facilité avec laquelle s'est opérée cette étonnante Révolution. Quoi! parce que l'élite de la noblesse polonaise s'est légitimement confédérée pour s'affranchir du joug que vouloit imposer la Russie, parce que le Turc, comme allié de la Pologne, a pris les armes pour venger les droits de cette République, il sera dit que trois puissances, dont deux étoient faites pour maintenir l'intégrité de cette monarchie contre les injustes prétentions de la troisième, se seront concertées pour s'approprier chacune les provinces qui sont le plus à leur bienséance, et que ce démembrement, qui ne peut qu'altérer l'équilibre du système politique de l'Europe, se sera consommé sans que les puissances intéressées à s'opposer à la prépondérance qui doit en résulter aient réclamé contre une usurpation si extraordinaire. Il paroît toujours constant que le Roi de Prusse aura le territoire d'Elbing et la Warmie; l'industrieux monarque, sans s'emparer maintenant de la ville de Dantzick, saura prendre des mesures pour y arriver plus tard.

La maison d'Autriche va faire revivre d'antiques prétentions pour colorer l'odieux du lot qui doit lui écheoir. Il ne transpire encore rien de son manifeste, mais on m'a assuré qu'on devoit y revendiquer le territoire de Sandec, la starostie de Zips, la principauté d'Halitz et la Podolie, comme biens appartenant autrefois aux Rois de Hongrie. L'Europe éclairée ne verra dans ce manifeste que la force des armes qui appuie des droits imaginaires, et dans la conduite de la Cour de Vienne, qu'une politique timide, occupée d'intérêts momentanés, sacrifiant des engagements sacrés par une association qui, bien loin de l'arracher aux malheurs qu'elle redoutoit, en fera naître de plus grands et lui imprime en attendant l'ineffaçable tache qui doit accompagner l'usurpation et l'abandon de ses vrais alliés, car tel est sans doute le jugement sévère mais équitable que portera quiconque lira le traité avec la Porte. On est vraiment indigné en voyant la bonne foi du Turc et les sacrifices qu'il faisoit de son or et même d'un terrain assez considérable, pour acheter l'alliance de la maison d'Autriche, et, d'un autre côté, les tortueuses expressions qui se trouvent dans l'acceptation que la Cour de Vienne a faite de ces conventions et la manière dont elle s'en sert aujourd'hui pour se jouer de son allié après en avoir tiré des millions et pour favoriser par de nouvelles vües la supériorité que la Russie s'est acquise par ses dernières victoires. Quand on est ainsi esclave des intérêts mobiles et flottants, que les passions changent incessamment, on peut toujours être prêt, dit l'auteur du *Droit public de l'Europe*, à conclure un traité relatif aux circonstances dans lesquelles on se trouve, et voilà le rôle que joue aujourd'hui la maison d'Autriche, M. le duc voudra bien me passer ces réflexions. J'en avois besoin pour satisfaire l'indignation que j'ai vouée à tout ce qui n'est ni franc ni droit, ni loyal, ni honnête.

J'ai crû comme vous, Monsieur le Duc, qu'il étoit de la dignité du Roi de ne plus provoquer la confiance du ministre autrichien. Le dénouement de ses secrets ne me paroît pas assez honorable pour que nous puissions être jaloux d'en partager le système. Je ne sais l'espèce d'impression que peuvent avoir fait et mon indifférence apparente sur ce point et la manière dont j'ai déclaré les dernières intentions du Roi par rapport aux nouvelles possessions de la maison d'Autriche, mais je trouve dans M. de Kaunitz plus de prévenances et plus de ce qui pourroit caractériser la vraie cordialité. Il ne me dit rien de nouveau, mais il aime à revenir sur la fâcheuse nécessité qui l'entraîne à regret. Il semble qu'il cherche à tourner ma sensibilité sur son personnel qui est à plaindre, dit-il, parce qu'on n'est pas à portée de le juger. — Nouvelles du congrès, promesse de les faire connoître.

L'Impératrice, qui paroît très inquiète du jugement que l'Europe portera de sa conduite actuelle, a comme forcé le prince de Saxe Hildburghausen à rompre le silence qu'il avoit promis de garder, a-t-il dit, pour ne point manquer au respect et pour ne point empoisonner par les expressions mêmes de la vérité les derniers jours d'un règne qui jusqu'ici avoit mérité l'admiration du siècle présent et des siècles à venir. Je rends ici ses termes. La confiance s'est rétablie, mais le prince n'a pas craint d'exiger qu'en envoyant ses réflexions en colonnes, elles ne seroient vues que de l'Impératrice, apostillées de sa main et renvoyées par une voie dont on est convenu. Tout a été accepté. J'ai été à portée de voir cette singulière correspondance. Le prince de Saxe y parle sans ménagemens du système qu'on a adopté, il en détaille et les suites pernicieuses pour l'avenir et l'odieux qui en résulte pour le moment, il montre à l'Impératrice le plus beau des règnes se terminer si mal ; le prince de Kaunitz y est peint avec les couleurs les plus fortes. On attribue tous les malheurs qui vont dégrader la monarchie autrichienne à ce ministre, à son apathie pour tout ce qui n'intéresse pas sa personne et à son éloignement pour le travail. On rend justice à ses lumières, mais on les dit obscurcies par mille petitesses qui le dominent.

L'Impératrice semble convenir que, quoique ces choses soient exagérées, on peut penser ainsi, mais qu'on changera quand on saura le concours des circonstances qui les ont amenées où elles sont. Elle avoüe qu'elle a été *séduite, entrainée, nécessité*, que sa perplexité actuelle est grande, que le chagrin la tue, que sa seule consolation est dans la droiture de ses vües et dans le compte qu'elle peut rendre d'avoir mis tout en œuvre pour empêcher des événements auxquels elle est forcée de prendre part.

L'Empereur est très mécontent, je le sçais à n'en pouvoir douter, mais il se tient dans le silence le plus respectueux vis-a-vis de l'Impératrice ; il dit tout ce qu'il faut pour anoncer assez clairement qu'il passe ses plus beaux jours dans l'inaction et dans l'espèce d'impossibilité d'effectuer ce qu'il désiroit pour le bien, mais il le dit de manière à ne plus renouveler ces tristes scènes qui agitoient, il y a deux ans, l'intérieur de cette Cour.

LE PRINCE L. DE ROHAN AU DUC D'AIGUILLON.

Vienne, le 23 juin 1772.

Les vexations inouïes, Monsieur le Duc, que les confédérés éprouvent de la part des Autrichiens m'ont tellement indigné, que le désir de les arracher à leur cruelle position m'a rendu mes forces. Je me suis traîné chez M. le prince de Kaunitz. J'ai cru que, sans me compromettre, je pouvois faire sentir que l'intérêt que la France avoit pris de concert avec la Cour de Vienne au sort des Polonois révoltés du joug *(sic)* de la Russie devoit être un motif pour les traiter avec plus d'humanité.

Plaintes contre les généraux d'Alton et d'Esterhazzy, menaçant de mettre aux fers pour toutes les dettes contractées même par les particuliers, empêchant de vendre les effets et provisions. — Désarmement des maréchaux par le prince Esterhazzy. — Les confédérés livrés à la Russie. — Dépouillement de leurs gens, jusqu'à leur ôter leurs habits et leurs bottes. — M. d'Alton fait arrêter et veut livrer aux Russes le maréchal de Cracovie, les comtes de Pacz et de Crasinsky.

Quant au démembrement de la Pologne, M. le prince de Kaunitz m'a positivement assuré qu'il n'y avoit encore rien de positivement réglé définitivement ; que seulement on étoit convenu par écrit que les deux autres puissances ne prendroient qu'en donnant autant à la maison d'Autriche ; que l'objet des prétentions des Cours de Berlin et de Pétersbourg étoit encore irrésolu et inconvenu, ce sont ses termes; qu'on attendoit tous les jours le plan de leurs acquisitions ; que Leurs Majestés Impériales avoient déclaré qu'elles ne souffriroient pas que le partage fût disproportionné.

J'ai supprimé mes réflexions sur une usurpation de cette nature et sur la tranquillité avec laquelle on m'en faisoit l'aveu.

Pour que l'équilibre fut partout égal, que diroit la maison d'Autriche, si, d'après de tels principes, nous cherchions à faire revivre les anciennes prétentions de la France et que pour conserver la balance nous nous emparions des provinces voisines de nos domaines ? On m'a assuré de bonne source qu'on ne nous avoit caché si soigneusement le concert pour le démembrement, que parce qu'on craignoit qu'allarmés de ces nouveaux arrangemens, nous ne nous missions en devoir d'entrer dans les Pays-Bas et peut-être de nous entendre avec l'Angleterre et la Hollande pour garder ces provinces en otage et pour mieux assurer l'équilibre auquel le système actuel des puissances du Nord pourroit donner atteinte.

LE DUC D'AIGUILLON AU PRINCE L. DE ROHAN.

Compiègne, 23 juillet 1772.

La position des puissances qui ont des troupes en Pologne aroît encore très peu éclaircie et nous sommes affectés de la plus vive impatience d'avoir de quoi attendre un jugement sur une matière de si grande importance.

LE PRINCE L. DE ROHAN AU DUC D'AIGUILLON.

Vienne, 29 juillet 1772.

Le partage de la Pologne paroît si monstrueux qu'il y a des ministres étrangers qui n'y veulent pas encore croire. Celui même de Pologne m'a avoué, il y a quelques jours, son ignorance sur cet objet et son incrédulité, en me priant instamment de dissiper son incertitude. Je ne lui ai point fait mistère *(sic)* que j'étois sûr que le partage étoit arrêté entre les trois puissances, mais que je croyois sûr aussi qu'elles n'étoient pas d'accord sur le quantum. Il a reçu cette assertion affligeante en s'écriant à l'injustice. J'ai encore appris du ministre de Varsovie qu'ayant porté ses plaintes de ce que le Roi de Pologne étoit réduit à manquer sous peu du nécessaire, puisque la maison d'Autriche, à l'instar des deux autres puissances, s'emparoit de ses revenus en grande partie, il avoit reçu une dépêche fort laconique et fort dure.

On peut conclure de tout ceci que la politique de Vienne est bien fine ou bien fausse.

EXTRAIT D'UN MÉMOIRE ARRIVÉ DE BERLIN A VIENNE PAR LE MINISTRE IMPÉRIAL VAN SWIETEN.

Berlin, 9 août 1772.

Le Roi de Prusse croit être instruit de certaines démarches que la Cour de France auroit fait *(sic)* auprès de celle de

Londres, et pour détruire les impressions que la France auroit pu faire dans le ministère anglois, il a proposé aux Cours de Vienne et de Pétersbourg un plan de négociation qui doit être conduit à Londres avec le plus grand secret. La Cour de Vienne, alléguant encore de certains ménagemens indispensables, S. M. Pr. se chargeroit de la négociation.

Les principaux points du plan proposé sont :

1° On doit faire les plus fortes représentations à l'Angleterre pour détruire ses craintes par rapport au démembrement de la Pologne, en ce qui pourroit causer du préjudice à son commerce. Que pour y obvier, et la Russie et le Roi de Prusse offriront des avantages si considérables du côté de son commerce, que l'Angleterre, dans la conservation même de la totalité de la Pologne, n'en pourroit jamais espérer de plus grands ;

2° Qu'on formera des projets et des traités de commerce, de la part de la Russie et du roi de Prusse, si avantageux à la Cour de Londres, qu'elle ne puisse pas les refuser. Qu'on y comprendra le commerce du Levant, où la Russie fera son possible pour la convenance des Anglois ;

3° *(Inintelligible)*;

4° Qu'on tâcheroit de faire accéder les Hollandois aux vües qu'on se propose avec l'Angleterre et de leur faire les mêmes conditions relativement à leur commerce, tant dans la Baltique que dans le Levant ;

5° Qu'on conviendra avec les Hollandois sur la sûreté des places barrières dans les Pays-Bas. Dans cette convention entreront également les Anglois et le roi de Prusse.

DU PRINCE L. DE ROHAN AU DUC D'AIGUILLON.

Vienne, le 24 octobre 1772.

Je continue, Monsieur le Duc, à vous envoyer les détails que je me suis procuré sur la position actuelle des Autrichiens en Pologne. Ils viennent d'imiter le roi de Prusse, qui, pour plus de précaution sans doute, a dépassé les limites du partage. Ils s'étendent en Podolie, au-delà de la rivière Podoryk qu'ils avoient fixée pour frontière et s'approchent de Kaminiek.

Renversement des aigles impériales. — Plusieurs Magnats déterminés à s'ensevelir sous les ruines de leurs châteaux pour y mourir libres.

DU PRINCE L. DE ROHAN AU DUC D'AIGUILLON.

Vienne, 28 octobre 1772

Il est certain que l'empereur, par un article séparé, a accédé au traité de partage et l'a ratifié. Ce fait ne doit laisser aucun doute sur la part très active que ce prince a eu au démembrement, car à quel titre pourroit-il accéder à ce traité et le ratifier? Il n'est point encore roi de Hongrie et la Pologne n'a aucun rapport avec le chef de l'empire.

L'Empereur et le Roy de Prusse s'écrivent, dit-on, fréquemment de leurs propres mains et très souvent à l'insçu de l'Impératrice. On cite cette phrase d'une lettre qu'on dit être arrivée, il y a douze jours :

« La France a de puissantes raisons pour soutenir le roi de Suède ; elle veut encore dominer l'Allemagne comme au temps de nos foibles ancêtres. Ne vous laissez ni gagner, ni entraîner et, si on vouloit vous inquiéter, j'ai cent trente mille hommes à vos ordres et même mes vieux os, s'il en est besoin [1]. »

Je tiens cette anecdote de deux sources :

1° Du ministre de Suède, qui m'a assuré la savoir d'un

1. Menzel. — *Mémoire du Maréchal de Richelieu*, tome VI, page 268.

Ce bandit, dans une incursion du côté de Sarrelouis, brûlant et saccageant des villages, fut manqué de quelques heures. Il avoit laissé un manifeste affiché dans quelques villages des frontières de la Lorraine, dans lequel il disoit :

Que l'Alsace, la Bourgogne, la Franche-Comté et la Lorraine étoient bien à plaindre sous le gouvernement françois. Il ajoutoit que la Reine de Hongrie se réservoit toujours la propriété de ces provinces et qu'elle étoit touchée de voir ses sujets gémir en France sous un joug insupportable ; il assuroit la no-

homme qui avoit des rapports avec la société intime de l'Empereur et qui, par son caractère, est incapable de vouloir en imposer;

2° D'un officier autrichien retiré, originaire françois, qui m'a dit l'avoir entendue d'une vieille Excellence de la Cour. Je cite mes sources et je supprime mes réflexions.

On m'a dit que l'Empereur avoit le désir le plus vif de recouvrer la Lorraine et de s'emparer de l'Alsace.

Que le plan tracé par le général de Nadasti étoit entre les mains du général de Lasci et avoit été communiqué au Roi de Prusse, que ce monarque l'avoit goûté et avoit promis à l'Empereur de l'aider de toutes ses forces, que l'Impératrice l'ignoroit, que M. le prince de Kaunitz l'ayant désapprouvé, on avoit exigé le secret et qu'il n'y apporteroit point d'obstacle.

LE DUC D'AIGUILLON AU PRINCE L. DE ROHAN (*chiffrée*).

A Versailles, le 21 novembre 1772.

Le Roi a été frappé, Monsieur, de tous les indices et de tous les faits positifs que vous réunissez dans votre lettre, concernant l'intelligence étroite et secrète qui règne entre l'Empereur et le Roi de Prusse, et surtout concernant les projets qu'ils doivent avoir formé de concert, d'envahir l'Alsace et la Lorraine. Ces objets excitent l'attention la plus sérieuse de la part du Roi. Sa Majesté attend de votre zèle que vous les suiviez et que par tous les moyens imaginables, vous vous efforciez de constater quelque chose de positif à cet égard. Le voyage de M. Nadasty à Vienne et les confidences qu'on vous a faites peuvent vous conduire à rendre ce service important à Sa Majesté. L'exécution d'un projet

blesse et le clergé de la clémence de la Reine, s'ils ne s'opposoient pas au succès de ses armes. Il menaçoit ceux qui resteroient attachés aux François de se couper les oreilles et le nez mutuellement et qu'on les pendroit ensuite comme des rebelles, au nom de sa gracieuse souveraine.

La gracieuse souveraine, au lieu de punir l'auteur d'un manifeste que la Cour de France avoit profondément méprisé, crut avoir sauvé son honneur en le désavouant. Cependant, en récompense de ces beaux exploits, elle fit Mensel général-major de l'armée, le mois de juin suivant.

aussi hasardeux exigera d'ailleurs des préparatifs dont il ne sera pas possible de déguiser la connoissance au public. Le Roi compte sur votre vigilance pour étudier la part de cette espèce aussi bien que les nouveaux intérêts du cabinet autrichien.

LE PRINCE L. DE ROHAN AU DUC D'AIGUILLON.

26 novembre.

Quand l'envoyé de Pologne a pris congé de l'Empereur, Sa Majesté lui a dit : « Tout bon citoyen polonois doit conseiller au roi Stanislas-Auguste de faciliter la convocation de la diète que nous désirons, plutôt que de s'y opposer. » Sa Majesté polonoise ne peut plus faire de bien et elle feroit beaucoup de mal si elle s'obstinoit. Elle seroit responsable de tout ce qu'on seroit en nécessité d'entreprendre pour pacifier enfin une République dont les troubles intéressent trop essentiellement ses voisins pour qu'ils ne cherchent pas à les faire cesser par tous les moyens possibles.

LE DUC D'AIGUILLON AU PRINCE L. DE ROHAN.

Versailles, 8 décembre 1772.

Difficulté d'une situation aussi compliquée.

Le propos que l'Impératrice reine vous a tenu vous prouve bien l'opinion qu'elle veut qu'on ait de sa manière d'envisager cette œuvre d'iniquité, mais ses regrets sont-ils assez vifs pour la porter à renverser un ouvrage presque consommé?

Désir du Roi de constater le plus particulièrement qu'il vous sera possible la force de ce sentiment dans cette princesse. — Difficulté de résister à l'ascendant de l'Empereur. — Intérêt qu'il prend à ses nouvelles acquisitions et à l'espèce de légitimation qu'il paroît d'accord avec le roi de Prusse d'extorquer à la malheureuse Pologne.

Les diètes qui se sont tenues depuis l'avènement de Stanislas sous les armes des Russes, et au résultat forcé desquelles la violence donnait une sanction irrésistible, offre des exemples trop analogues aux vues des deux monarques pour qu'ils négligent de les imiter et la précipitation avec laquelle on veut contraindre le roi de Pologne à convoquer la diète laisse très peu de moyens pour s'opposer à la consommation de cette nouvelle violence.

LE PRINCE L. DE ROHAN AU DUC D'AIGUILLON.

Vienne, le 10 décembre 1772.

Affaire de Lorraine-Alsace d'après une lettre de M. de Vergennes et une conversation de M. de Mercy. Conversation de Rohan avec l'Empereur.

L'Empereur dit :

Si je rends justice d'un côté au roi de Prusse, personne ne connoît mieux ses défauts que moi : son intérêt est son seul guide ; dangereux dans ses moyens, nulle espèce de fidélité dans ses traités et semblable à un enfant ; tant que vous tenez la pomme que vous lui promettez, il fait ce que vous voulez et dès que vous la lui accordez, il cherche si une autre main ne lui offre pas une autre pomme. Vous voyez avec quelle confiance et quelle amitié je vous parle. Quant aux propos qu'il tient par rapport à l'Alsace et la Lorraine, ce sont de ses tours ordinaires et de ses mensonges qu'il imagine pour pouvoir causer quelque division ; mais celui-là est trop absurde, car rien ne seroit moins à ma convenance que ces deux provinces. Par exemple, si l'on disoit que je serois bien aise de joindre la Moldavie, la Valachie et la Silésie à mes Etats, l'agrandissement que cela formeroit pourroit accréditer une pareille idée. Quoique ce soit loin de ma pensée et outre que je suis fidèle à l'alliance, je peux dire que nous y trouvons notre avantage réciproque et que les barrières et les limites sont fixées. Pour les pousser jusqu'au Rhin, il vous a coûté assez de sang pour que vous en restiez les possesseurs tranquilles.

Je témoignai à Sa Majesté combien cette protestation m'étoit agréable à entendre. Après quelques lieux communs de ma part, je fis retomber mes réflexions sur la Pologne. L'Empereur me dit que les trois puissances exigeroient promptement la diète, et que si le Roi de Pologne s'y refusoit, il s'en repentiroit. C'est bien, lui dis-je ; vous êtes assez fort pour écraser un homme qui est sans défense ; il ne peut lutter, mais de son sang il naîtra des défenseurs, et de ses Etats dévastés, peut-être un peuple de guerriers, c'est-à-dire que la Pologne peut devenir tôt ou tard, pour la maison d'Autriche, une source de malheurs. Car j'ai peine à croire que les puissances du Nord laissent opérer la destruction totale de la Pologne.

... Je dois croire l'Impératrice vraie et sincère. La manière dont le partage de la Pologne a été fait l'affecte encore ; l'aveu si souvent répété d'en avoir ignoré le projet jusqu'au moment où elle a été *nécessitée* d'y concourir, tout me persuade :

1° Que l'Impératrice Reine, comme elle l'a avoué, *avoit* été séduite et entraînée ;

2° Que le prince de Kaunitz, qui m'a dit plusieurs fois : « Il faut me plaindre, je n'ai aucune part à tout ce qui arrive, » a été obligé de se plier aux désirs de l'Empereur, et qu'en ministre docile il opère en conséquence des vues déclarées de l'héritier de la monarchie autrichienne ;

3° Que le roi de Prusse a sçu subjuguer l'Empereur et se l'attacher par des vues qui peuvent nourrir l'ambition de ce jeune prince et flatter sa vanité. Car enfin, Monsieur, on ne peut se dissimuler l'étroite liaison de ces deux monarques. Leur correspondance secrète n'est que trop vraie, et le ministre de Suède est venu m'assurer qu'il ne falloit plus douter du contenu de la lettre dont il a été rendu compte précédemment.

PIÈCE N° VI.

VENTE : M. BINET DE BOISGIROULT A MADAME DU BARRY.

7 décembre 1772.

Furent présens Louis-René Binet de Boisgiroult, écuyer, chevalier de Saint-Louis, mestre de camp et de cavalerie, demeurant à Paris, rue des Billettes, à Sainte-Croix-de-la-Bretonnerie, paroisse Saint Jean-en-Grève ;

Marie-Elisabeth-Cécile Binet, veuve de messire de Brach, chevalier, seigneur de Montusson ;

Et Me Achille-Jean-François de Coustard, avocat au Parlement, demeurant à Paris, rue et paroisse Saint-Germain-l'Auxerrois, au nom et comme fondé de la procuration spéciale à l'effet des présentes de dame Marie-Elisabeth-Cécile Binet et de M. François-Elie de Brach, passée devant Petit, notaire royal en Guyenne, résident à Vayret, présent témoin, etc.;

Lesquels ont par ces présentes, vendu, cedé, quitté et délaissé, etc., à haute et puissante dame madame Jeanne Gomard de Vaubernier, épouse non commune en biens et séparée d'habitation de haut et puissant seigneur messire Guillaume comte du Barry, chevalier de l'Ordre royal et militaire de Saint-Louis, demeurant ordinairement à Paris en son hôtel, rue Neuve-des-Petits-Champs, paroisse Saint-Roch, étant de présent à Versailles au Château, à ce présente et acceptante pour elle, ses héritiers et ayant-cause ;

Trois maisons connues sous la dénomination de pavillons du sieur Binet et jardins situés à Versailles, dans l'avenue de Paris et enclavés dans l'enceinte de la butte Montboron, consistant entre autres choses :

En un pavillon isolé, bâti à la romaine et deux autres corps de logis couverts d'ardoises, séparés par différentes cours, grands jardins et potagers, enclos de mur, et ayant 163 toises 5 pieds de longueur de face sur l'avenue de Paris, 66 toises 1 pied en retour sur la rue Montboron et 26 toises encore en retour sur la rue du Chenil, le derrière duquel terrain tient à la butte de Montboron dont les mesures ont été prises par le procès-verbal ci-après datté et ont été déclarées être en superficie de 6.600 toises quarrées, de laquelle totalité il y a deux cent treize toises et les six mille trois cent quatre-vingt-sept toises restant en cours, jardins et potagers, ainsy que le tout et le surplus se poursuivent et comportent, sans en rien excepter ni réserver et est plus au long désigné et détaillé en un extrait fait et délivré par Me Le Pot d'Auteuil, l'un des notaires, du procès-verbal d'estimation des dites maisons, jardins, cours et dépendances, qui a été fait et rédigé à Paris le 7 juin 1765 par les sieurs du Boisterf et Guyard, arbitres nommés par le sieur Binet, baron de Marchais, le sieur Binet de Boisgiroult et la dame de Brach, lequel rapport a été contrôlé à Paris le 18 du même mois.

Cette vente à la charge des droits seigneuriaux pour l'avenir seulement et à la charge d'exécuter et entretenir le bail actuellement subsistant, si mieux n'aime madame la comtesse du Barry, en dépossédant le locataire, de tout acquitter, garantir et indemniser les vendeurs, moyennant la somme de quatre-vingt mille livres.

Etablissement de propriété.

Le sieur Georges-René Binet, chevalier de Saint-Louis, mestre de camp de cavalerie et gouverneur de la Tour de Cordouan et premier valet de chambre de Monseigneur le Dauphin, avait acquis par contrat passé devant Me de Buelle qui en a gardé la minutte, notaire à Paris, le 17 juin 1750, de Pierre Langlet, bourgeois à Versailles et Camille de Monsacré, son épouse, de lui autorisée, une pièce de terrain situé proche la ville de Versailles et sur la grande avenue de Paris à Versailles, contenant 460 toises et demie de superficie, déduction faite de six pieds de distance le long du mur du Roy, du côté des levées de la butte de Montboron, à prendre par le bout de derrière dudit terrein jusque sur l'avenue de Paris et contient 36 toises 10 pieds de longueur, tenant ledit terrein d'un côté au sieur Barjot, d'autre au mur de Montboron et par devant à la grande avenue de Paris.

Ce contrat a été insinué à Versailles le 13 août de la même année par Liénard.

Décret volontaire de ladite acquisition adjugée aux registres du Palais, à Paris, le 12 may 1751.

Par contrat passé devant Raux-Rolland, notaire à Versailles, le 26 février 1751, le sieur Binet avait acquis du sieur Jean-Charles-Etienne Thevenin, entrepreneur de bâtiments.

Par brevet du 16 novembre 1751, le Roy a fait don au sieur Binet d'un terrain sis à Versailles, lieu dit la Butte de Montboron, contenant en superficie 3 arpents 3 quartiers environ formant un trapèze, tenant d'un côté, dans la longueur de 129 toises à la crête de ladite butte, d'autre au mur de Sa Majesté faisant l'enceinte d'icelle du côté de l'avenue de Paris, dans la longueur de 115 toises, d'un bout du côté de la Poste pareillement au mur de Sa Majesté sur 37 toises de largeur et l'autre à l'allée de 12 toises réservés pour le service des conduits qui amènent l'eau du réservoir du Parc aux Cerfs, à ceux de la butte pour, par le sieur Binet, jouir, user, faire et disposer dudit emplacement comme de chose à lui appartenante en toute propriété, lui ayant été donnée aux siens, ses hoirs et ayant-cause, à perpétuité à condition toutefois de ne bâtir que dans l'un des bouts dudit terrain du côté de la Poste dans l'espace marqué sur le plan qui en a été dressé, déposé au greffier des bâtiments, conformément aux alignements, cimétrie *(sic)* et décision ordonnée par les officiers des bâtiments, de n'employer tout le reste qu'en terrain et jardin et en outre de payer aux mains de Sa Majesté le droit du cens sur le pied de cinq sols par arpent.

Ce brevet a été visé par M. Poisson le 3 décembre, en sa qualité de directeur et ordonnateur général des bâtiments du Roy.

Par contrat, à Versailles, devant Raux-Rolland, notaire à Versailles, le 16 juillet 1756, Binet, acquit de Marie-Louise-Félicité Girardin et Michel-Félix Vignon, entrepreneur de ponts et chaussées, une place située à Versailles, rue Montboron, faisant face sur la rue du Chenil, contenant en profondeur 36 toises 5 pieds, à prendre depuis l'alignement de la rue du Chenil jusqu'au point milieu du mur de clôture qui sépare ladite place d'avec celle qui appartient audit Thevenin, moyennant 8,000 livres.

Les sieur et dame Binet père et mère sont décédés.

L'inventaire fait après le décès du sieur Binet père a été fait par ledit Me Raux-Rolland, notaire à Versailles, le 22 octobre 1761.

Ils ont laissé pour leurs héritiers, chacun pour un tiers, le sieur Gérard Binet, écuyer, baron de Marchais, seigneur de Sainte-Preuve, chevalier de l'Ordre royal et militaire de Saint-Louis, ancien major du régiment royal corse et premier valet de chambre ordinaire du Roy ;

Ledit Binet de Boisgiroult ;

Et la dame veuve de Brach.

Partage de la succession devant Me Dorfaut, notaire à Paris, le 19 août 1767.

Fait et passé scavoir à l'égard dudit sieur de Boisgiroult et dudit Me de Coustard, en l'étude, et de la dame comtesse du Barry en un appartement au château de Versailles où les notaires se sont exprès transportés, l'an 1772, le 7 décembre avant midy et ont signé :

Janne Gomard de Vaubernier, la comtesse du Barry, de Coustard, Binet de Boisgiroult, Rouen, Le Pot d'Auteuil.

Et le 17 mars 1773, Pierre-Antoine d'Hercourt de Visigny, ancien secrétaire d'ambassade, demeurant à Paris, rue Saint-Honoré, paroisse Saint-Roch ;

Au nom et comme ayant charge et pouvoir, ainsy qu'il l'a

déclaré, de haute et puissante Dame madame Jeanne-Gomard de Vaubernier, et lequel pour satisfaire aux clauses et conditions de l'acte de vente, etc.;

A déposé à Me Le Pot d'Auteuil 81,483 livres 6 sols 8 deniers, savoir : 80,000 pour le prix principal et 1,483 livres 6 sols, montant en déduction des impositions royales, et 5 mois d'intérêts, à la charge de l'opposition du procès-verbal d'estimation des familles Binet, par Me Guiaud, entrepreneur des bâtiments du Roi ;

Et le sieur Jean, du Boisterf, entrepreneur de bâtiments, à Paris.

Nous avons commencé par la première cour, ayant son entrée sur l'avenue de Paris par une grande porte cochère à cadre, pied droit en pierre et vase d'ornement au-dessus, ladite cour pavée de grès, dans laquelle est un perron à double rampe en pierre, le tout en fer au-dessus avec barreaux, balustres, et entrelacs, lequel conduit par sept marches montant au rez-de-chaussée d'un pavillon à la romaine de 63 pieds de longueur sur 46 de largeur, ayant 7 croisées de face et 3 en retour dans l'épaisseur des côtés latéraux, élevé d'un premier étage au-dessus du rez-de-chaussée et couronné d'une balustrade en pierre ornée de vases et figures en terre cuite et d'un bas-comble en ardoises... lequel bâtiment est construit en pierre dure d'Arcueil, depuis le rez-de-chaussée de la cour jusqu'à presque au-dessus du rez-de-chaussée de ce terrain, le surplus de la face de côté du jardin est en pierre de Saint-Leu, ayant trois balcons, etc.

Communs, cuisine, etc.

Le rez-de-chaussée est composé d'un vestibule, d'une forme circulaire de 12 pieds 3/4 de haut, corridor carrelé en pierre blanche et noire.

Un sallon octogone ensuite éclairé sur le jardin et plafond avec corniches ornées de pastels, parqueté, cheminées en marbre, glaces et dessus de porte, tableaux avec cadres dorés.

A gauche dudit sallon, chambre à coucher.

A droite dudit sallon, cabinet de compagnie.

Au derrière, un grand escalier en charpente avec rampe en fer.

Au premier étage, un grand antichambre de forme circulaire, chambre à coucher à côté.

L'appartement ensuite éclairé sur le parterre peint en blanc et lilas.

Ensuite du côté de la cour est une chambre à coucher avec cheminée, peinte en citron et lilas, les dessus de portes à tableaux, et cheminée en papier de Lindet, une glace sur la cheminée.

PIÈCE N° VII.

LE RÉVEIL DES MUSES, DES TALENTS ET DES ARTS.

Prologue.

	Acteurs.
L'Amour.	. . . .
Thalie.	Mme Laruette.
Melpomène	Mlle Raucour.
Terpsicore.	Mlle Dervieu.
Le Génie de l'opéra, — le premier croque-note de la comédie.	
Le Génie de la peinture.	. . . .
Le Génie de la sculpture.	. . . .
Troupe d'enfants	. . . .
Frontin, valet de Thalie	M. Préville.
Le Drame	M. Suin.
Un suivant de Terpsicore.	M. Dauberval.

Pour les fêtes de Lucienne données par ordre du Roi à madame la comtesse du Barry.

A Versailles, le.....

Ce prologue est de M. l'abbé de Voisenon (note de Favart).

Les fêtes ont été composées par Favart.

Depuis le siècle de Louis XIV les Muses sommeillent. L'Amour et Frontin les éveillent en annonçant l'arrivée de madame du Barry à Versailles. Tous les Arts se réunissent pour célébrer cette dame. Thalie seule est choquée d'un homme vêtu de noir, qui se dit son fils (c'est le Drame). Elle l'est encore plus lorsqu'une légion d'enfants veulent l'embrasser encor comme leur mère (ce sont les Proverbes). Terpsicore et sa suite arrivent, tout s'anime et l'on chante des couplets d'éloges, comme ça se pratique pour tous les personnages marquants de la société.

SCÈNE PREMIÈRE.

(On voit Thalie, Melpomène et les autres personnages endormis.

L'AMOUR.

Air : *Réveillez-vous, belle endormie.*

En ces lieux du Barry s'avance,
Plaisirs, soyez tous ranimés.
Est-il possible en sa présence
Que des yeux demeurent fermés ?

THALIE ET LE GÉNIE DE L'OPÉRA.

Air : .....

Ah ! j'entends un nom qui nous presse
De nous rassembler tous,
Le charme cesse ;
Eveillons-nous.

CHŒUR.

Le charme cesse ;
Eveillons-nous.

FRONTIN.

Quand le tendre Quinaut et le divin Molière
Furent privés de la clarté du jour,
Un charme assoupissant borna notre carrière
Et les jeux endormis attendoient que l'Amour
Offrît une beauté plus belle que sa mère,
Qui viendroit rendre la lumière
Aux Grâces, aux Talens pour en former sa Cour.

THALIE ET LE GÉNIE DE L'OPÉRA.

Que l'Amour annonce à Cythère
La fin de notre enchantement,
Qu'il ne soit plus Dieu du mystère,
Qu'il marque avec éclat ce bienheureux moment !

CHŒUR.

Que l'amour annonce à Cythère
La fin de notre enchantement,

Qu'il ne soit plus Dieu du mystère,
Qu'il marque avec éclat ce bienheureux moment !

MELPOMÈNE.

Mes yeux sont-ils ouverts pour éclairer ma peine,
Où sont mes attributs? Suis-je encor Melpomène?
Mon sceptre, mon mouchoir, mes héros, mes attraits
Sont-ils perdus? pourquoi ce jeu de gobelets?

FRONTIN.

Madame, c'est un tour de votre confidente.
Vous voyant endormie, elle a saisi l'instant
D'usurper votre empire et pour être picquante,
Pour rendre son règne éclatant
De la simplicité devenue ennemie,
Brillante d'ornemens trop lourds pour les porter,
A Comus elle s'est unie
Afin de se former dans l'art d'escamoter.

MELPOMÈNE.

Qu'entends-je? ô ciel! Comus est le Dieu du tragique,
Des tours de passe-passe en font le pathétique.
O toi, Dieu des beaux vers, daigne entendre ma voix :
Apollon, venge-moi, viens relever mes droits.
Viens dire à ce Comus, en te faisant connaître :
Tyran, descends du trône et fais place à ton maître.

THALIE.

Quel est cet homme sombre, efflanqué, sec et noir.
Je crois qu'il a le spléene, il me fait peine à voir.

LE DRAME.

Je suis le fils d'Yonch et vous êtes ma mère.

THALIE.

Vous, mon fils ?

LE DRAME.

Oui, j'ose vous l'assurer.

Je suis le Drame atrabilaire,
Moins prêt à vous servir qu'à vous faire pleurer.

FRONTIN.

Dans votre sommeil létargique,
Yonch rôdant les nuits, se trouva près de vous ;
Cet homme avoit le tact d'une finesse unique,
Votre satin étoit si doux, si doux,
Que tout moralisant, il se fit votre époux,
Et de ce bel hymen vint cet enfant étique.

THALIE.

Cet amour n'étoit pas un amour de roman.

TROUPE D'ENFANS.

Bonjour, maman, bonjour, maman, bonjour, maman.

THALIE.

Quelle quantité de marmailles !
Sont-ce encor mes enfans ?

FRONTIN.

Oui, madame.

THALIE.

Et comment
Ai-je pu mettre au jour ces petites canailles ?

FRONTIN.

Muse, c'est toujours en dormant.
Ce sont les Proverbes.

THALIE.

Je tremble
Que ce ne soit de sots enfans.

FRONTIN.

Tant mieux.
Leur succès est plus sûr.

THALIE.

Aucun ne me ressemble.
Tandis qu'on m'a fermé les yeux,
J'ai beaucoup travaillé.

FRONTIN.

Vous avez eu, madame,
Un sommeil bien laborieux.
Vos attraits ont embrasé l'âme
Du grand, du beau Sancho-Pença,
Ses flammes ont été tellement exaltées,
Que de ces petits magots-là
Vous avez eu trente portées.

THALIE.

Sur le champ il faut les chasser.

FRONTIN.

Non, non, ne renvoyons personne.
La bigarrure est toujours bonne ;
Il suffit de vous décrasser.
(On entend une allemande ou un tambourin.)

THALIE.

Ces sons gais et brillans annoncent Terpsicore.

Scène.

TERPSICORE.

C'est moi-même ; je suis bien éveillée encore,
Sachant que vous l'étiez aussi,
Mes favoris et moi venons exprès ici.
Pour rendre la cure certaine,
Je veux à votre sang donner le coup de fouet ;
Vous danserez, mes sœurs, vous prendrez cette peine,
Il n'est pas jusqu'à Melpomène
Que je veux qui figure en un beau menuet.

M. D'AUBERVAL.

Pourquoi pas dans une allemande ?

TERPSICORE
(voulant prendre la main de Melpomène).

Eh ! oui, sans doute, il faut qu'elle se rende.

MELPOMÈNE.

Vous manquez de respect à votre auguste sœur.

TERPSICORE.

De votre gravité je vous laisse l'honneur.

M. D'AUBERVAL.

Votre objet, à ce que je pense,
A pour principe seul votre reconnaissance.

THALIE.

Sans doute.

M. D'AUBERVAL.

Eh bien ! il faut nous unir tous.
Plus on offre d'encens et plus l'hommage est doux.
Pour que les fêtes soient picquantes et légères,
Point d'envie entre nous, point de malignité.
Variété, variété.
Les neuf Muses sont sœurs et les Talens sont frères.
Dans leur douce fraternité,
Le plaisir est produit par les effets contraires.

L'AMOUR.

Sans doute aux grands succès s'ils veulent parvenir,
Les Talens par la main doivent tous se tenir.

TERPSICORE.

Et de la danse noble et de la danse vive,
Les caractères différens
Sortent mieux par l'alternative.
La diversité fait l'égalité des rangs ;
Loin que le tems ait mordu sur mes charmes,
Mon règne s'est plus étendu.
Sur leur délabrement j'ai vu mes sœurs en larmes ;
Moi seule, je n'ai rien perdu.
Cette gloire pourtant ne deviendra la mienne,
Que lorsque j'aurai plû par des jeux variés
A la divinité qui rend heureux Lucienne ;
C'est là que les beaux arts sont domiciliés.

L'AMOUR.

Je veux la haranguer, je sais parler à l'âme.
Concierge du château, je m'adresse à Madame.

Air : *Monseigneur vous ne voyez rien.*

Dès qu'on prononce votre nom
Les Talens reprenent naissance,
Le sentiment sert d'Apollon,
Le vôtre en est la récompense.
Sans altérer la vérité,
Quand on veut flatter la beauté,
Le mot favori,
Le mot du guet est du Barry.

THALIE.

Air : *Il faut quand on aime une fois.*

L'amitié voit d'un œil bien doux
Les bons cœurs autour d'elle,
Afin de les rassembler tous,
Et pour picquer leur zèle,
Elle a fixé le rendez-vous
Où brille leur modèle.

FRONTIN.

Le zèle nous inspire et sans nous préparer,
En chœur, on peut la célébrer.

THALIE.

(Alternativement avec les chœurs.)

Air : *Suivons l'amour, c'est lui qui nous mène.*

Cette beauté nous a fait renaître,
Tous les Talents deviennent son bien.
Pour l'amuser, nous devons paraître,
Notre triomphe est aujourd'hui le sien.
Chantons, chantons l'astre tutélaire
Qui nous a tous tirés du sommeil.
Si nous n'avions l'espoir de lui plaire,
Sentirions-nous le charme du réveil !

PIÈCE N° VIII.

SCÈNE DU MARCHAND DE BAROMÈTRES.

Il explique à la louange de madame du Barry les divers temps marqués sur son baromètre.

(On voit paroître un masque vêtu depuis la teste jusqu'aux pieds de baromètres de formes différentes.)

UN MASQUE.

Parbleu, voilà un masque d'une espèce toute nouvelle, c'est une boutique ambulante de baromètres de toutes les formes.

UN AUTRE MASQUE.

Je crois que c'est la première fois qu'ils se sont avisés de vouloir donner des contredanses.

PREMIER MASQUE.

Holà, ho, mons des baromètres, que venez-vous faire ici ?

L'HOMME AUX BAROMÈTRES.

Je viens marquer le tems : c'est une science qui n'est pas tout à fait inutile à la Cour.

SECOND MASQUE.

En voici un dont je serois tenté.

L'HOMME.

Il est retenu par une dame qui préside aux constellations favorables.

PREMIER MASQUE.

Je suis curieux de l'examiner.

LE MARCHAND.

Je vais vous l'expliquer.

FROID.

Du Barry de ces lieux a chassé la froidure,
Ses regards forment le printemps,

Son cœur serein ressemble à sa figure,
Son baromètre est toujours au beau temps.

SECOND MASQUE.

C'est une devise incontestable. Voyons l'article tempeste, il doit être intéressant.

TEMPESTE.

C'est la Déesse tutélaire
Des gens qui sont en pleine mer ;
Quand son (amitié ?) les éclaire
Il n'est point d'orages dans l'air.

PREMIER MASQUE.

Je crois en effet que les tempestes ne sont pas de son département.

SECOND MASQUE.

Je sais bien qu'elles font le beau temps ; sachons comme il se tire — de la pluye ?

PLUYE OU VENT.

Sa voix est bienfaisante et n'appelle les pluyes
Que pour rendre les champs fertiles et meilleurs ;
Elle commande aux vents de chasser les vapeurs
Qui souvent à la Cour causent des maladies.

PREMIER MASQUE.

C'est bien fait : je crois la Cour peu sujette aux épidémies.

L'article du variable doit être piquant : c'est la pierre de touche.

VARIABLE.

Tout dans le monde est variable,
Les saisons et les jours, les modes et les goûts.
S'il est dans l'univers quelque chose de stable,
C'est un cœur qui jamais ne peut changer pour vous.

SECOND MASQUE.

C'est un fait très avéré.

Beau temps, te voilà dans ton pays.

BEAU TEMPS.

Tout s'anime dans la nature
Lorsque l'astre du jour vient embellir les cieux,
Ainsi nous jouissons d'un bonheur qui s'épure
Quand vous vous offrez à nos yeux.

PREMIER MASQUE.

Mon ami, vous avez là un baromètre d'un grand prix. Il n'y a plus que l'article du très sec.

TRÈS SEC.

La sécheresse est pour une âme aride,
Je n'éprouve point ses rigueurs ;
En tout temps la douceur d'une amitié solide
Par moi fait éclorre des fleurs.

PREMIER MASQUE.

Cette dame connaît trop le sentiment pour ne pas l'inspirer.

M. DE L'ARRIVÉE (masqué).

Mon ami, je crois que c'est pour elle qu'on a fait les paroles que je chante souvent avec mes compagnes et que je vais répéter :

Air : *Quelle douce aurore se lève pour nous.*

Quelle est cette belle
Qui charme nos yeux ;
Une fleur nouvelle,
Embellit ces lieux.

Le chœur répète :

Quelle est cette belle, etc.

M. DE L'ARRIVÉE.

A ses attraits, on la croit immortelle ;
L'amour lui sourit et l'appelle.
Son abord bienfaisant annonce le bonheur,
Tout s'anime autour d'elle ;
Sa beauté naturelle
Nous peint aussi son cœur.

(Le chœur répète.)

M. DE L'ARRIVÉE.

Nous ne cherchons point d'autre gloire
Que le plaisir de bien l'aimer.
L'amour dans ces regards qui savent tout charmer
Est sûr de la victoire.
Ah! qu'il est doux de bien l'aimer!
Nous ne cherchons point d'autre gloire.

(On entend du bruit et l'on voit une troupe de mariniers et de paysans qui dansent en entrant.)

Vivat! vivat! nous revoyons Versailles.

UN MASQUE.

Ha! ha! ce sont les mariniers de Saint-Cloud et les habitants du Raincy qui ont accompagné leurs princes.

M. DE L'ARRIVÉE.

Air : *La Prise de Mahon.*

Deux astres favorables,
Aux mariniers toujours secourables
Dans les temps redoutables,
Sont dans ce beau séjour
De retour, de retour, de retour.

On les avait perdus,
L'étoile de Vénus
Qui n'aime pas la guerre
A su calmer le Dieu du tonnerre,
Et par bonheur la terre
Revoit ces astres-là,
Les voilà, les voilà, les voilà.

De tous nos bons vieillards
Ils charment les regards.
Nous les voyons encore,
Notre couchant vaudra notre aurore,
Nous les voyons encore
Ces deux beaux astres-là,
Les voilà, les voilà, les voilà.

Le plus petit enfant
Dit à bonne maman :
Monte-moi sur ma chaise,
Je les verrai bien plus à mon aise
Ceux qui vus sont fort aise.
Où sont-ils, mon papa?
Les voilà, les voilà, les voilà.

Tout comble nos désirs,
Nous n'avons que plaisirs,
Les vents et les tempestes
Ne pourront plus gronder sur nos testes,
Tous nos jours sont des festes
Depuis ce jour là,
Les voilà, les voilà, les voilà.

PIÈCE N° IX.

Au moment de mettre sous presse, nous avons voulu revoir le registre des actes mortuaires, bien nous en a pris, nous avons retrouvé l'acte suivant :

MARIE-LOUISE-ANTOINETTE PANNETON.

L'an mil sept cent soixante-quatorze, le huit maï, Marie-Louise-Antoinette Panneton, fille de Nicolas Panneton, vitrier, et de Marie-Jeanne Soubrillard, son épouse, décédée d'hier, âgée de seize ans et demi, a été inhumée par nous, soussigné, prêtre de la mission, faisant les fonctions curiales, en présence de son père et de Jacques Panneton, son oncle, qui ont signé avec nous.

N. PANNETON, J. PANNETON, GRUIER, *prêtre.*

1774, folio 29.

Cet acte ne détruit pas nos observations précédentes. Rien ne prouve que la jeune Panneton soit morte de la variole.

Le père est un *vitrier*, ce serait donc un nouveau corps d'état à ajouter à tous les précédents, et alors comment n'aurait-il pas été connu, signalé plus tôt.

Enfin il ne s'agit pas d'une enfant, mais bien d'une jeune personne de seize ans et demi.

PIÈCE N° X.

ÉTAT DES TABLEAUX, STATUES, PIÈCES D'ORNEMENT, INSTRUMENS DE MUSIQUE, MEUBLES ET AUTRES EFFETS APPARTENANT A MADAME LA COMTESSE DU BARRY,

Remis par M. Demontvallier, son intendant, au sieur Colet, valet-de-chambre de cette dame,
Depuis le 13 mai 1774 jusques et y compris le 23 juin suivant, pour être transportés à Ruel, au Pont-aux-Dames et à Luciennes, savoir :

PEINTURE.

Van Ostade. — Une famille de Flamands dans l'intérieur de leur maison.
Tesnieres. — Une Guinguette flamande.
Claude Palimbourg. — Une femme nue.

NOTA. — Ce tableau est couvert d'un rideau de tafetas verd.

Greuze. — Portrait de madame la Comtesse, bordure ovale.
— La Cruche cassée.
— La prière à l'Amour, diminutif de l'original du même peintre.
— Un enfant en chemise tenant un épagneul noir.
— Un petit garçon habillé tenant aussi un chien.
— Une tête de Circassien.
Jacob Xavery. — Des fleurs dans un vase imitant le bas-relief.
Mignon. — Un tableau de fleurs et fruits.
Drouais. — Portrait de madame la Comtesse peinte en Flore.
— Portrait de la Reine.
— Un enfant tenant un chat.
— Un autre tenant un chien.

Drouais. — Un autre tenant des fleurs.
— Le petit Rodolphe tenant un fruit.
..... Fleurs peintes en pastel, sous verre.
..... Esquisse d'une allégorie sur le vaisseau *le Dubarry*.

GRAVURE.

..... Portrait de Mlle Reaucour, sous verre.

ÉTOFFE.

Lasalle. — Médaillon du roi Louis XV, en étoffe de Lion brochée, imitant le bas-relief, entouré de fleurs nuées.

SCULPTURE.

..... Deux figures de marbre blanc fesant pendant.
..... Une Vénus, même marbre.

BRONZE.

Lemoine. — Buste du feu Roi, monté sur un socle de bois noirci.

PORCELAINE DE SÈVRES.

Lemoine. — Buste de madame la Comtesse du Barry.

Pièces d'ornemens et meubles précieux.

Une comode très riche en porcelaine de Sèvres peinte d'après Vateaux, garnie en bronze doré, le dessus de marbre blanc.

Une autre comode de vieux lac, enrichie de bronze, avec même dessus.

Une table en mosaïque de pierres fines, représentant des païsages et animaux, garnie en bronze doré.

Un secrétaire en bois de rose, garni de médaillons de fleurs en porcelaine de Sèvres et de bronze doré.

Un gueridon en forme de corbeille, le fond de même porcelaine et les garnitures de bronze doré.

Un paravant de vieux lac.

Un vase de porcelaine de Sèvres, bleu turc, enrichi de bronze doré, renfermant une girandole à 3 branches aussi de bronze doré, et à ressort.

NOTA. — Le pareil vase est à Luciennes chés Mme Rodolphe.

Une petite pendule en forme de vaze, à cadran tournant, montée en bronze doré.

Un déjeuner de porcelaine de Sèvres, composé de sept pièces, savoir : deux tasses, un sucrier, un pot-au-lait, une theyère et un plateau, le tout renfermé dans un étuit de maroquin rouge aux armes de madame la Comtesse.

Une table en bois de rose marquetée, garnie de bronze doré, dans laquelle est enclavé un trictrac, dames et dés d'yvoir, bobèches dorées, cornets de maroquin et de corne.

Deux cabarets en forme de gueridon, de bois des Indes, garnis en argent.

Une table quarrée avec un tiroir, même bois et garniture.

Deux poules, un œuf et un plateau en vieux lac, monté sur un socle de bois doré.

Un écritoire composé d'encrier, poudrière, boîte à éponge et plateau pareil en vieux lac.

Un coffret aussi de vieux lac.

Un baromètre avec termomètre, par *Passemant*, dont toute la cage est de bronze doré, garni de médaillons de porcelaine de Sèvres.

Un autre en bois doré avec ornemens d'architecture, d'après le sistème de M. de Réaumur.

Differentes pièces d'yvoir tourné à jour, avec leurs plateaux de bois doré et cages de verre.

Instrumens de musique.

Un clavecin à grand ravalement, dont le bois est peint en verd et or.

Un grand forte piano en bois de rose enrichi de bronze doré.

Un autre moins grand, en bois peint couleur de citron.

Meubles divers.

Ceux provenant des apartemens de madame la Comtesse.

Un bois de lit à quatre colonnes, fond sanglé, avec impérial en forme de couronement, le tout richement sculpté, les dossiers garnis en dauphine fond blanc avec bouquet de roses, tous les bois dorés.

Une courtepointe de même étoffe.
Quatre parties de rideaux pareils.
Douze chaises, bois dorés et sculptés, même étoffe.
Deux bergères, bois dorés et sculptés, même étoffe.
Un fauteuil de toilette, bois dorés et sculptés, même étoffe.
Un tabouret, bois dorés et sculptés, même étoffe.
Un marchepié, couvert de lampas blanc.
Un lit à trois dossiers, sculpté et peint en blanc, garni en moire verte et blanche, avec cordons et glans de soïe assortis.
Une courtepointe, même étoffe.
Deux rideaux d'alcove, même étoffe.
Une tenture, même étoffe.
Quatre parties de rideaux de croisées, même étoffe.
Six chaises, bois pareil au lit, même étoffe.
Quatre fauteuils, même bois, même étoffe.
Douze fauteuils, dont les bois richement sculptés et dorés, sont garnis de satin blanc encadré de verd et brodés en soïe.
Un grand canapé, même bois et étoffe.
Un écran pareil.
Une chaise en bois, de Tourneur, garnie de damas verd.
Dix-neuf chaises à la reine, couvertes en dauphine, à médaillons fond bleu, les bois sculptés et dorés.
Deux canapés, même bois et étoffe.
Un écran, même bois et étoffe.
Un canapé de lampas verd et blanc, le bois sculpté et doré, avec ses carreaux.
Six cabriolets, même bois et étoffe.
Un écran, même bois et étoffe.
Trente-une chaises de damas verd, les bois dorés.
Quatre parties de rideaux de même damas.
Huit parties de portières, pareille étoffe.
Un lit de bain complet en bazin des Indes, garni de mousseline, son chassis et ses tringles.
Quatre banquetes en pane cramoisie.

Douze tabourets, même étoffe.

Un grand fauteuil, même étoffe.

Trois consoles à dessus de marbre blanc, les bois richement sculptés et dorés.

Une atheniene de bois sculpté et doré, avec garniture et réchaux à esprit de vin en cuivre bronzé en dehors et argenté dedans.

Une cage de cuivre doré garnie en fleurs de porcelaine.

Une comode en bois de rose avec dessus de marbre commun.

Deux encoignures à jour en marqueterie, garnies de bronze doré.

Deux encoignures, l'une en palissandre, l'autre en bois peint fermant à clef.

Une table à écrire en bois de rose, marquetée, garnie en bronze doré.

Un paravent de bois de rose de trois piés de haut, garni en papier de la Chine.

Un bidet de marqueterie, avec la boîte à éponge d'argent, duquel bidet la cuvette aussi d'argent était déjà chés le sieur Colet.

Un feu de fer poli, orné de lions de bronze doré.

Une chaise percée en marqueterie, garnie de cuivre doré, avec un seau de faïance.

Une table à jouer en bois de rose, couverte de velours bleu.

Une autre de vingt-un à cinq pans, même bois, le velours verd.

Une autre de tri, même bois et velours.

Quatre de piquet, comme dessus.

Une autre longue en noïer, couverte de drap verd, avec un jeu de bois de rose.

Un tapis de moquette, qui était dans la chambre à coucher.

Dix-sept rideaux moïens de taffetas blanc.

Un tapis de comode en taffetas verd.

Un couvrepié de taffetas blanc piqué.

Deux manequins ou corbeilles plates, couvertes en taffetas verd.

Vingt-deux chaises de canne peintes en gris.
Une niche à chien en canne, peinte en gris, avec careau de camelot jaune.
Une table de toilette en chesne et hêtre avec quatre rouletes.
Un grand panier rempli de livres.
Une caisse de sapin contenant deux coffres de toilette et des odeurs.
Six caisses petites, remplies de fleurs artificieles.
Un paquet envelopé de toile cirée, contenant des corbeilles couvertes en taffetas.

Meubles qui servaient aux gens de madame la Comtesse et autres.

Tant ceux logés au château que dans la ville.

Trois lits complets d'indienne.
Un pavillon de fleurets cramoisi et blanc.
Un pavillon de siamoise bleue.
Deux autres de damas de Caux.
Un baldaquin de siamoise.
Deux autres avec rideaux bleu et blanc.
Trois bergères d'indienne avec leurs couvertures de toile.
Huits rideaux de croisées en toile de coton blanche encadrés de la même indienne que les lits ci-dessus.
Neuf rideaux de toile de coton blanche.
Douze parties de rideaux de toile de coton blanche.
Une porte batante couverte en toile de coton jaune et bleue.
Un métier à faire de la tapisserie.
Quatre toilettes en bois de noïer, l'une sans glace et les autres dégarnies de la plûpart de leurs ustenciles.
Une comode en noïer.
Un grand miroir de toilette.
Un bidet avec sa cuvette garni en maroquin rouge.
Une chaise percée en noïer avec sa cuvette.
Une autre sans garniture et vieille.
Une autre en bon état et sans garniture.
Une petite table à écrire en bois d'hêtre.

Couchers.

Matelas. — Deux de cinq piés, couverts en futaine.
— Deux de quatre piés et demi, couverts en futaine.
— Deux de trois piés et demi.
— Vingt-sept de trois piés.
Somiers. — Un de cinq piés.
— Un de quatre piés et demi.
— Six de trois piés.
Lits-de-plume. — Un de quatre piés.
— Sept de trois piés.
Paillasses. — Deux toiles de paillasses.
Traversins. — Quatre couverts en futaine, en plume.
— Treïze en coutil et plume de trois piés.
— Un autre rempli de crin.
— Un autre en paille.
Couvertures. — Vingt-quatre de différentes grandeurs et qualités.
Bois de lit. — Une couchette à colonnes avec fond sanglé.
— Une autre à la polonaise, même fond, sur courbes, etc.
— Deux couchettes à deux dossiers, fonds sanglé.
— Trois couchettes ordinaires.
— Sept lits de sangle.

Je reconnais que les effets contenus au présent état apartenans à madame la comtesse du Barry m'ont été remis par M. Demontvallier, son intendant, à Luciennes, le 30 juillet 1774.

COLET.

PIÈCE N° XI.

BORDEREAU ABRÉGÉ
DES DÉPENSES FAITES POUR MADAME LA COMTESSE DUBARRY
PAR LE SIEUR DEMONTVALLIER, SON INTENDANT
PENDANT LES SIX PREMIERS MOIS DE L'ANNÉE 1774.

ARTICLE 1. — *Loïers et dépenses relatives.*

			liv. s. d.
A Versailles :			
De l'hôtel de Luynes, pendant les 6 premiers mois 1774, à raison de 3,300 livres.	1,650 16 »	2,780 » »	
De chambres particulières pour les gens qui n'ont pu être logés dans l'hôtel	1,130 16 »		
A Marly :			
Ecurie et chambres pendant six petits voïages		169 10 »	6,345 18 6
A Paris :			
Petit appartement tenu par l'Intendant à Paris (9 derniers mois 1772, années 1773, etc., six premiers mois 1774), à 350 livres par an.		787 10 »	
Ouvriers :			
Aux menuisiers, serruriers, vitriers .		1,728 2 6	
Vintièmes :			
Du pavillon de l'avenue de Paris, pour 1773 et 1774.		880 » »	
		A reporter	6,345 18 6

Report.				6,345 18 6
Art. 2. — *Honoraires, Apointemens et Gages.*				
Apointemens qui restaient dus sur 1773			1,650 » »	
Six premiers mois 1774.				
Affaires.		3,600		
Santé		3,500		
Belles-lettres.		1,200		
Musique		2,444		
Chambre, garderobe, toilette et linge.		2,360		
Bouche. Cuisine . .	3,525			
Bouche. Office. . . .	1,275	5,370	31,587 » »	33,237 » »
Bouche. Cave. . . .	570			
Ecurie.		4,359		
Gens de livrée.		4,434		
Ceux résidens à Luciennes. (compris la buanderie)		5,520		
Art. 3. — *Habillement des gens de livrée et autres.*				
Au sieur Carlier, tailleur, pour fournitures des 3 derniers mois 1772 et l'année entière 1773		7,202 3 10		
Pour les 6 premiers mois 1774.		11,264 6 5	18,466 10 3	
Au sieur François, autre tailleur, pour entretien des habits pendant les six premiers mois 1774.			765 14 10	20,222 17 1
Au sieur Lecoq, peaussier, pour culottes et gans			155 » »	
Au sieur Masse, chapelier.			835 12 »	
Art. 4 — *Bouche.*				
Cuisine pendant les 5 premiers mois.			63,694 4 3	
Office — — —			20,909 11 6	94,911 4 9
Cave — — —			10,307 9 »	
Art. 5. — *Chaufage.*				
Bois pour Versailles et Luciennes.				1,756 15 »
A reporter.				156,473 15 4

Report.			156,473 15 4
ART. 6. — *Garderobe, Toilette, Chambre, Antichambre, etc.*			
Garderobe.	5,320 1 6		15,978 17 »
Toilette	1,081 » 6		
Chambre	8,352 19 »		
Antichambre	839 6 »		
Portes de l'hôtel et du pavillon de l'avenue de Paris.	385 10 »		
ART. 7. — *Linge.*			
Achat de Toile. Du sr Bouvier . . . . 782 17 ; Du sr Potée (2,455 13 ; 5,506 14) 7,962 7		8,745 4	8,794 8 »
Port et blanchissage de partie desdites toiles		49 4	
ART. 8. — *Buanderie.*			
A la dame Demahault aïant l'inspection des lessives Pour achat de savon, soude, cendre, etc	3,073 19 6		4,085 5 6
Bois fourni par le sieur Labbé	693 » »		
Au tonelier.	28 » »		
Aux sellier, bourelier et charons, pour entretien de la voiture servant au transport du linge	290 6 »		
ART. 9. — *Ecurie.*			
Achat de chevaux par Delorme, piqueur.	2,686 12 9		23,237 1 9
Fourages pour 5 mois.	9,914 12 »		
Dépenses de routes par le piqueur. . .	2,947 14 »		
Ferage et soin des chevaux, y compris les botes.	1,380 » »		
Entretien des voitures	4,651 18 »		
Ustenciles, lumière et menues dépenses	1,656 15 »		
ART. 10. — *Voïages, Courses, etc.*			
Au sieur Desfontaines, secrétaire, pour frais de poste	360 » »		1,858 11 »
A diverses personnes, pour diverses courses pour le service de madame la Comtesse	1,498 11 »		
A reporter. . . .			210,427 18 7

Report.		210,427 18 7
Art. 11. — *Traitement des malades et frais funéraires.*		
Traitement — Apoticaire 5 prem. mois.	1,086 6 »	2,277 13 »
Traitement — Bandagiste —	48 » »	
Traitement — Garde-malade —	1,103 » »	
Frais funéraires du nommé Crignon, manœuvre	40 7 »	
Art. 12. — *Meubles.*		
Au sieur Labrière, tapissier.	1,070 18 »	2,379 5 »
Au sieur Colet, valet de chambre, tapissier de madame la Comtesse, pour menues fournitures et journées . .	1,095 » »	
Au tourneur et au machiniste	213 7 »	
Art. 13. — *Pavillon de l'avenue de Paris et dépendances.*		
Au nommé Pernet, frotteur.	91 4 »	6,384 15 4
Au nommé Tricot, jardinier, pour entretien et fleurs	1,553 8 »	
Aux treillageurs, peintre, menuisier, serrurier, etc.	4,740 3 4	
Art. 14. — *Construction d'un hôtel avenue de Paris.*		
Au sieur Vallée, paveur.	1,630 18 10	2,976 13 5
Au sieur Jarrier, inspecteur du bâtiment, pour solde des fouilles et déblaïement de terre faits par économie sous sa conduite	647 14 7	
Au même, pour apointemens et frais de bureau . . . . 518 » » ; Au nommé Plisson, suisse, chargé de la garde dudit bâtiment, pour ses gages des 5 premiers mois . . 180 » »	698 » »	
A reporter . . .		224,446 5 4

Report. 224,446 5 4

Art. 15. — *Pavillon de Luciennes et dépendances.*

Aquisition de Terrein.

Achat d'une portion de terre destinée à faire des cuisines 3,829 3 6

Conciergerie :

Dépenses faites par le sieur Guerin, ci-devant concierge :

Pain béni rendu à la paroisse de Luciennes . . . . 354 4 »

Entretien des bâtimens :

Divers ouvriers, compris quelques articles concernant l'année précédente 5,726 9 8

Construction et réparations :

Etablissement d'un chemin et d'un étendoir, y compris quelques réparations et déblaïemens de terre 5,550 8 3

(total) 11,631 1 11

Bassecour :

Fourages et denrées pour les animaux . . . . 2,344 13 »

Menues dépenses par la femme Demahault . . . 147 5 »

(total) 2,491 18 »

Jardins :

Entretien par Huby, jardinier, pendant 5 mois. 4,401 8 6

Aux peintres, taupier et feseur de filets 487 12 4

(total) 4,889 » 10

(total Art. 15) 22,841 4 3

Art. 16. — *Dépenses extraordinaires.*

Dons à différentes personnes, étrennes, pourboires, et autres menues dépenses 3,413 16 8

Frais de procédures dans l'affaire contre les sieurs Feuillet et Metivier, sculpteurs . . . . 650 3 »

(total Art. 16) 4,063 19 8

A reporter . . . 251,351 9 3

		Report.	251,351 9 3
Art. 17. — *Frais de bureau, de caisse, etc.*			
Frais de bureau, papeterie, ports de lettres		835 10 »	4,321 2 6
Frais de caisse, escomptes, ports d'argent, etc		653 19 6	
Bureau extraordinaire :			
Appointem^ts de 2 commis.	2,454 13	2,831 13 »	
Frais particuliers à ce bureau	377 »		
Art. 18. — *Apointemens conservés, Pensions, etc.*			
Apointem^s conservés à diverses pers^es.		1,300 » »	1,738 » »
Pensions et charités annuelles		438 » »	
		Total général. . . .	257,410 11 9

Certifié véritable le présent bordereau.

A Luciennes, le 15 juillet 1774.

Demontvallier.

PIECE N° XII.

LETTRE DE DESFONTAINES A LA COMTESSE DU BARRY.

Madame la Comtesse,

J'ai eu l'honneur de vous écrire deux lettres, et Monsieur veut bien se charger de cette troisième. J'ai été rendre mes devoirs à madame votre mère que j'ai trouvée bien triste et qui vous prie de lui donner de vos nouvelles le plus souvent qu'il vous sera possible. Elle désire très vivement aller à Pont-aux-Dames, et m'a dit qu'elle vous en parleroit dans la lettre qu'elle doit m'envoyer aujourd'hui pour vous.

J'ai passé une heure avec M. de Laborde, dont les chagrins n'ont pas diminué l'attachement qu'il vous a voué. Il ma bien assuré qu'il vous en donneroit des preuves aussitôt qu'il seroit dans la position de le faire, et je crois qu'il y réussira, d'après ce qu'il m'a dit. Les bruits que l'on avoit répandus sur son compte sont absolument faux et ses ennemis, accoutumés à persécuter l'honnêteté, ne les ont accrédités que pour chercher à lui faire tort ; il prie Madame de vouloir bien ne garder que pour elle les lettres qu'il a eu l'honneur de lui adresser.

Mon paquet en renferme une que le Berten m'a engagé de vous faire parvenir, il me paroît fort pressé. Et d'après les ordres de Madame, je verrai ses mémoirre avec M. D'Auteuil. Madame Desbrosses m'a prié, de son côté, de vous dire deux mots en sa faveur et a remis un double de sa note.

Rodolphe et sa femme s'établissent à Lucienne et Madame peut être sure de trouver en eux le dévouement le plus entier et le plus respectueux. Aussitôt que Madame aura décidé avec M. Dauteuil sur notre séjour à Reuel, j'irai à Lucienne prendre un état des livres qui dépériront si on les laisse enfermés comme ils le sont, et je les déposserai dans l'endroit que vous aurés la bonté de mindiquer. Jy en regoindrai deux ou trois cents volumes que M. le vicomte a chez lui; àpres cela jattenderai les nouveaux ordres de Madame sur les objets dont elle voudra me charger, jirai où sa volonté mappellera et je me trouverai fort heureux partout où je pourrai lui être util. Si Madame a quelque chose à me faire dire, pour le moment je la prie d'en charger M. Dauteuil, dont je prendrai les avis sur toutes les choses qui concerneront votre service. Jai assez travaillier dans tous les genres pour embrasser celui qui pourra vous convenir et l'envie que j'ai de vous être utile me rendra capable de tout.

J'ai l'honneur dètre avec le plus profond respect,
Madame la Comtesse,
Votre très humble et très obéissant serviteur,

DESFONTAINES.

Le 20 may 1774.

PIÈCE N° XIII.

CONVENTIONS. — L'ABBESSE ET LES RELIGIEUSES DU PONT-AUX-DAMES ET MARIE-ANNE MICHAULT.

22 janvier 1775.

Par devant nous, Me Florent-Jacques Le Pot d'Auteuil, avocat au Parlement, conseiller du Roy et notaire au Châtelet de Paris, étant ce jour à l'abbaye royale de Pont-aux-Dames où nous nous sommes exprès transporté;

Sont comparues :

Dame Gabrielle de la Roche de Fontenille, abbesse de

l'abbaye royale de Notre-Dame du Pont-aux-Dames, ordre de Citeaux, au diocèse de Meaux-en-Brie,

Sœur Thérèse-Esprit, prieure,
Rose-Emilie de Lossiendière, dépositaire,
Angélique-Françoise Garnier, sous-prieure,
Louise-Clotilde Descourtil,
Catherine Jouvenon,
Louise Gentil,
Marie-Elisabeth Bruneteau,
Catherine Tresneuf,
Marie-Anne de Brossin,
Henriette-Catherine de Courcelles,
Adélaïde Chouart des Brosses,
Marguerite-Pétronille Chouart de Cornillon,
Louise du Bois de Villarceaux,
Madeleine Pironneau,
Marie-Françoise Emangard,
Anne Pepin,
Joséphine-Charlotte de la Roche-Fontenille,
Marie-Geneviève Amelot,
Marg.-Josep.-Ad. Prevost,
Joseph.-Vict. Chaillaud,
Et Rose Fournier de la Burges,
Toutes religieuses professes dudit couvent.

PIÈCE N° XIV.

INTERROGATOIRE SUR LES FAITS ET ARTICLES, SUBI PAR L'ÉPOUSE DU SIEUR RANÇON.

Interrogatoire fait par nous, Claude-Louis Bellanger, avocat au Parlement, conseiller du Roy, commissaire enquêteur, examinateur au Châtelet de Paris.

A la requête de François Labitte, marchand tapissier à Paris, y demeurant, rue Saint-Honoré, paroisse Saint-Roch.

Contre et suby par la demoiselle Anne Bécu, dite Cantiny, eppouse du sieur Nicolas Rançon de Monrabe, cy-devant garde-magasin de l'Isle de Corse, présentement bourgeois de Paris.

Sur les faits et articles pertinents signifiés à la requête du sieur Labitte, par exploit de Louis Poisson, huissier à verge audit Châtelet, en datte du deux mars mil sept cent soixante-quinze, etc.

Auquel interrogatoire nous avons procédé de la manière et ainsy qu'il suit :

Du vendredi 3 mars 1775, huit heures du matin.

Premièrement, après serment de dire vérité sur lesdits faits et enquise de ses noms, surnoms, âge, qualité et demeure?

A dit se nommer demoiselle Anne Bécu, dite Cantigny, âgée d'environ 62 ans, épouse du sieur Nicolas Rançon de Monrave, cy-devant garde-magasin en l'Isle de Corse, présentement bourgeois de Paris, y demeurant, rue Saint-Sébastien, au Pont-aux-Choux, paroisse Sainte-Margueritte.

Interrogée si elle connoît le nommé Labitte, marchand tapissier à Paris, depuis quel temps, en quel endroit et à quel occasion l'a connu?

A répondu il y a environ douze à treize ans, elle a connu le nommé Labitte comme fournissant des meubles à M. le comte du Barry, demeurant pour lors, rue Neuve-Saint-Eustache.

Interrogée s'il n'est pas vrai que le sieur Labitte lui a fait ainsy qu'à son mary différentes fournitures de meubles, et notamment ceux qui garnissent la majeure partie des lieux qu'ils occupent ?

A dit que oui, que tout ce qui a été fourni par Labitte a été payé.

Interrogée si ces fournitures n'ont pas été faites sur sa simple commande, le tout à la connaissance de son mari ?

A dit que oui, que cela étoit à la connoissance de son mary et de la demoiselle, sa fille.

Interrogée si toutes les fournitures ont été payées et acquittées ?

A dit que oui, qu'elles ont été payées par le comte du Barry et la demoiselle, sa fille.

Interrogée si dans le courant du mois de septembre 1770, elle a mandé chez elle le sieur Labitte?

A dit que oui et qu'elle a fait mander le sieur Labitte pour lui parler à son parloir, au sujet des meubles à fournir au curé de Brieux et son neveu pour s'arranger au sujet d'une chambre de la valeur de deux cents et tant de livres, autant qu'elle peut se ressouvenir.

Elle explique que le curé demeurait alors à Lunéville, qu'il est venu à Paris pour prendre possession de la cure de Briancelles où il est décédé ; qu'après sa mort, le sieur Pierre Bécu dit Cantigny, son frère et Anne Bécu dite Cantigny, épouse du sieur Graget, fourrier de la maison de M. le comte d'Artois, demeurant à Versailles, se sont emparés desdits meubles et effets.

Elle déclare qu'elle ne veut pas payer ces meubles.

Interrogée d'office si Labitte n'a pas sollicité d'elle son paiement et si elle ne lui a pas donné différentes remises?

A répondu qu'un jour rencontrant Labitte dans le cabinet de madame du Barry, il lui dit : La fourniture est faitte, qui est-ce qui paiera? elle lui fit réponse de s'adresser à ses parents.

Interrogée si M. et madame du Barry n'ont pas engagé le comparant de terminer cette affaire ?

A dit que non.

Interrogée si, dans l'intention qu'elle avoit de payer cette fourniture, elle a défendu au sieur Labitte d'en porter le détail sur le mémoire de madame du Barry?

A répondu qu'elle n'a fait aucune deffense à Labitte, qu'elle croyoit que le curé les auroit payés.

Lecture faite...

A signé :

ANNE BÉCU. BOULLANGER.

INTERROGATOIRE DE RANÇON DE MONTRABE.

3 mars.

A dit se nommer Nicolas Rançon de Montrabe, âgé de 52 ans, cy-devant garde magasin de l'Isle *d'Ecorces* (sic), et pour lors, bourgeois de Paris, y demeurant rue Saint-Sébastien, paroisse Sainte-Margueritte.

A répondu que :

Il y a environ trois ans qu'il connoît le sieur Labitte en qualité de marchand tapissier; qu'il l'a connu à l'occasion de fournitures de meubles à lui faites, par le ministère de son épouse, à Frenay.

S'il a à se plaindre de Labitte?

A répondu qu'il n'a d'autre plainte à faire contre lui, si ce n'est la demande des meubles fournis à M. le curé de Bilancelle, proche Chartres, neveu de la dame son épouse.

Interrogé d'office si, lors de cette fourniture, Labitte n'a pas fait différentes fournitures, tant à M. le comte du Barry, madame du Barry et autres de la famille?

A répondu qu'il leur faisoit différentes fournitures dans le même temps, ainsi qu'à son épouse, ayant même fourni, quelque temps après, la garniture d'une cheminée à Fresnay.

GRAGET, beau frère du curé.
Nicolas RANÇON DE MONTRABE.
BOULLANGER.

INTERROGATOIRE SUR FAITS ET ARTICLES, SUBI PAR M. RANÇON ET MADAME RANÇON.

19 septembre 1775.

A la requête d'un sieur Gouffé, bourgeois de Paris,

Dit s'appeler Anne Becu, âgée de 62 ans passés *(exact)*, épouse de Nicolas Rançon de Montrabe, demeurant ordinairement avec son mari, à Villiers-la-Maison-Rouge, paroisse de Longpont.

La dame de Montrabe n'étoit-elle pas au couvent de Sainte-

Elisabeth, le 3 may 1774, et n'est-elle pas partie le lendemain pour sa campagne, à Sarcelles?

A répondu qu'elle étoit au couvent de Sainte-Elisabeth le 3 mai 1774 et qu'elle n'est partie pour sa campagne à Sarcelles, qu'après que feu S. M. Louis XV a été inhumé à Saint-Denis.

Elle ne se rappelle pas si elle doit six mois de loyers de ladite maison de campagne, qu'elle a toujours payé le loyer par chaque semestre.

Que Gouffé ne lui a jamais parlé d'argent, qu'il n'est pas dans le cas de lui en prêter.

Deux chevaux vendus par Gouffé moyennant 20 louis et deux vieux chevaux.

Gouffé réclamant 320 livres.

Gouffé prétendant avoir prêté :

400 livres pour le loyer de Sarcelles;

200livres pour payer la vaisselle d'argent.

PIÈCE N° XV.

PERMISSION DE MARIAGE A J.-B.-N. TRANCHANT.

Ce jourd'hui, 10 octobre 1775, j'ai donné au sieur J.-B.-Nic.-Romain Tranchant, officier chez Monsieur, et chef de cuisine chez madame la comtesse du Baril, notre paroissienne depuis plus de six mois.

Et fils majeur des défunts Nicolas Tranchant et Marguerite Le Maître, pâtissier à Versailles, pouvoir d'aller épouser dans la paroisse de Saint-Sulpice, à Paris, damoiselle Elisabeth-Thérèse Laumeau, l'une des femmes de chambre de la susdite comtesse.

Déclarant que j'ignore s'ils ont satisfait l'un et l'autre au sacrement de la pénitence, s'ils sont en règle du côté de leurs papiers dont je n'ai vu aucun.

PIÈCE N° XVI.

VENTE CONTENANT DÉPÔT D'ESPÈCES DU CHATEAU DE SAINT-VRAIN ET DÉPENDANCES.

M. SAUVAGE A MADAME LA COMTESSE DU BARRY.

9 avril 1775.

Pardevant Rouen et Le Pot d'Auteuil, notaires au Châtelet de Paris ;

Etant ce jour au Pont-aux-Dames où nous nous sommes exprès transportés pour la passation des présentes, fut présent Jacques Sauvage, écuyer, secrétaire du Roy, demeurant à Paris, rue Saint-Martin, paroisse Saint-Nicolas-du-Chardonnet, lequel a vendu à haute et puissante dame Jeanne Gomard de Vaubernier, comtesse du Barry, femme de messire Guillaume du Barry, etc.;

1° Le château de Saint-Vrain avec la chapelle, cour, avant-cour, écuries, remises et autres bâtiments quelconques étant dans l'enceinte dudit château, et en dépendant, ainsy que la maison qui sert de logement au garde de la seigneurie, petit jardin et autres dépendances de ladite maison sis à côté de l'avenue du château, contre les murs du parc, avec la portion de l'avenue en sortant dudit château jusqu'au chemin allant du Petit-Saint-Vrain à l'église du lieu, tel que le tout, etc. ;

2° Plus le parc tenant au château, avec tous les plants et arbres à fruits, plants de vignes et autres quelconques étant dans le parc. Lequel est clos et entouré de murs pour la plus grande partie, et le surplus fermé de fossés. Contenant environ 165 arpents en différente nature.

Plus, la ferme de Saint-Vrain, consistant en maison pour le fermier, grange, écurie, colombier et autres bâtiments, jardin et autres pièces contiguës faisant partie de ladite ferme, terres, etc.

Moyennant 200,000 livres payées comptant.

Mais emprunt de pareille somme par madame du Barry d'un sieur de Beaupré.

Signé : Jeanne Gomard de Vaubernier, comtesse du Barry.

PIÈCE N° XVII.

9 avril 1775.

VENTE DES MEUBLES MEUBLANTS DU CHATEAU DE SAINT-VRAIN PAR LE SIEUR SAUVAGE A LA COMTESSE DU BARRY.

Le Pot d'Auteuil. — Moyennant 15,000 livres (quinze mille livres).

PIÈCE N° XVIII.

21 septembre 1775.

Pardevant nous, Florent-Jacques Le Pot d'Auteuil, écuyer, conseiller du Roy, notaire, secrétaire de la Cour du Parlement et notaire au Châtelet, à Paris, et Denis-André Rouen-Desmallet avocat au Parlement, conseiller du Roy, notaire au Châtelet de Paris ; tous deux demeurant à Paris, rue Saint-Honoré, paroisse Saint-Roch. Notre résidence ordinaire étant en ce jour à Saint-Vrain, où nous nous sommes exprès transportés pour ces présentes ;

Fut présent le sieur Jean-Baptiste Buffault, etc., lequel a par ces présentes vendu, cédé, quitté, etc., à haute et puissante dame Jeanne Gomard de Vaubernier, comtesse du Barry :

Une grande maison située à Villiers-sur-Orge, paroisse de

Longpont, appelée *le Pavillon* ou *la Maison-Rouge*, consistant en plusieurs bâtiments, couverture de thuilles, basse-cour, caves, écuries, remises, chapelle.

Entre la basse-cour et le principal corps de bâtiment, colombier, parterre, et derrière et à côté dudit principal corps de bâtiment, jardin, plants d'arbres en espaliers, bassins, statues de pierre, orangerie, réservoirs, jets d'eau, canal, cascades, tuyaux, grand jardin potager ; le tout clos de murs, contenant environ 35 arpents 42 perches, tenant...

Plus le jardin potager aussy entouré de murs hors du parc de l'autre côté du chemin qui va de Villiers à Longpont.

Plus les droits acquis sur une petite maison, nommée *la Maison-Blanche*, située à Villiers, composée de plusieurs bâtiments couverts en thuilles. Compris le nouveau pavillon, cour, jardin en dépendant, clos de murs, contenant en fond de terre environ un demi-arpent, occupés par le nommé Plumet qui en jouit par bail emphythéotique comme ayant été cédé par le deffunt M. le prince de Segur, moyennant une rente foncière.

Maison, cour, jardin, etc.

Plus, les terres labourables, prés, vignes dépendant de la grande maison, consistant en...

Ancien propriétaire, le marquis d'Aligre.

Cette vente moyennant cinquante-trois mille livres, dont huit mille livres pour les meubles et quarante-cinq mille livres pour les bien-fonds et rente.

Signé : Du Barry. — Buffault.

Le même jour, quittance à madame du Barry par Buffault, pour un pot-de-vin de 1,200 francs, stipulé en dehors du contrat par acte séparé.

PIÈCE N° XIX.

21 septembre 1775.

VENTE DES MEUBLES PAR M. BUFFAULT
A MADAME DU BARRY.

Vente d'une grande maison située à Villiers-sur-Orge, appelée *le Pavillon de la Maison-Rouge*, jardin, parc, pièces de terres, héritages, rentes foncières, circonstances et dépendances. Moyennant 50,000 livres de prix principal, 33,000 livres payables en une rente de 1,000 livres, et 17,000 livres en trois années, et, en outre, 22,400 livres pour les meubles.

Suit un état du mobilier de *la Maison-Rouge* de Villiers-sur-Orge vendu avec ladite maison.

Signé : POUDRIER.

PIÈCE N° XX.

Je vient de recevoir, Monsieur, une lettre de M. du Tray, qui me mande qu'il lui et imposible de venir avand mercredi 21 pour finir, ainsi je compte aller au Pont-aux-Dames. Il y a plus de quatre mois que je remets de semaine en semaine, mais je vous et mandé la raison qui mavay en péché di aller, elle subsiste toujours ; je n'est point darjan, je nen est pas prie le mois passé ; je vous prie de men envoyer pour moi et pour Maizière qui est sans le sol. Adieu, Monsieur, recevez l'assurance des sentiments que je vous ai voüé.

Signé : Comtesse DU BARRY.

PIÈCE N° XXI.

MÉMOIRE DU CHEVALIER DE LANGLES

Pour se justifier d'avoir gagné au jeu 90,000 *liv. à la C*[tesse] *du Barry, d'avoir cherché à la raccomoder avec le duc de Choiseul.*

Avoir demandé à Madame 90,000 livres que je lui avois gagné,

Avoir été amoureux et jaloux de Madame...

Avoir cherché à me raccomoder avec M. le duc de C... sont trois fausses imputations dont je dois me justifier vis-à-vis de mes amis.

J'ai vu pour la première fois madame la Comtesse à Saint-Vrain, l'acquisition de cette terre fut mon prétexte : je dois les honnêtetés que j'en reçû aux liaisons que je lui dis avoir avec M. et madame la duchesse de...

Je demandai et l'on m'accórda la permission d'y faire ma cour, on me pria même d'y passer quelque tems.

Plus je connus madame la Comtesse et plus je m'intéressai à son sort ; je trouvais affreux de la voir comme condamnée à passer sa vie dans cette abominable campagne, c'étoit le plus souvent l'objet de nos conversations, sans imaginer ni l'un ni l'autre que je trouverois les moyens de l'en faire sortir.

Ses amis de Versailles l'avoient ou abandonnés *(sic)* ou n'auzoient témoigner l'intérêt qu'ils y prenoient ; sa famille étoit dans l'impuissance de lui rendre aucuns services et ne connoissoient pas un des ministres en place ; de son côté elle vivoit au jour la journée sans s'embarrasser de l'avenir. Je trouvois sa cause bonne et personne ne vouloit la plaider, je me proposai pour être son deffenseur auprès du ministre, n'ayant rien à demander pour moi, je n'en avois rien à craindre ; ma proposition acceptée, j'allai à Pont-Chartrain, à Versailles, j'étois pressant, je devins éloquent, et finit par obtenir la permission de venir s'établir à L...

La promenade et de très petits jeux faisoient notre occupation à Saint-Vr... Le Trou-Madame[1] avoit souvent la préférence, la grande habitude où elle étoit de ce jeu lui faisoit croire qu'elle y étoit plus adroite que personne et en conséquence elle perdoit souvent ses paries.

Un jour plus malheureuse qu'à l'ordinaire et voulant doubler sa perte pour l'acquitter d'un seul coup, elle se trouve me devoir 1,500,000 livres.

Elle fut la seule à être inquiète, les spectateurs étoient aussi persuadés que moi que je continuerois à jouer jusqu'à ce qu'elle se fût acquittée, c'est ce qui arriva enfin.

Elle en fut quitte pour la peur et pour des représentations sur la facilité avec laquelle elle s'étoit livrée à perdre beaucoup plus qu'elle n'auroit pu gagner.

La grossesse d'une des femmes de Madame et les indigestions fréquentes de l'autre leur faisant manquer leurs services, je crus trouver une occasion d'en procurer une à Madame, de me faire plaisir, elle m'avoit témoigné plus d'une fois l'envie de reconnoître tout ce que j'avois fait pour elle.

Une jeune personne en qui je m'intéressois, en un mot ma bâtarde, jeune, jolie, très sage et remplie de talent, vivoit depuis six ans à Amboise, avec une femme qui la regardoit comme son amie, sans lui rendre d'autres services que celui de lui tenir compagnie, 600 livres de pension que je lui donnois suffisoient à son entretien, j'imaginois qu'un tel sujet pourroit être agréable à Madame, je le lui offris, elle l'accepta et me dit les choses les plus honnêtes, à ce

1. Trou-Madame, nom d'un certain jeu, où l'on joue avec de petites balles de plomb ou d'ivoire, qui entrent dans des trous diversement marqués qui font perdre ou gagner. (*Dict. de Trévoux.*) Le Trou-Madame est un jeu où on laisse couler des boules dans des trous ou rigoles marqués diversement pour la perte ou pour le gain. (Furetière.)

sujet, remettant la consommation de cette affaire, lorsqu'elle seroit établie à L...

L'on travailloit avec la plus grande diligence au démeublement de Saint..... les Demoiselles en étoient déjà partis pour Toulouze, Madame et moi seuls n'étions occupés qu'à mettre de l'ordre dans ses affaires, à prendre des mesures pour payer ses dettes, et à chercher les moyens les plus faciles de diminuer le nombre de ses domestiques, elle convenoit de tout et promettoit de tout exécuter à L.....

La veille de notre départ, dans un instant d'ennui, Madame me propose de parier 12 sols, qu'elle mettroit 9 boules de 19 le premier coup, je lui dis qu'elle devroit être corrigée de jouer à ce jeu et que je ne pouvois ni ne voulois y faire sa partie, elle insista en me disant qu'elle ne risqueroit tout au plus qu'un écu de 6 livres, je gagnai les 6 livres, elle voulut sa revange. Deux témoins de cette partie le furent de la résistance que j'apportois à lui obéir, pressé de nouveau à continuer, je l'assurai que je ne lui ferois aucune grâce et même que, passé une certaine somme, je ne jourois plus le tout dutout. Ces raisons ne purent la rebuter, elle vouloit s'acquitter, enfin elle joua si mal et si malheureusement qu'avant le dîner elle me devoit 20,000 livres.

Avant le dessert, elle se leva et me demanda sa revange, je ne voulus jouer que cent louis chaque coup, elle gagnoit peu et perdoit souvent, de façon qu'à 8 heures du soir elle me devoit 90,000 livres, ce qui parut la fâcher davantage étoit d'avoir des témoins.

Le lendemain tout partit pour L... Madame me demanda le secret sur la scène de la veille, je lui promis et lui tins parolle.

Je ne pus me dispenser à Paris dans une occasion chez son neveu, où elle jouoit au 30 et 40, de lui dire à l'oreille qu'auparavant de faire une seconde lessive, elle devroit s'acquitter de la première, que cela lui fit impression ou non, elle joua très petit jeu.

La grossesse de sa femme de chambre augmentoit, les

indigestions de l'autre ne diminuant pas, je proposai de faire venir ma protégée. Madame y consentit, me disant qu'elle seroit charmée de la voire avant de la prendre. Arrivée à Paris, l'entrevue se fit dans une maison tierce, voulant cacher à ses femmes son projet jusqu'au dernier moment, Madame m'assure à son retour être très contente de la figure et de l'air de douceur de la jeune personne, et me donna sa parolle de la prendre à Pâques, terme des couches de la femme de chambre; je lui presentois que cette fille étant isolée à Paris, j'allai lui chercher une pension dans une maison honneste jusqu'à ce qu'elle entra à son service, demandant à Madame pour première condition qu'elle n'y recevroit point de gages.

Pendant ce temps, je travaillois à la vente de Saint..... Après trois mois de course à Paris et de travail, j'étois parvenu à la vendre à madame la marquise de Fayet, pour la somme de 195,000 livres sans accorder aucuns meubles, j'avois déjà vendu les bois de charpente du bâtiment neuf 8,000 livres à M. Haudry, il ne restoit de matériaux à mon acquéreur que les pierres de taille, Madame m'avoit fait signer un compromis avec l'acquéreur.

La veille de passer ce contract, j'allai en faire part à Me du Pot d'Auteuil, notaire de Madame, et lui faire voir les conditions, il les approuva, me disant cependant qu'il avoit un amy qui en donneroit 50 louis de plus, je l'assurai qu'il auroit eu la préférence si je l'avois su plustot, que le lendemain le contract seroit passé chez Brichart, et qu'à midy je viendrois le trouver pour être présent à la signature, il promit d'être libre à cette heure, mais à peine étois-je sorty, qu'il monte en voiture, va trouver Madame à L... et la décide à signer un consentement pour la vente de sa terre à son amy. Le lendemain je me rends chez Me du Pot d'Auteuil qui me déclara que tout étoit changé, que la terre étoit vendue à M. de Gourlade, que je pouvois aller retirer ma parolle vis-à-vis de madame de Fayet et les papiers des mains de Me Brichart.

La peur de déplaire à Madame m'empêcha de témoigner

à cet insolent notaire combien j'étois indigné de son propos et de sa conduite, me réservant de m'en plaindre à Madame. Effectivement après avoir l'humiliation de retirer ma parolle et les papiers, je me rendis à L... je fis connoître tout mon mécontentement à Madame qui m'assura que n'ayant cherché à faire que son bien, je devois être enchanté qu'elle trouve un petit avantage dans le prix de sa terre, mais que pour peu que je m'intéresse à madame de Fayet, elle alloit se dédire, ce que je ne voulus point accepter.

Les fêtes de Pâques arrivèrent, je priai Madame d'exécuter la parolle qu'elle m'avoit donné au sujet de ma protégée, on me remettoit de jour en jour sous de différents prétextes, je ne me rebutois pas, mais l'on avoit toujours de nouvelles raisons à me donner qui enfin me parurent si mauvaises, que je me déterminai à n'en plus parler ; je plaçai ma protégée chez une femme où elle avoit appris les modes et qui avoit conservé pour cette jeune personne beaucoup d'amitié, on lui achetta des meubles nécessaires.

Mesdemoiselles du..... revenues de Toulouze avoient procurée à Madame la connoissance d'un jeune homme, leur parent, bon musicien, bon acteur. Ces Demoiselles persuadèrent facilement à Madame qu'avec un pareil sujet et ses domestiques elle pourroit faire représenter des opéras comiques. Cette proposition étoit trop du goût de Madame pour n'être pas acceptée ; le théâtre s'élève, des musiciens de la Chapelle arrivent, les répétitions commencent, au moment où l'on s'y attend le moins, l'acteur principal, parent de ces Demoiselles, perd absolument sa voye, on croit que cela ne sera rien, on espère qu'elle n'a fait que muer, chaque jour on l'éprouve, chaque jour elle diminue. Mesdemoiselles D... croyant bien faire conseillent une saignée, il en résulte un mal de poitrine, et l'abbandon des rolles qu'il devoit jouer. Le sieur Dubut, haute-conte de la Chapelle, se propose et fut accepté. Cette première pièce fut jouée et eut tant de succès que l'on distribua sur le champ les rolles pour plusieurs autres, le théâtre se trouvant trop étroit, l'on donna des ordres pour la construction d'un nouveau.

Ces événemens ne s'accordoient guère avec nos projets d'arrangement, je prenois souvent la liberté de le dire à Madame, mais voyant que mes conseils devenoient inutiles, puisqu'elle doubloit sa dépense au lieu de la diminuer, je lui déclarai que je voulois me retirer et ne pas être le témoin de ce que je ne pouvois empêcher.

J'arrivai à Paris, j'y trouvai ma protégée dans la plus grande douleur, je fus si véritablement pénétré de sa situation que je me déterminai sur-le-champ de l'écrire à Madame et à lui mander que mes facultés en me permettant pas de dédommager la jeune personne, je ne croyois pas qu'elle pût refuser à lui accorder une somme sur celle que je lui avois gagné. Madame ne fit point de réponse ; je lui écrivis une seconde lettre qui n'eut pas plus de succès, et j'appris même qu'avant de lire, elle l'avoit gettée au feu ; véritablement picqué, je lui en écrivis une troisième, dont le stile la détermina à me faire proposer 50 louis pour cette fille, j'y consentis, cette somme payée, je signai un billet par lequel je déclare Madame quitte de ce qu'elle me devoit.

Depuis un mois, j'étois fort tranquille à ma campagne, lorsque je reçus une prière d'aller à L... nommer un enfant avec Madame. Des engagements avec mes voisins m'empêchèrent d'avoir cet honneur. Je le mandai et priai de charger un valet de chambre de me représenter avec une des femmes de Madame, ce qui eut lieu.

Un jour, passant à Limours, j'y rencontrai M. de C..... je lui fis des remerciemens d'un veau mâle et d'une femelle dont il m'avoit fait la galanterie, il y a 4 ou 5 ans ; il me demanda où étoit mon habitation, je lui dis. Vous êtes souvent, me dit-il, chez Madame..... J'en convins. — Elle a conservé tout son monde? — Oui, monsieur le Duc. — Ses domestiques jouent la comédie? — Oui, monsieur le Duc. — Mais a-t-elle une assez grande fortune pour soutenir cette dépense? — Je crois que oui, monsieur le Duc. — Adieu monsieur de Langles. — Votre serviteur monsieur le Duc. — Ainsi finit la conversation et notre liaison, ne l'ayant point vu depuis.

Je désire que le mémoire se trouve assés long et assés détaillé pour prouver à mes amis que l'amour n'a pas été le motif qui m'a attaché à Madame, que je n'ai jamais eu l'intention de lui faire payer ce que je lui avois gagné et que je n'ai pas recherché M. le Duc de..... pour me venger d'elle et pour lui rendre compte de sa conduite.

J'ai continué cet hivert à faire exactement ma cour à Madame, mais sans lui parler d'aucune affaire à l'exception de la vente de ses boutiques de Nantes que j'avois entrepris et que j'ai terminé à sa satisfaction.

PIÈCE N° XXII.

FONDATION POUR DEUX PLACES D'ÉLÈVES A L'ÉCOLE DE DESSIN.

21 septembre 1775.

Les directeur et administrateurs de l'Ecole royale gratuite de dessin, établie en cette ville, par lettres patentes de S. M., comparans par sieur J.-J. Bachelier, peintre ordinaire du Roi, professeur de son Académie royale de peinture et sculpture, etc.;

Très haut et très puissant seigneur, Monseigneur Antoine Brésil, comte de Brancas, demeurant à Paris, en son hôtel, rue du Pot-de-Fer, paroisse Saint-Sulpice;

Et Me Charles-Jacques Houn de Meulan, chevalier, receveur général des finances, demeurant à Paris, rue des Capucines, paroisse Saint-Roch;

Tous deux administrateurs, d'une part;

Et haute et puissante dame Jeanne Gomard, etc.

Lesquels, sur la proposition faite par ladite dame comtesse du Barry de fonder à perpétuité deux places d'élèves fournis de tous les objets nécessaires dans ladite école et dans l'intention où elle est de concourir au succès dudit établissement, ont fait les traités et conventions qui suivent, savoir :

Que ladite dame comtesse du Barry a, par les présentes, fondé à perpétuité dans ladite Ecole deux places d'élèves, dont la nomination luy appartiendra.

Les élèves qui seront nommés en conséquence de la présente fondation, seront admis dans l'Ecole aussitôt leur nomination et seront fournis, aux dépens de ladite Ecole, de papier, crayons et instrumens nécessaires pour travailler dans les classes et d'originaux pour étudier chez eux.

Le temps d'études étant fixé à six années, ladite fondatrice jouira à l'expiration desdites six années de la faculté de nommer un autre élève, comme aussi de le remplacer dans le cas où il aura mérité pour six concours leur apprentissage ou maîtrise dans les corps d'arts et métiers.

Seront tenus les élèves d'exécuter ponctuellement les règlements faits et à faire.

Cette fondation faite moyennant la somme de 60 livres de rente annuelle, au capital de 1,500 livres.

Et sera le nom de ladite dame du Barry, fondatrice, inscrit sur les registres des bienfaiteurs de l'Ecole royale, tenus à cet effet par le secrétaire qui fera mention du présent acte.

Fait et passé à Paris, au bureau des administrateurs, momentanément en l'hôtel de M. de Sartine, principal du bureau, par lesdits sieurs directeur et administrateurs ;

Et pour ladite dame fondatrice, en son château de Saint-Vrain, où nous nous sommes exprès transportés.

Signé : Bachelier, Jeanne Gomard, etc., Meulan, Brancas, Le Pot d'Auteuil.

PIECE N° XXIII.

LES COMPTES DE MADAME DU BARRY

Qui dit comptes dit ordre ou tout au moins prétention à des dépenses réglées. Ce mot paraît donc un paradoxe, appliqué à madame du Barry qui a la réputation d'avoir reçu et prodigué l'or à pleines mains, sans compter, sans jamais aligner ses dépenses avec ses recettes. Rien n'est plus faux et rien ne paraît plus inattendu qu'une comptabilité *barrienne*. Elle avait existé cependant, ses livres avaient été tenus avec une régularité plus ou moins correcte. Ses papiers ne s'étaient pas égarés au souffle de la Révolution : ils furent retrouvés, recueillis, cédés à la Bibliothèque nationale avant 1832; le vendeur était un sieur Dauquin, marchand d'autographes, rue Saint-Sulpice, n° 8. Ces papiers ont été reliés et forment quatre volumes in-folio. Ils se composent principalement de mémoires, factures, réclamations de fournisseurs. Un de ces volumes renferme spécialement les papiers de recettes et dépenses. On voit par eux que madame du Barry a eu une sorte de liste civile, qui s'est élevée progressivement de deux cent mille à trois cent mille francs. Ces sommes lui étaient remises chaque mois par le banquier de la cour, M. de Beaujon, et ce de deux manières, tantôt en espèces, tantôt en mandats, acquittés par elle. Souvent ses créanciers, fournisseurs ou autres, ne pouvaient pas ou ne voulaient pas attendre. M. de Beaujon les payait et réglait ensuite avec madame du Barry en quittances ou factures acquittées. Cette opération aurait nécessité la présence de madame du Barry, mais elle avait une habitude constante dont elle ne s'est jamais départie; elle se faisait représenter par Me Lepot-Dauteuil, son notaire (ce mécanisme a été expliqué par nous, vol. II, p 60, 61). Celui-ci signait pour madame du Barry et sous son nom, sans imiter toutefois son écriture.

Nous avons dit comment et pourquoi nous avons reproduit la formule de cette singulière quittance dans les deux premières pièces. Nous avons ensuite cessé de répéter cette rédaction monotone.

Les états qui se trouvent dans les papiers de la Bibliothèque ne se suivent pas toujours, ils sont donc incomplets, sauf pour l'année 1772. Nous les avons copiés fidèlement; nous n'avons pu faire plus.

A

Bordereau des sommes payées pour compte de madame la comtesse du Barry.

Le 11 juillet 1769	48,000	}	livres.
Le 9 aoust (de Max) *de la main de Lepot-Dauteuil*	30,000	}	123,000
Le 14 aoust	45,000	}	
Reçu du sieur Nalet, du 15 septembre.	15,000	}	
Reçu du sieur Roettiers, du 17 octobre	20,000	}	60,000
Reçu du sieur Demay, du 4 novembre.	25,000	}	

Mandats de Mgr Bertin

Du 1er septembre 1769	25,000	}	
Du 12 septembre	150,000	}	
Du 2 octobre	30,000	}	295,000
Du 28 octobre.	40,000	}	
Du 1er novembre	25,000	}	
Du 1er décembre.	25,000	}	
			478,000

Retiré mon billet de quarante-huit mille livres, ma lettre pour autoriser à compter au sieur Nalet quarante-cinq mille livres. Je prie M. Beaujon de faire remettre à M. Lepot-Dauteuil les autres reçus de mes fournisseurs de Versailles.

Le 15 juin 1770.

Signé : La comtesse du Barry.

(De la main de Lepot),

Copie littérale de ma reconnaissance à M. Beaujon.

Je, notaire à Paris, soussigné, reconnois que, conformément aux déclarations de madame la comtesse du Barry, M. Beaujon m'a remis la reconnoissance du sieur de Max de 30,000 livres, et celle du sieur Nalet de 15,000 livres; celle du sieur Gruel, pour le sieur Roettiers, de 20,000 livres; celle du sieur Demay de 25,000 livres, avance au bordereau de l'autre part.

A Paris, le 20 juin 1770.

J'ai signé : LEPOT-DAUTEUIL.

B

Bordereau des sommes payées pour le compte de madame la comtesse Dubarry.

	liv.	s.	d.
A Demay, joaillier	30,000	»	»
A Monthiers, marchand de modes.	10,000	»	»
A Madame la Comtesse	24,000	»	»
A Carlier, tailleur.	6,000	»	»
A Buffault, marchand de soie	25,000	»	»
A Lanoix, menuisier	4,000	»	»
A Cagny, doreur	4,000	»	»
A Guichard, sculpteur.	4,000	»	»
A Masse, chapelier	2,000	»	»
A Constant, chaudronnier	1,870	»	»
A Leconte, bijoutier.	11,000	»	»
A M. de La Briffe.	5,000	»	»
A Roettiers, orfèvre.	15,000	»	»
A Drouais, peintre	6,000	»	»
A Labitte, tapissier	3,000	»	»
A Mlle Dubarry pour M. de Martange. . .	1,170	»	»
A Aubert, joaillier (Bijoutier du Roi).	18,000	»	»
A Gruel, march. de dentelle pour solde de son compte.	10,971	»	»
A M. Gabriel	8,000	»	»
A Drais, bijoutier	2,400	»	»
A Madame la Comtesse	8,589	»	»
	200,000	»	»

Retiré mon reçu et la somme de 24,000 livres, et ayant

de plus reçu la somme de 8,589 livres qui solde le bordereau ci-dessus, montant à la somme de 200,000 livres, priant M. Beaujon de faire remettre à M. Lepot-Dauteuil, mon notaire, les autres reçus de mes fournisseurs.

Versailles, le 15 juin 1770.

Signé : La comtesse DU BARRY.

20 juin 1770.

Reconnaissance conforme à la précédente et signature de M. Lepot-Dauteuil.

C

Bordereau des mandats payés sur les ordres de madame la comtesse du Barry.

		liv.	s.	d.
Le 16 janvier 1770,	à Demay.	15,000	»	»
Le 20 —	à Roettiers.	3,000	»	»
Le 28 —	à Jaubert.	20,000	»	»
Le 30 —	à Duplessis.	8,000	»	»
Le 6 février	à Madame la Comtesse.	12,000	»	»
Sommes payées pour M. *(sic)*		22,911	»	»
		80,911	»	»

D

Bordereau de l'emploi de 200,000 livres du mois de juillet 1770

A Villers.	20,000	»	»
Au sieur Gruel.	20,000	»	»
Au sieur Roettiers, orfèvre.	15,000	»	»
Au sieur Buffault, marchand de soye . . .	15,000	»	»
A M. Lebrun.	12,000	»	»
Au sieur Demay	20,000	»	»
A reporter . . .	102,000	»	»

Report.	102,000	»	»
Au suisse de M. le contrôleur général, trois lettres de change sur le sieur Nalet :			
La première de . . . 4,300 » » / La deuxième de . . . 3,554 » » / La troisième de . . . 2,575 15 »	10,429	15	»
A Lameaux	1,200	»	»
A Duplessis, marchand de chevaux. . . .	8,000	»	»
A Boullanger, tailleur.	6,000	»	»
A Guichard, sculpteur.	6,000	»	»
A Lépine, deux billets du sieur Nalet :			
L'un de. . . . . 4,087 10 / L'autre de . . . . 4,500 »	8,587	10	»
M. Serres, intendant de la comtesse . . .	3,000	»	»
A Masse, chapelier, le bt. du sieur Nalet .	2,494	»	»
A Constant, chaudronnier	4,000	»	»
A Carlier, tailleur, trois billets du s[r] Nalet :			
Le premier. . . . . . . 2,051 10 / Le deuxième . . . . 2,941 15 / Le troisième 4,329 5	9,322	10	»
A Léger, fourreur.	4,390	»	»
A Cagny, doreur	6,000	»	»
A M. de La Briffe.	5,000	»	»
A Mme de Monthiers	3,576	5	»
A M. Gabriel	4,000	»	»
Porté à Compiègne et remis à Mlle Dubarry 500 louis.	12,000	»	»
Idem à mon second voyage	4,000	»	»
	200,000	»	»

E

Bordereau de l'emploi des 200,000 livres du mois d'octobre 1770.

A Lameaux.	25,000	»	»
A Aubert, mandat de Mme la Comtesse . .	12,000	»	»
A M. Tourteau, pour M. Demay	20,722	10	»
A Mme de Mirepoix, mandat de Mme la Ctesse.	12,000	»	»
A Lemoyne, jardinier	3,000	»	»
A M. Solier.	25,000	»	»
A M. Le Brun, notaire.	20,000	»	»
A M. Carlier, tailleur	10,000	»	»
A M. Hennebert.	6,000	»	»
A Vigier, parfumeur	3,000	»	»
A Poirier.	10,000	»	»
A Roettiers, orfèvre	10,000	»	»
A Mme de Monthiers.	8,000	»	»
A Quenel.	2,000	»	»
A M. de La Briffe.	5,000	»	»
A Vincent, le remboursement de deux billets de Nalet, ordre Labitte, ens. 3,000 » » ; Intérêts suivant le décompte annexé aux billets. 63 6 8	3,063	6	8
A M. Gabriel.	8,000	»	»
A M. Guichard, sculpteur	3,000	»	»
A Cagny, doreur, billet de Nalet	2,675	12	6
A De Lanoix, menuisier	3,000	»	»
A un marchand de bois	8,000	»	»
Remis à Mlle Dubarry pour solde	538	10	10
	200,000	»	»

F

Distribution de la somme de 250,000 livres du mois de décembre 1770.

Compte à Mme Dubarry, suiv. l'état inclus.	50,000	»	»
A M. Serres, pour les ouvrages de Luciennes	12,200	»	»
A M. Aubert	11,000	»	»
A M. Demay	30,000	»	»
A M. Le Paute, horloger, solde.	5,400	»	»
A M. Poirier	11,000	»	»
A M. Buffault	10,000	»	»
A M. Lecomte, joaillier	4,000	»	»
A Cagny, doreur	5,000	»	»
A Guichard, sculpteur.	5,000	»	»
A Lanoix, menuisier.	5,000	»	»
A M. Sollier	20,000	»	»
A M. Gruel.	10,000	»	»
A Mme Constant.	3,000	»	»
A M. Monthiers	6,000	»	»
A Lepine, sellier	10,000	»	»
A M. Serres	30,000	»	»
Remboursé à M. Le Dreux le billet du sieur Nalet . . . . 2,579 / Frais et intérêt. . . . . . . 127 / A lui païé un compte de fournit. 3,294	6,000	»	»
A Mme Roettiers.	15,000	»	»
A La Vallée, peintre.	2,400	»	»
A Davaux, brodeur	4,000	»	»
A Quesnel, charron	2,400	»	»
A Dreux, joaillier	2,400	»	»
A M. Lambonel, pour achat de livres. . . .	1,200	»	»
	261,000	»	»

G

*Payemens du mois de février (*sans date*) sur la distribution des 200,000 livres.*

Avances de M. Beaujon, suivant le bordereau arrêté le 15 février 1771	11,000	»	»
A M. de Martange	1,120	»	»
A Lameaux	40,000	»	»
A M. le cher de Boniface	972	»	»
A Greuze, solde	2,400	»	»
A Buffault	10,000	»	»
A Gruel, billet de Nalet du 30 septembre 1769. 5,000 — A-compte de ses fournitures. 5,000	10,000	»	»
A madame Roettiers	15,000	»	»
A Gouthière, fondeur	8,000	»	»
A Lanoix, menuisier	4,000	»	»
A M. Gabriel	12,000	»	»
A Cagny, doreur	6,000	»	»
A Guichard, sculpteur	6,000	»	»
A Carlier, tailleur	6,000	»	»
Porté à Versailles 500 louis	12,000	»	»
A Aubert, joaillier	11,000	»	»
A Berthier, joaillier, un billet de madame la comtesse du 28 septembre 1768	1,400	»	»
A Afforty, marchand de bas, solde	1,461	7	»
Au porteur d'ordre de Mlle Dubarry	1,680	»	»
A Bohmer, joaillier	50,000	»	»
A Charpentier, marchand de papier	1,169	18	»
A M. Tripperet, brodeur	6,000	»	»
A Poirier	10,000	»	»
A M. Serres	20,000	»	»
A Davaux, brodeur	6,000	»	»
A reporter	253,203	5	»

Report.	253,203	5	»
A M. Lefèvre, maître maçon	12,000	»	»
A Straz	5,000	»	»
A M. le duc de La Vallière	21,648	»	»
A M. le duc de Duras	11,160	»	»
A M. le prince d'Hénin pour Mme de Mirepoix.	15,648	»	»
A M. Chauvelin.	5,844	»	»
A M. le prince de Soubise	18,444	»	»
	342,947	5	»

H

Bordereau des paiemens faits sur les 250,000 livres du mois d'avril 1771.

Suivant le dernier compte, M. Beaujon était en avance de	142,947	5	»
A M. le chevalier Dubarry, pour M. Lambomel	1,200	6	»
A M. Buffault.	20,000	»	»
A Sigly.	2,000	»	»
A Lepine.	10,000	»	»
A Cagny.	4,000	»	»
A Vigier.	3,000	»	»
A Pecoul.	3,000	»	»
(Reste une quittance de 300 livres non employée)			
A Bohmer	50,000	»	»
A Gruel	10,000	»	»
A Quesnel, solde	2,166	»	»
A Guichard.	3,000	»	»
A Lanoix.	2,000	»	»
A Gouthière.	6,000	»	»
A Roettiers.	15,000	»	»
A Lefaivre	12,000	»	»
A Morel . . . . , ...	245	10	»
Envoïé le 12 mai à Mlle Dubarry	6,000	»	»
	292,559	1	»

I

Payemens faits sur les 300,000 livres du mois de juin

(Sans indication d'année.)

A M. Beaujon.	42,559	1	»
A M. de Martange	1,500	»	»
A Vassé, sculpteur, solde.	3,000	»	»
A Pagelle, marchand de modes, solde. . .	3,000	»	»
A Lefaivre, maître maçon	12,000	»	»
A Pagnon, un compte de foin et paille, solde.	810	»	»
A Maugé, pour loyer de voitures	529	»	»
Au chevalier de Boniface pour 2 chevaux .	1,548	»	»
A Roettiers, orfèvre	20,000	»	»
A Gruel, marchand de dentelles	10,000	»	»
A Sollier, pour solde de deux billets de Mme la Comtesse. . . . 19,230 » » / Intérêt du 1er mars au 10 juin, 3 mois et 10 jours. . . . 179 » » (L'erreur existe au manuscrit.)	13,109	11	»
A Aubert, joaillier.	10,000	»	»
A Barois, pour un cheval.	624	»	»
A Cagny, doreur	8,000	»	»
A Guichard, sculpteur.	8,000	»	»
A Lanois, menuisier.	3,000	»	»
A Buffault, marchand de soye	10,000	»	»
A Ledreux, marchand.	4,000	»	»
A Demay, joaillier	50,000	»	»
A Bohmer, joaillier	50,000	»	»
A Drouais, peintre	3,000	»	»
A Vanot, marchand de dentelles	6,000	»	»
A Fragonard, sur un mandat de madame la comtesse. (*Le mandat n'est pas acquitté*) .	1,200	»	»
A reporter . . .	261,879	12	»

Report. . . .	261,879	12	»
A M. le duc de La Vallière.	19,308	»	»
A Darnault, solde.	4,224	»	»
A Constant, chaudronnier	3,000	»	»
A M. le comte de Busset, pour un cheval. .	984	»	»
A Roettiers, orfèvre	20,000	»	»
	309,395	12	»

K

Payemens faits sur les 300,000 livres de juillet.

(Sans indication d'année.)

A M. Beaujon.	9,395	12	»
A Bohmer, joaillier	100,000	»	»
A Demay, id.	50,000	»	»
A Gibert, id., solde	17,000	»	»
A Straz.	12,000	»	»
A Lefaivre, maître maçon	12,000	»	»
A Mme Pagelle, marchande de modes, solde.	12,000	»	»
A la manufacture de Sèvres	12,000	»	»
A Buffault, marchand d'étoffes.	10,000	»	»
A Gruel	10,000	»	»
A Mme la maréchale de Mirepoix.	8,088	»	»
A M. de Chauvelin.	5,232	»	»
A Davaux, brodeur.	3,000	»	»
A Vigier, parfumeur.	3,000	»	»
A Gouthière, doreur.	6,000	»	»
A Cagny, doreur	5,000	»	»
A Leconte, joaillier	5,000	»	»
A Guichard, sculpteur.	5,000	»	»
A Bourjot frères, solde.	4,853	»	»
A Fontaine, marchand, solde.	2,343	»	»
A Mme Poirier.	6,000	»	»
A M. le comte de Broglie (*point de reçu*) . .	5,052	»	»
A Millot, pour du vin, solde.	1,050	»	»
A Fort, marchand de vin, solde.	120	»	»
	304,133	12	»

L

Etat des payemens faits sur les 300,000 livres du mois d'aoust.

(Sans indication d'année).

Suivant le précédent compte, Beaujon était en avance de	4,133	12	»
Envoyé à Lameaux, à Compiègne.	12,000	»	»
A Lefaivre, maître maçon, nouveaux ouvrages de Luciennes.	12,000	»	»
A Calmer.	15,000	»	»
A Monthiers	9,000	»	»
A Mme Roettiers.	20,600	»	»
A Lepine, sellier	5,000	»	»
A Buffault	20,000	»	»
A Gruel	10,000	»	»
A Le Dreux.	3,000	»	»
A Pecoul, anciens ouvrages de Luciennes .	10,000	»	»
A Autelet, serrurier.	3,000	»	»
A Le Conte, joaillier.	3,000	»	»
A Aubert, id.	10,000	»	»
A Cagny, doreur	3,000	»	»
A Delanoix, menuisier.	2,000	»	»
A Guichard, sculpteur.	3,000	»	»
A Tripperet, brodeur	3,000	»	»
A Davaux, id.	3,000	»	»
A Bohmer, joaillier..	50,000	»	»
A Barnon, brodeur.	551	»	»
A Straz, joaillier	6,000	»	»
Porté à Mme la Comtesse à Versailles . . .	24,000	»	»
A Lefaivre, nouveaux ouvrages de Luciennes	12,000	»	»
A Drais, bijoutier.	6,000	»	»
A M. le duc de Laval (*mandat non acquitté*).	12,000	»	»
A M. Lameaux id.	10,000	»	»
A M. le duc de la Valière id.	11,256	»	»
A M. le prince de Soubise id.	17,568	»	»
A reporter . . .	300,108	12	»

Report.	300,108	12	»
A M. le comte de Broglie *(mad. non acq.)*.	3,288	»	»
A M. de Chauvelin id.	3,796	»	»
A M. le duc de Duras..	3,552	»	»
A Mme Roettiers, pour solde	52,728	4	»
A Calmer, joaillier	15,000	»	»
	380,472	16	»

M

Etat des païemens faits sur les 300,000 livres du mois de septembre.

(Sans indication d'année).

Suivant précédent décompte.	80,472	16	»
A Vernet, peintre..	5,000	»	»
A Fragonard, peintre	1,200	»	»
A Gouthière.	5,000	»	»
A Gruel, marchand de dentelles	10,000	»	»
A Le Conte, joaillier.	5,000	»	»
A Greuze, peintre.	3,000	»	»
A Jonniaux, marbrier..	6,000	»	»
A Mme Pagelle, marchande de modes . . .	6,000	»	»
A Vigier, parfumeur.	3,000	»	»
A Guichard, sculpteur.	3,000	»	»
A Cagny, doreur	2,000	»	»
A Behmer, joaillier	50,000	»	»
A Baudelaire, marchand (*sic*).	1,344	»	»
A Lefaivre, maître maçon	12,000	»	»
A Buffault	20,000	»	»
A Gouthière, fondeur	5,000	»	»
A Demay, joaillier	25,000	»	»
A Mme la maréchale de Mirepoix	2,112	»	»
A Baudelaire.	1,800	»	»
A Aubert, joaillier	24,000	»	»
A Lameaux.	10,000	»	»
Remis ce jour à Mme la Comtesse pour solde.	19,071	»	»
	300,000	»	»

N

Etat des paiemens faits sur les 300,000 livres du mois de novembre 1771.

Pour le compte de M. Nalet.

A lui-même.	13,562	2	»	83,244 » »
A Duplessy	4,500	»	»	
A Gruel	3,753	»	»	
A Buffault	15,130	12	3	
A Jé (ou *id.?*)	8,000	»	»	
A Demay.	3,691	10	9	
A Labitte.	1,222	15	»	
A Adeline.	800	»	»	
A M. le duc de Duras . .	28,000	»	»	
A Monthiers.	2,250	»	»	
A Mme Hennebert	2,334	»	»	

Pour les anciens ouvrages de Luciennes.

A Bonnelay, marchand d'arbustes.	2,776	12	5	10,000 » »
A Daniel, fondeur. . . .	67	»	»	
A Dropsy, marbrier . . .	425	12	10	
A Lagrange, vérificateur.	1,200	»	»	
A Gobert, doreur	478	15	5	
A Boudeville, peintre. . .	426	2	5	
A Ceurville, treillageur..	171	13	»	
A Bourgeois, vitrier . . .	1,115	9	7	
A Desmarais, pour journées d'ouvriers	1,594	16	8	
A Moulin, terrassier . . .	331	»	7	
A Poupart, miroitier. . .	495	2	»	
A veuve Cheruel, pour ouvrages de couverture. .	917	15	1	

A reporter . . . 93,244 » »

Report.	93,244	»	»
A Leconte, joaillier	8,000	»	»
A Mme Pagelle, marchande de modes . . .	5,000	»	»
A Vigier, parfumeur, pour solde.	2,572	»	»
A Ledreux, marchand.	3,106	»	»
A Behmer, joaillier	80,000	»	»
A Gruel, marchand	6,000	»	»
A Buffault	10,000	»	»
A Demay, joaillier.	15,000	»	»
A Davaux, brodeur	3,000	»	»
A Aubert, joaillier	6,721	»	»
A Poirier, marchand.	5,000	»	
A Lepine, sellier	5,000	»	»
A Vien, peintre.	3,500	»	»
A la Manufacture de Sèvre, sur la quittance de Marmet	12,000	»	»
A Straz, joaillier	7,500	»	»
A Belleville fils, jardinier-fleuriste	1,336	9	»
A Calmer, joaillier	22,000	»	»
A Militerny.	3,000	»	»
A Gouthière, fondeur	6,000	»	»
A M. le duc de la Vallière (*non acquitté*). .	4,176	»	»
A M. de Chauvelin, 772 louis.	18,528	»	»
A M. le duc de Duras	2,040	»	»
A Gendouin, jardinier-fleuriste.	2,403	10	»
A veuve Georges Beaulieu et Cie, bijoutiers.	7,400	»	»
A Colet, valet de chambre, tapissier de Mme la Comtesse.	3,000	»	»
A Lameaux . . . . , ...	10,000	»	»
	345,526	19	»

O

Etat des paiemens faits sur les 300,000 livres du mois de janvier 1772.

Suivant le précédent compte arrêté le 7 fév. dernier, M. Beaujon étoit en avance de .	45,526	19	»
Anciens ouvrages de Luciennes.	10,000	»	»
Nouveaux ouvrages de Luciennes.	12,000	»	»
A Gruel, marchand de dentelles	10,000	»	»
A Aubert joaillier.	30,000	»	»
A Vigier, parfumeur.	600	»	»
A Constant, chaudronnier	3,082	»	»
A La Vallée, peintre.	2,083	»	»
A Carlier, tailleur.	6,000	»	»
A Davaux, brodeur	3,000	»	»
A Sigly, tailleur.	4,000	»	»
A Behmer, joaillier.	50,000	»	»
A Buffault	20,000	»	»
A Lenormant, marchand de soies.	20,000	»	»
A Cozate, directeur de la manufacture des Gobelins.	6,000	»	»
A Drais, bijoutier.	5,000	»	»
A Mme Pagelle, marchande de modes . . .	13,000	»	»
A Gouthière, fondeur	10,000	»	»
A Le Blanc, joaillier.	20,000	»	»
A Mme Lejeune	4,000	»	»
A Greuze, peintre.	1,800	»	»
A Roettiers, orfèvre.	10,000	»	»
A Larmé, gainier	1,200	»	»
A Mlle de Cerès, pour Mme de Noé.	600	3	»
A Pajou, sur un mandat de Mme la Comtesse.	2,000	»	»
A Vassé, suivant un autre mandat	6,000	»	»
	295,892	2	»
Il revient pour solde à Mme la Comtesse . .	4,107	18	»
	300,000	»	»

P

Etat des payemens faits sur les 300,000 livres du mois de février.

(Sans indication d'année).

A Lepine, sellier	10,000	»	»
A Quesnel, charon	4,254	13	»
A Guichard, sculpteur, pour solde.	4,426	»	»
A Roettiers, orfèvre	10,000	»	»
A Mme Poirier.	10,000	»	»
A M. Aubert, joaillier	5,000	»	»
A Buffault	20,000	»	»
A Lenormant, marchand de soye.	20,000	»	»
A Gruel	5,000	»	»
A Tripperet, brodeur	3,000	»	»
A Lameux	37,000	»	»
A M. Boyleau, de la manufacture de Sèvre.	10,000	»	»
A Behmer, joaillier	50,000	»	»
A M. le marquis d'Entraigues, 381 louis 1/2.	9,156	»	»
A M. le duc de Laval, 342 louis.	8,208	»	»
A Mme Vanot, marchande de dentelles. . .	4,000	»	»
A M. le Prince d'Henin, pour Mme la maréchale de Mirepoix, 54 louis.	1,296	»	»
A M. le marquis d'Arcambat (tableaux).	17,599	19	»
A M. de Launé, avocat.	720	»	»
A M. Cagny, doreur.	2,000	»	»
A M. Maelrondt, pour M. Boyer	3,120	»	»
A Mme Pagelle, marchande de modes. . .	6,000	»	»
A M. le duc de Duras, 137 louis 1/2. . . .	3,300	»	»
A Demay, joaillier	6,000	»	»
A M. le duc de Cossé (*pour achat d'une commode et de deux vases de porphyre*). .	12,800	»	»
A M. de Montvallier.	10,000	»	»
A reporter . . .	272,880	12	»

Report.	272,880	12	»
A Lenormant, marchand de soies.	10,000	»	»
A Lemoyne, sculpteur.	2,000	»	»
A Cazanova, peintre.	2,800	»	»
A Brière, peintre	4,000	»	»
A Mme la comtesse de Bear.	960	»	»
A M. de Flesselle, intendant à Lyon. . . .	4,762	15	»
	297,403	7	»
Remis ce jour à Mme la Comtesse pour solde.	2,596	13	»
	300,000	»	»

Q

Paiemens faits sur les 300,000 livres du mois de may 1772.

A Lefaivre, maître maçon.	3,000	»	»
A M. de Martange, pour linge de table . .	3,071	»	»
A Mme Lejeune, pour Zamor.	483	»	»
A Aubert, joaillier.	15,000	»	»
A Drais, bijoutier.	3,000	»	»
A Mme la maréchale de Mirepoix	8,000	»	»
A M. de Montvallier.	3,000	15	»
A Bohmer, joaillier.	50,000	»	»
A M. de Montvallier.	10,000	»	»
A Mme Vanot, marchande de dentelles . .	6,000	»	»
A Sigly, tailleur, pour solde	6,000	»	»
A Gouthière, fondeur	3,000	»	»
Traite de Dumont de Valenciennes	3,012	»	»
A Leblanc, joaillier	20,000	»	»
A M. Delauné, avocat et à Drais pour une boête	3,600	»	»
A M. Buffault..	20,000	»	»
A Lenormant, Prosper Leduc et Cie. . . .	10,000	»	»
A reporter . . .	167,166	15	»

Report.	167,166	15	»
A Demay, joaillier, pour solde	7,000	»	»
A M. Lecomte, sculpteur.	2,000	»	»
A Clément, sur le reçu de M. de Launé . .	1,800	»	»
A Mme Poirier.	5,000	»	»
A Gruel	10,000	»	»
A M. de Montvallier.	10,000	»	»
A Mme Vanot, marchande de dentelles. . .	6,000	»	»
A Mme Pagelle, marchande de modes . . .	6,000	»	»
A Vigier, parfumeur.	1,042	»	»
A Greuze, peintre.	5,000	»	»
A Mme Launé.	240	»	»
A Fremont, franger.	2,400	»	»
A Ledreux, mercier.	6,000	»	»
A Bohmer, joaillier	50,000	»	»
A Caulet, Salba et comte de Toulouse pour frais de signification de pièce.	81	12	6
A Alix, sur le mandat de Mme la Comtesse.	25,000	»	»
A Leblanc joaillier	20,000	»	»
A Demay, joaillier	6,000	»	»
A Vassé, sculpteur	6,000	»	»
A Gouthière, fondeur	4,000	»	»
A Roettiers, père et fils, orfèvres	10,000	»	»
Anciens ouvrages de Luciennes.	9,177	»	»
	359,907	7	6

NOTA, — Cet état n'est suivi d'aucune mention ni signature.

R

Payemens faits sur les 300,000 livres du mois de septembre 1772.

A M. Beaujon, pour solde du précédent compte.	59,907	7	6
A reporter . . .	59,907	7	6

Report.	59,907	7	6
A Le Blanc, joaillier.	10,000	»	»
A M. de Montvallier, sur le mandat de Mme la Comtesse	25,000	»	»
A Vernet, peintre	5,000	»	»
A Lanoix, menuisier en meubles, pour solde.	596	»	»
A Demay, joaillier.	9,000	»	»
A Mme Vanot, marchande de dentelles . . .	10,000	»	»
A Le Moyne, sculpteur	2,000	»	»
A Pajou, sculpteur.	2,000	»	»
A Le Dreux, marchand mercier.	2,400	»	»
A Bohmer, joaillier	50,000	»	»
A Guichard, sculpteur.	4,000	»	»
A M. de Montvallier, sur un récépissé du Trésor royal (*demander à M. Beaujon l'employ de ce récépissé*).	10,000	»	»
A Gruel	4,000	»	»
A Monot, sculpteur	2,000	»	»
A Aubert, joaillier.	15,000	»	»
A Mme Poirier	4,000	»	»
Traite de Dumont de Valenciennes du 26 septembre à vue.	1,848	5	»
A Roettiers, orfèvre	10,000	»	»
A Gouthière, fondeur	5,000	»	»
A M. le maréchal de Soubise	14,400	»	»
A Lenormand, marchand de soye.	5,000	»	»
A Allégrain, sculpteur.	2,000	»	»
A Mlle Pagelle, marchande de modes. . . .	6,000	»	»
A M. Beaujon, pour compléter 50,000 livres, compte desquels (*sic*) il avait reçu de M. Dauteuil, 44,712 livres.	5,288	»	»
A M. Soufflot, pour les ouvriers des Gobelins	720	»	»
A M. de Montvallier, sur le mandat de Mme la Comtesse.	25,000	»	»
A reporter . . .	290,159	12	6

Report.	290,159	12	6
A Le Blanc, joaillier.	15,000	»	»
Anciens ouvrages de Luciennes	7,348	6	9
A Hallé, peintre	600	»	»
	313,107	19	3

S

Payemens faits sur les 300,000 livres de novembre.

(Sans indication d'année).

A M. Beaujon, pour solde du précédent compte.	13,107	19	3
A Mme la comtesse de Noé.	288	»	»
A Vernet, peintre	4,000	»	»
A Bohmer, joaillier	50,000	»	»
A Buffault	10,000	»	»
Traite de Rey de Marseille sur M. Beaujon pour valeur de 4 blocs de marbre.	3,663	2	4
A Le Blanc, joaillier.	10,000	»	»
A de Lor, charpentier	3,600	»	»
A Chevalier et Ploux, peintres.	10,000	»	»
A Carbilliet, menuisier	6,000	»	»
A Lefaivre, maître maçon.	14,000	»	»
A Louis, couvreur.	1,474	15	»
A M. de Montvallier	10,000	»	»
A Bertolini, fumiste	1,110	8	»
A Adam, marbrier.	2,400	»	»
A Cagny, doreur	1,200	»	»
A Bailly, treillageur.	1,006	12	»
A Thibault, serrurier.	3,600	»	»
A Vernet, peintre	4,000	»	»
A Lecomte, sculpteur.	960	»	»
A Masson, peintre.	600	»	»
A Beaucour, épinglier.	399	»	»
A reporter . . .	151,409	16	7

Report.	151,409	16	7
A M. de Montvallier	10,000	»	»
A Deumier, serrurier	1,859	14	»
A Vᵉ Digeon, marouflleur	254	16	»
A Picard	1,340	5	4
A M. Alix, sur le mandat de Mᵐᵉ la Comtesse, en faveur de Montvallier	6,725	4	6
A M. le Blanc, joaillier	20,000	»	»
A Drais, bijoutier	3,000	»	»
A M. de Montvallier	10,000	»	»
A M. Dauteuil, pour les pauvres de l'Hôtel-Dieu	6,000	»	»
A Aubert, joaillier	20,000	»	»
A Sollier, joaillier	8,000	»	»
A Chauvay, paveur	2,435	7	6
A Bohmer, joaillier	100,000	»	»
A Leblanc, joaillier	12,000	»	»
A Mˡˡᵉ Pagelle	8,000	»	»
A Davaux, brodeur	6,000	»	»
A La Croix	16,000	»	»
A Cazanova	2,400	»	»
A G. Dumoustier et fils, de Saint-Quentin.	8,754	15	»
A Lemoine, sculpteur	2,000	»	»
A M. de Montvallier	10,000	»	»
A Bégé, marchand de chevaux	1,848	»	»
A Roettiers, orfèvre	12,000	»	»
A M. Harvoin, la traite de Ducrel, à Alençon, 28 janvier au 11 février, sur M. Beaujon.	6,000	»	»
A M. Bouffé et Baugrand, sur leur reçu. .	5,656	8	»
Anciens ouvrages de Luciennes	6,799	»	»
	438,483	6	11

T

Payemens faits sur les 300,000 livres du mois de janvier 1773.

		livres	sous	deniers
	A M. Beaujon, pour solde du compte arrêté le 15 février dernier	138,483	6	11
Février.				
17	A M. Desarcho, pour 230 demi-bouteilles de vin du Cap	1,725	»	»
18	A M. Ledreux, marchand mercier	2,488	4	»
19	A Mme Delaneuville	1,200	»	»
20	A Poupart, miroitier	5,000	»	»
24	A Cartier, tailleur	3,000	»	»
26	A Aubert, joaillier	10,000	»	»
	A M. Beaujon, pour compléter le billet de 355,494 livres, cy	100,000	»	»
27	A M. de Montvallier	10,000	»	»
	Au sieur Duval, pour solde d'un compte d'achat de chevaux	871	»	»
	A Thibaut, serrurier	900	»	»
	A Adam, marbrier	1,000	»	»
	A Ploux et Chevalier, peintres et doreurs	4,000	»	»
	A Carbillet, menuisier	2,000	»	»
28	A Dauberval, sur le mandat de M. le vicomte Dubarry	2,664	»	»
Mars.				
2	A M. Le Blanc, joaillier	10,000	»	»
	A Monelle, serrurier	1,249	10	3
	A Delor, charpentier	1,000	»	»
	A Lenormand, Prosper Leduc et Cie	10,000	»	»
	A Berton, sur le mandat de M. le vicomte du Barry	3,231	»	»
3	Au porteur, sur le mandat de M. le vicomte du Barry	2,362	»	»
	A reporter	311,174	1	2

Report.	311,174	1	2
4 A M. le duc de Laval.	12,948	»	»
6 A M. de Martange.	5,807	16	»
8 A Bremontier, pour frais à la réception et expédition de 4 blocs de marbre. .	1,210	10	4
Au porteur du mandat de M. le vicomte du Barry.	1,743	»	»
	332,883	7	6

V

Paiemens faits sur les 300,000 livres du mois de mars 1773.

Mars.			
A M. Beaujon, pour solde du compte arrêté le 10 mars	32,883	7	6
11 Payé en l'acquite d'une traite au Roy, de Marseille, du 12 février	2,240	12	»
12 A Lefaivre, maître maçon.	5,000	»	»
15 A Demontvallier	10,000	»	»
16 A Duvivier, directeur de la manufacture de la Savonerie	6,000	»	»
19 A Barbier, marchand de soye	6,000	»	»
19 A Bohmer, joüaillier	20,000	»	»
23 A Drais, bijoutier	3,000	»	»
27 A Constant, chauderonnier (*sic*). . . .	3,000	»	»
A Musson, peintre	600	»	»
29 A Montauban, syndic des créanciers Constant, bijoutier	7,000	»	»
30 A M. Demontvallier.	10,000	»	»
Avril.			
2 A Greuze, peintre	5,600	»	»
A Lemoine, sculpteur	2,000	»	»
3 A Roëttiers, orfèvres	20,000	»	»
6 A Lecomte, sculpteur.	2,000	»	»
A reporter. . .	135,323	19	6

		livres	sous	deniers
	Report. . . .	135,323	19	6
8	A Monot, sculpteur.	2,000	»	»
9	A Leblanc, joüaillier.	10,000	»	»
	A Chevallier et Plon, peintres.	3,000	»	»
	A Carbillier, menuisier.	1,500	»	»
	A Thibault, serrurier.	600	»	»
10	A Cozette pour deux paravans, manufacture des Gobelins	2,400	»	»
	A Lenormand et Prosper	10,000	»	»
	A Aubert, joüaillier	10,000	»	»
	A Lefaivre, maçon.	3,300	»	»
	A Adam, marbrier.	600	»	»
	A M. de Montvallier	6,000	»	»
	A Delor, charpentier.	1,000	»	»
	A Tribout, marchand de dentelle. . .	1,245	10	»
17	Envoyé à Versailles.	24,000	»	»
	A M. de Montvallier	12,000	»	»
	A Mme Pagelle, marchande de modes .	5,000	»	»
24	A M. de Montvallier	10,000	»	»
May.				
5	A M. d'Auteuil.	82,083	6	8
6	A Bohmer.	20,000	»	»
10	A Leblanc, joüaillier.	10,000	»	»
	A M. de Montvallier	27,325	19	»
	A Carbillier, menuisier.	1,500	»	»
	A M. de Montvallier	12,000	»	»
	A Thibaut, serrurier	600	»	»
17	A Adam, marbrier.	600	»	»
	A Chevalier et Plox, peintres	3,000	»	»
18	A Lefaivre, maçon	3,600	»	»
21	A Delor, charpentier	700	»	»
21	A Mme la vicomtesse de Noë, pour solde d'un compte de la demoiselle Benard et de la demoiselle Rouscier, brodeuse.	627	»	»
25	A Mme de La Neuville.	1,200	»	»
	A reporter . . .	411,205	15	2

	Report . . .	411,205	15	2
26	A Vien, peintre	3,000	»	»
	A Cantigny	600	»	»
27	A Leblanc, joüaillier	12,000	»	»
	A Doyen, peintre	8,043	»	»
	A Greuze	1,200	»	»
28	A M. de Montvallier	10,000	»	»
Juin.				
2	A M. Guay	2,400	»	»
3	A M. Boisot, sculpteur	4,000	»	»
	Une traite de Bremontier de Rouen à vue.	727	14	2
8	A Drais, bijoutier	3,000	»	»
	A M. le chevalier du Barry, une traite sur Lyon en faveur de M. Duval. . .	6,000	»	»
12	A Bohmer, joüaillier	20,000	»	»
14	A Mme Roëttiers	20,000	»	»
14	A M. de Montvallier	18,000	»	»
	A Gouthière	20,000	»	»
	A Masse, chapellier	1,331	15	9
	A Leblanc, joüaillier	10,000	»	»
	Anciens ouvrages de Luciennes	11,088	»	»
		562,596	5	1

X

Bordereau des sommes reçues et payées pour le compte de madame la comtesse du Barry.

Reçu au mois de juin une ordonnance. . .	300,000	»	»
Reçu au mois d'août une ordonnance. . . .	300,000	»	»
	600,000	»	»

Payements.

Juin 1773.				
22	Suivant le compte remis ce jour, M. Beaujon était en avance de.	262,596	5	1
	A reporter . . .	262,596	5	1

	Report.	262,596	5	1
23	A la Société Germain.	4,800	»	»
	A Le Bas, menuisier.	1,665	»	»
25	A Pascal Taskin, pour un clavecin . . .	3,000	»	»
	A Carlier, tailleur	3,000	»	»
	A Poirier et Daguerre, bijoutiers. . . .	10,000	»	»
26	A Buffault	10,000	»	»
	Transport de Rouen à Paris, de trois blocs de marbre.	413	10	»
28	A M. de Montvallier.	10,000	»	»
30	A M. le vicomte du Barry, sur son mandat.	724	19	»
Juillet.				
3	A M. de Montvallier.	6,000	»	»
5	A Adan, marbrier.	505	18	4
	A Lépine, sellier.	5,000	»	»
	A Thibault, serrurier.	3,942	11	1
	A Carbillier, menuisier	1,861	3	3
	A Chevalier et Ploux, peintres.	1,556	9	7
	A Demay, joaillier.	15,000	»	»
6	Traite de M. Dumont, de Valenciennes.	735	»	»
7	A Delor, charpentier.	994	7	»
11	A Mme Vanot, marchande de dentelles.	6,000	»	»
13	A Gruel.	10,000	»	»
19	A M. de Montvallier.	15,000	»	»
	A la Manufacture de Sèvre.	12,000	»	»
	A Vally.	5,721	»	»
23	A Mme Pagelle.	5,000	19	»
	A M. de Montvallier.	10,000	»	»
Août.				
2	A M. le maréchal de Soubise.	21,605	8	»
	A Couesnon, maître maçon	12,000	»	»
	A Delor, charpentier.	6,000	»	»
5	A M. le vicomte du Barry, pour le 12e de la rente de 10,000 louis.	833	6	8
	A reporter. . .	445,955	17	»

	Report.	445,935	17	»
5	A Bouffé et Dangirard.	6,000	»	»
9	A Alix, pour M. de Montvallier.	24,358	19	1
	A Paquot.	600	»	»
11	A Colet, valet de chambre.	1,200	»	»
12	A Vinlet, pour un bloc de marbre. . . .	3,285	»	»
14	A Aubert, joaillier	20,000	»	»
	A Pellier	10,000	»	»
18	A Gouthière	20,000	»	»
26	A Leblanc	12,000	»	»
28	A M. de Montvallier	10,000	»	»
30	A Delorme, piqueur, à Londres, pour achat de chevaux	18,000	»	»
	A Rodolphe.	3,000	»	»
Septembre.				
2	A Demay, joaillier.	15,000	»	»
	A M. le vicomte du Barry, pour un mois de la rente de 10,000 louis	833	6	8
9	A Quenel, charron	2,287	8	»
	A Poulet, serrurier.	2,314	8	»
	A Lebas, menuisier en meubles.	1,665	»	»
	A Lefaivre, maître maçon, pour solde. .	2,187	16	4
1	A Davaux, brodeur.	6,000	»	»
9	A Calmer, pour 104 demi-bouteilles de vin de Constance	1,040	»	»
	A Le Dreux, mercier, pour solde	2,962	10	»
	A Poupart, miroitier.	5,000	»	»
10	A Moreau, cessionnaire de Monthiers, marchand de modes.	3,000	»	»
	A M. de Montvallier	15,000	»	»
	A Carlier, tailleur	5,000	»	»
	A Pellier, pour un livre de botanique. .	2,400	»	»
		639,090	5	1
	A déduire les avances mentionnées en l'état du présent bordereau	600,000	»	»
	Partant, M. Beaujon est en avance de. .	39,090	5	1

Paiemens faits sur les 300,000 livres du mois de juillet.

A M. Beaujon	9,395	12	»
A Bohmer, joaillier	100,000	»	»
A Demay, joaillier	50,000	»	»
A Gibert, joaillier	17,000	»	»
A Straz, joaillier	12,000	»	»
A Lefèvre, maître maçon	12,000	»	»
A Mme Pagelle, marchande de modes	12,000	»	»
A la Manufacture de Sèvre	12,000	»	»
A Buffault, marchand d'étoffes	10,000	»	»
A Gruel	10,000	»	»
A Mme la maréchale de Mirepoix	8,088	»	»
A M. de Chauvelin	5,232	»	»
A Davaux, brodeur	3,000	»	»
A Vigier, parfumeur	3,000	»	»
A Gouthière, doreur	6,000	»	»
A Cagny, doreur	5,000	»	»
A Lecomte, joaillier	5,000	»	»
A Guichard, sculpteur	5,000	»	»
A Bourjot frères, marchands d'étoffes	4,853	»	»
A Fontaine, marchand	2,343	»	»
A Mme Poirier	6,000	»	»
A M. le comte de Broglie	5,052	»	»
A Millot, pour du vin de Champagne	1,050	»	»
A Fort, marchand de vin	120	»	»
	304,133	12	»

Etat de ce qui reste dû par madame la comtesse du Barry sur les différents mémoires qui lui ont été remis jusqu'à ce jour 21 aoust 1774 [1].

* Sigly, tailleur	9,578	10	»	4,578	10	»
A reçu	5,000	»	»			
* Rostenne, musicien de la chapelle. . . .				1,512	»	»
Roettiers de La Tour, *orphèvre* (sic).						
Le mémoire de 1773 . . .	10,658	18	9	44,154	19	10
Le mémoire de 1774 . . .	31,696	1	1			
Id. id. . . .	1,800	»	»			
Il lui a été rendu 18 cloches d'argent pesant 93 5 6 dont il doit tenir compte.						
Vien, peintre	16,000	»	»	7,000	»	»
Reçu à compte.	9,000	»	»			
D^lle Fremont, frangère . .	7,415	18	6	1,775	18	6
Reçu à compte.	5,640	»	»			
Lejeune, galonnier. . . .	1,746	2	»	1,026	2	»
Reçu à compte.	720	»	»			
Caffieri, sculpteur ; ses déboursés				3,000	»	»
Demande huit mois de son temps				*Mémoire.*		
Cosette, pour trois pièces de tapisseries des Gobelins non finies. . .	16,768	4	»	11,968	4	»
Reçu à compte.	4,800	»	»			
Poirier	39,663	4	»	16,612	4	»
Reçu à compte.	23,051	»	»			
A reporter . . .				91,627	18	4

(1) Toutes les sommes portées à la suite des noms précédés d'un * sont rayées sur l'état original.

Report. . . .		91,627 18 4
Demande ou annonce une table à thé et porcelaine commandée tant chez ses ouvriers qu'à la manufacture de Sèvre . . .		*Mémoire.*
De plus, le sieur Poirier déclare avoir à madame la Comtesse une pendule représentant les *Grâces*.		
* Vanot, marchand de toille	91,107 10 11	
Reçu à compte.	54,000 » »	38,411 15 11
Reste. . . .	37,107 10 11	
*	1,304 5 »	
* Beaulard, marchand de modes.		1,407 2 »
Pajou, la partie de son mémoire à régler. .		*Mémoire.*
Forty, peintre		288 » »
Lecomte, sculpteur; la partie de son mémoire pour l'avenue . .	*Mémoire.*	
Greuze, peintre.	14,600 » »	2,800 » »
Sur quoi reçu	11,800 » »	
Demay, pour indemnité et restant de compte.		39,542 6 »
Notrelle, perruquier de spectacle		106 » »
* Thibaut, menuisier en meubles		64 » »
* Allegrain, sculpteur, pour la statue de Diane, non finie, demande ses déboursés jusqu'à ce jour. . .	7,250 » »	3,250 » »
Sur quoi a reçu	4,000 » »	
Demande les ordres pour continuer la statue, qui coûtera en tout.	18,000 » »	» » »
Ayant reçu	4,000 » »	
Si on continue, resterait à payer 14,000 livres.		
Calmer, un mémoire pour portes.	5,040 » »	5,750 » »
Un autre pour vin	710 » »	
A reporter . . .		183,247 2 3

Report				183,247	2	3
* La femme Jeanson, couturière				52	17	»
* Pagelle, marchand de modes	40,962	2	»	25,777	19	6
Reçu à compte	15,184	2	6			
Bõhmer	1,092,680	»	»	96,680	»	»
Reçu à compte	996,000	»	»			
Chaumas				516	»	»
Gibert et Cie, pour perles				300	»	»
* Afforty, bonnetier				1,392	10	»
Brille, horloger	5,216	»	»	1,616	»	»
Reçu à compte	3,600	»	»			
Hochbrucker, maître de harpe, pour ses voyages seulement				120	»	»
Et pour ses honoraires				*Mémoire.*		
Moreau, fabriquant de blondes				5,719	10	8
Tripperet, brodeur, pour reste de 10,050				5,250	»	»
Lavallée, peintre en équipage				10,960	»	»
La manufacture de Sèvre, fournit. faites et à faire	60,363	»	»	38,363	»	»
Reçu à compte	22,000	»	»			
Hardon, pour transport d'orangers,				96	»	»
Carlier, tailleur, pour reste de 18,466 10 3				9,466	10	3
Boileau, marchand de tableaux, pour commission et déboursés				651	»	»
Rozier, pour bouquets de coquilles d'œufs				5,000	»	»
Barbier, marchand de soye				4,982	13	6
Gaillard, joaillier				4,523	»	»
Maltète, gaignier				*Mémoire.*		
Léger, marchand pelletier				690	»	»
* Chopard, menuisier en carosse				1,104	»	»
A reporter				396,508	3	2

Report	396,508	3	2
Compigni, marchand de boettes	846	»	»
* Le Roux pour la dame Roussel	80	»	»
Lépine, sellier.	12,893	»	»
Lemoine, sculpteur.	10,000	»	»
Fondé, bottier du roi.	36	»	»
M. le vicomte du Barry, de sa dot	200,000	»	»
* M. Buffault, son compte particulier réglé par madame la Comtesse	66,236	»	»
	686,599	3	2

Epoque des payemens à faire par madame aux différents créanciers avec lesquels elle a pris des arrangemens.

1er janvier 1775.						
Gruel	18,000	»	»	43,000	»	»
Leblanc.	25,000	»	»			
1er avril.						
Aubert	25,000	»	»	41,500	»	»
Lenormand	16,500	»	»			
1er juillet.						
Leblanc.	25,000	»	»	66,500	»	»
Lenormant.	16,500	»	»			
Jacquin, verbalement. . .	25,000	»	»			
1er octobre.						
Aubert.	25,000	»	»	41,500	»	»
Lenormant.	16,500	»	»			
1er janvier 1776.						
Leblanc.	25,000	»	»	71,500	»	»
Lenormant.	16,500	»	»			
Drouais.	10,000	»	»			
Cagni.	10,000	»	»			
Drais	10,000	»	»			
A reporter . . .				950,599	3	2

Report	950,599	3	2
Avril.			
Aubert	25,000	»	»
Juillet.			
Jacquin	25,000	»	»
Octobre.			
Aubert	25,000	»	»
Avril 1777.			
Aubert	25 000	»	»
Octobre.			
Aubert	25,000	»	»
Total en dettes subsistantes et connues. .	1,075,599	3	2

Sans les bâtiments.

Supplément.

Lacombe, libraire	176	»	»
Bertine, coeffeur.	174	»	»
Ceret et Dufour, horlogers à Ferney. . . .	1,050	»	»
Bisson, dentiste	702	»	»
Domobecq, panacher du roy.	180	»	»
La manufacture de Jouy	»	»	»
De Wailly, architecte.	460	17	3
Thierry, médecin, visites	*Mémoire.*		
Laferrière, pour sucre	225	8	»
Bailly, marchand.	436	4	»

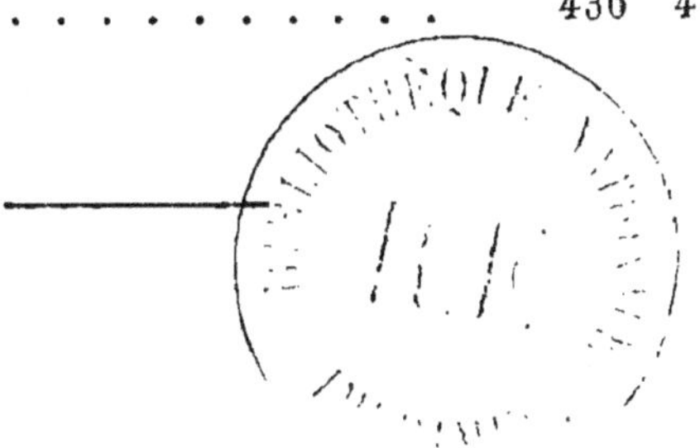

TABLE DES MATIÈRES

DU TOME DEUXIÈME.

Année 1771.

Année 1772.

Année 1773.

Pages.

Année 1774.

Année 1775.

Année 1776.

Année 1777.

FIN DE LA TABLE DU TOME DEUXIÈME.

Versailles — Imprimerie de E. Aubert.

www.ingramcontent.com/pod-product-compliance
Lightning Source LLC
Chambersburg PA
CBHW050423240426
43661CB00055B/2252

* 9 7 8 2 0 1 3 0 1 9 9 9 6 *